Konsum und Verhalten Band 35

Kommunikations-Strategien im Pharma-Markt

Helmut E. Becker

Kommunikations-Strategien im Pharma-Markt

Verhaltenswissenschaftliche Ansätze zur Ärzte- und Patienten-Ansprache im Markt für verschreibungspflichtige Präparate

Mit 8 Abbildungen

Physica-Verlag
Ein Unternehmen
des Springer-Verlags

Dipl.-Kfm. Dr. Helmut E. Becker
Dr. Helmut E. Becker Innovatio-Team
Beratung und Weiterbildung
Insbesondere Kommunikations- und
Innovationsmanagement im Marketing
Neutorstraße 75/77
D-2970 Emden 1

ISBN 3-7908-0621-8 Physica-Verlag Heidelberg

CIP-Titelaufnahme der Deutschen Bibliothek

Becker, Helmut E.:
Kommunikations-Strategien im Pharma-Markt:
verhaltenswissenschaftliche Ansätze zur Ärzte- und Patienten-
Ansprache im Markt für verschreibungspflichtige Präparate /
Helmut E. Becker. - Heidelberg : Physica-Verl., 1992
(Konsum und Verhalten; Bd. 35)
Zugl.: Paderborn, Univ., Diss., 1991
ISBN 3-7908-0621-8
NE: GT

7120/7130-543210 - Gedruckt auf säurefreiem Papier

Wer innovative Methoden in seine kritischen Reflektionen einbezieht, kann sich mit großer Wahrscheinlichkeit eine erfolgreiche Zukunft erarbeiten, die auch gesellschaftlichen Erfordernissen entspricht. Dieses gilt in besonderem Maße für die Pharma-Branche.

V o r w o r t

Pharmazeutisches Marketing ist ein Stiefkind in der Marketingliteratur. Viele von Naturwissenschaftlern geführte Pharma-Unternehmen gehen von einem idealistischen Menschenbild aus, das den Einsatz moderner Marketingtechniken erschwert bzw. sogar verhindert. Weiterhin steht der Pharma-Markt häufig im Blickpunkt der Öffentlichkeit. Von verschiedenen Seiten wird die moralische Legitimation des Pharma-Marketing angezweifelt. Dies hat dazu geführt, daß in vielen Unternehmen der Bereich Kommunikation wenig grundlegend diskutiert wird (zum Beispiel liegen Kommunikations-Grundsätze nur in wenigen Fällen ausformuliert vor). Somit sind innovative Kommunikations-Strategien nur selten zu beobachten. Weiterhin werden verhaltenswissenschaftliche Erkenntnisse zur Ansprache der verschiedenen Marktpartner (zum Beispiel Ärzte, Apotheker und Patienten) kaum beachtet.

Es liegt demnach eine für die Forschung noch weitgehend unerschlossene und für die betriebswirtschaftliche Praxis relevante Problemstellung vor. In der vorliegenden Arbeit werden verhaltenswissenschaftliche Ansätze zur Gestaltung der "Integrierten Ärzte- und Patienten-Ansprache" im Markt für verschreibungspflichtige Präparate behandelt. Eine theoretische Analyse der Kommunikation und drei empirische Studien sollen direkt umsetzbare Möglichkeiten zur Erneuerung der Kommunikations-Strategien im Pharma-Markt aufzeigen. Weiterhin soll diese zukunftsgerichtete Reflektion das Verständnis der verschiedenen Marktpartner füreinander erhöhen.

Die vorliegende Arbeit wurde im Jahre 1991 als Dissertation vom Fachbereich Wirtschaftswissenschaften der Universität-GH-Paderborn genehmigt.

Danken möchte ich allen, die zum guten Gelingen beigetragen haben. Mein besonderer Dank und meine persönliche Hochachtung gelten vor allem meinem akademischen Lehrer Herrn Professor Dr. Peter Weinberg. Seine fachlichen Hinweise zur Problemstellung waren für mich stets sehr hilfreich und anregend. Sehr herzlich danken möchte ich auch Herrn Professor Dr. Klaus-Peter Kaas (Johann Wolfgang Goethe-Universität, Frankfurt) für seine Tätigkeit als Zweitgutachter sowie Herrn Professor Dr. Otto Rosenberg und Professor Dr. Wolfgang Weber aus Paderborn für ihre Mitwirkung in der Promotionskommission. Sie waren alle spontan bereit, am Begutachtungsprozeß mitzuwirken.

Danken möchte ich auch meinen Kolleginnen Frau Dr. Sigrid Bekmeier, Frau Dr. Andrea Gröppel, Frau Diplom-Kauffrau Monique Rüdell und Frau Diplom-Kauffrau Anja Stöhr sowie meinen Kollegen Herrn Diplom-Kaufmann Michael Gross und Herrn Diplom-Kaufmann Heinrich Spieker sowie dem gesamten Lehrstuhl-Team für ständige Diskussionsbereitschaft und konstruktive Kritik. Weiterhin möchte ich meiner Tante, Frau Historikerin Marianne Becker, meiner Schwester, Frau med. vet. Erika T. Becker, sowie meinem Bruder, Herrn Diplom-Kaufmann und Diplom-Wirtschaftsingenieur Eberhard H. Becker, danken, die ausdauernde und kritische Gesprächspartner waren. Allen Pharma-Herstellern, Ärzten und Patienten, die sich an meinen empirischen Untersuchungen beteiligt haben, danke ich für ihre bereitwilligen Auskünfte.

Meinen Eltern danke ich besonders herzlich für die vielfältige Förderung meines Werdeganges. Ihnen, meinen Geschwistern und Frau cand. rer. pol. Andrea Bianka Munderloh, deren aller Unterstützung ich mir immer gewiß sein konnte, sei dieses Buch gewidmet.

Emden, im Januar 1992

Helmut E. Becker

Inhaltsübersicht

Inhaltsverzeichnis

ABBILDUNGSVERZEICHNIS

TABELLENVERZEICHNIS

Seite

Tabellen zur explorativen Unternehmensbefragung

Tabellen zur Ärztebefragung und -beobachtung

Tabellen zur Patientenbefragung

ABKÜRZUNGSVERZEICHNIS

Abb.	=	Abbildung
Abs.	=	Absatz
ACORN	=	A Classification of Residential Neighbourhoods
AG	=	Aktiengesellschaft
AIDA	=	Attention - Interest - Desire - Action
AIDS	=	Acquired Immune Deficiency Syndrome
AIO	=	Activities - Interests - Opinions
AMG	=	Arzneimittelgesetz
ASW	=	Absatzwirtschaft
Aufl.	=	Auflage
Aug.	=	August
BGBL	=	Bundesgesetzblatt
BPI	=	Bundesverband der Pharmazeutischen Industrie
BR	=	Bundesrepublik
Bsp.	=	Beispiel
bspw.	=	beispielsweise
Btx	=	Bildschirmtext
bzw.	=	beziehungsweise
ca.	=	zirka
CD-ROM	=	Compact Disk - Read only Memory
DAK	=	Deutsche Angestellten Krankenkasse
ders.	=	derselbe
d.h.	=	das heißt
DM	=	Deutsche Mark
Dr.	=	Doktor
EDV	=	Elektronische Datenverarbeitung
EG	=	Europäische Gemeinschaft
EStG	=	Einkommenssteuergesetz
EStR	=	Einkommenssteuerrichtlinien
e.V.	=	eingetragener Verein
f.	=	folgende
FAZ	=	Frankfurter Allgemeine Zeitung
ff.	=	fortfolgende
gem.	=	gemäß
GfK	=	Gesellschaft für Konsumforschung
GFM	=	Gesellschaft für Marketing-, Kommunikations- und Sozialforschung
GKV	=	Gesetzliche Krankenversicherung
GmbH	=	Gesellschaft mit beschränkter Haftung
GRG	=	Gesundheitsreformgesetz
GSK	=	Gesellschaft für Strukturanalysen und Kommunikationsforschung
Hrsg.	=	Herausgeber
hrsg.	=	herausgegeben
HWG	=	Heilmittelwerbegesetz
i.d.R.	=	in der Regel
IHK	=	Industrie- und Handelskammer

IPA	=	Integrierte Patienten-Ansprache
J.	=	Jahr
Jg.	=	Jahrgang
LA-MED	=	Leseranalyse medizinischer Fachzeitschriften
LpA	=	Leser pro Ausgabe
Ltd.	=	limited
med.	=	medizinisch
Mio.	=	Million(en)
MPS	=	Medizinisch Pharmazeutische Studiengesellschaft
Mrd.	=	Milliarde(n)
Nr.	=	Nummer
o.	=	ohne
o.J.	=	ohne Jahresangabe
o.Jg.	=	ohne Jahrgang
o.S.	=	ohne Seitenangabe
OTC	=	Over The Counter
o.V.	=	ohne Verfasser
PAF	=	Preis-Absatz-Funktion
PC	=	Personal Computer
PR	=	Public Relations
RabattG	=	Rabattgesetz
S.	=	Seite
StGB	=	Strafgesetzbuch
TV	=	Television
u.	=	und
u.a.	=	und andere/unter anderem
UNIC	=	University Connection
US	=	United States
USA	=	United States of America
USW	=	Universitätsseminar der Wirtschaft
usw.	=	und so weiter
u.U.	=	unter Umständen
u.v.a.	=	und viele andere
UWG	=	Gesetz gegen den unlauteren Wettbewerb
v.	=	von
VF	=	Verkaufsförderung
vgl.	=	vergleiche
v.H.	=	von Hundert
z.B.	=	zum Beispiel
ZFP	=	Zeitschrift für Forschung und Praxis
ZugabeVo	=	Zugabeverordnung

A. Einleitung

1. Ziele der Arbeit

Das Marketing für verschreibungspflichtige pharmazeutische Präparate ist im Vergleich zum Konsumgüter- oder Investitionsgütermarketing wenig entwickelt. ***In vielen Marketingabteilungen der pharmazeutischen Hersteller dominiert noch heute das naturwissenschaftlich geprägte Denken.***[1] Dieses geht oftmals mit einer Verschwendung von Ressourcen einher. Es ist z.B. erstaunlich,

- daß die Ärzte in der großen Mehrzahl der Fälle von den Pharma-Herstellern vollkommen undifferenziert angesprochen werden,

- daß den Patienten als den eigentlichen Konsumenten der Präparate, aber auch den Apothekern als den Händlern von den Herstellern nahezu keine Beachtung geschenkt wird.

Die ***Informationsüberlastung*** ist in der Ärzteschaft besonders ausgeprägt. Davon sind die "Werbung" und die "Wissenschaftliche Information" der Pharma-Hersteller in besonderem Maße betroffen. Es wird daher immer schwieriger, den Arzt mit der gewünschten Botschaft zu erreichen.

Die ***zunehmende Mündigkeit der Patienten*** verlangt eine stärkere Einbeziehung der Bevölkerung durch die Arzneimittelhersteller. Viele Bürger weisen heute ein aktiveres Gesundheitsverständnis auf und möchten stärker in ihre ureigensten gesundheitlichen Belange einbezogen werden (vgl. Werkmeister, 1990, S. 190 ff., vgl. o.V., 1991, Vorgriff auf die Zukunft, S. 96 ff.).

Gesicherte verhaltenswissenschaftliche Erkenntnisse zur Gestaltung der Kommunikation mit den verschiedenen Marktpartnern werden kaum berücksichtigt. Die stärkere Beachtung der Einstellungen, des Involvements und der Motivationen der Kommunikanten können wichtige Anregungen für eine Erneuerung der Kommunikation bieten.

Die restriktiven Auswirkungen des Gesundheitsreformgesetzes, der kommende Europäische Binnenmarkt, der fortschreitende Konzentrationsprozeß und die immer öfter zu beobachtenden Kooperationen verschiedener Hersteller haben dazu

---

1 Die in der Einleitung genannten Feststellungen werden in dieser Arbeit ausführlich begründet (vgl. dazu Kapitel B und C).

beigetragen, daß viele Unternehmen zur Zeit ihre Kommunikationspolitik mit dem Ziel überdenken, die Ansprache der verschiedenen Marktpartner erfolgreicher zu gestalten. Es müssen neue Wege aufgezeigt und beschritten werden. Dazu will diese theoriegeleitete empirische Studie einen Beitrag leisten. Dabei stehen folgende Fragen im Vordergrund:

1. **Wie gestaltet sich zur Zeit die Kommunikation der Hersteller pharmazeutischer Präparate?** Es soll also eine Bestandsaufnahme der Kommunikation im Markt für verschreibungspflichtige Präparate erarbeitet werden, die auch Tendenzen für zukünftige Entwicklungen aufzeigt. Dazu werden zum einen alle ***320 Marketingleiter*** pharmazeutisch-ethischer Hersteller befragt, und zum anderen ***1021 Anzeigen für verschreibungspflichtige Präparate*** inhaltsanalytisch untersucht. Zum Abschluß dieser explorativen Phase liegen demnach umfangreiche subjektive Einschätzungen und objektive Fakten vor. Diese Erkenntnisse bilden die Basis für zwei differenzierte Fragestellungen, die Gegenstand der Hauptstudien sind.

2. **Welche Möglichkeiten bietet die motivationsadäquate typologieorientierte Ansprache der Ärzteschaft?** Welche verschiedenen Typologien können gebildet werden? Welche Merkmale können herangezogen werden, um einen beliebigen Arzt durch Beobachtung einem der Cluster zuordnen zu können? Welcher Ärztetyp läßt sich durch welches Medium mit welchem Inhalt am leichtesten erreichen? Zu diesem Zweck werden ***155 niedergelassene Ärzte*** befragt und gleichzeitig ihr Verhalten und ihr Arbeitsumfeld beobachtet.

3. **Wie beurteilen Ärzte und Patienten die innovative "Integrierte Patienten-Ansprache", also die Aufklärung der Bevölkerung über Krankheitsbilder bei gleichzeitiger Unterrichtung der Ärzte?** Verschiedene aktuelle Beispiele werden ausführlich vorgestellt. Weiterhin wird untersucht, welche Möglichkeiten bestehen, die ***Wirkungen der "Integrierten Patienten-Ansprache"*** zu verbessern. Dabei soll auf der Basis verbraucherpolitischer Kritikpunkte und gesetzlicher Regelungen ein klar definierter Begrenzungsrahmen für diese zukunftsorientierte Kommunikationsform geschaffen werden. Zur Analyse der Problemstellung werden ***249 Personen*** befragt, die vom Krankheitsbild "Herpes Labialis" des untersuchten Fallbeispiels "Deutsche Wellcome" betroffen sind.

Durch die Beantwortung dieser Problemstellungen wird ein umfassender Einblick in die derzeitige Pharma-Kommunikation und übergreifende Entwicklungstendenzen gegeben. Es werden zudem Möglichkeiten aufgezeigt, wie Pharma-Hersteller den veränderten Rahmenbedingungen besser entsprechen können. Durch die umfassende Fragestellung und Aktualität dieser Arbeit wird allen interessierten Personen bzw. Interessengruppen, wie z.B. Pharma-Herstellern, Ärzten, Apothekern, Patienten, Selbsthilfegruppen, Verbraucherverbänden, Politikern, Medien und der Öffentlichkeit, auf diese Weise die Möglichkeit geboten, ihre Wissensstände einander anzunähern und aus ihrer Sicht positive und negative Aspekte zu diskutieren.

2. Aufbau der Arbeit

Das Geschehen auf dem Pharma-Markt zeichnet sich durch viele Besonderheiten aus. Im ***Kapitel B*** wird daher zunächst ein kurzer Überblick über ***die verschiedenen Akteure und ihr Zusammenspiel sowie die Produkte*** gegeben. Die Grundlage für jegliche marketingpolitische Aktivität bilden das eigene Verantwortungsgefühl und die ***rechtlichen Rahmenbedingungen***. Deshalb schließen sich Erläuterungen der gesetzlichen Restriktionen an. Zur Überleitung wird dann die besondere Stellung der Kommunikationspolitik im wettbewerbsintensiven Pharma-Markt herausgearbeitet.

Der zweite Teil dieses Kapitels behandelt die ***vielfältigen Instrumente der Pharma-Kommunikation*** zur Ansprache der niedergelassenen Ärzte und der Patienten. Den Abschluß dieses Kapitels bildet eine ausführliche ***kritische Auseinandersetzung mit dem Anliegen der Pharma-Kommunikation***.

Im ***Kapitel C*** werden neue Möglichkeiten der Pharma-Kommunikation aufgezeigt und entsprechende Hypothesen zur empirischen Überprüfung entwickelt. Dieses Kapitel gliedert sich in fünf Teile. Zunächst erfolgt eine ***Darstellung der veränderten Rahmenbedingungen***. Gegenstand der Betrachtung sind die Struktur des Pharma-Marktes, die Informationsüberlastung der Ärzte, ihr Entscheidungsverhalten, der Wertewandel, das Gesundheitsreformgesetz und der zukünftige "Europäische Binnenmarkt 1993". Die Grundlage für das weitere Vorgehen bildet dann das ***kommunikationswissenschaftliche Modell von Karlsson***. Anhand der drei Hauptdeterminanten seines Ansatzes wird ein ***zukunftsweisendes Modell der Pharma-Kommunikation entwickelt***.

Es enthält vielerlei Anregungen zur Erneuerung der Kommunikationsstrategien im Pharma-Markt, die in den folgenden Teilen dieses Kapitels aufgegriffen werden.

Die ***"Typologieorientierte Pharma-Kommunikation"*** und ***"Integrierte Patienten-Ansprache"*** dieses Kapitels sollen Möglichkeiten aufzeigen, wie die Pharma-Industrie den veränderten Rahmenbedingungen aus verhaltenswissenschaftlicher Sicht gerecht werden kann. Die zielgruppengerechte Ärzte-Ansprache ist notwendig, um die gewünschten Kommunikationserfolge sicherzustellen. Es werden hierzu verschiedene Theorien ***(Wertewandel-, Lebensstil-, Persönlichkeits- und Motivationstheorie)*** diskutiert. Das Ziel ist die empirisch gestützte motivationsspezifische Differenzierung der Kommunikationsinhalte. Im Teil "Integrierte Patienten-Ansprache" werden zunächst verschiedene Fallbeispiele und spezielle gesetzliche Rahmenbedingungen dargestellt. Als theoretische Erklärungsmuster dienen die mehrstufige Kommunikation sowie die Einstellungen und das Involvement der Betroffenen. Es schließt sich eine ausführliche ***kritische Würdigung der "Integrierten Patienten-Ansprache"*** an.

Die ***Positionierung des Angebots*** ist heute unter verstärktem Wettbewerbsdruck eine der wichtigsten Entscheidungen. Am Beispiel eines Low-Involvement-Präparates wird die Strategieentwicklung und -umsetzung im abschließenden fünften Teil dieses Kapitels demonstriert.

In ***Kapitel D*** werden ausführlich ***drei der vier durchgeführten empirischen Studien zur Pharma-Kommunikation*** dargestellt.[2] Der erste Teil ***"Das Kommunikationsverhalten ethischer Pharma-Hersteller"*** (Studie 1) bietet eine umfassende Bestandsaufnahme der Kommunikation. Die Pharma-Kommunikation wird in der explorativen Studie so vorgestellt, wie sie sich heute aus der Sicht von Marketingverantwortlichen darstellt. Die Präsentation umfaßt auch Entwicklungstendenzen.

Die Prüfung der Hypothesen zur motivationsadäquaten Ärzte-Ansprache erfolgt durch eine ***kombinierte Ärztebefragung und -beobachtung*** (Studie 2). Diese Studie bildet zusammen mit der im dritten Teil vorzustellenden ***Patientenbefragung*** den

---

2 Die Ergebnisse der Inhaltsanalyse (n=1021) wurden aus pragmatischen Gründen ausgegliedert. Am Beispiel von Anzeigen in Ärztefachzeitschriften wird aufgezeigt, wie Kommunikationsinstrumente auf Gestaltungsschwächen überprüft werden können. Die inhaltsanalytischen Erkenntnisse geben zudem einen ergänzenden Einblick in die Kommunikation der Pharma-Industrie (vgl. dazu ausführlich Becker, 1991 c).

Schwerpunkt des Projektes (Studie 3). Vier empirisch gewonnene Ärzte-Cluster werden vorgestellt und auf kommunikationsspezifische Besonderheiten untersucht. Die Güte der Erkenntnisse ist dabei von besonderer Bedeutung. In der Patienten-Studie werden neben der Hypothesenprüfung auch die Ansichten, die subjektiv empfundene Eignung verschiedener Medien und bevorzugte Kommunikationsinhalte zur Patienten-Ansprache detailliert dargestellt. Eine differenzierte Betrachtung der ***drei Patienten-Verhaltenstypen "Arzt-Besucher", "OTC-Kunden" und "Ignoranten"*** und sozio-demographische Unterscheidungen geben Aufschluß über Besonderheiten in der Beurteilung verschiedener Patientengruppen.

Kapitel E enthält abschließend - aufbauend auf den empirischen Erkenntnissen - ***Empfehlungen*** zur Gestaltung der Kommunikation im ethischen Pharma-Markt. Diese ***"Sozialtechniken des Pharma-Marketing"*** beziehen sich im einzelnen auf die typologieorientierte Ärzte-Ansprache, die "Integrierte Patienten-Ansprache" und auf die Anzeigenkommunikation in Ärztefachzeitschriften.

B. Kommunikation im Pharma-Markt - Eine Bestandsaufnahme -

1. Einführung in die Besonderheiten der Pharma-Branche

1.1 Die Produkte

Das Arzneimittelangebot der Pharmazeutischen Industrie kann unterteilt werden in Human- und Veterinärpharmazeutika. Auf die Präparate zum Nutzen des Menschen entfielen 1990 knapp 79 v.H der gesamten Pharma-Produktion im Wert von 25,7 Mrd. DM (vgl. Bundesverband der Pharmazeutischen Industrie e.V., 1991, Pharma Jahresbericht 1990/91, S. 23), also 20,3 Mrd. DM, bei einem Wachstum im Jahre 1990 von 5,6 v.H. Unter Berücksichtigung der unterschiedlichen Dosis-Stärken, Darreichungsformen und Packungsgrößen sind dem Bundesgesundheitsamt insgesamt 145.000 Präparate von ca. 1000 Herstellern angezeigt. Die ***Human-Pharmazeutika*** können untergliedert werden in ***ethische*** (verschreibungspflichtige, 12,8 Mrd. DM/63 v.H.) und populäre (nicht verschreibungspflichtige, 7,5 Mrd. DM/37 v.H.) pharmazeutische Präparate. Letztere werden auch als OTC-Drugs[1] bezeichnet.

Die ethischen Präparate können weiter differenziert werden in ***Marken*** oder Spezialitäten und ***Generika***. Marken sind Originalpräparate, die nach langwieriger Forschung und Entwicklung patentgeschützt auf dem Markt angeboten werden. Als Generika[2] werden dagegen Nachahmerpräparate bezeichnet, die nach Ablauf des Patentschutzes wesentlich preisgünstiger vertrieben werden können, da die kostenaufwendige Forschung und Entwicklung entfällt. Die vorliegende Studie befaßt sich mit den ethischen Human-Pharmazeutika. Die folgende Abbildung veranschaulicht die Zusammenhänge.

---

1 Der englische Ausdruck "Drug" ist nicht zu verwechseln mit dem in der Bundesrepublik Deutschland negativ besetzten Ausdruck "Droge". Er ist wertfrei zu verstehen, gleichbedeutend mit den Begriffen "Arzneimittel", "Präparat" usw. OTC = Over The Counter = über den Ladentisch.

2 Der Anteil der Nachahmerpräparate am Apothekenmarkt der BR Deutschland ist auf über 10 v.H. gewachsen. Die Tendenz ist weiter steigend (vgl. Huber, 1988, S. 230).

Abb. 1: Die pharmazeutischen Präparate

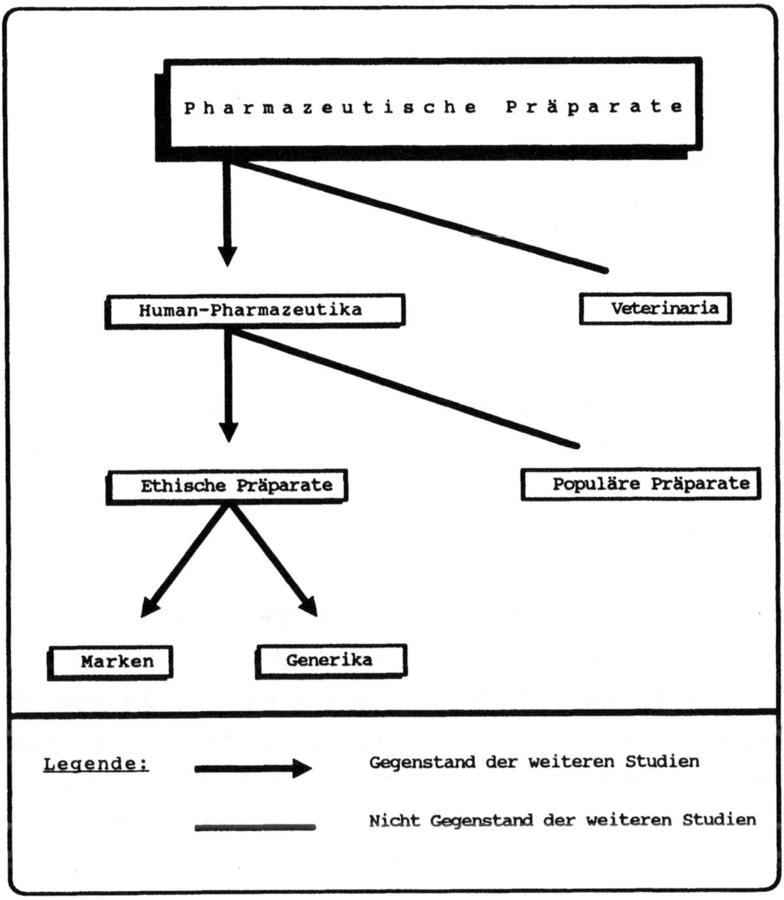

Medikamente sind zumindest bei der erstmaligen Verschreibung durch den Arzt erklärungsbedürftige Produkte. Unsachgemäße Anwendung von Arzneimitteln kann zu lebensbedrohenden Konsequenzen führen. Aber auch bei sachgemäßem Gebrauch besteht die Gefahr von Nebenwirkungen. Ärzte, Apotheker und Patienten sind daher durch die Experten der Pharma-Industrie über die jeweiligen Eigenschaften der

Präparate aufzuklären. Für jede Indikationsgruppe gibt es eine umfangreiche Produktpalette mit jeweils starken Konzentrationen auf bestimmte Präparate.[3]

1.2 Die Akteure und ihr Zusammenspiel

Die ***wichtigsten Beteiligten*** auf dem Pharma-Markt sind die ***Pharmazeutische Industrie, die Ärzte[4], die Großhändler, die Apotheker, die Patienten, die Krankenkassen, der Gesetzgeber und die interessierte Öffentlichkeit.*** Von den Entscheidungen auf dem Pharma-Markt werden weiterhin die Arbeitnehmer und die Kapitalgeber betroffen.

Das Zusammenspiel entspricht in vielerlei Hinsicht nicht dem Marktgeschehen auf den Konsumgütermärkten. Da jedoch Menschen die verschiedenen Entscheidungen treffen und auch den entsprechenden Wirkungen ausgesetzt sind, ist die Anwendung verhaltenswissenschaftlicher Erkenntnisse notwendig.

Das Geschehen auf dem Markt für ethische Präparate läßt sich folgendermaßen skizzieren: Der Patient wendet sich zur Vermeidung oder Beseitigung von Krankheiten an den Arzt seiner Wahl. Dieser stellt eine Diagnose. Die Hersteller pharmazeutischer Präparate versuchen durch den Einsatz ihres Marketing-Mix, den Arzt von ihren Medikamenten zu überzeugen.[5] Wenn zur Therapie Arzneimittel eingesetzt werden sollen, gibt der Arzt nach genauer Prüfung dem Patienten ein Rezept, auf dem die

---

3 So entfielen z.B. bei der Verordnung von Beta-Rezeptorenblockern 1987 auf "Beloc" 1,9 Mio Verordnungen (106 Mio. DM Umsatz), auf das zweitplazierte "Dociton" nur noch 1 Mio Verordnungen (43 Mio. DM Umsatz) und auf den Rang 19 "Betadrenol" nur noch 0,06 Mio. Verordnungen (3,7 Mio DM Umsatz) (vgl. Schwabe und Paffrath, 1988, S. 126 f.).

4 Von den 140.000 Ärzten in der Bundesrepublik Deutschland sind ca. 74.000 Kliniker und 67.000 Niedergelassene Ärzte. Die Kliniker lassen sich einteilen in 22.000 Chef-/Oberärzte und 52.000 Stationsärzte. Bei den Niedergelassenen Ärzten sind 29.000 Praktische Ärzte und 38.000 Fachärzte zu unterscheiden (vgl. dazu Arbeitsgemeinschaft LA-MED, 1987, S. 1a).

5 Im Krankenhausbereich unterliegt die grundsätzliche Auswahl der Präparate den Chefärzten und der Arzneimittelkommission. Die Ärzte wählen dann aus dem zur Verfügung stehenden Präparate-Pool (vgl. zu den multipersonalen Entscheidungen im Krankenhausbereich Thiess, 1987, S. 16).

Präparate erfaßt sind.[6] Der Patient kann dann nach Zahlung einer Rezeptgebühr von DM 3,-- je Arzneimittel von dem Apotheker seiner Wahl die Medikamente empfangen. Dieses gilt nur für Präparate, für die keine Festbeträge bestimmt worden sind. Medikamente zum Festbetrag können ohne jede Zuzahlung empfangen werden (vgl. zum Festbetrag Kapitel C.1.4). Die Bezahlung erfolgt durch die Krankenkasse, deren Mitglied der Patient ist.

Das Ergebnis dieses Systems wird seit langer Zeit beanstandet. Es ist z.B. von einer ***"Kostenexplosion im Gesundheitswesen"*** die Rede (vgl. dazu Lampert, 1980, S. 231). Von 1960 bis 1987 stiegen die Ausgaben der gesetzlichen Krankenkassen von 8,9 Mrd. auf 125 Mrd. DM, das ist eine Steigerung um 1300 Prozent. Die allgemeinen Lohnerhöhungen betrugen in diesem Zeitraum nur 524 Prozent. Demzufolge sind die Ausgaben seit 1960 fast dreimal so stark gestiegen wie die Löhne (vgl. Bundesminister für Arbeit und Sozialordnung, 1989, S. 6 ff.).

Seit dem 1.1.1989 ist das von vielen Seiten kritisierte ***Gesundheitsreformgesetz*** in Kraft (vgl. z.B. Ziskoven, 1989, S. 23 f., vgl. Schnabel, 1989, S. 51 ff.). Es hat einschneidende Veränderungen und Einsparungen zur Folge, wobei überproportionale Einschränkungen im Arzneimittelbereich beabsichtigt sind (vgl. dazu auch Kapitel C.1.4).[7]

1.3 Die rechtlichen Rahmenbedingungen

Das Werbe-Geschehen auf dem Pharma-Markt wird durch verschiedene ***spezielle Gesetze, Verordnungen und privatwirtschaftliche Selbstbeschränkungen*** in bestimmten Bahnen gehalten. Der Grund dafür ist in der erwähnten Ambiguität der pharmazeuti-

---

6 Es handelt sich hier um den idealtypischen Verlauf. Es kann z.B. auch sein, daß der Arzt dem Patienten kostenlos ein Muster-Präparat aushändigt.

7 Die Arzneimittelkosten haben nur einen geringen Beitrag zur Kostenexplosion geleistet. Wird die Ausgabenverteilung der GKV 1988, 124,9 Mrd. DM (1989: 123,3 Mrd. DM) mit der von 1970, 25,6 Mrd. DM differenziert verglichen, so wird deutlich, daß der prozentuale Anteil der "Arznei-, Heil- und Hilfsmittel aus Apotheken" von 16,5 v.H. auf 16,1 v.H gesunken ist. Auch die prozentualen Aufwendungen für die ärztliche Behandlung sind von 21,3 v.H. auf 17,0 v.H. gesunken. Stark gestiegen sind dagegen die Ausgaben für sonstige Heil- und Hilfsmittel (2,4 v.H./6,8 v.H.), Zahnersatz (3,2 v.H./7,2 v.H.) und Stationäre Behandlung (23,4 v.H./31,9 v.H.).

schen Präparate zu sehen, einerseits Helfer des Menschen zu sein, auf der anderen Seite bei falschem Gebrauch, jedoch auch bei ordnungsgemäßem Einsatz schädliche Wirkungen verursachen zu können (vgl. Strunz, 1987, S. 2).

Zu nennen sind vor allem das ***AMG*** (Arzneimittelgesetz), das ***HWG*** (Heilmittelwerbegesetz) und verschiedene ***Standes- und Verbandsregelungen***. Dem AMG kommt dabei insbesondere die Aufgabe zu, für eine einwandfreie Beschaffenheit der Produkte zu sorgen. Der Werbung werden dagegen im AMG nur wenige Paragraphen gewidmet. Es sind § 9 (Der Verantwortliche für das Inverkehrbringen), § 10 (Kennzeichnung der Fertigarzneimittel), § 11 (Packungsbeilage), § 11a (Fachinformation), § 12 (Ermächtigung für die Kennzeichnung und die Packungsbeilage), § 47 Abs. 3 u. 4. (Musterregelungen) und § 64 (Durchführung der Überwachung) (vgl. Arzneimittelgesetz, 1988, S. 17 ff.). Größere Bedeutung hat in diesem Zusammenhang das HWG. Es soll die sich in einer besonderen psychischen und physischen Notlage befindlichen Kommunikanten, aber auch die Allgemeinheit schützen (vgl. Hamm und Bücker, 1966, S. 11).[8]

Von besonderer Bedeutung für die Kommunikation im ethischen Pharma-Markt sind an dieser Stelle ***§ 10 Abs. 1 HWG (Verbot der Publikumswerbung für verschreibungspflichtige Mittel)*** und § 3 HWG (Verbot der irreführenden Werbung für Heilmittel).[9] § 3 HWG konkretisiert den § 3 UWG, der auch "Massengrab der Werbung" genannt wird (vgl. Forstmann, 1991, S. 2). Die Durchführung und Einhaltung der

---

8 Weitere spezielle Gesetze sind: § 21 des Geschlechtskrankheitengesetzes, in dem die Werbung mit entsprechenden Präparaten auf einen engen Kreis von Fachleuten eingeschränkt wird, § 219 Abs. 1 Nr. 2 StGB (Strafgesetzbuch), der die Werbung für den Abbruch der Schwangerschaft verbietet, § 56 Abs. 1 Nr. 1 d der Gewerbeordnung, der es verbietet, der Gesundheit dienende Gegenstände im Reisegewerbe feilzubieten (vgl. dazu Strunz, 1987, S. 44). Daneben sind die Regelungen zu berücksichtigen, die bei jeder Werbung zu beachten sind, z.B. das UWG (Gesetz gegen den unlauteren Wettbewerb), die ZugabeVO (Zugabeverordnung), das RabattG (Rabattgesetz), die Gewerbeordnungen und die Landespressegesetze.

9 Weiterhin: § 10 Abs. II HWG (Verbot der Publikumswerbung für Arzneimittel zur Beseitigung der Schlaflosigkeit oder psychischer Störungen), § 11 HWG (Verbot bestimmter Werbemethoden im Rahmen der Publikumswerbung) und § 12 (Publikums-Werbeverbot für bestimmte Krankheiten). Darüber hinaus droht den Pharma-Unternehmen ständig ein Werbeverbot für OTC-Präparate im Rundfunk und Fernsehen sowie ein völliges Verbot für die Schmerzmittel-Publikumswerbung, vgl. z.B. die Empfehlung des zuständigen Gesundheitsausschusses an den Bundesrat (vgl. Linke, 1989, S. 12).

Vorschriften wird von den Landesgesundheitsbehörden kontrolliert (§ 64 Abs. 3 AMG) (vgl. Hart u.a., 1988, S. 279).

Die zivilrechtliche Beurteilung der Heilmittelwerbung erfolgt nach den Regeln des UWG (Gesetz gegen den unlauteren Wettbewerb). Literatur und Rechtsprechung gehen davon aus, daß ein jeglicher Verstoß gegen das HWG zugleich einen Verstoß gegen § 1 UWG darstellt. Das HWG soll die Gesundheit schützen. Das Gesetz verbietet aber nicht, eitle Selbstbilder, Sexualität und Geltungsbedürfnis anzusprechen, wenn die Gesundheit nicht berührt wird (vgl. Struntz, 1987, S. 29).

Weiterhin tragen die von den Landesärztekammern erlassenen ***Berufsordnungen*** den Ärzten auf, an der Bekämpfung des Heilmittelschwindels mitzuwirken, worunter alle unseriösen Praktiken zu verstehen sind.

Weitere Eckpunkte der Regelungen auf dem Gebiet der Arzneimittelwerbung bilden die ***Selbstbeschränkungen der Berufsstände***[10] ***und Wirtschaftsverbände***[11]. Der Kodex des Bundesverbandes der Pharmazeutischen Industrie e.V. bestimmt z.B., daß jegliche Werbung unterbleiben muß, die dazu führen könnte, den Arzt oder Apotheker in einen Konflikt mit seinen Berufspflichten zu bringen (vgl. § 13 u. § 25, Bundesverband der Pharmazeutischen Industrie e.V. (Hrsg.), Kodex, 1988, S. 11 u. 16). Die freiwilligen Selbstbeschränkungen gehen im Detail über die rechtlichen Normen hinaus.

---

10 Insbesondere sind hier die Berufsordnungen der Ärzte- und der Apothekerschaft zu nennen.

11 Zu erwähnen ist hier der Kodex des Bundesverbandes der Pharmazeutischen Industrie e.V. (vgl. Bundesverband der Pharmazeutischen Industrie e.V. (Hrsg.), 1988, Kodex der Mitglieder des Bundesverbandes der Pharmazeutischen Industrie e.V.). Aufgrund der möglichen Ausstrahlung auf den Sektor "ethische Präparate" verdienen auch die für die Publikumswerbung erarbeiteten Leitsätze des Bundesfachverbandes der Heilmittelindustrie e.V. und die Bestimmungen des auf Initiative dieser Institution gegründeten Vereins zur Wahrung einer lauteren Werbung auf dem Gebiete des Gesundheitswesens e.V. Beachtung. Dieser Verein führt Werbenachkontrollen, aber auch freiwillige Werbevorberatungen für OTC-Präparate durch (vgl. Bundesfachverband der Arzneimittel-Hersteller e.V. (Hrsg.), 1988, S. 173 f.).

1.4 Die besondere Stellung der Pharma-Kommunikation im Pharma-Marketing-Mix

Das ***Marketing-Mix pharmazeutischer Hersteller*** läßt sich in die üblichen Bereiche Produkt-, Entgelt-, Distributions- und Kommunikationspolitik unterteilen (vgl. dazu Friesewinkel u.a., 1982, S. 161). Die Gewichtung der Elemente unterscheidet sich jedoch sehr stark vom Marketing-Mix der Konsumgütermärkte.

Die ***Produktpolitik*** unterliegt den strengen Vorschriften des Arzneimittelgesetzes. Die Möglichkeiten werden weiter eingeschränkt durch den Zulassungsstau beim Bundesgesundheitsamt. Neuartige Produktentwicklungen können dadurch nur sehr langsam umgesetzt werden. Kaas bezeichnet die Produktpolitik als das wirksamste Instrument im Pharma-Marketing-Mix (vgl. Kaas und Uhlmann, 1988, S. 8, vgl. auch Uhlmann, 1989, S. 69 ff.). Seiner Meinung liegt vermutlich die Vorstellung zugrunde, daß z.B. schnelle Umsatzzuwächse innovative Produkte voraussetzen. Im Bereich der Me-Too-Präparate wird jedoch die besondere Gewichtung der anderen Parameter deutlich.

Die ***Vertriebswege*** für ethische Präparate sind weitestgehend festgelegt. So dürfen diese Präparate nur über die Apotheken an die Patienten geliefert werden, wobei eine Umgehung der Pharma-Großhandlungen i.d.R. unwirtschaftlich ist.[12] Profilierungsmöglichkeiten sind im Rahmen der Logistik aufgrund eines hohen Standards kaum mehr vorstellbar (vgl. Kaas u. Uhlmann, 1988, S. 10).

Von größerer Bedeutung sind dagegen die ***Preis- und die Kommunikationspolitik***. Die Hersteller verfügen über einen erheblichen preispolitischen Spielraum. Dies trifft besonders für Präparate zu, die den Festbeträgen nicht unterworfen sind (vgl. dazu C.1.4). Grundsätzlich ist es ihnen freigestellt, die Preise ihrer Produkte festzulegen. Die Handelsspannen sind zwar normiert, es können aber zusätzliche Rabatte eingeräumt werden. Zudem hat der Preis Einfluß auf die Entscheidung des Verordners, weil er Regreßansprüche der Krankenkassen bei überdurchschnittlich hohen Arzneimittelbelastungen fürchten muß.[13]

---

12 Ausgenommen ist die Weitergabe von Musterpräparaten durch den Arzt an die Patienten.

13 Von diesen Überprüfungen werden vermutlich in Zukunft nur noch die Präparate betroffen sein, für die kein Festbetrag (vgl. dazu Kapitel C.1.5) festgelegt worden ist.

Ein besonders starkes Gewicht im Mix hat die Kommunikationspolitik. Die Entscheidungsträger sind auf wissenschaftlicher Basis über die erklärungsbedürftigen Präparate zu informieren. Weiterhin sind die Arzneimittel zu bewerben, damit die Präparate sich in der Verschreibungssituation durchsetzen können. Neue Medikamente, die dem Arzt nicht nahegebracht werden, sind nutzlos.

Kommunikation im ethischen Pharma-Markt verlangt besonderes Einfühlungsvermögen. Zwar werden kommunikative Maßnahmen von allen Marktpartnern in verschiedenen Ausprägungen benötigt, aber dennoch oftmals stark kritisiert. Daher sind alle Aktivitäten auf Akzeptanzprobleme der Marktpartner zu untersuchen.[14]

2. Ziele, Strategien und Instrumente der Pharma-Kommunikation

2.1 Die kommunikativen Beziehungen: Konzentration auf die Ärzte

Aufgabe des kommunikativen Beziehungsmanagements ist es, die Interaktionsprozesse zwischen den verschiedenen Marktpartnern zum Nutzen des Unternehmens zu gestalten (vgl. dazu Diller und Kusterer, 1988, S. 211 f.).[15]

Die derzeitigen Aktivitäten der pharmazeutischen Unternehmen konzentrieren sich im wesentlichen auf die Ärzte. Der persönlichen Kommunikation des Pharma-Beraters mit dem Arzt wird dabei das stärkste Gewicht im Kommunikations-Mix der Pharma-Industrie eingeräumt (vgl. dazu Kaas und Uhlmann, 1988, S. 10). Die Gewichtung der Instrumente unterscheidet sich jedoch von Unternehmen zu Unterneh-

---

14 Patienten sind i.d.R. medizinische Laien. Daraus resultierende Unsicherheit kann Ängste auslösen. Dies dürfte ein Grund dafür sein, daß die Pharmazeutische Industrie über ein vergleichsweise negatives Image verfügt. Dabei werden die Produkte positiver als die Hersteller beurteilt (vgl. o.V., 1989, ASW-Report - Strategische Public Relations, S. 43). Zu vermeiden sind also alle Maßnahmen, die Ängste hervorrufen oder verstärken. Vorhandene Ängste sind kommunikativ aufzuarbeiten. Wenige negative Fallbeispiele bringen die ganze Branche in Mißkredit. Genannt werden insbesondere "als Studienreisen getarnte Auslandsaufenthalte für Ärzte in bevorzugten Urlaubsländern" (vgl. O.V., 1989, ASW-Report - Strategische Public Relations, S. 43).

15 Diller und Kusterer sprechen von Geschäftsbeziehungen und betrachten nur Interaktionen vom ersten Geschäftsabschluß an. Sie räumen ein, daß das Abgrenzungskriterium "Erfahrungen mit der Zuverlässigkeit des jeweiligen Partners bei der Geschäftsabwicklung" willkürlich gewählt wurde. Potentielle, fruchtbare Beziehungen werden nicht betrachtet. Gerade auf diesem Gebiet liegen aber Chancen zur Profilierung gegenüber der Konkurrenz (vgl. dazu Diller und Kusterer, 1988, S. 211 f.).

men. Die Patienten (die Öffentlichkeit) und die Apotheker werden vergleichsweise wenig beachtet, da sie im Rahmen des bisherigen Marktmodells nur geringen Einfluß auf die Verschreibung hatten. Zur Erinnerung: Der Arzt verschreibt, der Apotheker händigt aus, der Patient konsumiert und die Krankenkassen zahlen. Die folgende Abbildung verdeutlicht die Konzentration der kommunikativen Aktivitäten auf die Ärzte.

Abb. 2: Konzentration der kommunikativen Aktivitäten

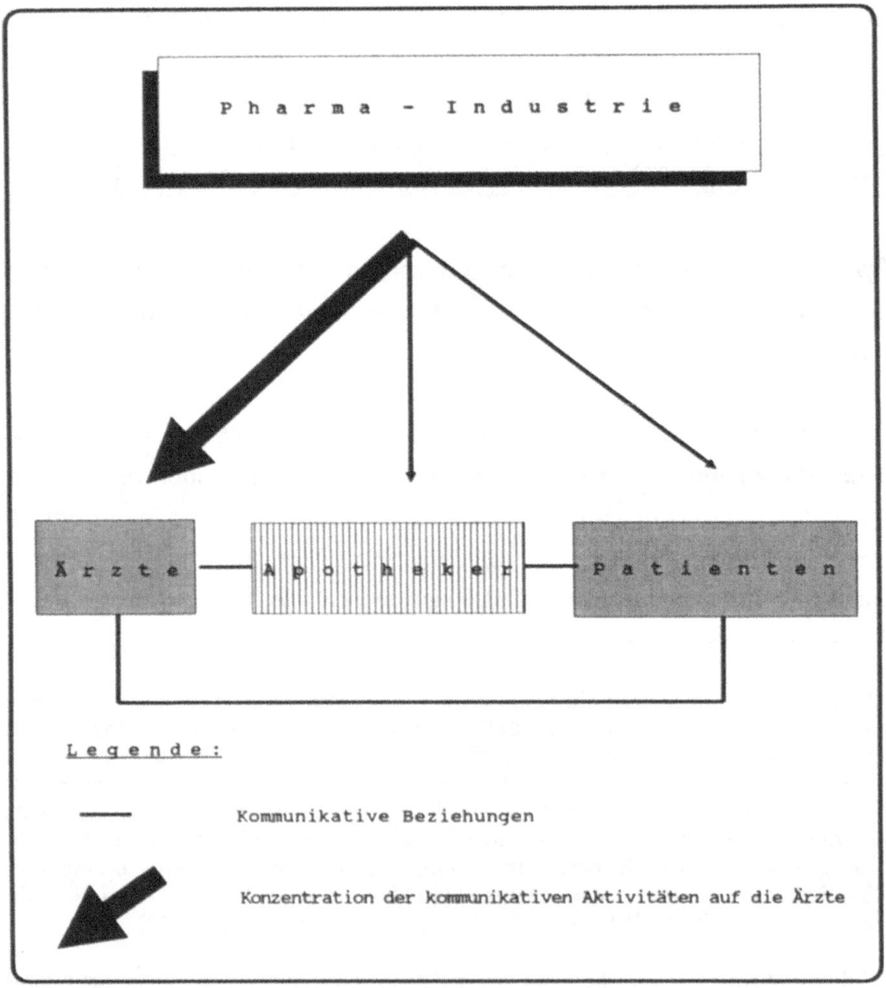

Insbesondere wird neben der obligatorischen Information im Rahmen der Kommunikation versucht, die Ärzte in ihren Beziehungen zu den Patienten zu stärken.[16] Genannt seien hier z.B. Patientenbroschüren und Compliance-Atlanten. Die direkten Beziehungen der pharmazeutischen Industrie zu den Patienten sind aufgrund der rechtlichen Rahmenbedingungen von anderer Qualität und noch nicht so ausgereift. Eine aktuelle Variante zur Ansprache möglicher ***Patienten*** erläutert ***Simon***. Diese ***"genehmigte Form der Anzeigen-Publikumswerbung für ethische Präparate"*** ist folgendermaßen aufgebaut. Es wird in Publikums-Anzeigen über "Herpes Labialis" durch die ***Deutsche Wellcome GmbH, Burgwedel***, informiert, Möglichkeiten zur Vorsorge werden aufgezeigt; und es wird empfohlen, den Arzt bei Beschwerden zu Rate zu ziehen, da es wirksame Behandlungsmöglichkeiten gebe. Parallel wird der Arzt über die Präparate zur Behandlung dieser Erkrankung informiert (vgl. zur theoretischen Analyse C.4 und zur empirischen Prüfung D.3, vgl. Simon, 1988, S. 12).[17]

In Kapitel C wird versucht, Ansätze aufzuzeigen, die es ermöglichen, die vorhandenen Verbindungen zu den Marktpartnern qualitativ zu verbessern sowie neue Verbindungen offensiv zu nutzen. Auf diese Weise lassen sich Wettbewerbsvorteile erringen. Dabei stehen die typologieorientierte Ärzte-Ansprache und die "Integrierte Patienten-Ansprache" im Vordergrund.

---

16 Die Ärzteversorgung (Ärzte/Einwohner) und damit die Konkurrenz nimmt stetig zu. Der einzelne Arzt ist daher an allen Hilfen durch die Pharma-Industrie interessiert, die ihm die Gunst der Patienten verschaffen bzw. sichern (vgl. dazu Lindner, 1987, S. 23). Ansatzpunkte für kommunikative Aktivitäten können daraus ableitbare Vitalinteressen des Arztes, Patientensicherheit und -akzeptanz, Praxissicherheit und Praxiserfolg sein (vgl. dazu ausführlich Lindner, 1987, S. 29 ff.).

17 Eine weitere Variante bietet das Präparat Resdan, Professor Dr. med. Much AG, Bad Soden im OTC-Bereich. Es handelt sich um eine kombinierte Aktion aus PR, Werbung und Verkaufsförderung, die sich an Ärzte, Apotheker und Patienten wendet. Neben der Gewinnung von Ärzten für eine Resdan-Empfehlung stand die direkte Ansprache der Patienten im Vordergrund. Durch Kleinanzeigen in der Bildzeitung, Telefon-Service zum Ortstarif, Pressehinweise und Coupons in der Packung konnten "Gesundheitsbriefe" zum Thema Haarschuppen kostenlos angefordert werden. Auf diese Weise wurden 7.600 Patienten als Multiplikatoren gewonnen. Nach zwei Jahren hat sich der Resdan-Umsatz bereits verdoppelt (vgl. Weber, 1988, S. 112 ff.).

2.2 Erscheinungsformen der Kommunikation

Es werden folgende **Erscheinungsformen der Kommunikation** genutzt:

(1) Wissenschaftliche Information,
(2) Werbung,
(3) Persönlicher Verkauf,
(4) Verkaufsförderung,
(5) Öffentlichkeitsarbeit
(6) Produktbegleitende Dienstleistungen
(7) Feldstudien.

In den üblichen Aufschlüsselungen der Herstellerabgabepreise eines Arzneimittels werden nur Angaben über zwei der fünf Positionen gegeben. Auf die ***"Werbung"*** entfallen demnach 4,2 v.H. und auf die ***"Wissenschaftliche Information"*** 12,3 v.H. des Herstellerabgabepreises eines Arzneimittels (vgl. o.V., 1991, Die Zahlen der Pharma-Industrie, S. 2).

Der ***wissenschaftlichen Information*** kommt die Aufgabe zu, die Marktpartner, insbesondere die Ärzte, über die erklärungsbedürftigen Medikamente zu unterrichten. Dargestellt werden z.B. die Zusammensetzung, die Anwendungsgebiete und die zu erwartenden Nebenwirkungen neuer Entwicklungen. Diese Aufgabe ist im Sinne des sicheren Umgangs mit Arzneimitteln unverzichtbar.

Der Übergang zur ***Werbung*** ist fließend (vgl. zur Sprachregelung Kapitel D.1.4.3). Aufgabe ist hier insbesondere, die Akzeptanz der Präparate zu sichern, den Arzneimittelinformationen den Zugang zu den Marktpartnern zu ermöglichen und die erwünschte Marktposition zu erreichen und zu festigen.

Obwohl die Mitarbeiter des Pharma-Außendienstes[18] nur den Arzt informieren, also keine Vertragsabschlüsse tätigen, wird dennoch diese Funktion als Verkauf gesehen und vom ***"Persönlichen Verkauf"*** gesprochen (vgl. dazu Rohrbacher, 1988, S. 140).

Verkaufsförderung bezeichnet die spezielle persönliche oder unpersönliche Ansprache des Arztes zur kurzfristigen Steigerung der Verschreibungen (vgl. dazu Gehrig, 1987, S. 27). Hier sei kritisch angemerkt, daß viele Aktivitäten der Pharma-Kommunikation aufgrund ihrer Kurzfristigkeit Züge der Verkaufsförderung aufweisen. Es handelt sich

---

18 Mindestqualifikation: geprüfter Pharma-Referent, IHK.

um sogenannte "Schnellschüsse aus der Hüfte", und nicht um konsequent aus den strategischen Unternehmenszielen abgeleitete Aktivitäten.

Der ***Öffentlichkeitsarbeit*** kommt die Aufgabe zu, für ein positives Klima im Umfeld des Unternehmens zu sorgen. Die PR-Aktivitäten auf dem Pharma-Markt unterscheiden sich nur wenig von den bekannten Konsumgüter-Maßnahmen. Es geht dabei in erster Linie darum, Vertrauen in das Unternehmen und seine Produkte zu wecken bzw. zu bestätigen.

Bei ***produktbegleitenden Dienstleistungen*** handelt es sich z.B. um Patientenpässe und -broschüren zur Steigerung der Compliance[19]. Diese Aktivitäten sollen die Anwendung der Präparate erleichtern.

Als letzte Erscheinungsform seien die ***Feldstudien (Drug-Monitoring)*** genannt. Hier handelt es sich um Anwendungsbeobachtungen unter aktiver Mitwirkung des behandelnden Arztes. Anderen Einteilungen zufolge kann die Erscheinungsform "Feldstudie" auch als Instrument der Pharma-Kommunikation angesehen werden (vgl. dazu Kapitel B.2.3.9).

Pitt und Nel zeigen durch eine aktuelle empirische Studie, welchen Einfluß die einzelnen Instrumente auf die Verschreibungen des Arztes haben (vgl. Pitt und Nel, 1988, S. 10 ff.). Demnach sind für die Verordnungen die persönlichen Erfahrungen mit dem Produkt und die Gespräche mit anderen Ärzten wichtiger als die kommunikativen Aktivitäten der Pharma-Industrie.[20] Zu bedenken ist dabei jedoch, daß eine anteilsmäßige Zurechnung einzelner Faktoren in dem Wirkungsgeflecht mit Schwierigkeiten verbunden ist. Letztlich ist das richtige ***Kommunikations-Mix*** entscheidend, wobei

---

19 "Compliance" bezeichnet die Befolgung der ärztlichen Anweisungen, z.B. die genaue Einhaltung der vorgegebenen medikamentösen Dosierungen (vgl. Phillips, 1988, S. 51 ff.).

20 Verschiedene Pharma-Unternehmen nutzen ähnliche Erkenntnisse bereits seit längerer Zeit. Symposien z.B. sollen die Ärzte zur Beschäftigung mit dem Präparat ermuntern. Zu den Veranstaltungen werden bevorzugt Meinungsführer verpflichtet beziehungsweise eingeladen.

alle kommunikativen Aktivitäten den spezifischen Rahmenbedingungen des jeweiligen Marktsegmentes unterworfen sind.[21]

2.3 Instrumente zur Ansprache der Ärzte

Im folgenden werden die wichtigsten Instrumente zur Ansprache der niedergelassenen Ärzte diskutiert. Die empirisch gewonnene Rangfolge der Instrumente aus der Sicht von Marketingleitern kann Kapitel D.1.4.4 entnommen werden.

2.3.1 Pharma-Referenten

Die Funktion des Außendienstes im ethischen Pharma-Markt (Pharma-Berater) darf seit dem 24. August 1976 aufgrund des "Gesetzes zur Neuregelung des Arzneimittelrechts" nur noch durch Personen ausgeübt werden, die entsprechende Sachkenntnis besitzen (vgl. § 75 Abs. 1 AMG). Dazu zählen nur Kräfte, die einem der im Gesetz genannten Berufe angehören (vgl. § 75 Abs. 2 AMG) oder sich einer Fortbildung zum geprüften Pharma-Referenten unterzogen haben (vgl. § 75 Abs. 2, Satz 3 AMG).[22] In der Mehrzahl sind ***Pharma-Berater*** (Synonym: Ärztebesucher) überwiegend geprüfte ***Pharma-Referenten*** (vgl. BPI, 1986 a, S. 147). Akademische Pharma-Berater sind besonders erfolgreich, da sie ihr Wissen dem Arzt sehr glaubwürdig vermitteln können (vgl. Chemnitz, Hornthal, Wagner, 1991, S. 62).

---

21 Vgl. zu den Einflußgrößen auf den Erfolg eines Präparates die empirische Untersuchung von Nemetz (1989, S. 253).

22 Details der Fortbildung mit abschließender Prüfung vor der Industrie- und Handelskammer sind in der "Verordnung über die berufliche Fortbildung zum geprüften Pharma-Referenten" vom 2. Mai 1978 (Bundesgesetzblatt I, 1978, S. 600) geregelt.

Die meisten Pharma-Unternehmen nutzen diese persönliche, aber kostenintensive[23] Ansprachemöglichkeit des Arztes, da es sich bei Arzneimitteln besonders in der Markteinführungsphase um sehr beratungsintensive Produkte handelt (vgl. Hahn, 1983, S. 93). Jedoch ist auch für ein gut eingeführtes Präparat die persönliche Erinnerung beim Arzt erfahrungsgemäß unverzichtbar.[24] Neben der Informationsübermittlung an den Arzt besteht nach § 76 Abs. 1, Satz 2 AMG eine weitere Pflicht des Pharma-Beraters darin, Hinweise von Angehörigen der Heilberufe über Nebenwirkungen und Gegenanzeigen oder sonstige Risiken bei Medikamenten dem Auftraggeber schriftlich mitzuteilen. Diese Aufgabe ist von besonderer Bedeutung für die Arzneimittelsicherheit und den pharmakologischen Fortschritt. Außerdem erfüllt der Pharma-Berater eine Vermittlungsfunktion im Rahmen der Ärztefortbildung. Er gibt z.B. Hinweise auf Veranstaltungen und nimmt Anforderungen im Rahmen des Literaturservices entgegen (vgl. BPI, 1986b, S. 151). Es bietet sich an, daß die Pharma-Referenten die Ärzte ihres Gebietes auf den Veranstaltungen persönlich betreuen. Dies stärkt die Bindung und dürfte zudem spätere Besuche des Referenten in der Praxis erleichtern. Schwarz weist auch auf die außerordentliche Bedeutung des Pharma-Außendienstes für die Beobachtung der Konkurrenz-Aktivitäten hin. Vermehrte Besuche der konkurrierenden Referenten könnten z.B. auf eine Neueinführung hinweisen (vgl. Schwarz, 1988, S. 160 ff.).

In der Regel handelt es sich um unternehmensinterne Außendienststäbe. Jedoch kann auch auf selbständige Full-Service-Dienstleister zurückgegriffen werden (vgl. z.B. das Angebot der Linas GmbH, Arzt-Beratung, Heuchelheim, 115 Mitarbeiter). Nach einer Kienbaum-Studie sind 45 v.H. der Pharma-Referenten weiblich (vgl. Aleweld, 1991, S. 21).

---

23 Auch wenn die Gehälter im Pharma-Außendienst nach einer Studie der Kienbaum Vergütungsberatung etwas unter dem Durchschnitt aller Branchen liegen, ist der finanzielle Aufwand bereits für einen Pharma-Referenten erheblich. So verdient ein "Top"-Außendienstmitarbeiter ca. DM 84.000 jährlich (vgl. Etten, 1988, S. 12, vgl. Aleweld, 1991, S. 18). Werden diesem Betrag die Lohnnebenkosten und geldwerte Vorteile, wie z.B. der Firmenwagen, hinzugerechnet und anschließend mit der Zahl der Außendienstmitarbeiter multipliziert, so wird deutlich, warum dieses Instrument das Kommunikations-Budget so erheblich belastet. Die Aufwendungen für einen Gebietsleiter sind entsprechend höher.

24 1986 standen den ca. 15.000 Pharma-Beratern die ungefähr dreifache Anzahl von Ärzten gegenüber (vgl. Fischer, 1986, S. 22). Haid spricht von 12.000 Pharma-Beratern (vgl. Haid, 1990, S. 207). Bedingt durch die Einheit Deutschlands wird diese Zahl steigen. Längerfristig ist aufgrund der starken Kostenbelastung eher mit einer Reduzierung der Zahl der Pharma-Referenten zu rechnen (vgl. Haid, 1990, S. 207).

Im Mittelpunkt stehen Fragen der Auswahl (vgl. Hamann, 1985, S. 125 ff., vgl. Chemnitz, Hornthal, Wagner, 1991, S. 58 ff.), Schulung (vgl. Clouth, 1988, S. 247 ff., Chemnitz, Hornthal, Ickert, 1986, S. 200 f., Altenstrasser, 1985, S. 6 ff.) und Steuerung (vgl. Lavrentz, 1988, S. 210 ff., Hitschmann, 1987, S. 168 ff., Girkinger, 1987, S. 127 ff.) des Pharma-Außendienstes. Durch das GRG verursachte Einsparungszwänge haben zu einer Wiederbelebung der Diskussion um ***Außendienst-Kooperationen*** zwischen verschiedenen pharmazeutischen Herstellern geführt (vgl. Birkner, 1980, S. 29 ff.). Aber nach wie vor gilt: Auch wenn der Arzt seltenere Berater-Besuche schätzt und die Kooperation kostensenkend wirkt, führt die Zusammenarbeit doch zu einer geringeren Aufmerksamkeit des Arztes für das einzelne Unternehmen.

Jeder Pharma-Referent steht vor dem Problem, die Kompetenzbarriere zum Arzt zu überwinden (vgl. dazu Hagen, Hagen, Hummert, 1988 b, S. 252 ff.). Besonders bei den ersten Kontakten herrscht auf beiden Seiten oftmals Furcht vor der Kenntnis des anderen. Der Arzt hat zwar i.d.R. die tiefergehende akademische Ausbildung, auf der anderen Seite kann der Pharma-Berater in seinem Bereich die aktuelleren pharmakologischen Erkenntnisse besitzen, die ihm seine hauseigene Medizinisch-Wissenschaftliche-Abteilung in extrahierter Form vorbereitet hat. Die Aufdeckung von Wissensdefiziten kann beim Arzt zur Verunsicherung und psychischen Konflikten führen mit der Folge, daß er sich diesen negativen Empfindungen durch Abbruch des Gespräches entzieht.[25] Daher muß gleich zu Beginn festgelegt werden, auf welchem Niveau der Arzt das Gespräch führen möchte, z.B. praxisbezogen oder lieber wissenschaftlich (vgl. Hagen, Hagen, Hummert, 1988b, S. 254). Das setzt voraus, daß der Pharma-Berater die Kenntnisse und die Fähigkeiten besitzt, sich auf die jeweiligen Wissensansprüche und die Person des Arztes einzustellen. Vom Pharma-Referenten auswendig gelernte Sätze, sogenannte "Strebel", sind nicht geeignet, ein fruchtbares Gespräch unter Experten zu ermöglichen. Deshalb wird in der Praxis auch zwischen ***drei Beratergruppen*** unterschieden:

1. Referenten, die sich auf jegliche Arzt-Persönlichkeit flexibel einstellen können, also auch auf unterschiedliche private Interessen,
2. Referenten, die sich nur in einem begrenzten Themenbereich auf die Ärzte einstellen können,
3. Referenten, die nur mit Ärzten harmonieren, die ihnen interessenmäßig ähneln.[26]

---

25 Etwaige Dissonanzen kann der Arzt durch Nutzung anderer Informationsquellen oder Verdrängung zumindest abschwächen (vgl. Hagen, Hagen, Hummert, 1988b, S. 253).

26 Mündliche Expertenauskunft (vgl. zur Ärztetypologisierung auch Kapitel C.3 und D.2).

Die Ärzteschaft bezeichnet 40-70 v.H. (je nach Facharztgruppe) der Kontakte mit Pharma-Beratern als unbefriedigend (vgl. Hummert, Hagen, Hagen, 1987, S. 17). Die 1987 eingeführte Beschränkung der Musterabgabe auf zwei Muster eines Fertigarzneimittels je Arzt und Jahr in der kleinsten Packungsgröße durch das zweite Gesetz zur Änderung des AMG (vgl. BGB1. I, S. 1296, vom 16. Aug. 1986) dürfte die Akzeptanz in der Ärzteschaft weiter verschlechtert haben. Dies ist als erheblicher Eingriff in das Berater-Arzt-Verhältnis zu werten. In einer Studie des MKM-Instituts, München, gaben 36 v.H. der befragten Ärzte an, daß Ärztemuster bei ihrer Entscheidung, den pharmazeutischen Außendienstmitarbeiter zu empfangen, eine große bis mittlere Rolle spielen (vgl. Rink, 1985, S. 59).

Die Schwierigkeit für den Pharma-Referenten, die Aufmerksamkeit für einige Minuten erfolgreich zu binden und das Gespräch über das Niveau einer Abgabe von Werbemitteln, Werbehilfen und Mustern zu heben, kann nur gelingen, wenn dem Arzt ein persönlicher Nutzen geboten wird. Dieser kann in der Vermittlung wissenschaftlicher Präparate-Informationen bestehen. An Wichtigkeit gewinnen in Zeiten steigender Ärztezahlen Fragen des Praxismarketing, der Praxisorganisation und des Computereinsatzes in der Arztpraxis (vgl. dazu auch Kapitel D.3). Von Bedeutung ist selbstverständlich auch der Anspruch des Arztes auf Unterhaltung. Der Ehrgeiz, möglichst viele Ärzte in kurzer Zeit zu bearbeiten, steht verständlicherweise in krassem Widerspruch zum Aufbau einer erfolgreichen Partnerschaft (vgl. Hagen, Hagen, Hummert, 1988a, S. 111).

Das wichtigste Instrument des Pharma-Referenten in der Gesprächssituation ist der **Sales-Folder**, oftmals auch Argumentationshilfe genannt. Zumeist auf Hochglanzpapier werden die entscheidenden Informationen zum Verständnis und zur späteren Erinnerung aufgeführt. Dabei werden Permanent-Sales-Folder, die der Pharma-Berater nach dem Gespräch wieder mitnimmt, von Abgabe-Sales-Foldern unterschieden (vgl. o.V., 1979, S. 220). Maitland und Eckert (vgl. 1979, S. 226 f.) weisen auf die Notwendigkeit hin, vor dem Einsatz in der Praxis einen Folder-Pretest durchzuführen. Sie empfehlen den kombinierten Einsatz von Beobachtungsverfahren und Erinnerungstests.

2.3.2 Fortbildungsveranstaltungen und Symposien

Ein weiterer wichtiger Bestandteil im Kommunikations-Mix pharmazeutischer Hersteller ist die ***Ärztefortbildung***. Dieses Instrument sollte nicht nur operativ eingesetzt werden, sondern ein fester Bestandteil der strategischen Unternehmensleitlinien sein (vgl. Wilkes, Fortbildung, 1986, S. 39). Das Unternehmen sollte den Ärzten alle Informationen zukommen lassen, die in dem betreffenden Indikationsbereich diskutiert werden. Diese Hinweise sind im übertragenen Sinne "die Software", um der Hardware "Arzneimittel" in der Hand des Arztes die entsprechend positive Wirkung zu verleihen.

Die überwiegende Mehrheit an Veranstaltungen hat ***präparate- und/oder indikationsspezifische Schwerpunkte***.[27] Daneben werden heute aber auch Veranstaltungen angeboten, die z.B. ***das Praxis-Management, die Liquiditätsberatung oder die Einrichtung von Arzt-Computern*** zum Inhalt haben.[28] Auf diesem Gebiet besteht ein zunehmender Beratungsbedarf, da der Konkurrenzdruck zwischen den Ärzten aufgrund steigender Ärztezahlen und abnehmender Patientenzahlen[29] weiter anwachsen wird (vgl. Busch und Hummert, 1987, S. 178 f.).

Die Veranstaltungen werden entweder von einzelnen Firmen, von mehreren Herstellern gemeinsam oder von Verbänden der Ärzte getragen.[30] Dabei ist jedoch zu beachten, daß letztere wieder zum größten Teil von Pharma-Unternehmen gesponsert werden. Nach Angaben von Pöhnl bilden die Angebote von ca. 30 pharmazeutischen Produzenten den Kern der ärztlichen Fortbildung (vgl. Pöhnl, 1986, S. 1).

---

27 Auf besondere Akzeptanz bei den Ärzten stoßen Veranstaltungen, bei denen nicht nur ein Präparat zu einem Themengebiet erläutert wird, sondern mehrere Hersteller gemeinsam für Markttransparenz sorgen (vgl. Pöhnl, 1986, S. 4).

28 Weitere Themen nennt Sutthoff (1986, S. 198).

29 Dieses ist aufgrund des langfristigen Bevölkerungsrückgangs in der Bundesrepublik Deutschland zu erwarten.

30 Die Angebote weiterer Dienstleister, z.B. Versicherungen und Praxis-Einrichter, sollen hier nicht betrachtet werden, da es sich dabei nicht um Kommunikation pharmazeutischer Hersteller handelt.

Im Rahmen der Ärztefortbildung sind ***zwei grundlegende Arten von Veranstaltungen*** zu unterscheiden (vgl. Kuhlmann, 1985, S. 96):

1. Großveranstaltungen, wie z.B. Symposien,
2. Kleinveranstaltungen, wie z.B. Workshops, Experten-Gespräche, Beratungsklausuren und Round-Table-Gespräche.

Dabei zeichnen sich die Kleinveranstaltungen im Gegensatz zu den Großveranstaltungen, bei denen i.d.R. nur eine eingleisige Kommunikation des Vortragenden möglich ist, durch eine mehrgleisige, interaktive Kommunikation aus.

Besonders die mehrtägigen Veranstaltungen umfassen auch einen ***unterhaltsamen Teil***. Den Ärzten werden z.B. Besuche bei Theater-, Konzert- und Sportveranstaltungen sowie Aufenthalte in reizvollen Landschaften geboten. Wichtig dabei ist, daß die Art des Beiprogramms den Selbstbildern und Lebensstilen der umworbenen Ärzte angepaßt ist.

Die Fortbildungsveranstaltungen zeichnen sich dadurch besonders aus, daß die Ärzte aktiv die sie interessierenden Veranstaltungen auswählen können und daher die Informationsvermittlung in einem atmosphärisch positiven Klima stattfinden dürfte. Außerdem ist eine intensive Auseinandersetzung mit dem Fortbildungsinhalt zu erwarten, wenn den Ärzten Möglichkeiten zur aktiven Mitwirkung gegeben werden (vgl. Kuhlmann, 1985, S. 96). Die hohe Aktivierung der Teilnehmer in Kleingruppenveranstaltungen führt in der Verschreibungssituation zu einer stärkeren Erinnerung an die Präparate, ihre Eigenschaften und den Namen des Herstellers (vgl. Heuer, 1986, S. 14).

Eine Fortbildungsveranstaltung ist dann besonders notwendig, wenn neue Präparate in einem stark besetzten Marktsegment eingeführt werden sollen und wenn der Hersteller in Zukunft auch Präparate eines völlig neuen Indikationsgebietes vertreiben möchte (vgl. Heuer, 1986, S. 14).

Es sei abschließend darauf hingewiesen, daß Fortbildungsveranstaltungen für Ärzte mit hohen Kosten verbunden sind und daß derartige Aktivitäten lange vor Veranstaltungsbeginn geplant werden müssen (oftmals ein Jahr). Boros und Mergel zeigen in ihrer Checkliste zur Planung und Durchführung eines Ärzte-Symposiums 95 Punkte auf, die zwingend zu beachten sind, damit die Veranstaltung zu einem Erfolg werden kann (vgl. Boros und Mergel, 1980, S. 64 f.).

2.3.3 Anzeigen in Ärztezeitschriften

Nach einer Untersuchung des Instituts "IVE-Research-International, Hamburg" im Rahmen der LA-MED 1990 bevorzugen niedergelassene Ärzte im allgemeinen für medizinische Informationen Fachzeitschriften (vgl. LA-MED 1990, o.S.). In den meisten Zeitschriften haben die Pharma-Hersteller die Möglichkeit, für ihre Präparate zu werben und Beilagen oder Einhefter zu verwenden. Die Größe der Exponate variiert i.d.R. von einer viertel bis zu zwei Seiten, wobei farbige, ganzseitige Anzeigen am häufigsten vertreten sind. Die Veröffentlichungen müssen gemäß § 4 Abs. 1 HWG die vorgeschriebenen Pflichtinformationen enthalten.

Die 27 meistgelesenen, überregionalen Ärztezeitschriften und -zeitungen liegen mit ihrer LpA-Reichweite auf einem hohem Niveau. Das Deutsche Ärzteblatt nimmt nach der LA-MED 1990 bei den niedergelassenen Praktikern und Internisten mit einem LpA-Wert von 70,6 v.H und einem K_1-Wert von 84,0 v.H. die Spitzenposition ein.[31] Interessant ist, daß Titel, die sich auch bzw. überwiegend mit privaten Interessen der Ärzte beschäftigen, überdurchschnittliche Reichweitenwerte verzeichnen können (z.B. Nr. 3: Ärztliches Reise & Kultur Journal - 42,7 v.H., Nr. 5: Gourmed - 40,7 v.H., Status für Ärzte - 34,0 v.H). Überragende Werte erreichten die regionalen Standesblätter (z.B. Nr. 1: Saarländisches Ärzteblatt - 100 v.H., Nr. 2: Hamburger Ärzteblatt - 91,4 v.H.) Der Tausendleserpreis beträgt für eine ganzseitige s/w-Anzeige ca. DM 300,--, für eine entsprechende vierfarbige Anzeige ca. DM 500,-- (vgl. auch Wenzel, 1990, S. 16).

Täglich werden den Ärzten verschiedene Zeitschriften und Zeitungen zugesandt. Aufgrund der Informationsüberlastung (vgl. dazu Kapitel C.1.3) ist der Arzt nicht mehr in der Lage, das gesamte Informationsangebot zu nutzen. Die Kommunikationsbedingungen lassen sich weiter durch eine zunehmende Marktsättigung auf vielen Indikationsgebieten beschreiben. Die Präparate sind ausgereift, die Anbieter unterscheiden sich vielfach kaum voneinander, der Arzt greift bei seinen Verordnungen auf be-

---

31 Der K_1-Wert zeigt die durchschnittliche Leserschaft einer Zeitschrift auf der Basis des weitesten Leserkreises an, wobei diese vom Erscheinungsintervall des Werbeträgers abhängt und alle Personen umfaßt, die zumindest eine der letzten zwölf Ausgaben gelesen haben. Der LpA-Wert (Leser pro Ausgabe) definiert ebenfalls die Leserschaft einer durchschnittlichen Ausgabe. Dieser Kennzahl liegt jedoch ein aufwendigeres empirisches Vorgehen zu Grunde (vgl. Nieschlag u.a., 1988, S. 529 f.).

währte Präparate zurück und berücksichtigt nur wenige Schlüsselinformationen (vgl. C.1.2). Dieses Faktoren führen zu der bekannten ***Low-Involvement-Situation*** (vgl. dazu C.4.2.2), der sich die Pharma-Kommunikation zu stellen hat. Die pharmazeutischen Hersteller kommen in dieser Situation nicht umhin, die Anzeigen mit stilgerechten aktivierenden Stimuli zu versehen. Eine gute Möglichkeit bietet hier die emotionale Ansprache und insbesondere die ***Vermittlung emotionaler Erlebniswerte***, wobei folgende Bedingung gilt: ***"Es muß zwischen den aktivierenden Stimuli und der zentralen Aussage eine Beziehung aufgebaut werden, die zur Verständlichkeit und Glaubwürdigkeit beiträgt und gleichzeitig einer möglichen Ablenkungsgefahr begegnet"*** (Weinberg, 1989, S. 216, vgl. dazu ausführlicher Kapitel B.5).

2.3.4 Direct-Mailings

Im Bereich des Direct-Marketing wird die ***Informationsüberlastung*** (vgl. dazu C.1.3) der Ärzte besonders deutlich. Jede Woche bekommt ein niedergelassener Arzt "kiloweise" Werbematerial zugesandt. Neben den Direct-Mailings der Pharma-Hersteller, der Medizintechnik-Anbieter und der einschlägigen Verbände sowie den Zeitschriften der pharmazeutischen Verlage erhalten die Ärzte als finanzstarke Zielgruppe auch allgemeine Werbesendungen, die jedem Unternehmer zugesandt werden.[32] Alles in allem empfängt jeder praktische Arzt täglich etwa 35-55 Sendungen per Post (vgl. Schrader, 1985, S. 17).

Direkt-Mailings werden verschickt, um z.B. auf Messen und Ausstellungen, Fortbildungsveranstaltungen, neu entwickelte Präparate und zusätzliche Anwendungsgebiete bewährter Medikamente aufmerksam zu machen.

Eine übliche ***Direkt-Sendung*** besteht aus folgenden Komponenten (vgl. Schneider, 1978, S. 218):

1. Dem Werbebrief,
2. Dem Prospekt,
3. Der vorbereiteten Antwortmöglichkeit,
4. Der Briefhülle,
5. Wenn möglich: Einem Nachfaßbrief.

---

32 Angeboten werden z.B. Einrichtungsgegenstände, Verbrauchsmaterialien, Fortbildungskurse jeder Art, aber auch Kapitalanlagemöglichkeiten, Immobilienprojekte.

In vielen Fällen wird die eingehende Post von den Arzthelferinnen vorselektiert. Auch beim besten Willen sind die Ärzte nicht in der Lage, sämtliche Schreiben aufmerksam zu lesen. Der größte Teil der Sendungen der pharmazeutischen Hersteller dürfte daher ungeöffnet weggeworfen werden (vgl. Fischer, 1987, S. 8).[33] Aus diesem Grunde ist es von besonderer Wichtigkeit, die Reaktionen der Ärzte im Rahmen des ***Database-Management*** zu speichern. Ärzten, die üblicherweise nicht auf Direkt-Sendungen reagieren, können die Sendungen dann z.B. telefonisch angekündigt oder generell andere Kommunikationswege genutzt werden. Es dürfte jedoch keinen Sinn haben, die Informationsmeidung zwar zu vermuten, den Arzt aber weiterhin mit für ihn offensichtlich uninteressanten Informationen zu überschwemmen, da dadurch unter Umständen sogar Reaktanz ausgelöst wird.

2.3.5 Messen und Ausstellungen

Pharma-Ausstellungen und -Messen haben nicht die Aufgabe, direkt zu verkaufen. Es gilt vielmehr, den Verordner von den eigenen medizinischen Leistungen zu überzeugen, ihn mit Neuheiten bekannt zu machen und eine positive emotionale Stimmung zu erzeugen, die z.B. dem Pharma-Referenten die späteren Besuche in der Praxis des Arztes erleichtern kann und auf entsprechende Verschreibungen in der Verordnungssituation hoffen läßt.

Die Messen und Ausstellungen haben sich in ihrem Charakter stark verändert. Vor Jahren noch nutzten die Ärzte Ausstellungen insbesondere, um sich mit möglichst vielen Ärztemustern zu versorgen. Die Muster-Abgabebeschränkung durch das AMG hat dazu geführt, daß die Ärzteschaft heute verstärkt nach Kollegen und Gesprächspartnern aus der Industrie Ausschau hält, um ihre konkreten Fragestellungen mit ***kompetenten Dialogpartnern*** zu diskutieren (vgl. Rahner, 1987, S. 763). Der zuständige Pharma-Referent sollte dabei nur die Funktion haben, den Kontakt zu den jeweiligen Experten und Kollegen auf dem Stand zu vermitteln, da seine Argumente dem Arzt zur Genüge bekannt sein sollten (vgl. Rahner, 1987, S. 763). Der persönliche Kontakt mit wissenschaftlichen Meinungsführern und betrieblichen Forschungs- oder Vertriebsleitern kann ***Vertrauen zu den Unternehmensaktivitäten*** schaffen.

---

33 Schneider meint, daß nur 5 v.H. der eingehenden Mailings vom Arzt gelesen werden (vgl. Schneider, 1977, S. 138).

Auf Messen werden vielerlei Kommunikationsziele erfüllt: Neben wissenschaftlicher Information und Werbung für die Präparate kann die PR-Abteilung mit wenig Aufwand eine effektive Öffentlichkeitsarbeit betreiben, da Presse, Funk und Fernsehen zu derartigen Anlässen sehr an Informationen über die Unternehmen und ihre Präparate interessiert sind (vgl. Schober, 1988, S. 401 f., Terheggen, 1988, S. 528 f.).

Messe-Kommunikation ist jedoch mit sehr hohen Kosten für Stand-Gestaltung und -Miete verbunden. Die Kontaktkosten pro Zielperson sind zwar nicht so hoch wie bei einem Praxis-Besuch eines Pharma-Referenten, jedoch wesentlich höher als bei Schaltung einer Anzeige in Fachzeitschriften. Dafür sind die Kontakte auf Messen im allgemeinen von höherer Qualität (vgl. Mortsiefer, 1990, S. 18 ff.).[34] Nicht zuletzt aufgrund der hohen Kosten sollte die "Messe-Mannschaft" aus ***kommunikationsfreudigem, geschultem Personal*** bestehen, das nicht aufgrund des Kriteriums "Verfügbarkeit" kurzfristig zusammengestellt wird (vgl. Rasche, 1989, S. 616). Der Erfolg einer Messebeteiligung ist in hohem Maße abhängig von einer durchdachten Messe-Vorbereitung und -Nacharbeit (vgl. Naumann, 1990, S. 73 ff., vgl. Tietz, 1990, S. 101 f.). So sollten auf der Messe geknüpfte Kontakte mit den Ärzten durch gezielte Informationen von der medizinisch-wissenschaftlichen Abteilung und/oder den zuständigen Pharma-Referenten vertieft werden. Die weiterhin interessierten Ärzte können dann zur nächsten Messe gesondert eingeladen werden.

Pharma-Ausstellungen sind i.d.R. mit medizinisch-wissenschaftlichen Kongressen und ärztlichen Fortbildungsveranstaltungen verknüpft.

2.3.6 Video-Einsatz

Es gibt heute Hunderte von rein medizinisch-wissenschaftlichen Video-Produktionen, die zum Teil auch von Pharma-Unternehmen hergestellt werden. Der übliche Einsatz der Videobänder zur Ansprache der Ärzte ist jedoch die ***Einbindung von Werbespots*** in Fortbildungs-Cassetten. Nach der Besprechung eines aktuellen Symposiums, z.B.

---

34 Beispiel: Der ärztliche Fachbesucher trifft auf seinen zuständigen Pharma-Referenten und/oder auf den Leiter der Forschungs- und/oder auf einen Verantwortlichen der medizinisch-wissenschaftlichen Abteilung.

zum Thema Kreislaufbeschwerden, werden Werbeeinblendungen für Präparate dieser Indikationsgruppe geschaltet.

Daneben gibt es auch Video-Programme, die gänzlich von einem Unternehmen hergestellt werden. Die Kosten für ein solches eigenständiges Programm sind immens; nur wenige große Unternehmen nutzen daher diese Kommunikationsmöglichkeit.

Über eine neuartige dritte Möglichkeit berichtet Ward aus Kanada (vgl. Ward, 1985, S. 20 ff.). Der einzigartige Kommunikationsvorteil des Herstellers (International Therapeutics Update Ltd.) liegt darin, daß nur ***Produktinnovationen*** vorgestellt werden. Teilnehmer eines Ärzte-Panels diskutieren neue Produkte, die gerade in den Markt eingeführt wurden oder kurz vor der Einführung stehen. Die Kassetten werden kostenlos zur Verfügung gestellt, wobei 37 v.H. der kontaktierten Ärzte die Videos nutzen. Als Ergänzungen werden schriftliche Kurzzusammenfassungen der Inhalte versandt. Diese sollen den Ärzten die Orientierung erleichtern und Interesse wecken. Von der schnellen Information profitieren nicht zuletzt die Patienten, die auf neue medikamentöse Therapien angewiesen sind. In einer weiteren Variante wird an etablierte Präparate erinnert, die vom Pharma-Außendienst nur wenig beachtet werden. Die Filme lenken die Aufmerksamkeit z.B. auf neue Indikationen für diese bewährten Arzneien (vgl. Ward, 1985, S. 21).

Zukunftsweisend sind ***interaktive Videos (Bildplatten)***, die u.a. ihre Informationen nach dem jeweiligen Wissensstand des Benutzers richten. Diesem dynamischen Trainingsinstrument dürfte die Zukunft gehören, da es den Arzt aktiv in die Wissensvermittlung einbezieht (vgl. dazu Ward, 1985, S. 21). Die ***amerikanische Bayer-Tochter Miles*** hat sehr gute Erfahrungen in 300 führenden Kliniken (Teaching hospitals) gesammelt, die sie mit stationären Laser-Bildplattenspielern ausstattete (vgl. Schlüter, 1984, S. 13). Miles Pharmaceuticals hat die Benutzerfreundlichkeit durch den Einsatz von ***"Touchscreen-Systemen"*** erheblich gesteigert. Der Arzt kann durch eine einfache Fingerberührung des Monitors mit dem Programm in einen Dialog treten (vgl. Stewart, 1985, S. 219). Ähnlich gute Akzeptanzwerte erreicht die ***Pfizer GmbH*** in Karlsruhe, die ***mobile interaktive Bildplattensysteme*** in interdisziplinären Workshops einsetzte, die von Pharma-Referenten des Unternehmens geleitet wurden (vgl. Schlüter, 1984, S. 13, Specht, 1989, S. 190).

Besonders interessant für die wissenschaftliche Fortbildung von Ärzten ist auch die Möglichkeit für Pharma-Unternehmen, ***Live-Video-Konferenzen*** zu nutzen. Auf diese Weise besteht z.B. die Möglichkeit, aus dem Konferenzsaal in Europa eine neue Behandlungsalternative in den USA zu beobachten und den agierenden Arzt zeitgleich aus dem Konferenzsaal in Europa heraus zu befragen (vgl. o.V. Video-Sprechstunde, 1989, S. 45).

Die den Ärzten zugesandten Video-Kassetten werden stark genutzt. Manche Bänder werden archiviert umd mehrmals betrachtet. Die Ärzte neigen aber dazu, die Kassetten "zu stapeln" und dann in ihrer Gesamtheit anzuschauen, wenn innerhalb kurzer Zeit mehrere Kassetten ins Haus kommen (vgl. Boguslawski 1986, S. 194). Dem Medium "Pharma-Video" kommt entgegen, daß Videogeräte heutzutage nicht nur in den meisten Haushalten zum Standard gehören, sondern auch schon in vielen Arztpraxen vorhanden sind. Eine Ärztebefragung aus dem Jahre 1986 ergab, daß 72 v.H. der befragten Ärzte in Video-Magazinen einen ernsthaften Bestandteil der Fortbildung sehen. 28 v.H. verstehen diese Videos eher als informative Unterhaltung (vgl. Boguslawski, 1986, S. 196). Eine andere Studie (Infratest) ergab, daß 94 v.H. der befragten Ärzte die Video-Fortbildung positiv beurteilen (vgl. o.V., 1986, Video-Arzt, S. 23).

Die Gefahr für das kommunizierende Unternehmen bei der Nutzung von Video-Spots ist darin zu sehen, daß der Arzt durch ***Video-Speeding*** (vgl. dazu Brockhoff, Dobberstein, 1989, S. 30), also durch das schnelle Vorspielen der Werbespots zur Vermeidung von Werbekontakten, dem Werbemittel ausweicht und nur die ihn interessierenden Fachbeiträge beachtet. Dieses Verhalten ist denkbar, weil es dem Selbstbild des Arztes entsprechen kann, auf der anderen Seite aber unwahrscheinlich, da "der Mensch im Arzt" auch ein Bedürfnis nach Unterhaltung hat. Gut gemachte aktivierende, emotionale Ansprachen dürften gerade in Video-Spots bleibende Wirkungen erzeugen.[35] Zur Gestaltung der Spots sollten Erkenntnisse der nonverbalen Kommunikation in der Fernsehwerbung genutzt werden. Bekmeier konnte überzeugend nach-

---

35 Brockhoff und Dobberstein zeigen folgende Möglichkeiten zur Werbegestaltung auf, dem Zapping-Problem, also der Vermeidung von Werbekontakten in elektronischen Medien (Brockhoff, Dobberstein, 1989, S. 27), zu entgehen: Stärkere Aktivierungskraft der Informationsdarbietung, Mini-Movies, Involvierung des Zuschauers durch Information und Promotion, Infomercials, kürzere Werbespots, Integration von Werbung und Programm, programmähnliche Werbung, Sponsorwerbung, Programme nur mit Werbung (vgl. dazu Brockhoff, Dobberstein, 1989, S. 35 f.).

weisen, daß "nonverbale Kommunikation in der Filmwerbung vor allem Vorteile bei der emotionalen Produktinszenierung bietet" (Bekmeier, 1989, S. 240).[36]

Zu beachten ist beim Einsatz der Video-Kommunikation, daß nach einer Entscheidung des ***Oberlandesgerichts München*** (vom 14. Juli 1988, 29U5092, 5232,87) ***die unentgeltliche Verteilung von Video-Fortbildungskassetten mit Werbeeinblendungen an Ärzte gegen § 7 HWG und § 1 UWG verstößt*** (vgl o.V., 1989, Wettbewerbsrecht, S. 197 ff.). Demnach dürfen solche kostenlosen Video-Kassetten der Ärzteschaft nur leihweise oder gegen eine Gebühr zur Verfügung gestellt werden, da ein wirtschaftlicher Vorteil in Form des Kassettenwertes (Überspielbarkeit) vorliegt (vgl. o.V., 1990, Wettbewerbsrecht, S. 200).

2.3.7 Telefon-Marketing

Seit Anfang der achtziger Jahre gewinnt in der Bundesrepublik Deutschland die Telefon-Kommunikation ständig an Bedeutung (vgl. Wiencke, 1986, S. 10). Besonders eignet sich dieses Kommunikationsinstrument, unrentable Außendienst-Besuche bei indikationsfremden Facharztgruppen und Ärzten mit geringem Verschreibungspotential zu ersetzen sowie zeitweise unbesetzte Außendienstbezirke zu unterstützen.

Diese ***dialogfähige Kommunikation*** zwischen Pharma-Herstellern und Ärzten dient meist präparatespezifischen Mitteilungen im Rahmen der Einführung neuer Präparate und zur Erinnerung an Altpräparate.[37] Andere Einsatzmöglichkeiten sind z.B. die Bekanntmachung von Ärzteveranstaltungen, Symposien und anderen Dienstleistungen des Pharma-Herstellers, die Entgegennahme von Literaturanforderungen, die Erhebung der Bekanntheit und Akzeptanz der Präparate, Plazierung und Betreuung von Anwendungsbeobachtungen bei niedergelassenen Ärzten, die Initialisierung von Musteranforderungen (vgl. Pharma-Consult, 1990 c, S. 2), die Vermittlung von Informationen zur Widerlegung falscher Meldungen in den Medien (vgl. Pharma-Con-

---

36 Dies verdeutlicht Bekmeier an einem vom Lehrstuhl für Absatz-, Konsum- und Verhaltensforschung der Paderborner Universität unter ihrer Regie erstellten Videospot für einen pharmazeutischen Markenhersteller.

37 Bei präparatespezifischen Informationen ist nach dem AMG zwingend zu beachten, daß dem Arzt in einem möglichst tagesaktuellen Schreiben die Pflichtinformationen zugänglich gemacht werden müssen (vgl. ausführlich Schweizer, 1988, S. 43).

sult, 1990 d, S. 11) oder auch nur die Vereinbarung fester Termine für den Pharma-Berater. Durch Telefonkontakt angekündigte Informationen (z.B. Mailings oder Video-Kassetten) erzielen weitaus höhere Aufmerksamkeit in der Zielgruppe (vgl. Hundertmark, 1986, S. 33). Zwischen 70 v.H. und 90 v.H. der Ärzte sind telefonisch zu erreichen und bereit, ein Gespräch zu führen (vgl. Preidel, 1987, S. 6). 80 v.H. der im ersten Kontakt erfolgreich angesprochenen Ärzte billigen eine weitergehende telefonische Betreuung (vgl. Preidel, 1987, S. 6).[38] Es scheint so, daß viele Ärzte einerseits in Marktforschungserhebungen angeben, den Telefonkontakt nicht sehr zu schätzen, aber ihn andererseits in vielen Fällen hinnehmen und im Sinn der Beeinflussungsquelle handeln (vgl. Wienke, 1989, S. 13).

Die Telefon-Kommunikation könnte noch wirksamer sein, wenn pharmazeutische Unternehmen in der Vergangenheit nur dann den Arzt informiert hätten, wenn "sie wirklich etwas mitzuteilen hatten".[39]

Die Vorteile des Telefon-Marketing gegenüber dem Einsatz von Pharma-Referenten liegen in der Unabhängigkeit von Tourenplänen, im Wegfall von Reise- und Wartezeiten und in der Möglichkeit, Gesprächshilfen[40] zu nutzen, die für den Gesprächspartner nicht sichtbar sind (vgl. Apfelbaum, 1985, S. 45), sowie in den vergleichsweise geringen Kosten.[41] Einer der Hauptnachteile ist darin zu erkennen, daß bei der telefonischen Kommunikation nur der akustische Kanal zur Informationsübermittlung verfügbar ist. Visuelle, olfaktorische, taktile, thermale und gustatorische Reize können den Empfänger nicht erreichen.[42] Daher ist auch die Mitteilung von Emotionen und komplizierten Zusammenhängen am Telefon nur in begrenztem Um-

---

38 Ähnliche Werte nennen Hundertmark (vgl. 1986, S. 33) und Meeder (vgl. 1985, S. 210).

39 Expertenauskunft.

40 Das können z.B. Gesprächsleitfäden und Argumentationsmatrizen für die Behandlung von Einwänden sein.

41 Ein Netto-Kontakt mit Nachfolge-Mailing kostet ca. DM 35,-- (vgl. Wienke, 1989, S. 16).

42 Vgl. zur Erläuterung der Kommunikationskanäle Weinberg (1986, S. 6).

fang möglich. Die Botschaften des Senders werden vom Empfänger oftmals falsch interpretiert (vgl. Jacob, 1985, S. 50).[43]

Ärzte schätzen dieses kostengünstige Instrument, da die Gespräche konzentrierter verlaufen als gewöhnliche Referenten-Besuche. In Kombination mit ***Database-Management*** ist es leicht möglich, individuelle Interessenlagen der Ärzte zu berücksichtigen. Bei der Speicherung dieser Daten sind aber zwingend Datenschutzbestimmungen zu beachten. Die Akzeptanz ist bei den Ärzten höher, wenn die telefonische Ansprache in ein umfassendes Kommunikationsprogramm eingebettet wird, das z.B. auch Referenten-Besuche und Ärzteveranstaltungen beinhaltet (vgl. Wiencke, 1986, S. 10).

Durch das AMG (vgl. § 75 Abs. 1) wird zwingend festgelegt, daß ***für fernmündliche Präparate-Informationsgespräche Pharma-Berater einzusetzen sind.*** Die Aktionen werden zumeist von ***externen Agenturen*** durchgeführt, die auf diese Aufgabe spezialisiert sind und von deren Erfahrung die Auftraggeber profitieren können (Bsp.: Mediplan in Willich, ca. 2.000 Arztgespräche pro Woche und Pharma Consult in Hamburg, ca. 1.000 Arztgespräche pro Tag, vgl. GSK, 1989, S. 71). Andere Möglichkeiten sind, die Telefonaktionen zentral vom Innendienst oder dezentral von Außendienstmitarbeitern des eigenen Unternehmens durchführen zu lassen (vgl. Pharma Consult, 1990 d, S. 10).

Eine beliebte Variante ist die Einrichtung einer ***"Hot-Line"*** für Ärzte.[44] Die aktive Rolle liegt hier beim Arzt. Teilweise zum Ortstarif können bei Experten des Unternehmens z.B. Auskünfte über neue Entwicklungen eingeholt und Fachliteratur angefordert werden (vgl. Fischer, 1986, S. 23). Wilkes weist auf die Möglichkeit hin, auf Kassetten gespeicherte ***kurze Experten-Statements (Meinungsführer)*** im Verlauf des Gespräches einzuspielen (vgl. Wilkes, 1980, S. 174). Gemäß seinen Erfahrungen lassen sich durch diese Variante besonders hohe Aufmerksamkeitswerte bei den Ärzten erzielen.

---

43 Z.B. können ironische und sachliche Fragen der Ärzte nicht immer eindeutig differenziert werden. Anbieten könnte sich auch eine zusätzliche Telefax-Übermittlung. Die schriftlichen Nachrichten werden dann telefonisch erläutert.

44 Für diese Dienstleistung gibt es die unterschiedlichsten Bezeichnungen, wie z.B. "Therapieservice".

2.3.8 Btx-Informationen

Der im Jahre 1983 von der Deutschen Bundespost eingeführte ***Bildschirmtext-Dienst*** ist heute noch nicht so verbreitet wie damals prognostiziert (vgl. Thiel, 1987, 103). Im April 1991 verzeichnete der Telekom-Dienst 278.230 Teilnehmer mit rund 4.000 Neuanschlüssen pro Monat (Expertenauskunft). Damit liegt auch schon der hauptsächliche Nachteil des Mediums "Btx" auf der Hand: ***Die geringe Verbreitung bei den Ärzten***. Zur Zeit verfügen nur ca. 5.000 niedergelassene Ärzte über ein Bildschirmtextgerät.[45]

Die ***Vorteile von Btx*** sind (vgl. Thiel, 1987, S. 105):

1. Der Arzt hat zu jeder Tageszeit einen schnellen direkten Zugriff auf erforderliche Informationen.
2. Die Informationen weisen Tagesaktualität auf.
3. Es besteht die Möglichkeit des Dialogs, d.h. der Arzt kann z.B. ihn interessierende Fragen an die medizinisch-wissenschaftliche Abteilung des Pharma-Herstellers senden[46].
4. Durch das Angebot von Informationen in geschlossenen Benutzergruppen besteht die Möglichkeit, Ärzte selektiv anzusprechen.
5. Für den Anbieter handelt es sich um ein relativ kostengünstiges Instrument, so wird pro abgerufener Mitteilungsseite nur DM 0,40 an Gebühren fällig (vgl. Rosenkranz, 1985, S. 1143).

Btx-Anbieter sind vor allem ***größere Unternehmen*** (Jahresumsatz über 250 Millionen DM), wobei die meisten Btx-Programme von Btx-Agenturen kreiert werden (vgl. Brasser, 1985, S. 60).

Die ***Angebote an die Ärzte sind sehr vielfältig*** (vgl. Schultze 1985, S. 68, Maciejewski, 1987, S. 9):

1. Produktinformationen, Standard- und Sondermitteilungen[47],
2. Therapieschemata,
3. Angebot von Fachliteratur,

---

45 Zahlenangabe: Herr Schultze, Georg Thieme Verlag, Medi-Soft, 21.08.1990.

46 Der Arzt hat z.B. auch die Möglichkeit, Beobachtungen über Arzneimittelwirkungen direkt on-line der Arzneimittelkommission zu melden.

47 Sondermitteilungen werden z.B. geschaltet, wenn unerwartete Nebenwirkungen bei der Anwendung von Arzneimitteln aufgetreten sind.

4. Zugriff auf medizinische Datenbanken[48],
5. Informationen über Messen und Kongresse,
6. Lehrprogramme in Dialogform,
7. Standespolitische Themen,
8. Unternehmensdarstellungen,
9. Aktuelle Nachrichten des Bundesgesundheitsamtes.[49]

Daneben wird Btx z.B. eingesetzt, um Patienten mit Informationen zu versorgen oder um den Außendienst zu steuern. Die Arzneimittelfabrik Georg A. Brenner, Alpirsbach, erleichtert ihren Außendienstmitarbeitern durch Btx die Arbeit. Die Pharma-Referenten können Adressen von Ärzten abrufen, komplette Tourenpläne erfragen, Produktinformationen einholen und die Besuchsberichte direkt an die Zentrale leiten. Auf diese Weise kann der Innendienst sehr schnell auf Wünsche des einzelnen Arztes reagieren.

2.3.9 Sonstige Instrumente

Auf folgende Möglichkeiten zur Ansprache der niedergelassenen Ärzte sei im folgenden noch kurz eingegangen:

1. ***Feldstudien***
2. ***Werbehilfen und Präsente***
3. ***Muster-Aussendungen***
3. ***Telefax-, und Computer-Mitteilungen***
4. ***Hauszeitschriften***

Bei ***Feldstudien*** handelt es sich um Anwendungsbeobachtungen von Arzneimitteln. Üblich ist auch die Bezeichnung ***"Drug-Monitoring-Studien"***. Durch diese Untersuchungen ist es möglich, Informationen über Anwendungsgebiete, Wirksamkeit und Verträglichkeit der Präparate unter Praxisbedingungen zu gewinnen (vgl. Pharma-Consult, 1990, Anwendungsbeobachtungen, S. 1).[50] Der kommunikative Aspekt ist

48 Es können z.B. auch medizinische Rechtsurteile abgerufen werden.

49 Typische Anwendungsbeispiele für den Arzt sind z.B. die Angebote der Ärzte-Zeitung, der Bundeszentrale für gesundheitliche Aufklärung, des Datenbankspektrums (DIMDI, Deutsches Institut für medizinische Dokumentation und Information, Köln), das Thieme-Verlags-Ärzteprogramm sowie die Dienste der Hersteller: Gödecke AG, Du Pont, Hoechst AG, Merckle Arzneimittel, Dr. Karl Thomae GmbH.

50 Diese Studien können auch Grundlage für die beim Bundesgesundheitsamt einzureichenden Erfahrungsberichte sein, die belegen, daß das betreffende Präparat den Anforderungen der täglichen Praxis entspricht (vgl. Pharma-Consult, 1990 a, S. 1).

darin begründet, daß der Arzt mit dem Pharma-Unternehmen in einen dauerhaften Dialog tritt, der einen gegenseitigen Gedankenaustausch ermöglicht. Dadurch wird sich der Name des Präparates und des Herstellers im Gedächtnis des Arztes festsetzen. Außerdem dürfte das pro Fall an den Arzt zu zahlende Honorar und mögliche Sachgeschenke, wie z.B. eine Kamera, die für die Erstellung von Dias über die Krankheitssymptome zur Verfügung gestellt und nach Beendigung der Studie nicht zurückgefordert wird, im allgemeinen zu einer positiven Haltung gegenüber dem Studienpartner führen.

Werbehilfen, wie z.B. Kugelschreiber, Stempel mit dem Namen des Pharma-Herstellers zur einfacheren Rezeptierung und Namensschilder für die Arzthelferinnen werden von nahezu allen Wettbewerbern genutzt. Besonders beliebt sind kleine Aufmerksamkeiten der Pharma-Referenten für die Arzthelferinnen, z.B. Hautcremes, Sekt und Konfekt, um sich den Zugang zu den Ärzten zu erleichtern.

Als ***Präsente für den Arzt*** können zunächst alle Gegenstände genannt werden, die im Rahmen der wissenschaftlichen Information abgegeben werden: Fachliteratur, Einladungen des Pharma-Referenten zum Essen, kostenlose Teilnahme an Arzt-Veranstaltungen. Zu besonderen Anlässen werden aber auch andere Objekte abgegeben, z.B. Blumensets zur Praxiseröffnung und Zuschüsse zur Praxiseinrichtung. Die steuerliche Wertgrenze von Werbegeschenken beträgt nach § 4 Abs. 5 EStG DM 75,--. Nach Abschnitt 20 Abs. 2 der EStR sind daneben Geschenkaufwendungen losgelöst von ihrer Höhe voll als Betriebsausgaben abzugsfähig, wenn die zugewendeten Wirtschaftsgüter ausschließlich betrieblich genutzt werden. Beispiele hierfür sind bei Arzt-Präsenten Fachbücher, Blutdruckmeßgeräte und Notfallkoffer (vgl. Finanzbrief, 1990, S. 1).

Muster von Fertigarzneimitteln dürfen nur in der kleinsten Packungsgröße abgegeben werden. Dabei ist die kostenlose Abgabe im Jahr auf zwei Muster von einem Medikament beschränkt (vgl. § 47 Abs. 4 AMG). Unterschiedliche Darreichungsformen gelten als eigenständige Fertigarzneimittel, wenn sie für unterschiedliche Anwendungsgebiete bestimmt sind (vgl. AMG, 1988, S. 113). Die Muster werden zugeschickt oder von den Pharma-Beratern überreicht und von den meisten Ärzten gerne in Empfang genommen. Diese Proben ermöglichen ihnen eine persönliche Information über das Arzneimittel. Sie können die Medikamente kostenlos an Patienten zur schnellen Hilfe abgeben, wodurch i.d.R. ein Beitrag zur Patientenbindung geleistet wird. Ein weiterer positiver Effekt ist, daß die Gefahr von Arzneimittel-Regressen durch Weitergabe von Mustern an die Patienten gemindert werden kann (vgl. dazu auch C.1.3).

Die Zahl der ***Praxis-Computer*** steigt stetig. Zur Zeit nutzen über 7.000 niedergelassene Ärzte die EDV (vgl. o.V., 1989, 7.000 Ärzte, S. 43 ff.). Nach Meinung der Experten wird der Trend zur Neuinstallation anhalten: Die Zahl der EDV-abrechnenden Ärzte dürfte sich alle zwei bis drei Jahre verdoppeln (vgl. Mohr, 1989, S. 3621). Neben den üblichen Praxisanwendungen (Textverarbeitung, Kassenabrechnung, Speicherung von Patientendaten) besteht die Möglichkeit, mit Hilfe des Datendienstes Datex-P der Telekom auf externe medizinische Datenbanken zurückzugreifen.

Dienstleistungsunternehmen bieten heute auch Arzneimittelinformationssysteme an, mit deren Hilfe während der Rezeptschreibung des Arztes die Prüfung auf Wechselwirkungen im Hintergrund abläuft (o.V., 1989, Arzneimittel-Informationssystem, S. 8 ff.).

Verschiedene pharmazeutische Hersteller nutzen das ***Medium "PC"*** für ihre ***wissenschaftliche Information und ihren werblichen Auftritt***. Z.B. bieten sie Datenträger an, auf denen alle für den Arzt wissenswerten Informationen (Anwendungsgebiete, Nebenwirkungen, Wechselwirkungen, Preise usw.) über das gesamte Präparateangebot jederzeit verfügbar sind. Zudem werden den Ärzten EDV-gestützte Fortbildungsprogramme angeboten. Heute gibt es bereits sogenannte "Diskettenagenturen", die sich auf die Entwicklung von Ärzteprogrammen mit werblichem und/oder wissenschaftlichem Inhalt spezialisiert haben. Es werden z.B. Programme entworfen, die nach Eingabe verschiedener Daten, wie z.B. Krankheitsform, Krankheitsstadien, Alter, Geschlecht und Gewicht der Patienten, dem Arzt bestimmte Therapieformen mit bestimmten Medikamenten vorschlagen (vgl. Stroeks, 1990, S. 4 ff.). Die Disketten und die Schutzhüllen können mit Anwenderinformationen, Werbung oder mit dem Firmen-Logo bedruckt werden. Die Abgabe der Disketten kann wahlweise nach Anforderung durch den Arzt per Mailing, durch den Pharma-Referenten oder auf Messen und Fortbildungsveranstaltungen erfolgen (vgl. Stroeks, 1990, S. 4 ff.).[51]

Besonders stark steigende Anschlußzahlen weisen auch ***Faxgeräte*** auf. Telefax wird bis Ende 1991 bei einem Wachstum von rund 20.000 Teilnehmern pro Monat 820.000 Teilnehmer verzeichnen (vgl. o.V., 1990, Telefax, S. 3, Expertenauskunft, 1991). Eine Nutzung zur Arzt-Ansprache ist bei Genehmigung durch den Arzt eine kostengünstige Möglichkeit, um wichtige Informationen, z.B. über unverhofft aufgetretene Nebenwirkungen von Medikamenten, zeitgleich zu übermitteln. Der Arzt könnte sich aber verärgert zeigen, da die unverlangte Faxpost das Gerät blockiert[52] und zudem teures Spezialpapier verbraucht[53] wird.

Abschließend sei noch erwähnt, daß einige Unternehmen der pharmazeutischen Industrie im Rahmen ihrer Öffentlichkeitsarbeit ***Hauszeitschriften*** einsetzen. In diesen Publikationen informieren sie über ihr Personal, neue Forschungsaktivitäten, Bauvorhaben und die geschäftliche Gesamtentwicklung des Unternehmens.

Neben diesen Instrumenten werden die Ärzte z.B. auch durch die Verpackungen pharmazeutischer Präparate, die Fachinformationen und Packungsbeilagen informiert und werblich angesprochen. Auf die kommunikativen Instrumente, die auf die Beziehung Arzt-Patient abzielen, wird im folgenden Abschnitt eingegangen.

---

51 Genannt sei an dieser Stelle die neue elektronische Zeitschrift Medi-Disk-Report. Die Informationen sind auf handelsüblichen Disketten gespeichert. Im Vordergrund der Berichterstattung stehen aktuelle Reporte aus den Bereichen Medizin und Gesundheitspolitik. Den Ärzten werden auf Knopfdruck aber auch Börsennachrichten, Autotests und Reisetips angeboten. Verschiedene Datenbanken erleichtern dem Arzt den schnellen Zugriff auf z.B. notwendige Zuzahlungsbeträge der Patienten bei Präparaten, für die Festbeträge festgesetzt wurden (vgl. Medi-Disk-Report-Verlag (Hrsg.), 1991, S. 3 ff.).

52 Dadurch könnte z.B. der Informationsaustausch zwischen dem Krankenhausarzt und dem Hausarzt über den Zustand des eingewiesenen Patienten verzögert werden.

53 Das Landgericht Hamburg sieht hierin allgemein eine unzulässige Abwälzung der Kosten auf den Empfänger. Werbung per Telefax ist demnach nach Ansicht der Richter grundsätzlich wettbewerbswidrig (vgl. o.V., 1989, Werbung per Fax, S. 11).

2.4 Instrumente zur Ansprache der Patienten und der Öffentlichkeit

Die Hersteller verschreibungspflichtiger pharmazeutischer Präparate wenden sich bereits in vielfältiger Form an Patienten und die Öffentlichkeit, ohne dabei explizit ihre Präparate zu nennen. Im folgenden werden verschiedene Varianten dargestellt.

2.4.1 Packungsbeilagen und Patientenbroschüren

Verpackungen und Packungsbeilagen[54] tragen wesentlich zum Erscheinungsbild des Pharma-Herstellers bei. Die Ausgestaltung dieser Mix-Elemente beeinflußt stark das Erleben der Präparate durch die Patienten. So kann das Unternehmen z.B. als innovatives, forschendes, verantwortungsbewußtes, selbstkritisches und/oder ökologisch orientiertes Unternehmen auftreten.

Pharma-Verpackungen sollen:

- Informationen zur Anwendung und Dosierung liefern,
- das Arzneimittel vor äußeren Einwirkungen schützen,
- eine einfache Handhabung unterstützen,
- ökologieorientiert[55] produziert werden (vgl. Schott, 1991, S. 105 ff.).

Der ***Beipackzettel*** kann z.B. Übersetzungen für ausländische Mitbürger, zusätzliche Hinweise (z.B. Ratschläge für nicht-medikamentöse Maßnahmen) oder Erläuterungen zu den Pflichtinformationen beinhalten (vgl. Girardi, 1989, S. 170 ff.).

---

54 In einigen Fällen werden den Verpackungen neben den Packungsbeilagen auch Patientenbroschüren beigelegt, die ausführlich über Krankheitsbilder, -ursachen und Vorbeugungsmaßnahmen informieren. Diese Broschüren werden auch direkt durch den Arzt oder mit Hilfe von Aufstellern im Wartezimmer an die Patienten abgegeben (vgl. dazu auch B.2.4.2).

55 Beispiele: Einstoff-Verpackungen, keine Kunststoffteile, leichte Ablösbarkeit bei Verbund-Packungen zur getrennten Entsorgung, schadstoffarme Veredelungsmittel und Klebstoffe (vgl. Schott, 1991, S. 106).

2.4.2 Dienstleistungen für die Patienten

Zu den ***produktbegleitenden Dienstleistungen*** der Pharma-Hersteller ***in bezug auf den Patienten*** zählen unter anderem Patientenbroschüren, Wartezimmerwandzeitungen, Seminare und Kongresse mit Patientenbeteiligung und Präventionsveranstaltungen.[56]

Die Hersteller ethisch-pharmazeutischer Präparate bieten den Ärzten heute verschiedene Dienstleistungen an, um diesen die Arbeit zu erleichtern: Präparateprogramme auf Disketten, Computerprogramme zur interaktiven Feststellung von Unverträglichkeiten zwischen verschiedenen Präparaten, computergestützte Diagnosehilfen, medizinische Weiterbildungsprogramme usw.

Seit kurzem wird versucht, diese Hilfen auch für den Patienten "sichtbar" zu machen und so den Hersteller und sein Präparat positiv in der Erfahrungswelt der Laien zu verankern. Ein aktuelles Beispiel soll dies verdeutlichen: Unter dem Motto ***"Leistung für Arzt und Patient"*** führt die ***Mundipharma GmbH*** eine "Uniphyllin-Patienten-Computer-Aktion" durch. Es handelt sich dabei um einen individuellen Ratgeber für Patienten mit obstruktiven Atemwegserkrankungen. Zur Vorgehensweise: Der Arzt füllt mit dem Patienten zusammen einen Fragebogen aus, der unter anderem Stammdaten, Fragen zur Vorbelastung und zur persönlichen Situation des Patienten enthält. Auf der Grundlage der erfaßten Daten wird dann ein individueller Patienten-Ratgeber im Unternehmen erstellt. Nach der Rücksendung gibt der Arzt den Bogen (Titel: "Mundipharma-Patienten-Computer-Aktion") an den Patienten. Am unteren Rand befindet sich der Name des Präparates "Uniphyllin" mit dem Zusatz "Patienten-Ratgeber". Der Arzt ist verpflichtet, diesen Bereich mit dem Namen des verschreibungspflichtigen Präparates an einer vorgezeichneten Linie abzutrennen.

Grundsätzlich gesehen kann diese Aktion befürwortet werden, hilft sie doch dem Arzt bei der Behandlung des Patienten. Es handelt sich um einen akzeptablen Service für Arzt und Patient. Die offensichtliche Absicht, in Patientenkreisen mit dem Namen des

---

56 Ein weiteres Beispiel sind Seminare, an denen Ärzte, Arzthelferinnen und der zuständige Pharma-Referent gemeinsam teilnehmen. Ziel ist es, die Interaktionen zwischen diesen Beteiligten zum Nutzen aller Beteiligten, insbesondere der Patienten, zu verbessern. Z.B. profitieren die Patienten im Anschluß an ein solches Seminar durch eine entspannte Atmosphäre und verbesserte Abläufe in der Praxis (vgl. dazu ausführlich Rönsberg und Huhn, 1991, S. 70).

Präparates zu werben, ist jedoch sehr negativ zu bewerten. Dem Unternehmen muß empfohlen werden, die Nennung des Präparates auf dem Patientenbogen zukünftig zu unterlassen.[57]

2.4.3 Klassische Öffentlichkeitsarbeit

Zu den ***Instrumenten klassischer Öffentlichkeitsarbeit*** zählen z.B. Pressemitteilungen[58], Geschäftsberichte, Jubiläumsschriften, Betriebsbesichtigungen, der Bau von Sportstätten und Förderung oder Prämierung medizinisch-wissenschaftlicher Vorhaben oder Leistungen. Von besonderer Wichtigkeit ist, daß die Hersteller in ihren Einladungen bzw. Angeboten den genauen Nutzen für die potentiellen Teilnehmer herausstellen. So kann sichergestellt werden, daß die Erwartungen in der Mehrzahl der Fälle nicht enttäuscht werden (vgl. Rink und Borken, 1991, S. 66). Besonders wohltätige Aktivitäten dürften bei Ärzten und Patienten auf vergleichsweise starke Akzeptanz stoßen.[59]

In den USA gibt es zur Zeit eine interessante Entwicklung in der TV-Selbstdarstellung der Pharma-Unternehmen. Sie erläutern ihre neuesten Arzneiforschungsergebnisse, wobei genau geschildert wird, welche Vorteile das neue Präparat für die betroffenen Patienten hat. TV-Gesundheitsmagazine arbeiten diese kostenlos zur Verfügung gestellten Videofilme gerne in ihre Sendungen ein (vgl. Bearchell, 1990, S. 57).

---

57 Weitere Dienstleistungen, die den Ärzten Routinearbeiten erleichtern, sind z.B. Patientenpässe (Medikamentenpaß, Blutdruckpaß, Diabetikerpaß, besser wären übergreifende Patientenpässe) und Therapiebroschüren, die unter anderem Hinweise bezüglich der korrekten Anwendung von Medikamenten geben (vgl. Weise, 1990, S. 54).

58 Hier ist auch die in Ausnahmefällen zu beobachtende unlautere Einflußnahme auf redaktionelle Beiträge zu nennen.

59 Die Mehrheit der Ärzte begrüßt es, wenn sich Pharma-Hersteller für wohltätige Zwecke engagieren. Die Beiersdorf AG, Hamburg, führte z.B. unter 12.000 Ärzten eine kleine Umfrage bezüglich eines Diuretikums durch. 83 v.H. der angeschriebenen Ärzte schickten die Antwortkarte an das Unternehmen zurück (Branchenerfahrung bei vergleichbaren Fällen: 5-35 v.H.). Damit honorierten die Ärzte das Versprechen der Beiersdorf AG, für jede eingegangene Antwort fünf DM den SOS-Kinderdörfern zukommen zu lassen (vgl. Altmann, 1991, o.S.). Diese Aktion sollte eine Anregung für weitere Pharma-Unternehmen sein, sich auf diesem Gebiet zum Wohle des Unternehmens zu profilieren.

Genannt sei an dieser Stelle auch die Image-Kampagne des ***Bundesverbandes der pharmazeutischen Industrie e.V., Frankfurt, "Pharma-Fortschritt ist Fortschritt für die Menschen"***. Bekannte und weniger bekannte ***Testimonials***[60] (Leitbilder) schildern anhand ihres eigenen Krankheitsverlaufes die Stärken der Pharma-Industrie. Die ersten Erkenntnisse zeigen in der Tendenz positive Wirkungen (vgl. dazu Vogt, 1990, S. 5, Wilkens, 1990, S. 168 ff. und die Entgegnung von Vogt, 1991, S. 10 f.)

2.4.4 Ausstrahlungseffekte durch OTC- und Konzern-Kommunikation

Hersteller, die neben verschreibungspflichtigen auch OTC-Präparate produzieren und vertreiben, können durch ihre ***OTC-Werbung*** (Beispiel: Apothekenzeitschriften und TV-Spots) ein Image von dem Unternehmen und seinen Produkten erzeugen, das eine Kompetenz für ein Indikationsgebiet (z.B. Schmerzbekämpfung) zum Ausdruck bringt.

Ähnliche ***Ausstrahlungseffekte*** können auch von der ***Kommunikation des Gesamt-Konzerns*** ausgehen. Ein Beispiel mag dies verdeutlichen. Ein international tätiger Chemie-Konzern könnte versuchen, sein Engagement für den Umweltschutz nach innen und außen zu kommunizieren. Das Motto der PR-Aktion lautet: "Umweltschutz ist bei uns oberstes Gebot". Ein Patient, der ein Präparat dieses Herstellers in Händen hält, kann dabei ähnliche Assoziationen entwickeln wie ein Landwirt, der ein umweltschonendes Düngemittel des gleichen Herstellers nutzt. Präparat und Düngemittel könnten als "gute Sache für die Umwelt" eingeschätzt werden. Im Idealfall wird der Patient seinen Arzt darum bitten, doch in Zukunft, wenn möglich, ein Präparat dieses verantwortungsvollen Herstellers zu verschreiben. Ohne direkte Handlungsaufforderung des Herstellers an den Patienten dürfte dies jedoch nicht gelingen.

2.4.5 Social-Marketing und Demarketing-Aktivitäten

Social-Marketing liegt vor, wenn durch Marketingaktivitäten Anliegen zum Nutzen der Gesellschaft verfolgt werden (vgl. Nieschlag, Dichtl, Hörschgen, 1988, S. 20).

---

60 Bei Testimonials handelt es sich um zufriedene Präparateverwender, mit denen sich die Umworbenen identifizieren können und deren Statements ihnen daher vergleichsweise glaubwürdig erscheinen (vgl. Nieschlag, Dichtl, Hörschgen, 1988, S. 486).

Beispiele dafür liegen z.B. vor, wenn ein Pharma-Hersteller der Bevölkerung nahelegt, ***sich an Krebsvorsorgeuntersuchungen zu beteiligen, oder wenn Boehringer Mannheim sich für die Beteiligung am Gesundheits-Check-Up nach dem GRG einsetzt*** (auch wenn damit zweifellos zum Teil eigennützige Ziele verfolgt werden).

Eine bisher kaum genutzte, aber sicherlich sehr gute Möglichkeit zur Gewinnung von Marktanteilen ist das ***Demarketing***. Diese neue Dimension des gesellschaftlich verantwortungsbewußten Handelns unter Marketinggesichtspunkten liegt vor, wenn ein Unternehmen "aktiv und unter Hinnahme von nicht unbeträchtlichen Kosten für eine Sache eintritt" (Nieschlag, Dichtl, Hörschgen, 1988, S. 21). Ein Arzneimittel-Hersteller würde sich z.B. dafür einsetzen, daß generell weniger Medikamente verschrieben werden und/oder nicht so viele ungenutzte Medikamente auf den Mülldeponien enden. Durch solche Aktivitäten könnte dem absoluten Wachstum des Arzneimittelverbrauchs entgegengewirkt werden. Für den auf diese Weise kommunizierenden Unternehmer dürfte es jedoch zu einer günstigen Verschiebung der Marktanteilskonstellation kommen, wenn das erreichte positive Image des Herstellers bei Ärzten und Patienten zu einem geänderten Verschreibungsverhalten führt.

2.4.6 Vertrauenswerbung in der Öffentlichkeit für die Ärzte- und Apothekerschaft

Die ***Nordmark AG*** in Uetersen führte z.B. eine Anzeigenkampagne in Publikums-Zeitschriften durch, die dazu dienen soll, das Ansehen der Ärzteschaft in der Öffentlichkeit zu stärken. Das Motto lautete ***"Vertrauen - Der Arzt hilft!"***. Der Initiator dieser Kampagne wurde 1989 vom Hartmannbund mit einer Medaille und einem Preis ausgezeichnet. Die Aktion wird den auf die Ärzte gerichteten kommunikativen Aktivitäten der Nordmark AG, z.B. den Pharma-Referenten, die Möglichkeit der Ansprache erleichtert haben. Ein direkter Einfluß auf die Verschreibungen eines bestimmten Präparates war nicht beabsichtigt.

Zum Abschluß der Bestandsaufnahme soll nun eine kritische Auseinandersetzung mit der Pharma-Kommunikation erfolgen.

2.5 Pharma-Kommunikation und Ethik - Eine kritische Betrachtung[61]

Die selbständigen Unternehmer beziehungsweise Manager in der pharmazeutischen Industrie haben eine große Verantwortung gegenüber den Marktpartnern und der Gesellschaft (vgl. Hannse, 1975, S. 3 ff.). An ***verantwortungsvolles Handeln*** sind vier Ansprüche zu stellen:

1. Personen-Verträglichkeit (Respekt vor der Würde des einzelnen Menschen)
2. Sozial-Verträglichkeit (Idee der Gerechtigkeit)
3. Natur-Verträglichkeit (Mitleidensfähigkeit mit allem Lebendigen)
4. Zukunfts-Verträglichkeit (Keine Produkte und Produktionsverfahren, die das Leben überhaupt bedrohen) (vgl. Kern, 1988, o.S.).

Entsprechendes Handeln setzt die Fähigkeit zur ***Wahrnehmung des Ganzen*** und zur Abschätzung von Wirkungen etwaiger Handlungen auf das Ganze voraus (vgl. Kern, 1988, o.S.). Sozial bewußte Marktpartner berücksichtigen durch die Produktion, Distribution, den Verbrauch sowie die Entsorgung von Arzmeimitteln entstehende externalisierte Kosten und streben danach, diese durch ihr eigenes Handeln zu minimieren (vgl. Balderjahn, 1985, S. 253).

Malte W. Wilkes, Chefredakteur des Pharma-Marketing Journals, fordert alle Personen auf, die eine Möglichkeit der Beeinflussung des Verhaltens in den Unternehmen haben, einen von ihm ins Leben gerufenen ***"Hippokratischen Marketing-Eid"*** zu unterzeichnen. Einem "Bekenner" würden Ethik- und Rechtsbrüche nicht zugemutet werden, er müßte aktiv negative Prozesse im Unternehmen verhindern und wäre zudem bei aufkommender Kritik gezielt ansprechbar (vgl. Wilkes, 1990, S. 149 ff.). Diese Aktion weist darauf hin, daß in der Pharma-Industrie zumindest ein ***gewisses Problembewußtsein*** hinsichtlich ihrer großen Verantwortung besteht.

Die ***pharmazeutische Industrie*** steht in vielerlei Punkten im ***Kreuzfeuer der Kritik***. So wird unter anderem behauptet, daß Arzneimittel zu viele Nebenwirkungen haben, daß die gleichen Medikamente im Ausland billiger angeboten werden, daß die Pharma-Industrie die Bevölkerung aus Gewinnsucht zum Medikamentenmißbrauch verführt und daß zu viele und unnötige Tierversuche durchgeführt werden (vgl. Vogt,

---

61 Vgl. zur Begriffsbestimmung Moerchel (1988, S. 106 ff.). Es kann zwischen Individualethik, die sich aus der Gesinnungs- und Erfolgsethik zusammensetzt, und der Sozialethik unterschieden werden (vgl. auch Rebstock, 1988, S. 32 ff.). Vgl. zu verschiedenen Feldern ethischer Forschung in der Betriebswirtschaftslehre Knapp (1990, S. 11 ff.).

1991 b, S. 5, vgl. BPI, 1990, S. 4 ff., vgl. Heilmann, 1986, S. 119 ff., vgl. Roepnack, 1985, S. 135 ff., vgl. Hamm, 1984, S. 73).

Die meisten dieser zumeist durch die Medien an die Laien herangetragenen Kritikpunkte lassen sich von Außenstehenden gar nicht überprüfen. Eine ***redliche Aufarbeitung*** dieser Anschuldigungen müßte demnach zunächst einmal die hinter diesen Behauptungen stehenden Interessen aufzeigen, dann jegliche Argumente sammeln und anschließend diskutieren. Dies würde angesichts des breiten Spektrums den Rahmen dieser Arbeit sprengen.

An dieser Stelle sollen dennoch einige, ***die Pharma-Kommunikation im engeren Sinne betreffende Vorwürfe*** diskutiert werden, wie sie von Pharma-Kritikern so oder in ähnlicher Form vorgetragen werden. (Eine ausführliche kritische Stellungnahme zur "Integrierten Patienten-Ansprache" findet sich zusätzlich in Kapitel C. 4.3).

1. Behauptung: ***"Die pharmazeutischen Hersteller versuchen, durch ihre Kommunikation die Ärzte in ihrem Verordnungsverhalten zu manipulieren."***

Wenn der Begriff "manipulieren" durch den wertfreien Ausdruck "beeinflussen" ersetzt wird, kann dieser Aussage zugestimmt werden. Dieses darf jedoch nicht negativ gewertet werden. Überall in unserer Gesellschaft wird beeinflußt. ***Kroeber-Riel*** stellt dazu fest: ***"Die Beeinflussung von anderen ist ein universeller sozialer Vorgang. Ohne ihn kommt kein soziales System aus"*** (Kroeber-Riel, 1990 a, S. 614). Aufgabe der Wissenschaft muß es sein, die Möglichkeiten der Beeinflussung aufzuzeigen, zu erklären und dadurch eine Hilfestellung zu geben, damit die vom Kommunikator ausgehende Macht nicht mißbraucht wird (vgl. Kroeber-Riel, 1990 a, S. 614 f.). Dazu soll diese Arbeit einen Beitrag leisten.

Mißbräuchliche Beeinflussungsversuche müssen zwingend verhindert werden. Dies wäre z.B. der Fall, wenn informierende Unternehmen absichtlich ihnen bekannte Nebenwirkungen verschweigen bzw. verschleiern, oder wenn medizinische Kapazitäten die Vorteile eines Präparates in von Pharma-Herstellern gesponserten Fortbildungsveranstaltungen aufzeigen, von denen sie gar nicht überzeugt sind. Solange Menschen in vielen Fällen ihr Handeln durch materialistisch-egoistische Beweggründe leiten lassen, können derartige Verhaltensweisen nicht gänzlich ausgeschlossen werden. Diese möglichen Einzelfälle, wie sie in jedem Wirtschaftsbereich auftreten können, sind nicht geeignet, ein Verbot der Pharma-Kommmunikation zu begründen (vgl. Molitor, 1989, S. 96). Der durch die ***schnelle und umfassende Information der Ärzte*** erreichte positive ***volkswirtschaftliche und individuelle Nutzen*** überwiegt bei weitem (Beispiele: Hohe Forschungsintensität der pharmazeutischen Industrie durch starken Wettbewerbsdruck, aktueller Kenntnisstand der Ärzte über die zur Verfügung stehenden Behandlungsmöglichkeiten, jederzeitiges Feedback der Ärzte an die Hersteller über die Pharma-Referenten).

2. Behauptung: ***"Pharma-Werbung leistet keinen Beitrag zur sachgerechten Information der Ärzte und ist daher überflüssig, wenn nicht sogar schädlich."***

Den Pharma-Herstellern wird vorgeworfen, daß die Informationen über ihre Produkte qualitativ unzureichend sind (vgl. o.V., 1987, S. 37 f.). Hier sind die verschiedenen Arten der Pharma-Informationen zu unterscheiden. Eine ***faire Beurteilung der Pharma-Kommunikation*** setzt voraus, daß die ***Verbundwirkung der einzelnen Instrumente*** beachtet wird. So haben z.B die Anzeigen in Ärztezeitschriften vielfach lediglich die Aufgabe, den Arzt auf neue Entwicklungen aufmerksam zu machen bzw. ihn an bekannte Erkenntnisse zu erinnern. Dabei wird immer auch auf Nebenwirkungen und Gegenanzeigen hingewiesen. Der Pharma-Referent kann dem Arzt weitergehende präparatespezifische Auskünfte geben. Schriftliche Fachinformationen zu jedem Präparat, wissenschaftliche Abhandlungen und viele andere Aktivitäten erweitern das Informationsangebot (vgl. dazu ausführlich Kapitel B.2.3). Weiterhin bieten Fortbildungsveranstaltungen in vielen Fällen die Möglichkeit, in den Dialog mit Experten bestimmter medizinischer Fachgebiete einzutreten. Die Ärzte haben darüber hinaus die Gelegenheit, von der Pharma-Industrie unabhängige Informationsquellen zu nutzen (vgl. dazu o.V., 1988, Unabhängige Arzneimittel-Informationen, S. 55 f.).

Das gesamte Kommunikations-Mix ist demnach ein umfassendes Angebot an die Ärzte. Sie können es nutzen, es durch unabhängige Fachbücher (auf Wunsch von der Pharma-Industrie finanziert) und Fachzeitschriften ergänzen oder sich der Kommunikation der Pharma-Hersteller gänzlich entziehen (Abweisung von Pharma-Referenten, Annahmeverweigerung von Werbebriefen, fernbleiben von Fortbildungsveranstaltungen). Letztere Alternative würde den Ärzten jedoch zum Nachteil gereichen, da die

Anbieter im eigenen Interesse die kommunikativen Aktivitäten sehr flexibel an die Informationswünsche der Ärzte anpassen.

<u>3. Behauptung:</u> ***"Die pharmazeutischen Hersteller geben zuviel Geld für die Pharma-Kommunikation aus."***

Der Begriff "zuviel" ist relativ unbestimmt. In den ersten Monaten einer Päparateneueinführung kann das Kommunikationsbudget bei einem Vielfachen des Umsatzes liegen. Entsprechend wird ein gut eingeführtes und bekanntes Präparat vielleicht mit einem Anteil von knapp 10 v.H. am Apothekenverkaufspreis beworben werden, wobei immer Zurechnungsprobleme bestehen bleiben (Beispiele: Verwaltungs- und Vertriebskosten, allgemeine Kosten).

Die Pharma-Kritiker wollen durch ihre Behauptung vermutlich nicht ihre Sorge um den Bestand der Unternehmen zum Ausdruck bringen, sondern betrachten dieses plakative "Zuviel" als Begründung, Einfluß auf Unternehmensentscheidungen im Sinne eines gesetzlich geregelten Umfangs der Pharma-Kommunikation zu erlangen (planwirtschaftlicher Aspekt). Jedes Unternehmen muß sich am Markt behaupten. Ein "Zuviel" an teurer Kommunikation wird sich ein Unternehmen aus Eigeninteresse gar nicht leisten können. Auch aus Gründen des Umweltschutzes sollten sich die Verantwortlichen jedoch immer fragen, ob die von ihnen gestreuten Informationen in dieser Form auch von den Ärzten gewünscht werden. Die zielgruppenspezifische Ansprache kann hier einen Beitrag leisten, den Informationsmüll (Beispiel: ungelesene Direct-Mailings) zu verringern (vgl. dazu Kapitel C.3 und Kapitel D.2).

Ein Unternehmen muß jedoch die Möglichkeit haben, seine Forschungserkenntnisse in Form von Präparateinformationen zu kommunizieren, um dadurch Erträge zu erwirtschaften, die in Forschungsprozesse reinvestiert werden können.

<u>4. Behauptung:</u> ***"Durch die Pharma-Kommunikation wird der Arzt dazu verleitet, mehr Medikamente zu verschreiben als zur effektiven Behandlung der Patienten eigentlich notwendig ist."***

Hier liegt eine ***wirkliche Gefahr***. Die Ärzte wissen zwar grundsätzlich, daß eine medikamentöse Therapie in vielen Fällen (Beispiele: Kopfschmerzen, Schlaflosigkeit, erhöhte Cholesterinwerte) nur die zweitbeste Lösung für den Patienten ist. Durch die Aufklärung der pharmazeutischen Hersteller werden ihnen jedoch ständig Präparate vorgestellt und ihre Anwendung erläutert. Sicherlich wird dabei in geringem Umfang auch auf alternative Therapieformen eingegangen. Faktum dürfte jedoch sein, daß Pharma-Referenten zweifellos an ihren Präparateumsätzen in den von ihnen betreuten Gebieten und nicht an erfolgreicher nicht-medikamentöser Weiterbildung der Ärzte gemessen werden. Anzeigen sollen auf Präparate und nicht auf natürliche Vorbeugungsmaßnahmen aufmerksam machen, erinnern usw. Den Ärzten wird suggeriert, daß bestimmte Symptome mit bestimmten Präparaten behandelt werden sollten. Es besteht die berechtigte Gefahr, daß durch ständige Wiederholungen das ***Schema "Symptom - medikamentöse Behandlung"*** bewußt oder unbewußt Priorität im Denken einiger Ärzte erlangen könnte.

Für die Anwendung des beschriebenen Schemas lassen sich viele ***aktuelle Beispiele in der Anzeigenkommunikation*** aufzeigen: "Wenn der Tag geht und der Schmerz kommt - Präparat XY", "Präparat XY - Für die wunde Haut", "Präparat XY - Immer wenn es juckt". Um diesem sicherlich negativen Effekt zu begegnen, sollten die Pharma-Hersteller bei jeder präparatespezifischen Bewerbung auch auf nicht-medikamentöse Behandlungsformen und Vorbeugungsmaßnahmen hinweisen. Dafür gibt es bereits positive Beispiele in der Praxis der Ärzte-Ansprache, die als lobenswert zu bezeichnen sind. So wirbt die Firma ***Thomae, Biberach***, für ihr ***Präparat Denan*** zur Senkung erhöhten Cholesterins bei Patienten mit primärer Hypercholesterinämie bei ungenügender Wirkung von Diät und anderen pharmakologischen Maßnahmen mit dem Slogan ***"Koch Mit Mir! - für gesunde Blutfettwerte - Regulier Mit Mir! - Denans guter Rat gegen hohe Blutfettwerte, wenn Diät alleine nicht ausreicht"***.

Allgemein dürfte gelten: Je großzügiger Pharma-Hersteller im allgemeinen über Angelegenheiten von öffentlicher Bedeutung (Beispiele: Unfälle, neuartige Nebenwirkungen bei bereits eingeführten Präparaten) informieren, desto höher ist der Vertrauensvorschuß in ungeklärten Situationen. Im Rahmen der Kommunikation ist eine rückhaltlose Information der Ärzte und Apotheker zu fordern. Die Aufklärungspflicht gegenüber den Patienten findet aber ihre Grenzen in den gesetzlichen Bestimmungen, im Verständnis der medizinischen Laien (Fehlinterpretationen dürfen nicht begünstigt werden) und in der Belastbarkeit des Vertrauensverhältnisses zwischen Ärzten, Apothekern und Patienten (vgl. Hannse, 1975, S. 5). Aufgrund der Besonderheiten des

Produktes "Arzneimittel"[62] sollten alle ***kommunikativen Maßnahmen besonderen Qualitätsansprüchen*** genügen. Es sind alle Aktivitäten zu unterlassen, die im Rahmen von Marktpartner-Pretests kritisiert werden.[63] Nur in wenigen Fällen können die Kritikpunkte argumentativ widerlegt werden. Eine Rechtfertigungspolitik hat gerade im Rahmen der ***emotional geführten Diskussion über die Pharma-Kommunikation*** wenig Aussicht auf Erfolg.[64]

Auf ***keinen Fall*** dürfen die Aktivitäten auf das ***Niveau der Waschmittelwerbung*** abgleiten. Slogans wie z.B. ***"Hilft nicht nur, sondern schmeckt Ihren Patienten auch!"*** würden im Rahmen der Bewerbung ethischer Präparate mehr schaden als nützen, da sie als unpassend empfunden werden. Eine wichtige Aufgabe im Kommunikations-Mix hat jedoch ***seriös einzustufende Vertrauenswerbung***, z.B. die Anzeigenschaltungen in Ärzte-Zeitschriften für das Koronartherapeutikum "Adalat" der Bayer AG, Leverkusen (Abbildung einer nachdenklichen Ärztin bzw. eines Arztes mit dem Text "Meine Antwort heißt: Qualität und Vertrauen.").

Im Zweifel sollte gelten: Besser großzügig auf eine fragwürdige Maßnahme verzichten[65] als unübersehbaren Vertrauensschaden für die Pharma-Division, das Gesamtunternehmen und die Branche heraufbeschwören.

Kritik entsteht oftmals erst durch die ***Medien*** oder wird von Journalisten aufgegriffen und unverhältnismäßig stark thematisiert (vgl. dazu Garreis, 1987, S. 12 ff. und Becker, 1990 a, S. 22). Wenn einzelne Arzneimittel vorschnell öffentlich kritisiert werden, können dadurch für die Patienten unabsehbare Schäden entstehen. Beispiel: Die Patienten stellen aufgrund der vermuteten, nicht nachgewiesenen Nebenwir-

---

62 Arzneimittel sind keine Konsumgüter, die grundsätzlich in beliebiger Menge konsumiert werden können. Verträglichkeiten, Wirkungen, Nebenwirkungen und Interaktionen sind unter anderem zu berücksichtigen (vgl. dazu z.B. o.V., 1988, Nebenwirkungen aktuell, 1988, S. 81 ff. und Gysling, 1988, S. 21 ff.).

63 Es ist z.B. unsinnig, Fortbildungs-Veranstaltungen für Ärzte in bevorzugten Urlaubsländern zu verteidigen. Sie passen nicht in die politische Landschaft der Arbeitslosen und des Gesundheitsreformgesetzes. Sie sind nicht kompatibel mit der Vorstellung, die viele Menschen vom "Arzt als Helfer" haben (vgl. dazu Wilkes, 1985, S. 181).

64 Im Pharma-Markt scheint die Devise zu gelten: "Wer sich rechtfertigt, klagt sich an".

65 Erinnert werden sollte in diesem Zusammenhang, daß kommunikative Aktivitäten im Pharma-Markt "gerne" von den Medien kritisiert werden (vgl. dazu o.V., 1974, Pharma-Werbung - Zielscheibe zunehmender Kritik, S. 26 ff.).

kungen abrupt die Einnahme eines lebenserhaltenden Präparates ein. Die Folgen stehen dann in keinem Verhältnis zu den Auswirkungen, die durch die angeprangerten Nebenwirkungen jemals hätten entstehen können. Kritik an der Sicherheit von Präparaten sollte zunächst, wenn vertretbar, an die Pharma-Industrie und die Ärzteschaft gerichtet werden (vgl. Sommer, 1987, S. 166 f.).

Das kommunikative ***Management der Beziehungen zu den Medien*** und ihren Angehörigen zählt daher zu den wichtigsten Aufgaben der Pharma-Kommunikation (vgl. dazu Weise, 1987, S. 357). Eine breite Skala von Möglichkeiten zur Ansprache ist denkbar. Sie kann von Pressekonferenzen, Pressefahrten usw. bis zu in Kooperation erstellten Serien über die Tätigkeiten der pharmazeutischen Industrie oder einzelner Hersteller im Kampf gegen krankheitsbedingtes Leid der Menschen reichen (vgl. dazu o.V., 1974, WiWi MAID, S. 28 ff.). Eine Möglichkeit ist auch die gemeinschaftliche Durchführung von Social-Marketing-Aktivitäten, um die Kritiker in die Maßnahmen einzubinden.[66]

Fazit: Letztlich muß in jedem Unternehmen immer wieder neu entschieden werden, wie weit der Spielraum, den die rechtlichen Bestimmungen und die Selbstbeschränkungen noch bieten, genutzt werden soll.[67] Dabei sollte bedacht werden, daß generalisierte Aversionen die gesamte Branche belasten können; dies ist besonders problematisch, weil Pharma-Kommunikation immer der Gefahr ausgesetzt ist, weiteren Beschränkungen unterworfen zu werden.

---

66 Z.B. könnte eine Aktion zum Ziel haben, die Beteiligung an Vorsorgeuntersuchungen zu erhöhen. Konkret: Ein Hersteller von Präparaten zur Behandlung der Hypertonie wirbt unter Einbeziehung aller zur Verfügung stehenden Marktpartner (Ärzte, Apotheker, Patienten, aber auch der Presse, der Krankenkassen, der Gesundheitsbehörden usw.) für die Durchführung der vom Gesundheitsreformgesetz vorgesehenen Kreislaufvorsorgeuntersuchungen. Wird bei den Patienten Bluthochdruck diagnostiziert, so dürfte der sich aktiv einsetzende Hersteller verbesserte Chancen besitzen, daß die Ärzte ihre Patienten auf sein Präparat einstellen. Selbstverständlich ist, daß eventuell vorhandener Goodwill anderer Hersteller dadurch nicht gänzlich beseitigt werden kann. Die Konkurrenz-Position des Produzenten dürfte sich jedoch erheblich verbessern - unter Mithilfe der Kritiker (vgl. dazu o.V., 1989, Man merkt die Absicht und ist verstimmt, S. 29, vgl. auch Wilkes, 1978, S. 79).

67 Die Entscheidung kann aufgrund sich stetig wandelnder Rahmenbedingungen immer nur für einen bestimmten Zeitraum gelten.

C. Neue Möglichkeiten der Pharma-Kommunikation - Hypothesengenerierung -

1. Veränderte Rahmenbedingungen

Rahmenbedingungen verändern sich im Zeitablauf. Die Verantwortlichen der Pharma-Unternehmen müssen diese Veränderungen frühzeitig registrieren und antizipieren, um aus diesen Erkenntnissen geeignete Strategien zu entwickeln.

Für die Kommunikation der pharmazeutischen Industrie sind unter anderem der ***Sättigungsgrad des Marktes***, das spezielle ***Entscheidungsverhalten der Ärzte***, die zunehmende ***Informationsüberlastung und -konkurrenz***, der ***Wertewandel***, aber insbesondere auch das ***Gesundheitsreformgesetz*** und der ***Europäische Binnenmarkt 1993*** von Bedeutung.

1.1 Gesättigter Pharma-Markt - Zukunft durch Forschung und Kommunikation

Gesättigte Gütermärkte lassen sich durch folgende Merkmale beschreiben: Die Nachfrage nach Produkten ist konstant oder rückläufig, das Ziel ist nur noch die Erreichung eines möglichst großen Marktanteils zu Lasten anderer Wettbewerber, die Produkte sind im Produktlebenszyklus relativ weit fortgeschritten, die Qualitäten weitgehend ähnlich und innovative Eigenschaften nur kurzfristig vorhanden, da eine Angleichung durch andere Hersteller erfolgt (vgl. Kroeber-Riel, 1984, S. 210 und Kucher, 1987, S. 34, vgl. zur strategischen Wettbewerbsposition auch Simon, 1988 b, S. 2 ff.)

Derartige Kennzeichen sind teilweise auch auf dem Markt für ethische Präparate zu erkennen.[1] Arzneimittel mit differenziertem Interesse der Verordner sind jedoch zu

---

1 Zu berücksichtigen ist bei der Beurteilung der Sättigung von Marktsegmenten unter anderem die demographische Entwicklung. So werden die Alterskrankheiten zunehmen, entsprechende Präparate also noch über ein zukünftiges Mengenwachstum verfügen (vgl. dazu Estler, 1987, S. 3 ff.). Eine größere Zahl alter Menschen hat eine Zunahme der Multimorbidität zur Folge (vgl. MPS (Hrsg.), 1989, S. 12). Aufgrund der zunehmenden Freizeit dürften auch Präparate zur Behandlung von Sportverletzungen an Bedeutung gewinnen. Das wachsende Gesundheitsbewußtsein der Bevölkerung wiederum kann dazu führen, daß einige Wohlstandskrankheiten zurückgeführt werden.

unterscheiden.[2] Auf der einen Seite gibt es z.B. die Produkteinführung des "22. Beta-Blockers"[3], die x-te Salbe gegen Juckreiz, usw.[4] Diese Art Präparate verzeichnet nur ein geringes Wachstum, bzw. Marktsättigung liegt vor. Es herrscht starker ***Verdrängungswettbewerb*** unter Einsatz des gesamten Pharma-Marketing-Mix.[5] Dabei werden jedoch oftmals ***austauschbare Argumente*** verwendet, obwohl besonders hier eine wirksame Kommunikation notwendig wäre, um überhaupt gehört zu werden. Kleine Fortschritte, wie z.B. geringere Dosisstärke, verbesserte Verträglichkeit, weniger Nebenwirkungen usw. sind den Ärzten unter diesen Bedingungen nur schwer zu vermitteln.

Auf der anderen Seite stehen die großen Herausforderungen der Pharma-Forschung. Krankheiten, wie z.B. Krebs, AIDS, Multiple Sklerose, Alzheimersche Krankheit und viele andere[6], werden auch in naher Zukunft trotz aller Anstrengungen für die "High-Technology-Forschung" der Pharma-Industrie ungelöste Probleme bleiben (vgl. z.B. Morck, 1989, S. 9 ff.). Anbieter, die in diese ungesättigten Marktsegmente Präparate mit verbesserten Wirkungen einführen, können ein starkes absolutes Umsatz- und Ertragswachstum verwirklichen.[7] Aber auch sie müssen ihr Marketing-Instrumentarium

---

2 Nicht näher eingegangen wird an dieser Stelle auf das in der Sache liegende unterschiedlich stark ausgeprägte Interesse von Fachärzten für Präparate ihres Spezialgebietes.

3 Beta-Rezeptorenblocker dienen der Behandlung von Bluthochdruck und der koronaren Herzkrankheit (vgl. Lemmer, 1988, S. 125).

4 Die Austauschbarkeit von Präparaten verschiedener Hersteller wird kontrovers diskutiert (vgl. o.V., 1989, Gruppeneinteilung der Festbetragsarzneimittel nicht ohne Widerspruch, S. 9 ff.). Durch die aufgrund des Gesundheitsreformgesetzes beschlossenen Festbeträge wurde die Substituierbarkeit für verschiedene Präparate offiziell festgelegt (vgl. dazu Kapitel C.1.5).

5 In diesen Segmenten konkurrieren zum einen Hersteller von Spezialitäten mit den Herstellern von Generika, zum anderen wird auch innerhalb dieser Gruppen um jede Verschreibung gekämpft.

6 Bis heute kann nur ein Drittel aller bekannten Krankheiten mit Aussicht auf Heilung behandelt werden.

7 Ein gutes Beispiel ist das innovative AIDS-Präparat "AZT" (Azidothymidin) der Deutschen Wellcome, Burgwedel, mit dem der Verlauf der Krankheit verzögert werden kann. Pro Jahr und Patient kostet die Behandlung DM 8.500,-- (vgl. Borcholte, 1991, S. 7).

effektiv gestalten, um Hindernisse, wie z. B. Unsicherheiten der Verordner im Umgang mit den Innovationen, schnell zu überwinden.[8]

Kurzum: Die Zukunft liegt in der Forschung und in einer erfolgreichen Kommunikation, die sich verhaltenswissenschaftlicher Erkenntnisse bedient.

1.2 Das Entscheidungsverhalten der Ärzte

Wie kommt der Arzt üblicherweise zu seiner Verschreibung? Die Ärzte müssen sich bei jeder Verschreibung für ein Präparat eines bestimmten Herstellers entscheiden. Durch die ***Verordnung*** trifft der Arzt ***quasi eine Kaufentscheidung***, denn er legt genau fest, welches Präparat der Patient gegen Vorlage des Rezeptes bei seinem Apotheker erhalten kann.

Es gibt verschiedene Einteilungen von ***Kaufentscheidungen*** (vgl. Katona, 1960, vgl. Howard und Sheth, 1969, vgl. Engel, Kollat und Blackwell, 1973). Es hat sich jedoch bewährt, extensive, limitierte, habitualisierte und impulsive Kaufentscheidungen zu unterscheiden. Diese verschiedenen Arten seien zunächst kurz anhand der beteiligten affektiven (psychische Aktivierung der Ärzte), kognitiven (gedankliche Steuerung der Verordnungsentscheidung) und reaktiven Prozesse (automatisches, reizgesteuertes Handeln) charakterisiert (vgl. dazu Weinberg, 1979, S. 563 f., vgl. auch Weinberg, 1981, S. 13 ff.).

Extensive Verordnungsentscheidungen sind sehr aufwendig. Sie werden in der Regel bei innovativen Behandlungsmethoden vorgenommen. Die kognitive Beteiligung ist hoch, da die Verordnungsabsichten noch nicht präzise gefaßt sind. Erst im Laufe des Entscheidungsprozesses lernt der Arzt, was er konkret will und wie er dieses Ziel erreichen kann. Affektive und kognitive Prozesse stehen im Vordergrund.

Bei ***limitierten Verordnungsentscheidungen*** verfügt der Arzt bereits über Verordnungserfahrungen. Er präferiert mehrere Präparate. Sobald der Arzt in der Verschreibungssituation ein Präparat findet, das seinen Ansprüchen in etwa genügt, ist sein

---

8 Kucher und Simon sprechen von einer Zweiteilung des Pharma-Marktes: (1) High-Tech-Produkte/Innovationen und (2) Commodities/Me-too Produkte (vgl. Kucher und Simon, 1988, S. 2).

Entschluß gefallen. Affektive und reaktive Prozesse sind von untergeordneter Bedeutung, und der kognitive Problemlösungsaufwand ist limitiert.

Bei ***habitualisierten Verordnungsentscheidungen*** läuft die Entscheidung quasi automatisch ab. Das gleiche Präparat wird wiederholt verschrieben. Reaktive Prozesse stehen demnach im Vordergrund.

Impulsive Verordnungsentscheidungen können durch ein rasches Handeln charakterisiert werden. Sie werden ungeplant vorgenommen, gedanklich kaum kontrolliert und finden in starken Reizsituationen statt. Emotionale Aufladung ist dabei von großer Bedeutung. Impulsverordnungen können auftreten, wenn Bedürfnisse vorliegen, der Arzt durch Reize stark aktiviert wird und die Ausführung der Handlung nicht durch situative Hemmnisse (Beispiel: Drohende Regreßverfahren durch die Kassen) blockiert wird. Affektive und reaktive Prozesse stehen hier im Vordergrund.

Es darf davon ausgegangen werden, daß Ärzte ***kaum impulsive Verordnungsentscheidungen*** vornehmen. Aufgrund des Risikos, das mit jeder Arzneimitteleinnahme verbunden ist, werden die Ärzte kaum neue Präparate verordnen, ohne sich über deren Eigenschaften zu informieren. Das gebietet schon ihre Verantwortung gegenüber dem Patienten. Es kann jedoch sein, daß ein Arzt im Rahmen eines längerandauernden Präferenzkonfliktes (vgl. Kroeber-Riel, 1990 a, S. 154 ff.) mit mehreren positiven Verhaltenstendenzen sich impulsiv für ein Präparat entscheidet, also den kognitiven Konfliktlösungsprozeß abbricht (vgl. zum Konsumentenverhalten Weinberg, 1981, S. 170). Es ist demnach zwischen ***impulsiver Verordnungsentscheidung*** und ***impulsiver Verordnungshandlung*** zu unterscheiden.

Im allgemeinen dürften die Ärzte bei ***neuartigen Krankheiten*** und bei Krankheiten, die ihnen im Praxisalltag seltener begegnen, zunächst ***extensive Verordnungsentscheidungen*** treffen. Sie informieren sich aus verschiedenen Informationsquellen (z.B. Pharma-Referenten, Symposien, Kollegengespräche, Berichte der Arzneimittelkommission) über das Krankheitsbild, Vorbeugemaßnahmen, verschiedene Behandlungsmöglichkeiten und präparatespezifische Besonderheiten, wie Nebenwirkungen und Kontraindikationen. Diesen Aufwand können die Ärzte aufgrund der geringen Zeit, die ihnen zur Verfügung steht, nur für wenige Krankheiten und Verordnungen leisten.

Für Krankheitsbilder, die häufiger zu behandeln sind, werden die Ärzte über ein ***evoked set*** verfügen, also eine Anzahl von verschreibungsrelevanten Präparaten. Bei der Suche nach einem geeigneten Präparat werden sie sich vor allem auf die Produkte konzentrieren, die sie vorher ausgewählt haben. Die Ärzte verfügen in diesen Fällen über ein geringes Involvement (vgl. Weinberg, 1981, S. 90). Bei ***vereinfachter Markenwahl*** werden die Ärzte sehr wenige Informationen, sogenannte ***Schlüsselinformationen***, nutzen und sich auf diese in der Regel verlassen. Dies können z.B. der Markenname, der Preis oder globale Urteile von Experten sein (vgl. dazu Schulte-Frankenfeld, 1985, S. 181).

Am ***häufigsten*** dürften die Ärzte jedoch ***habitualisiert*** entscheiden. Ein Präparat wird eindeutig präferiert, oder mehrere Präparate werden in gleicher Weise beurteilt (vgl. Weinberg, 1981, S. 121). Die Verschreibung erfolgt stark kognitiv entlastet. Dies dürfte dann der Fall sein, wenn wiederholt das gleiche Krankheitsbild behandelt wird, die Präparate wiederholt verschrieben werden und die Anwendung für die Patienten vergleichsweise risikolos ist.

In der Literatur dominiert die Vorstellung einer ***schrittweisen kognitiven Vereinfachung*** des Entscheidungsprozesses (vgl. Howard, 1977, vgl. Weinberg, 1981, S. 136). Dieser Ansicht zufolge steht am Anfang ein extensiver Entscheidungsprozeß, der in einen limitierten und abschließend in einen habitualisierten übergeht. Aufgrund der Vielzahl von Krankheiten, der großen Anzahl von Therapiemöglichkeiten und dem umfangreichen Präparateangebot können die Ärzte jedoch gar nicht in der Lage sein, für jede Verordnung einen ausgeprägten extensiven Entscheidungsprozeß zu vollziehen (vgl. Haayer, 1982, S. 2017). Es ist daher z.B. möglich, daß die Ärzte zu ihrer eigenen kognitiven Entlastung die Präparateentscheidungen ihrer Kollegen einfach übernehmen (vgl. o.V., 1973, Der Gebrauch von Arzneimitteln durch den Arzt, S. 1234). In diesem Fall würde es sich um eine ***Habitualisierung ohne vorherige eigene Erfahrung*** handeln (vgl. Weinberg, 1980, S. 87). Diesen stark vereinfachten Verordnungen können jedoch auch kognitiv anspruchsvollere Wiederholungskäufe folgen. Dies wäre z.B. der Fall, wenn das besondere Interesse des Arztes für das verordnete Präparat und neuere Therapiemöglichkeiten durch eine Fortbildungsveranstaltung geweckt wird oder der Arzt das bisher verschriebene Präparat aufgrund geringer Behandlungserfolge durch ein anderes ersetzen möchte. Der Phasenverlauf ist daher als idealtypisches Modell zu betrachten.

Das ***Treueverhalten von Ärzten*** bezüglich der Verschreibung eines bestimmten Präparates kann zum Teil durch persönlichkeitsbedingte Faktoren erklärt werden. Sozialpsychologische Untersuchungen kamen zu der Erkenntnis, daß sich Treue und gewohnheitsmäßiges Verhalten mit zunehmendem Alter verstärken (vgl. Strüngmann, 1977, S. 42, vgl. zum Konsumentenverhalten Weinberg, 1976, S. 288). ***Markentreue*** kann jedoch auch durch Umwelteinflüsse bedingt sein. Z.B. kann ein Arzt sich habituell für ein bestimmtes Präparat entscheiden, weil er sicher sein kann, daß der Patient das Präparat in der nächstliegenden Apotheke ohne Zeitverzögerung erhalten kann (vgl. Strüngmann, 1977, S. 42). Eine weiterer wichtiger Einfluß auf die Verordnungsentscheidungen ist die medizinische Ausbildung der Ärzte. So gibt es zwischen Ländern, aber auch zwischen verschiedenen Universitäten, Unterschiede in der Art, wie bestimmte Krankheiten behandelt werden (vgl. Hemminki, 1975 a, S. 111, vgl. Schroeder, 1983, S. 607). Hervorzuheben ist auch der absichernde Einfluß von Kollegengesprächen auf die Präparateentscheidung. Ein ständiger Einfluß geht auch von den Vorgaben des Gesetzgebers und der Kassenorganisationen aus (vgl. Hemminki, 1975 b, S. 151 ff.).[9]

Eine ***erfolgte Habitualisierung*** des Arztes kann jedoch durch verschiedene Probleme ***aufgebrochen werden***. Unter anderem kann eine Verschlechterung des Gesundheitszustandes eines Patienten trotz einer zuvor bestehenden Medikamentenlösung den Arzt dazu anregen, seine Verschreibung zu überdenken. Ein weiterer wichtiger Grund kann ein gestiegenes Anspruchsniveau bezüglich der verbesserten Behandlung bestimmter Krankheitsbilder sein. Auch die Werbung (Wissenschaftliche Information) der pharmazeutischen Industrie kann für die Ärzte Anstoß sein, über neue Behandlungsmethoden nachzudenken. Genannt sei an dieser Stelle auch die Möglichkeit, daß der ***Verschreibungsanlaß vom Patienten ausgeht***, der um die Verordnung eines bestimmten (anderen) Präparates bittet (vgl. Strüngmann, 1977, S. 223 ff.).

1.3 Informationsüberlastung und -konkurrenz

Kroeber-Riel versteht unter der Informationsüberlastung den Anteil der nicht konsumierten Informationen am gesamten Informationsangebot (vgl. Kroeber-Riel, 1988, S.

---

9 Vgl. hierzu die Ausführungen zu den im Rahmen des Gesundheitsreformgesetzes eingeführten Festbeträgen, Kapitel C.1.5.

182, Kroeber-Riel, 1987 c, S. 257 ff., Kroeber-Riel, 1987 b, S. 633 ff, vgl. auch Esch, 1987, S. 108 ff.). So beträgt dieser Wert für das Medium "Zeitschrift" 94 v.H.[10] Verständlich wird diese Erkenntnis, wenn berücksichtigt wird, daß sich z.B. Ärzte im Durchschnitt nur rund drei Sekunden einer Pharma-Anzeige in einer Ärztezeitung zuwenden (vgl. Kroeber-Riel, 1988, S. 183, vgl. zur Informationsüberlastung im Rahmen der Anzeigenwerbung auch Leven, 1988, S. 268 ff.).[11]

Ein hohes und stark wachsendes Informationsangebot kann einerseits aufgrund der vielfältigen Zugriffsmöglichkeiten (Bibliotheken, Btx, Videotext, Datenbanken) als Beitrag zur Lebensqualität des einzelnen Arztes gewertet werden. Andererseits wird ein Überangebot an Informationen die Orientierungsmöglichkeiten der Ärzte in vielen Fällen einschränken und somit zu Informationsstreß führen (vgl. Kroeber-Riel, 1987 b, S. 635).

Die Informationsüberlastung ist bei den Ärzten stark ausgeprägt.[12] Zum einen erhalten Ärzte z.B. viele verschiedene Zeitschriften, Direct-Mails und Referentenbesuche, und zum anderen enthalten diese Anzeigen, Broschüren usw. wesentlich mehr Informationen als z.B. im Konsumgüterbereich (vgl. Kroeber-Riel, 1988, S. 183). Die situativen Zuwendungsmöglichkeiten des Arztes werden erheblich überschätzt. Dieser Trend dürfte sich weiter verstärken, da die Ausgaben für Werbung im allgemeinen (vgl. dazu Hochstätter, 1989, S. 58 ff.) und für den Pharma-Sektor im speziellen (vgl. Hartmann, 1989, S. 12) zunehmen werden. Eine immer stärkere Informationskonkurrenz zwischen den verschiedenen Anbietern ist die direkte Folge dieses Prozesses.

---

10 Kroeber-Riel nutzt zur Messung der Informationsüberlastung eine verhaltenswissenschaftliche Größe (information chunk). Dies hat gegenüber der Verwendung von Wörtern oder Zeiteinheiten erhebliche Vorteile, z.B. die einfache Ermittlung bei audio-visuellen Medien, da auf getrennte Zeitangaben für die visuelle und akustische Informationsvermittlung verzichtet werden kann (vgl. Kroeber-Riel, 1987 b, S. 634). Dennoch enthalten seine Berechnungen ein erhebliches spekulatives Moment. Beispielhaft genannt sei die Schätzung der Informationseinheiten, die durch ein Massenmedium für ein Individuum bereitgestellt werden.

11 Selbstverständlich handelt es sich hier um einen Durchschnittswert. Je nach Involvement des Arztes für ein Produkt (Engagement, mit dem sich der Arzt dem Produkt widmet) sind die Betrachtungszeiten unterschiedlich lang (vgl. Rehorn, 1989, S. 263 ff.).

12 25 Stunden müßte ein Arzt im Durchschnitt am Tag lesen, wenn er alles Dargebrachte (Zeitungen, Zeitschriften, Bücher, Folder, Direct-Mails usw.) lesen wollte (vgl. Becker, 1987, S. 172).

Die kommunikativen Aktivitäten der Pharma-Hersteller treffen somit auf immer stärkere Durchsetzungsschwierigkeiten. Damit die kommunikativen Ziele dennoch erreicht werden, ist die Anwendung gesicherter Sozialtechniken notwendig. Dazu zählen die motivationsadäquate Ansprache der Ärzte (vgl. Kapitel C.3 und D.2), die integrierte Ansprache von Ärzten und Patienten (vgl. Kapitel C.4 und D.3), aber z.B. auch die Handlungsempfehlungen der Imagery-Forschung (vgl. dazu Andresen, 1990, S. 204 ff. und ausführlich die Dissertation von Ruge, 1988).

1.4 Wertewandel

Dem sich beschleunigenden Wertewandel[13] kommt besondere Bedeutung zu. Zum einen sind die Ansprüche der Patienten werteabhängig, und zum anderen lassen sich die Ärzte in nicht zu unterschätzendem Ausmaß von ihren Werten bei der Verschreibungssituation leiten (vgl. zum Zusammenhang von Werten, Einstellungen und Verhalten Dahlhoff, 1980, S. 53 ff. und Konert, 1986, S. 53 ff.). Pharmazeutische Hersteller, denen es gelingt, ihre Präparate den Werten der Ärzte entsprechend zu profilieren, erzielen Wettbewerbsvorteile.

Gesundheit wird von den Patienten nicht mehr nur als Schmerzfreiheit, als Abwesenheit von Krankheit verstanden (vgl. Fargel, 1990, S. 409). Mit Gesundheit wird heute insbesondere angestrebt: Unabhängigkeit von anderen Personen, Leistungsfähigkeit, Genußfähigkeit, Fähigkeit zur Teilnahme am sozialen Leben und die Kraft, innere Konflikte lösen zu können (vgl. Fargel, 1990, S. 409). Um diese erwünschten Zustände zu erreichen, weisen die Patienten heute ein aktiveres Gesundheitsverständnis und eine verengte Toleranz für Ideal- und Normalzustände auf (vgl. Fargel, 1990, S. 414).

Auch wenn die Werte-Trends zum Teil gegenläufig sind, so dürften die Patienten insbesondere ***Arzneimittel präferieren***, die sich durch ***Natürlichkeit (schonende Wir-***

---

13 Werte können als individuelle Vorstellungen über wünschenswerte Zustände verstanden werden, die für das einzelne Mitglied einer Marktpartnergruppe oder eine Gruppe von Marktpartnern einen motivierenden Charakter besitzen und die Ausprägungen der Mittel, der Ziele und des Verhaltens beeinflussen (vgl. dazu Konert, 1986, S. 53 ff.). Scholl-Schaaf (1975, S. 49 ff.) unterscheidet drei Bedeutungsbereiche des Wertbegriffs: Wert als Gut, Wert als Maßstab, Wert als Ziel.

kung) und Umweltverträglichkeit[14] auszeichnen. Der Arzt als Entscheider kann ohne kognitive Inkompatibilitäten diese "Patienten-Wünsche" und eine entsprechende Umsetzung in der Ärzte-Ansprache akzeptieren.

Die gesetzlichen Restriktionen, die steigenden Ärztezahlen und Patienten, die gezielt nach bestimmten Dienstleistungen (z.B. Massagen, Verordnung bestimmter Präparate, zügige Rezeptausstellung) verlangen, haben dazu geführt, daß auch im Kreise der niedergelassenen Ärzteschaft der ***Wettbewerbsdruck*** zunimmt (vgl. Fargel, 1990, S. 406). Werden dem einzelnen Arzt also Möglichkeiten zur Profilierung gegenüber seinen Patienten angeboten, so dürfte er dieses begrüßen.

Der von vielen Ärzten angestrebte ***anspruchsvolle und individuelle Lebensstil***[15] wird in der kommunikativen Umsetzung ***wenig berücksichtigt***. Ärzteverbände, gesellschaftliche Normen und ärztliche Selbstbilder "verlangen", diese Bereiche im Verborgenen zu lassen. Dabei sind durchaus Umsetzungen dieser Werte denkbar, ohne daß negative Folgen zu erwarten wären (vgl. dazu Kapitel C.5.2). Der Arzt sollte im Sinne einer effektiveren Kommunikation nicht nur als "medizinischer Helfer", sondern auch als ***"menschlicher Helfer"*** betrachtet werden.

Den Ärzten als gutverdienenden Akademikern stehen in ihrer knappen Freizeit überdurchschnittliche Ressourcen zur Ausgestaltung dieses Freiraums zur Verfügung. Kunstgenüsse, exklusive Sportarten und Aufenthalte in gehobenen Freizeitgebieten dienen vielfach als Ausgleich für arbeitsreiche Tage in der Praxis. In dem Maße, in dem der Wohlstand der breiten Bevölkerung weiter wächst, dürfte sich auch die Ge-

---

14 Umweltverträglichkeit wird gewöhnlich mit einer möglichst schonenden Herstellung der Präparate assoziiert. Die zur Zeit noch in geringem Maße beachtete Entsorgung könnte jedoch in naher Zukunft zu einer problematischen öffentlichen Diskussion führen. Auch das nach Meinung vieler Personen bestehende Problem der Tierversuche ist von der Pharma-Industrie noch nicht grundlegend aufgearbeitet worden. Pharma-Hersteller könnten z.B. über den Nutzen von Tierversuchen für die Entwicklung neuer Präparate und die Beachtung tierschutzrechtlicher Bestimmmungen aufklären.

15 Selbstverständlich gibt es nicht "den Lebensstil der Ärzte", allenfalls lassen sich modellhaft Klassen bilden. Indikatoren können z.B. bevorzugte Fachzeitschriften, Wohnverhältnisse, Fahrzeugtypen, Auslandsaufenthalte, präferierte Sportarten sein.

fahr verringern, daß Ärzte aufgrund ihres Lebensstils neidvoll angeprangert werden.[16]

Eine im Jahre 1983 vom Institut für Medizin- und Patientenforschung GmbH (IMEPA) durchgeführte Studie über das ***"Selbstbild des Arztes und Leitbilder in der Werbung"*** konnte vier Leitbilder herauskristallisieren:

1. ***Der Arzt als Erfolgssucher,***
2. ***Der Arzt als Wissenschaftler,***
3. ***Der Arzt als Helfer,***
4. ***Der Arzt als Führer des Patienten.***

Markt-Consult GmbH (MC) in Hamburg untersuchte 1986 die ***Ideal-Selbstbilder*** niedergelassener Praktiker und Internisten. Das Ideal-Selbstbild der Ärzte ließ sich charakterisieren als:

1. ***patientenorientiert,***
2. ***fachlich kompetent,***
3. ***sympathisch und vertrauenserweckend.***

1.5 Das Gesundheitsreformgesetz

Die wichtigsten durch das Gesundheitsreformgesetz bewirkten Änderungen sind die ***Festbeträge*** für verschiedene ethische Arzneimittel und die ***Aufhebung des Aut-Simile-Verbotes***[17].

Der ***Festbetrag*** ist der Preis, den die gesetzliche Krankenkasse höchstens für ein Medikament bezahlt (vgl. o.V., 1989, Festbeträge setzen Pharma-Preise unter Druck, S. 17). Das GRG sieht für drei Gruppen von Arzneimitteln Festbeträge vor: Arzneimittel (1) mit denselben Wirkstoffen (ab 1. September 1989), (2) mit therapeutisch ver-

---

16 Die Sportart "Golf" ist ein gutes Beispiel. Durch die Entwicklung zum Breitensport wird das Thema "Arzt und Golf" nach und nach auch in der Öffentlichkeit enttabuisiert.

17 Das GRG sieht die Möglichkeit der Arzneimittelsubstitution vor (gem. § 73 GRG). Der behandelnde Arzt kann auf dem Rezept angeben, ob der Apotheker ein preisgünstigeres, wirkstoffgleiches Arzneimittel anstatt des verordneten an den Patienten abgeben darf. Wenn der Arzt eine Aut-Simile-Verordnung befürwortet, dann ist der Apotheker gem. § 129 verpflichtet, ein günstigeres Medikament abzugeben (vgl. Meierjürgen, 1989, S. 23).

gleichbaren Wirkstoffen und (3) mit pharmakologisch-therapeutisch vergleichbarer Wirkung (gem. § 35 GRG). Für Medikamente ohne Festbetrag haben die Mitglieder der gesetzlichen Krankenkassen bis 1992 eine Zuzahlung von DM 3,-- und ab 1992 eine prozentuale Zuzahlung von im Höchstfall DM 10,-- zu entrichten (vgl. Meierjürgen, 1989, S. 20). Die Differenz zwischen dem Preis für das freiwillig in Absprache mit dem Arzt (der Arzt hat eine Aufklärungspflicht, gem. § 73 Abs. 5 GRG) verordnete teurere Medikament und dem Festbetrag haben die Versicherten selbst zu zahlen.

Den ***Festbeträgen*** kann aus der Sicht der pharmazeutischen Industrie grundsätzlich durch Preissenkungen, durch kommunikative Maßnahmen oder durch eine Kombination dieser beiden Möglichkeiten begegnet werden.[18] Die ersten Erfahrungen zeigten jedoch, daß Markenanbieter die Preise für ihre unter starkem Wettbewerbsdruck stehenden Präparate auf Festbetragsniveau senken und gleichzeitig um Verständnis dafür werben (vgl. Vida, 1989, S. 6), daß für ihre unter geringerem Konkurrenzdruck stehenden Präparate Zuzahlungen zu leisten sind. Über 90 Prozent der Hersteller von Originalpräparaten senkten ihre Preise auf das Niveau der Festbeträge (vgl. Vollmer, 1989, S. 14). In geringem Maße waren auch Preiserhöhungen in dem großen ethischen Arzneimittel-Restsortiment ohne Festbeträge zu erkennen (vgl. Linke, 1989 a, S. 13).[19]

Reichelt und Selke weisen darauf hin, daß die verschiedenen Anbieter sehr unterschiedlich von den Festbeträgen betroffen sind. Kleine oder mittlere Unternehmen, deren Hauptprodukt von den Restriktionen erfaßt wird, sind stärker beeinträchtigt als große Konzerne (Ausweichstrategien: Exporte, Diversifikation, Preiskompensationen im festbetragsfreien Markt). Weiterhin kann festgestellt werden, daß die Mehrheit der Original-Anbieter nach temporären Marktanteilverlusten wieder ihr Vor-Festbetragsniveau erreicht haben (vgl. Reichelt, Selke, 1990, S. 420 ff.).

Die ***Generika-Anbieter*** senken ihre Preise in den meisten Fällen unter die Festbetragsgrenzen (vgl. z.B. die ***Kampagne von Ratiopharm "Immer 10 v.H. unter Festbetrag"***), um sich gegenüber den Markenanbietern zu profilieren. Sie betonen, daß ihr

---

18 Eine ausführliche Diskussion der möglichen Anpassungsreaktionen der Pharma-Industrie mit Hilfe von Simulationsmodellen bieten Kucher und Simon (1988, S. 7 ff.).

19 Das System der Festbeträge findet im europäischen Ausland vermehrt Anhänger. Als Beispiel sei das modifizierte niederländische Festbetragsniveau genannt (vgl. Walther, 1991, S. 22).

umfangreiches Angebot nicht nur von sehr guter Qualität ist und bequem ohne Zuzahlungen für den Patienten vom Arzt verschrieben werden kann, sondern daß zusätzlich einige Präparate preislich unter den Festbeträgen liegen und sie, die Generika-Hersteller, auf diese Weise weitere Einsparungen für das Krankenversicherungssystem ermöglichen.[20] Viele Ärzte sind für diese Argumente empfänglich, da sie den meisten Patienten im Sinne einer dauerhaften Arzt-Patienten-Beziehung keine Zuzahlungen zumuten möchten. Weiterhin unterliegen sie ständig einer Kontrolle im Hinblick auf die Preiswürdigkeit ihrer Verschreibungen[21], und nicht zuletzt ist das intrinsische Streben nach Wirtschaftlichkeit (vgl. Kaas und Uhlmann, 1988, S. 6) zu nennen. Der wichtigste Grund dürfte aber der permanente Druck durch die Kassen sein. Die Verschreibungen der einzelnen Ärzte werden laufend auf signifikante Abweichungen im Vergleich zum repräsentativen Durchschnitt untersucht.

Auswirkungen wird auch die voraussichtlich 1991 in Kraft tretende ***Negativliste*** haben.[22] Verschiedene Medikamente werden von den gesetzlichen Krankenkassen nicht mehr erstattet (vgl. dazu o.V., Arbeitsministerium legt Entwurf der Negativliste vor, 1989, S. 1). Es handelt sich z.B. um Kombinationspräparate mit "nicht erforderlichen" oder "mehr als drei arzneilich wirksamen" Bestandteilen und um Präparate mit "nicht nachgewiesenem therapeutischen Nutzen" (vgl. o.V., 1991, Negativliste im Juli?, S. 8). Weitere Vorhaben sind die zu größerer Markttransparenz führende Erweiterung der Preisvergleichslisten für den Arzt, die Richtgrößen für die Verord-

---

20 Vgl. z.B. die "Positivliste von Durachemie, Wolfratshausen". In einem persönlichen Begleitschreiben an den Arzt werden drei Vorteile besonders betont: (1) Keine Erläuterung auf Übernahme von Mehrkosten für den Patienten, § 73 Abs. 5 GRG, (2) Reduziertes Regreß-Risiko und (3) Vermeidung kurzfristiger Umstellungsprobleme (vgl. Durachemie GmbH, 1989, S. 1 ff.).

21 Die Spitzenverbände der gesetzlichen Krankenversicherungen entwickeln eine Dreifach-Strategie, um ihre Arzneimittelausgaben zu senken: (1) Festbeträge, (2) Richtgrößen für die Verschreibungen in den Arztpraxen und (3) Verträge über die Abgabe preiswertester Medikamente durch die Apothekerschaft im Rahmen der Arzneimittel-Substitution (vgl. dazu o.V., 1989, Mit Dreifach-Strategie gegen Pharma-Industrie, S. 2). In der Diskussion sind auch Mindestquoten für Generika für die Fälle, in denen kein Festbetrag vorhanden ist (vgl. o.V., 1989, Wo der Festbetrag fehlt - Mindestquoten für Generika, S. 2).

22 Die Negativliste war vorläufig vom Kölner Sozialgericht gestoppt worden (vgl. o.V., 1991, Neue Negativliste von Gericht gestoppt, S. 1). Gemäß einer Entscheidung des Landessozialgerichtes Essen vom 21. August 1991 darf das Bundesministerium für Gesundheit nun doch ein Präparateverzeichnis zur Umsetzung der Negativliste veröffentlichen. Die Negativliste wird somit voraussichtlich am 01. Oktober 1991 erscheinen (vgl. o.V., 1991, Negativliste kommt nun doch, S. 1).

nungen (vgl. Lange, 1991, S. 2) und die probeweise Einführung der Beitragsrückerstattung (vgl. auch Kaas und Uhlmann, 1988, S. 11).

1.6 Der Europäische Binnenmarkt 1993

Der geplante Europäische Binnenmarkt wird langfristig eine einheitliche europäische Zulassung von Arzneimitteln ermöglichen (vgl. dazu Dichtl, 1989, S. 334), dadurch den Zulassungsstau mildern, die derzeitige faktische Verkürzung der Patentlaufzeiten abschwächen, zu erheblichen Preissenkungen (vgl. o.V., 1989, Europa 92, S. 9) für Arzneimittel führen und globale kommunikative Strategien für europäische Präparate[23] erleichtern (vgl. dazu o.V., 1989, Gemeinsamer Markt Europa, S. 386 f).[24]. Einige Präparate sind durch Vereinheitlichung bewußt zu europäisieren, andere sollten z.B. aufgrund unterschiedlicher medizinischer Schulen zwingend regionalen Charakter behalten (vgl. May, 1989, S. 152). Zum einen werden sich nationale bzw. regionale Subkulturen bilden, zum anderen werden transnationale Subkulturen deutlich werden (vgl. Anders, 1990, S. 235).

Die kommunikativen Maßnahmen müssen auf Zielgruppen mit übereinstimmenden Wertvorstellungen abgestimmt werden (vgl. dazu o.V., 1989, Gemeinsamer Markt Europa, S. 386 f.). ***Länderspezifische Besonderheiten sind zwar zu berücksichtigen, die Zielgruppen sind jedoch nach Einstellungen länderübergreifend zu segmentieren.***

Die zielgruppenadäquaten Globalisierungsstrategien werden auch die ***Reformen in der Sowjetunion*** in ihre Planungen einbeziehen müssen. Der dortige Gesundheitsmarkt steht vor einem Umbruch. 30 v.H. der 1,2 Mio. Ärzte sollen sich bis zum Jahr 2000 privat niederlassen dürfen (vgl. dazu o.V., 1989, Verlage - Glasnost auf fränkisch, S. 119 f.).

---

23 Daneben wird es Arzneimittel mit regionaler Bedeutung geben, die aber nicht in den freien Warenverkehr einbezogen werden (vgl. Vogel, 1989, S. 3).

24 Der Gesamtumsatz auf dem europäischen Mediamarkt wird 1993 ca. 95 Mrd. DM betragen.

Die europäische Einigung wird voraussichtlich auch zu ***neuartigen werbepolitischen Regelungen*** führen. So sieht der Richtlinienvorschlag der EG-Kommission gegenüber der derzeitigen Gesetzgebung verschiedene neuartige Regelungen vor. Genannt seien z.B. die Möglichkeit, in der Ärzteschaft für Arzneimittel ohne Pflichtangaben zu werben, wenn ausschließlich der Name des betreffenden Präparates erwähnt wird und das ausnahmslose Verbot für die Gewährung von Werbeabgaben an Ärzte und Apotheker (vgl. dazu Forstmann, 1990, S. 2 ff.).

Folge dieser "Europäisierung des Pharma-Marktes" werden nicht nur vielfältige ***Kooperationen*** im Kommunikations-, sondern auch im Forschungs-, Entwicklungs- und Vertriebsbereich sein (vgl. dazu Reekie, 1985, S. 356 ff. und o.V., 1989, Apotheker machen ihre Genossenschaft stark, o.S.).

2. Möglichkeiten der Kommunikation im ethischen Pharma-Markt

Zur Beeinflussung von Menschen liegen vielfältige gesicherte Erkenntnisse vor. Hier einige Beispiele (vgl. Weinberg, 1989, S. 214 ff.):

- Mittels emotionaler Konditionierung können Produktpräferenzen und Produktimages aufgebaut werden.
- Aktivierende Stimuli können Aufmerksamkeit erzeugen und das Informationsverhalten beeinflussen. Wird den Schlüsselinformationen ein abgestuftes Aktivierungspotential gegeben, so kann die Reihenfolge der Informationsaufnahme beinflußt werden.
- Reaktanz (gefühlsmäßiger Widerstand gegen Beeinflussung) kann vermieden werden, indem z.B. an die Wichtigkeit der Entscheidungsfreiheit appelliert, indem zweiseitig (positive und negative Informationen) argumentiert oder indem visuell die gedankliche Kontrolle unterlaufen wird.

Entsprechend dieser Erkenntnisse können die Instrumente zur Ansprache der Marktpartner ausgestaltet werden.

Grundsätzlich bestehen demnach viele Möglichkeiten, die Kommunikation pharmazeutischer Hersteller festzulegen. Im folgenden soll ein ***Rahmen für die Entwicklung von Kommunikationsstrategien*** erarbeitet werden. Dazu werden die Determinanten des kommunikationswissenschaftlichen Modells von Karlsson herangezogen. Das zu entwickelnde ***Modell der Pharma-Kommunikation*** soll nicht nur die bekannten Kommunikationsmöglichkeiten aufzeigen, sondern auch Ansatzpunkte für eine Erneuerung der Kommunikationsstrategien im Pharma-Markt liefern. Die wichtigsten Aspekte sollen weitergehend theoretisch und empirisch untersucht werden (vgl. Kapitel C.3.4 und Kapitel D).

Im folgenden wird zunächst das Ausgangsmodell von Karlsson kurz erläutert. Es schließt sich die Darstellung des auf den Pharma-Markt zugeschnittenen Modells der Pharma-Kommunikation an.

2.1 Grundzüge des Modells von Karlsson

Karlsson versucht in seinem ***"mathematischen Modell der Nachrichtenverarbeitung"*** die Ausbreitung einer Nachricht in einem sozialen System zu simulieren (vgl. dazu Karlsson, 1967, S. 73 ff., vgl. auch Kroeber-Riel, 1990a, S. 518 ff.). Die Entstehung von Kommunikationskontakten und ihre Wirkung in einer Gruppe von Menschen werden aufgezeigt. Dabei geht er in seiner Modellbildung von verschiedenen Vereinfachungen aus. So wird festgelegt, daß sich die Nachricht im Verlaufe des Kommunikationsprozesses nicht verändert. Weiterhin werden z.B. alle Personen in zwei Klassen mit unterschiedlicher Glaubwürdigkeit eingeteilt. Diese Dichotomisierung ist genau wie die Unterstellung, Glaubwürdigkeit sei eine objektive Eigenschaft von Personen, eine Vereinfachung.[25]

Der stochastische Charakter des Modells ist für die hier beabsichtigte ***Übertragung und Erweiterung auf die Kommunikation der Pharma-Hersteller*** von geringerer Bedeutung. Ausgangspunkt der Modifikation des Modells sollen die ***drei grundlegenden***

---

25 Die Kommunikationswirkung ist nach Karlsson abhängig von der Kontaktwahrscheinlichkeit (Kontakt zwischen Personen), der Informationswahrscheinlichkeit (Weitergabe einer Nachricht an eine andere Person), der Übernahmewahrscheinlichkeit (Akzeptanz der Information) und der Weitergabewahrscheinlichkeit (Weitergabe der Nachricht durch den vormaligen Empfänger). Dabei wird in diesem Modell unterstellt, daß jede Person, die die Nachricht akzeptiert hat, diese höchstens einmal weitergibt. Durch definitorische Festlegung der verschiedenen Wahrscheinlichkeiten ist es möglich, den Kommunikationsprozeß zu simulieren. Nach oftmaliger Durchführung der Simulation ergibt sich eine Wahrscheinlichkeitsverteilung für die Zahl der nach t-Perioden informierten Personen.

Determinanten der Kommunikationswirkung sein, auf denen dieses Modell aufbaut. Dies sind:

1. Die Merkmale des Kommunikators
2. Die Merkmale der Kommunikanten
3. Die Merkmale der Kommunikationssituation

- Merkmale des Kommunikators sind nach Karlsson z.B. die Glaubwürdikeit und das Image. So genießt ein Experte eine höhere Vertrauenswürdigkeit als ein Laie.
- Merkmale der Kommunikanten sind nach Karlsson z.B. die allgemeine Beeinflußbarkeit der Personen und ihre Einstellungen gegenüber der Kommunikation. Eine starke Übereinstimmung der dargebotenen Informationen mit den vorhandenen Einstellungen erhöht die Übernahmewahrscheinlichkeit für die Nachricht.
- Merkmale der Kommunikationssituation sind alle Bedingungen, unter denen Kontakte zwischen Personen zustandekommen und ablaufen. Karlsson hebt die sozialen und geographischen Distanzen zwischen den Kommunikationspartnern hervor. Die Kontaktwahrscheinlichkeiten zwischen den Personen sind um so größer, je kleiner die räumlichen und sozialen Distanzen zwischen den Personen sind. Bewohner aus weit voneinander entfernten Städten haben im Durchschnitt weniger Kontakt miteinander als die Bewohner einer Stadt. Entsprechend kommt es seltener zu Kontakten zwischen Personen verschiedener sozialer Schichten als zwischen Personen gleicher sozialer Schichtzugehörigkeit.

2.2 Modifikation des Karlsson-Ansatzes zur Entwicklung eines umfassenden Modells der Pharma-Kommunikation

Die ***drei grundlegenden Determinanten der Kommunikationswirkung*** nach Karlsson werden im folgenden genutzt, um ***Möglichkeiten der Pharma-Hersteller zur Strategieentwicklung*** aufzuzeigen. Jede dieser drei Determinanten bietet verschiedene Ansatzpunkte, die Kommunikationsstrategien zu überdenken und zu erneuern.

Obwohl die Dreiteilung von Karlsson nicht ganz trennscharf ist, wird sie aus pragmatischen Gründen beibehalten. So wird z.B. die Glaubwürdigkeit des Kommunikators nicht nur von diesem bestimmt, sondern ist auch eine Funktion der Einstellungen des

Kommunikanten. Der Kommunikator wirkt auf den Kommunikanten ein, wodurch sich dessen Verhalten ändern kann. Dieses kann wiederum zu veränderten Bewertungen des Kommunikators führen. So wird die Kommunikationssituation stark durch die Verhaltensweisen des Kommunikators und der Kommunikanten beeinflußt.

Kurzum: ***Die drei Determinanten der Kommunikationswirkung stehen in einer engen Beziehung wechselseitiger Abhängigkeiten zueinander. Sie müssen im Verbund gesehen werden.***

Ziel der Modellbildung ist nicht die Entwicklung eines Totalmodells. Dadurch würde der Blick auf die wichtigsten Bestandteile der "Kommunikation im Pharma-Markt" verstellt werden. Im konkreten Einzelfall muß geklärt werden, welche spezifischen Einflüsse von geringerer Bedeutung sind und welche Aspekte zusätzlich zu berücksichtigen sind.

2.2.1 Möglichkeiten der Kommunikation in Abhängigkeit von den Merkmalen des Kommunikators

Diese Determinante umfaßt die grundsätzlichen Möglichkeiten, die den Unternehmen zur Gestaltung ihrer Kommunikation zur Verfügung stehen.

Jede ***Kommunikationsstrategie*** ist zunächst abhängig von den ***Unternehmensspezifika*** und den zu bewerbenden ***Präparaten***. Zu den Unternehmensspezifika zählen z.B. die Größe des Unternehmens, die vorhandene Unternehmensorganisation, die Bedeutung der Produktion ethischer Präparate im Gesamtunternehmen und die Stellung der Forschungsabteilung in dem Unternehmen. So stehen einem internationalen Pharma-Konzern, der über ein weitgestreutes Netz von Pharma-Referenten verfügt, andere Möglichkeiten zur Ausgestaltung seiner Strategien zur Verfügung als einem mittelständischen Unternehmen, das hauptsächlich chemische Produkte für die Landwirtschaft oder OTC-Präparate vertreibt. Die Präparate können sich sehr stark voneinander unterscheiden. So kann es sich bei dem zu bewerbenden Präparat um eine Marke oder ein Generikum, um ein neues oder ein bereits auf dem Markt eingeführtes Präparat, um ein Präparat mit oder ohne Konkurrenz durch ein substitutives OTC-Produkt handeln.

Jedem Unternehmen stehen nach Kroeber-Riel grundsätzlich vier Möglichkeiten zur Verfügung, seine Präparate zu positionieren (vgl. dazu Kapitel C.5). Es handelt sich um die Positionierung durch Aktualität, die emotional-informative, die informative und die emotionale (Erlebniswertvermittlung) ***Positionierung***. Dabei bestehen verschiedene Alternativen (***Erscheinungsformen der Kommunikation***), die Botschaften an die verschiedenen Kommunikationspartner (Ärzte, Patienten, Apotheker u.a) heranzutragen: Wissenschaftliche Information, Werbung, persönlicher Verkauf (Pharma-Referenten), Verkaufsförderung, Öffentlichkeitsarbeit, produktbegleitende Dienstleistungen und Feldstudien (vgl. dazu ausführlich Kapitel B.2.2). Den Erscheinungsformen können wiederum verschiedene ***Instrumente*** zur Ansprache der Kommunikationspartner zugeordnet werden (vgl. dazu Kapitel B.2.3). Diese können weiter untergliedert werden in Instrumente der ***Massenkommunikation*** und der ***persönlichen Kommunikation***. Zu ersterer zählen zum Beispiel Anzeigen, Direct-Mails, Hauszeitschriften und Videospots. Zur persönlichen Kommunikation können unter anderem der Einsatz von Pharma-Referenten, die Kommunikation auf Fortbildungsveranstaltungen und Telefon-Marketing gezählt werden. Dabei können verbale und nonverbale Ausdruckselemente eingesetzt werden.

In der ersten empirischen Studie "Bestandsaufnahme der Kommunikation im Pharma-Markt - ***Unternehmensbefragung***" werden unter anderem die verschiedenen Erscheinungsformen und Instrumente der Kommunikation aus Marketingleitersicht untersucht (vgl. dazu Kapitel D.1). In der zweiten Studie "***Ärztebefragung***" wird das Involvement erfaßt, das die niedergelassenen Ärzte den verschiedenen Instrumenten entgegenbringen (vgl. dazu Kapitel D.2). Die dritte Studie "***Patientenbefragung***" zeigt unter anderem auf, welche Instrumente die Patienten für besonders geeignet halten, in der Öffentlichkeit über Krankheitsbilder zu informieren (vgl. dazu Kapitel D.3). In einer ergänzenden vierten Studie werden 1021 Anzeigen aus Ärztezeitschriften ***inhaltsanalytisch*** untersucht. Das Hauptinteresse liegt in dem Versuch, festzustellen, welche Erlebnisbereiche durch die Anzeigeninhalte angesprochen werden, welche übergeordneten Erlebnisdimensionen sich bilden lassen und wie diese verschiedenen Erlebnisbereiche in den Anzeigen kommuniziert werden. Ein weiteres wichtiges Interesse liegt darin, eine Rangfolge nach der Bedeutung informativer, emotionaler, informativ-emotionaler und auf Produkt-Aktualität bedachter Produkt-Positionierungen zu bilden (vgl. zur Inhaltsanalyse ausführlich Becker, 1991 c.[26]

Die folgende Darstellung zeigt die besprochenen Möglichkeiten der Kommunikation in Abhängigkeit von den Merkmalen des Kommunikators.

26 Geklärt werden soll auch, welche Darstellungen in den Abbildungen gewählt werden, welche Headlines und Schlagwörter präferiert werden, wie die Anzeigen aufgebaut sind und wie sich die einzelnen Anzeigenelemente im Hinblick auf das Aktivierungsniveau, die vermittelten Emotionen und die Einstellungsbildung zueinander verhalten. Die Grundlage hierfür bildet ein von Meyer-Hentschel entwickeltes Kategoriensystem zur Beurteilung von Anzeigen (vgl. Meyer-Hentschel, 1988 b, S. 221 ff.). Das ***Kategoriensystem von Meyer-Hentschel*** wurde um einige Fragen ergänzt. Das vorliegende Schema umfaßt nun auch Fragen zu den Positionierungsstrategien nach ***Kroeber-Riel*** und zu verschiedenen Erlebnisbereichen und Anzeigeninhalten. Zusätzlich wurde das gesamte System inhaltlich auf die speziellen Besonderheiten des ethischen Pharma-Marktes abgestimmt (vgl. ausführlich Becker, 1991 c).

Abb. 3: Modell der Pharma-Kommunikation - Merkmale des Kommunikators

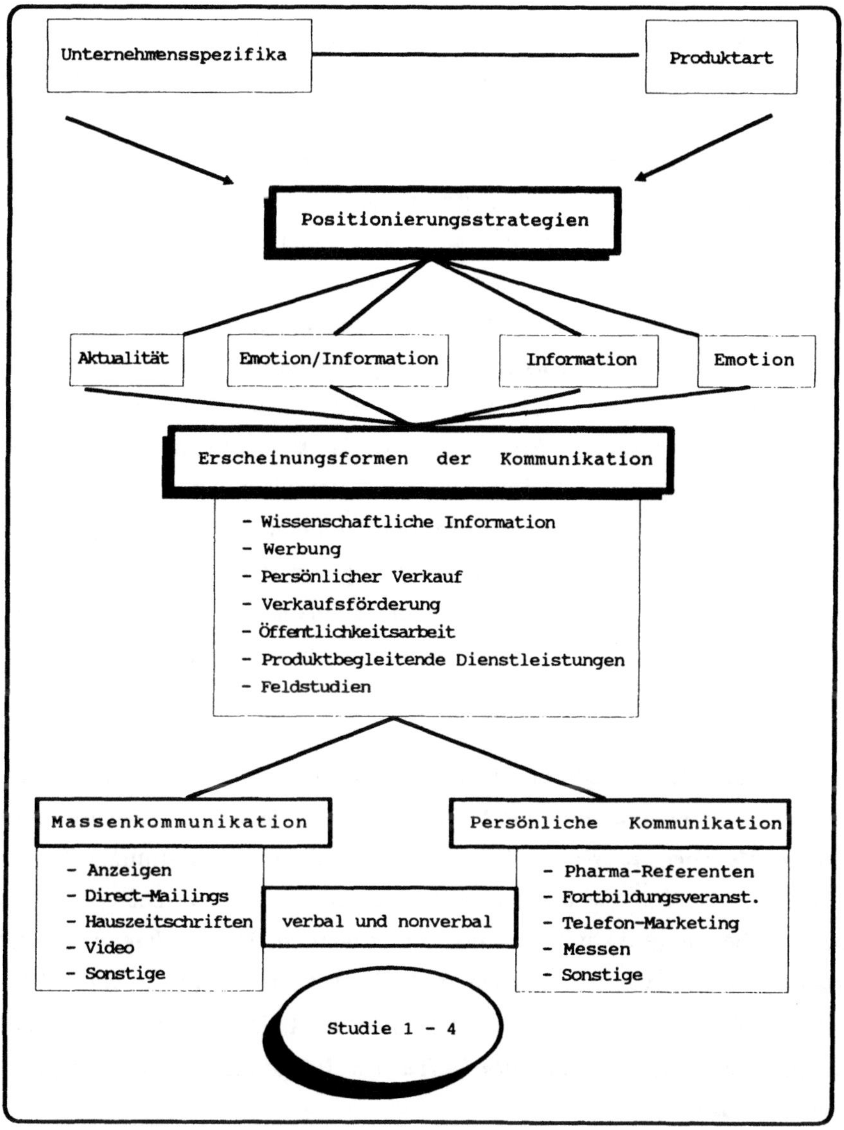

2.2.2 Möglichkeiten der Kommunikation in Abhängigkeit von den Merkmalen der Kommunikanten

Die Merkmale der Kommunikanten bieten weitere Ansatzpunkte, die Kommunikationsstrategien zu gestalten. Ausgangspunkt dieser Determinante sind die verschiedenen ***Marktpartner*** (Ärzte, Apotheker, Patienten, sonstige Marktpartner). Die Verantwortlichen haben zu entscheiden, ***welche dieser Gruppen mit welchen Themen*** angesprochen werden sollen. Jede Gruppe kann weiterhin ***differenziert oder undifferenziert*** bearbeitet werden, d.h. es können Segmente gebildet werden, die entsprechend ihrer Merkmale verschieden angesprochen werden. Es bieten sich ***Ärzte-, aber auch Patiententypologien*** an. Diese können durch Einbeziehung verschiedener Variablen gebildet werden. So gibt es Typologien, die z.B. den Lebensstil, die Persönlichkeit oder spezifische Motivationen berücksichtigen (vgl. dazu ausführlich C.3.2 und C.3.3). In der Praxis sind Typologien weiter verbreitet, die sich auf Verhaltens-, Einstellungs- und Involvementmaße stützen. So können z.B. das Verschreibungs- und das Kommunikationsverhalten (Beispiel: Anforderung von Literatur und Mustern) der Ärzte Ausgangspunkte für eine Typologie sein. Bei den Patienten kann der Umgang mit einem bestimmten Krankheitsbild zur Typologisierung herangezogen werden. So können z.B. Personen unterschieden werden, die die Krankheitssymptome einer bestimmten Krankheit ignorieren, den Apotheker um Rat fragen oder sofort den Arzt aufsuchen (vgl. dazu ausführlich Kapitel C.4 und D.3).

Die zunehmende Mündigkeit der Patienten in Gesundheitsfragen verlangt eine stärkere Einbeziehung der Bevölkerung durch die Arzneimittelhersteller. Dabei empfiehlt sich eine ***integrierte Vorgehensweise***: Die Patienten sollten über bestimmte Krankheitsbilder informiert werden, wobei die Ärzte (unter Umständen auch die Apotheker) gleichzeitig über diese Aktivitäten unterrichtet werden. Diese ***"Integrierte Patienten-Ansprache"*** wird in zwei empirischen Studien aus Ärzte- (Studie 2, Kapitel D. 2) und aus Patientensicht (Studie 3, Kapitel D.3) untersucht. Dabei wird unter anderem das ***Prinzip der mehrstufigen Kommunikation*** zur Erklärung der Kommunikationswirkung herangezogen.

Die folgende Abbildung zeigt verschiedene Möglichkeiten der Kommunikation in Abhängigkeit von den Merkmalen der Kommunikanten.

Abb. 4: Modell der Pharma-Kommunikation - Merkmale der Kommunikanten

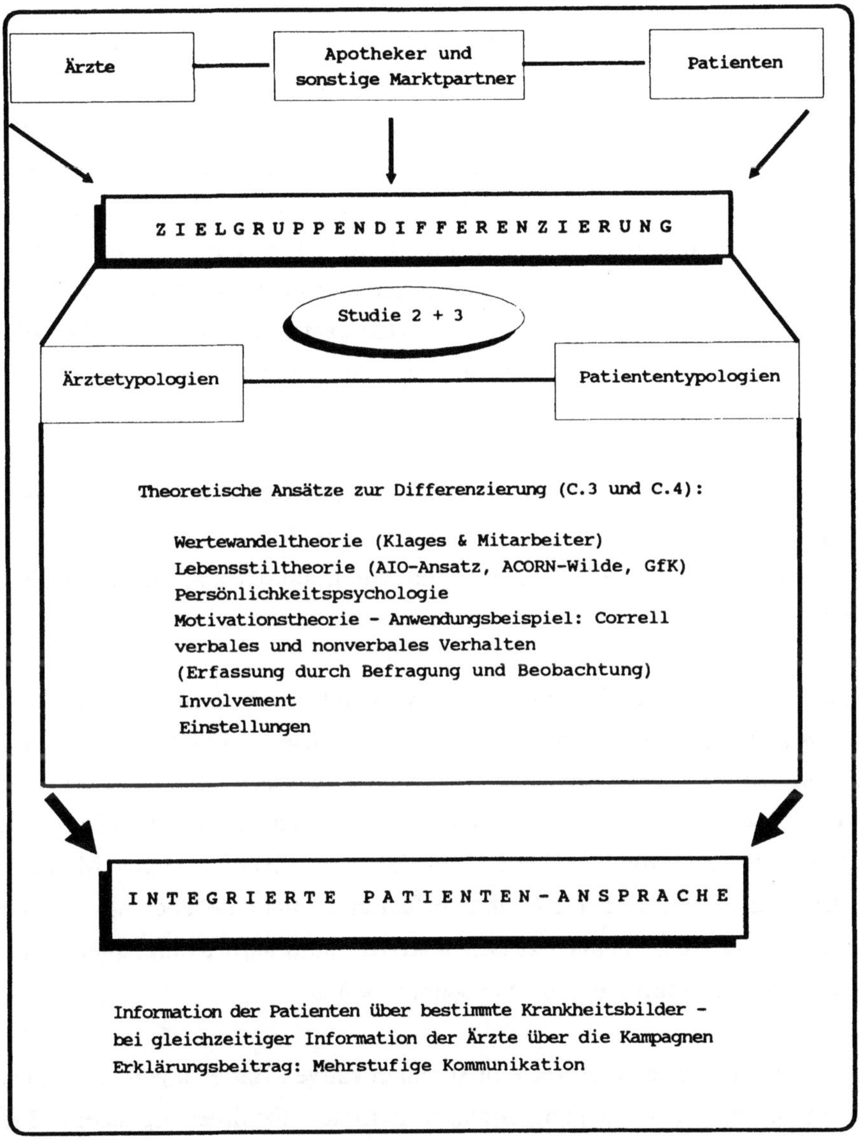

2.2.3 Möglichkeiten der Kommunikation in Abhängigkeit von den Merkmalen der Kommunikationssituation

Die dritte Determinante des Modells bildet die Kommunikationssituation. Die Kommunikation der Pharma-Hersteller ist vielfältigen Einflüssen ausgesetzt. Eine wichtige Rolle spielen die ***Aktivitäten der Konkurrenz***. Es kann z.B. sein, daß ähnliche Präparate intensiv von Konkurrenzunternehmen beworben werden. Dadurch kann es für die Pharma-Referenten besonders schwierig sein, zum Arzt vorgelassen zu werden. Weiterhin müssen sich die Anzeigen eines Herstellers der ***Informationskonkurrenz*** anderer Hersteller stellen. Die Wirkung der Kommunikation ist zudem abhängig von den Einflüssen der ***Bezugsgruppen*** (z.B. Kollegen der Ärzte, Familie), von ***Normen und Rollenerwartungen*** (z.B. die Erwartung vieler Patienten, der Arzt müsse eine Autorität sein) und von den Regelungen des ***Gesetzgebers*** (z.B. wachsende Bedeutung des Aspekts "Sparsamkeit" in der Ärzteschaft seit Inkrafttreten des Gesundheitsreformgesetzes).

Bereits bei der Gestaltung der kommunikativen Aktivitäten müssen diese vielfältigen Einflüsse berücksichtigt werden. Die herrschende Informationsüberlastung könnte z.B. im Fall der Anzeigenkommunikation durch hinreichend aktivierende Gestaltungen berücksichtigt werden.

Karlsson konzentriert sich in seiner Betrachtung auf die ***sozialen und geographischen Distanzen*** zwischen den Kommunikationspartnern. Dieser Aspekt sei daher auch hier besonders diskutiert. Zunächst sind Beziehungen zwischen verschiedenen Marktpartnern zu unterscheiden. So gibt es Beziehungen zwischen Ärzten, zwischen Ärzten und Pharma-Referenten, zwischen Ärzten und Patienten sowie sonstigen Marktpartnern. Ärzte tauschen untereinander z.B. ihre Erfahrungen über Behandlungsmethoden und Präparate aus. Die Beziehungen zwischen Ärzten und Pharma-Referenten können beispielsweise durch Kompetenzprobleme geprägt sein.

Auch die Patienten stehen teilweise in kommunikativen Beziehungen zueinander. Beispiele hierfür sind der Meinungsaustauch zwischen Familienmitgliedern, Freunden und Bekannten, aber auch die institutionalisierte Kommunikation in Selbsthilfegruppen. Ebenso gibt es vielfältige Beziehungen zwischen Patienten und anderen Marktpartnergruppen. Jeder Patient kann z.B. die ihm verschriebenen Präparate nur bei einem Apotheker gegen Vorlage des Rezepts erhalten.

Die Pharma-Hersteller haben die Möglichkeit, diese ***Beziehungen zwischen den einzelnen Marktpartnern*** zu ihren Gunsten zu ***beeinflussen***. So können z.B. die Patienten dazu veranlaßt werden, den Ärzten gegenüber Verschreibungswünsche zu äußern. Zu diesem Zweck können die Patienten mit Informationen angesprochen werden, die starken Aufforderungscharakter besitzen (vgl. dazu Studie 3, Kapitel D.3). Weiterhin kann z.B. die Akzeptanz und Glaubwürdigkeit der Pharma-Referenten erhöht werden, um die Informationsvermittlung an die Ärzte zu erleichtern. Zu diesem Zweck bietet es sich an, die Pharma-Referenten im Umgang mit Ärztetypologien zu schulen. Auf diese Weise können sie sich in ihrem Auftreten und ihrer Argumentation leichter auf die jeweiligen Ärzte einstellen (vgl. dazu Studie 2, Kapitel D.2). Ein weiteres Beispiel soll die vielfältigen Möglichkeiten verdeutlichen, die sich den Pharma-Herstellern bieten, in die verschiedenen Beziehungen steuernd einzugreifen. Die Arzneimittelhersteller können den Gedankenaustausch zwischen den Ärzten einer Region über ihre Präparate bewußt fördern, indem sie Kleingruppenveranstaltungen durchführen. Die Pharma-Referenten haben auf diese Weise eine gute Möglichkeit, ihre Informationen an die Ärzte weiterzugeben. Neben den fachlichen Aspekten kann so auch ein breiter Raum für gesellige Aktivitäten geschaffen werden.

Die folgende Abbildung zeigt die erwähnten Möglichkeiten der Kommunikation in Abhängigkeit von der Kommunikationssituation.

Abb. 5: Modell der Pharma-Kommunikation - Merkmale der Kommunikationssituation

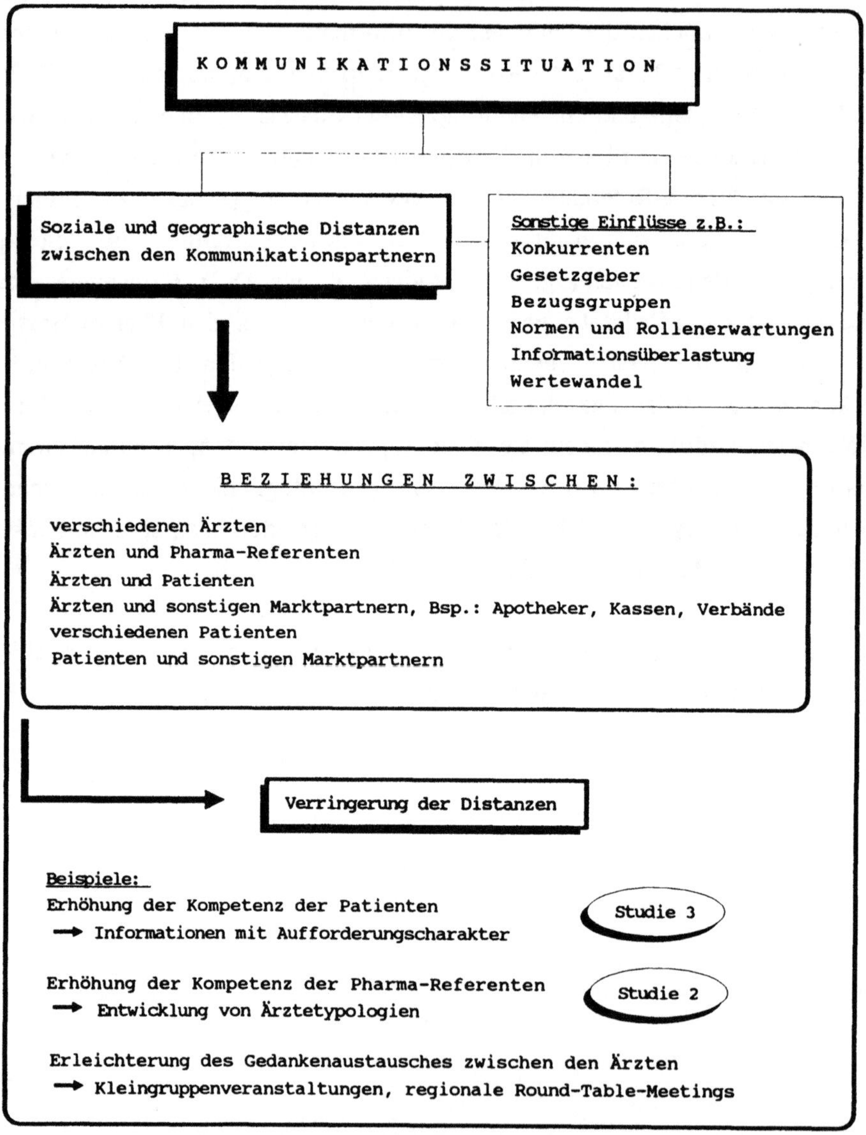

Diese vereinfachende, modellhafte Darstellung ***"Kommunikation im Pharma-Markt"*** hat verdeutlicht, welche vielfältigen Möglichkeiten die Pharma-Hersteller zur Gestaltung ihrer Kommunikationsstrategien besitzen. Wie angedeutet, sollen ausgewählte Aspekte tiefergehend analysiert werden. Im folgenden werden zunächst Möglichkeiten der Ärztetypologisierung aufgezeigt. Es schließen sich theoretische Ausführungen zur "Integrierten Patienten-Ansprache" und zu den Positionierungsstrategien nach Kroeber-Riel an. Die herausgearbeiteten zentralen Hypothesen und Fragestellungen zu diesen Themen werden dann empirisch untersucht (vgl. Kapitel D).

3. Typologieorientierte Ärzte-Ansprache

3.1 Bedeutung der zielgruppengerechten Ärzte-Ansprache für die Praxis der Pharma-Kommunikation

Die dargestellten veränderten Rahmenbedingungen zwingen dazu, das Marketing für verschreibungspflichtige Präparate zu erneuern. ***Selektive Kommunikation*** bietet dabei eine ***Zukunftsperspektive***, um auf die Phänomene "Informationsüberlastung", "steigende Kommunikationskosten" und "wachsende Zahl der niedergelassenen Ärzte" angemessen zu reagieren (vgl. Wilde, 1987, S. 136 ff.). Zielsetzung der selektiven Kommunikation ist es, aus der Gesamtzielgruppe "niedergelassene Ärzte" verschiedene Teilzielgruppen zu bilden und diese dann unterschiedlich zu bearbeiten und anzusprechen. ***Häufig genutzte Einteilungskriterien*** sind in isolierter oder verknüpfter Form z.B.:

- das Verordnungsvolumen der Ärzte,
- das Wachstumspotential der Praxen,
- das Markenwahlverhalten der Ärzte bezüglich bestimmter Präparate,
- das Kommunikationsverhalten (Bsp.: aktive Anforderung von Informationen durch den Arzt) (vgl. Wilde, 1990, S. 1 ff.).

Die für diese Segmentierungen notwendigen Daten können über Panel-Erhebungen, Befragungen der Ärzte, Einschätzungen der Referenten oder interne Aufzeichnungen (Beispiel: Muster- und Literaturanforderungen) gewonnen werden. In vielen Unternehmen wird zur Zeit jedoch noch völlig auf eine differenzierte Ansprache der Ärzte verzichtet.

Die Kritikpunkte an diesen Einteilungen sind vielfältig, jedoch wenig stichhaltig (vgl. zu den Kritikpunkten Friesewinkel, 1981, S. 17 ff.). Eine Ärztetypologisierung ist selbst eine vereinfachende Kategorisierung. Diese muß nach bestimmten Zeitabständen den veränderten Rahmenbedingungen angepaßt werden. Auch können sich die typischen Merkmale eines Arztes verändern, so daß eine Neuzuordnung erforderlich wird. Für die kommunikative Ansprache darf auch nicht allein die Zuordnung eines

Arztes zu einer Gruppe maßgebend sein. In die Entscheidungen müssen auch die Art des zu bewerbenden Präparates (z.B. High- oder Low-Involvement Präparat, vgl. dazu Kapitel C.5) und die situativen Bedingungen einbezogen werden. ***Eine Typologie ersetzt nicht den Experten der Pharma-Kommunikation.*** Die einzelnen kommunikativen Maßnahmen können nicht einfach schematisch abgeleitet werden. Es ist z.B. möglich, daß ein Arzt sich für Informationen zu einem Indikationsgebiet besonders interessiert, auf anderen Gebieten aber bewußt jedes Angebot zur Wissensvermittlung ablehnt.

Im Rahmen eines empirischen Praktikums am Lehrstuhl für Absatz-, Konsum- und Verhaltensforschung der Universität Paderborn und einer Diplomarbeit wurden über 200 Pharma-Unternehmen, -Werbeagenturen und -Marktforschungsinstitute um Auskunft bezüglich des Einsatzes von Ärzte-Typologien gebeten. ***Demnach wird, wenn überhaupt, nicht mit Standardtypologien gearbeitet.*** Die Unternehmen geben vielmehr Typen vor (z.B.: Verordnungsvolumen, Erstverordner, Innovatoren), oder die Typologien werden anhand des vorliegenden Datenmaterials jeweils neu erstellt. Weitergehende Gruppenbildungen, die z.B. an der Persönlichkeit der Ärzte ansetzen, werden von den wenigsten Herstellern genutzt.

Die meisten Ärztetypologien werden adhoc erarbeitet, ohne daß dabei Wert auf eine theoretische Fundierung gelegt wird. Beispiel: In einer Marktforschungsstudie für ein Unternehmen werden das Informationsverhalten der Ärzte, die Einstellungen zu einem bestimmten Indikationsgebiet sowie zu einer spezifischen medikamentösen Therapie verknüpft. Die Ärztetypen lauten unter anderem: "Der aufgeschlossene Souveräne", "Der unauffällige Neuling", "Der konservative Routinier" usw. Eine solche Typologie bringt nur geringe Informationsvorteile gegenüber demographischen Segmenten (vgl. zu einer solchen Adhoc-Typologie auch Kossow, 1983, S. 483). Auch die Infratest Kommunikationsforschung erstellte 1989 im Rahmen der Leseranalyse medizinischer Fachzeitschriften (MEFA 1989) eine Ärztetypologie. Die Grundlage bildeten hierfür 20 Statements zu den Bereichen "Expansion/Rationalisierung", "Fortbildung/Wissenschaft", "Klinik/öffentlicher Dienst" sowie "Freizeit/Pensionierung". Eine Clusteranalyse ergab folgende Typen: "Die Erfolgreichen" (17 v.H.), "Die Wissenschaftsorientierten" (13 v.H.), "Die Hausärzte" (23 v.H.), "Die Einzelkämpfer" (23 v.H.) und "Die Früh/Pensionisten" (25 v.H.) (vgl. Infratest 1989, S. 22 ff.).

Problematisch ist, daß wichtige Zuordnungskriterien durch den ***Außendienst*** erhoben werden müssen. Die Subjektivität der Einschätzungen kann zu Verzerrungen führen. Aus diesem Grunde müssen die durch Beobachtung in und außerhalb der Praxis zugänglichen Variablen im Rahmen der empirischen Studie zur Ärztetypologisierung auf ***wenige trennscharfe Dimensionen*** reduziert werden. Aber auch dadurch wird sich ein gewisses Maß an Subjektivität der Einschätzungen nicht vermeiden lassen.

3.2. Ansätze zur Ärztetypologisierung - ein Überblick

Selektive Strategien, die die Individualität des einzelnen Arztes berücksichtigen, bieten eine gute Basis für eine erfolgreiche Kommunikation. Die Wahrscheinlichkeit, daß die Botschaften von den Ärzten aufgenommen werden und nicht ungenutzt im Papierkorb landen, wird erhöht. Der ***Kommunikationsmüll (Junk Communication)*** kann verringert werden, wodurch ein großer ***Beitrag zum Umweltschutz*** geleistet wird.[27]

Zur weiterführenden Ärztetypologisierung eignen sich ***verschiedene theoretische Ansatzpunkte***. Einen konkreten Beitrag können ***Wertewandel-***, ***Lebensstil-***, ***Persönlichkeits- und Motivationstheorien*** bieten.

Wertewandeltheorie:
Einen zur Ärztetypologisierung nutzbaren Ansatz entwickelten z.B. ***Klages*** und Mitarbeiter mit der ***Theorie der Werttypen***. Sie basiert auf einer Vierfeldermatrix mit den zwei Dimensionen (1) "Pflicht- und Akzeptanzwerte", (2) "Selbstentfaltungswerte" (vgl. Klages 1987, S. 12 ff., vgl. auch Wiswede, 1990, S. 23 ff.). Daraus bilden sie folgende Typen:

Typ 1: Ordnungsliebende Konventionalisten ("1" hoch/"2" niedrig)
Typ 2: Aktive Realisten ("1" hoch/"2" hoch)
Typ 3: Perspektivlose Resignierte ("1" niedrig/"2" niedrig")
Typ 4: Nonkonforme Idealisten ("1" niedrig/"2" hoch)

Da sich die Ärzte durch viele besondere Eigenschaften auszeichnen und nur einen Ausschnitt aus der Gesamtbevölkerung darstellen, wird die Analyse einer Ärztestichprobe eine entsprechende Verteilung ergeben. Die Typen 1 und 2 dürften in der

---

27 Mit diesem Beitrag zum Umweltschutz kann auch eine mögliche Datengewinnung durch Befragung beim Arzt begründet werden.

Mehrheit sein. Eine vom Sinus-Institut entwickelte Typologie sozialer Milieus gibt Aufschluß über die in verschiedenen Milieus unterschiedlich schnell verlaufenden Wertewandelprozesse (vgl. Koppelmann, Küthe, 1990, S. 379). Folgende Milieus werden unterschieden: Konservativ-gehoben, technokratisch-liberal, alternativ, bürgerlich, aufstiegsorientiert, hedonistisch, traditionelles Arbeitermilieu, traditionsloses Arbeitermilieu. Entsprechend der Typenverteilung nach Klages werden die Ärzte auch hier je nach Herkunft bzw. Zugehörigkeit zu einem der genannten Milieus über unterschiedliche Werte verfügen.

Lebensstiltheorie:

Ein Lebensstil repräsentiert "eine Menge miteinander verbundener Einstellungen (zum Essen, Trinken, Wohnen usw.) und Aktivitäten (in der Freizeit, beim Einkaufen usw.), durch die das Verhalten der Konsumenten ein spezifisches Profil bekommt" (Kroeber-Riel, 1990 a, S. 446). Der bekannteste Ansatz zur Messung des Lebensstils ist der ***A-(Activities)-I-(Interests)-O-(Opinions)-Ansatz*** (vgl. dazu Assael, 1984, S. 256, vgl. Bartmann, 1988, S. 12 ff.). Zu diesen drei Dimensionen des Lebensstils können arztspezifische Items entwickelt werden, die dann mit Hilfe einer Clusteranalyse Rückschlüsse auf bestimmte Arzttypen zulassen. Wenn die Prämisse aufrechterhalten werden kann, daß sich der Lebensstil eines Arztes in den konsumierten Produkten bzw. verordneten Präparaten niederschlägt (vgl. Wind, Green, 1974, S. 106), dann bieten die ***Verordnungen*** eine weitere gute Möglichkeit, Lebensstiltypen zu bilden.[28] Menschen mit ähnlichem Konsum- und Lebensstil konzentrieren sich häufig an bestimmten Wohnorten. ***ACORN*** (A Classification of Residential Neighbourhoods) bildet auf der Grundlage von demographischen Daten, Beschäftigungsstruktur, Bebauungsstruktur, Wirtschaftsstruktur, Infrastruktur und Flächennutzung eine ***Typologie von Wohngebieten mit unterschiedlichen Lebensstilsegmenten*** (vgl. Wilde, 1986, S. 153). Das Gebiet, in der die Praxis des jeweiligen Arztes angesiedelt ist (hoher bzw. niedriger sozialer Status der Anwohner) und die Einwohnerzahl der Gesamtgemeinde könnten durchaus einen Hinweis auf den Lebensstil des Arztes liefern. Derartige Hinweise sollten aber immer nur ergänzend zur eigentlichen Typologie eingesetzt werden (vgl. dazu Kapitel D.2.6.2).

---

28 Um die weite Verbreitung der Lebensstilmessungen in der Praxis zu dokumentieren, sei auch das GFK-Lifestyle-Konzept erwähnt. Das Konzept basiert auf drei Dimensionen. Die Endpunkte der Achsen lauten "Bewegung/Beharrung", "Güter/Werte", "emotionales Handeln/rationales Kalkül". Mit Hilfe dieses Rasters werden sechs Soziomentalitäten festgelegt (vgl. dazu Anders, 1990, S. 242 ff., vgl. zu den verschiedenen Konzepten der Lebensstiltheorie und Messung des Lebensstils auch Banning, 1988).

Von besonderer Wichtigkeit ist die Erkenntnis der ***Pluralität von Lebensstilen*** (Opaschowski, 1990, S. 116). Klare Abgrenzungen sind durch Lebensstile nicht möglich. Auf das Verordnungsverhalten bezogen, würde das heißen: Ein Sparverordner ist bei manchen Präparateentscheidungen auch ein Erlebnisverordner und wieder später ein Geltungsverschreiber (vgl. Opaschowski, 1990, S. 116 ff.).

Persönlichkeitspsychologie:
Zur Erfassung der Persönlichkeit eines Menschen gibt es drei Möglichkeiten. Der verhaltenstheoretische Ansatz nutzt den ***Repräsentationsschluß***. Von dem Verhalten des Arztes, z.B. im Umgang mit dem Pharma-Referenten, wird auf seine Persönlichkeit geschlossen. Die zweite Möglichkeit ist der ***Korrelationsschluß***. Hier wird von einer Verhaltensweise in einem Bereich auf entsprechendes Verhalten in einem anderen Bereich geschlossen. Beispiel: Ein Arzt, der sich dem Pharma-Referenten gegenüber aufgeschlossen verhält, würde einem möglichen Korrelationsschluß zufolge auch gerne an einer Arzt-Patienten-Veranstaltung teilnehmen. Die dritte Alternative ist die ***Zeichen- oder Indikatorfunktion von Verhaltensweisen*** zur Bestimmung der Persönlichkeit. Dabei handelt es sich um die klassische eigenschaftstheoretische Perspektive. Ein Arzt könnte sich z.B. anhand vorgegebener Eigenschaftsitems ***selbst einschätzen*** (vgl. Amelang, 1985, S. 10).

Der Versuch, einzelne Personen bestimmten Typen zuzuordnen, hat eine lange Tradition (vgl. Clifford, Bull, 1978, S. 56 ff.). Zur Erfassung der Persönlichkeit werden die verschiedensten Konstrukte herangezogen. Diese lassen sich wiederum verschiedenen theoretischen Richtungen zuordnen. Eine Einteilung unterscheidet z.B. dispositionelle, kognitive, biographische, lerntheoretische und motivationstheoretische Ansätze (letztere nennt Koch-Hillebrecht "Verwirklichung von Interessen", vgl. Koch-Hillebrecht, 1982, S. 53 ff.). Im folgenden seien die dispositionellen Theorien kurz erläutert. Die Schichtenlehre, wie sie z.B. im Persönlichkeitsmodell von Lerch integriert ist (Schichten: Lebensgrund, endothymer Grund und personaler Oberbau, vgl. Fisseni, 1985, S. 235 ff.) und die Konstitutionslehre, z.B. vertreten durch Kretschmer (Unterscheidung von Zyklothymikern und Schizothymikern; vgl. dazu ausführlich Arnold, 1975, S. 294 ff. und Mogel, 1985, S. 24 ff.), lassen für das Pharma-Marketing kaum pragmatische Erkenntnisse erwarten. Die dritte Variante der dispositionellen Ansätze, die Faktorenmodelle, weisen für die Erarbeitung einer empirischen Ärztetypologie ein weit größeres heuristisches Potential auf. Cattel, neben Eysenck der

Hauptvertreter dieser Forschungsrichtung, definiert den Begriff der Persönlichkeit "als das Verhalten eines Menschen in einer bestimmten Situation" (Cattell, 1973, S. 29). Das Verhalten ist dabei durch eine überschaubare Zahl von grundlegenden Eigenschaften multipel determiniert (vgl. Schneewind, 1982, S. 246). Die drei Hauptbereiche des Verhaltens, auch Domänen der Persönlichkeit genannt, sind die Faktoren "Temperaments-", "Fähigkeits-" und "Motivstruktur". In jeder Situation können die den Dimensionen zugehörigen Eigenschaften eine andere Ausprägung aufweisen und so unterschiedliche Verhaltensweisen erklären (vgl. Koch-Hillebrecht, 1982, S. 76 ff., Schneewind, 1982, S. 247 ff., Wittmann, 1985, S. 249 ff.). Hier zeigt sich die enge ***Verknüpfung zwischen der Persönlichkeits- und der Motivationspsychologie*** (vgl. dazu auch die Abbildung bei Heckhausen, 1980, S. 84). Persönlichkeitspsychologen, die eine dynamische Perspektive verfolgen, erkennen der Motivation eine wichtige Rolle bei der Beschreibung und Erklärung menschlichen Verhaltens zu (vgl. Hall, Lindzey, 1978, S. 23). Aufgrund dieser Erkenntnis und der durch die Schulungen des Außendienstes in der pharmazeutischen Industrie weiten Verbreitung ***motivationstheoretischer Ansätze*** (insbesondere des Ansatzes von Correll) werden diese Theorien im folgenden ausführlicher erläutert und auch Gegenstand einer komplexen empirischen Studie sein. Dabei soll eine Typologie aufgrund des verbalen und nonverbalen Kommunikationsverhaltens der Ärzte erarbeitet werden.

3.3 Der Motivationstheoretische Ansatz nach Correll

3.3.1 Einordnung der Theorie von Correll

Die Beschäftigung mit der ***Motivation*** von Individuen, gehört zu den ***entscheidenden Fragestellungen der Konsumentenforschung*** (vgl. Kroeber-Riel, 1990 a, S. 136 ff.). Wenn der Anbieter einer Leistung weiß, welche Motivationen bei seiner Zielgruppe besonders stark ausgeprägt sind, kann er sein Angebot und seine Argumentation auf diese Motivationen abstimmen (vgl. Bäntsch, 1990, S. 69 ff.). Weiter gilt: Wenn ein Anbieter Kenntnis darüber besitzt, aufgrund welcher Motivationen ein bestehendes Angebot und eine Argumentationsform präferiert werden, kann er diese Motivationen gezielt ansprechen (vgl. Kroeber-Riel, 1990 a, S. 151 ff.).

Werden zur Erklärung des hypothetischen Konstruktes "Motivation" sowohl ***kognitivistische***[29] als auch ***aktivierungstheroretische Ansätze*** herangezogen, so kann gesagt werden, daß Motivationen auf der Verknüpfung "grundlegender Antriebskräfte" und einer "kognitiven Zielorientierung" beruhen. Emotionen und Triebe bilden die grundlegenden Antriebskräfte, sie sorgen für die Aktivität des Individuums und geben die grundlegende Richtung des Verhaltens (Zu- oder Abwendung bezüglich eines Objektes bzw. einer Person) vor. Die Ausrichtung auf spezielle Ziele, z.B. die Verschreibung eines bestimmten Präparates, verlangt darüberhinaus kognitive Prozesse der Verhaltenssteuerung (vgl. Kroeber-Riel, 1990 a, S. 137).

Es lassen sich zwei Hauptrichtungen der Motivationsforschung unterscheiden: Die ***monistische*** und die ***pluralistische Sichtweise.***[30] Hauptvertreter der ersten Richtung sind Freud und sein Schüler Adler.[31] Nach ***Freud*** ist das wichtigste Bedürfnis die Sexualität. Demnach lassen sich alle Wünsche des Menschen auf ein im Unterbewußtsein wirksames Sexualverlangen zurückführen. Nach dieser Theorie müßte das Bedürfnis eines Menschen, ein anerkannter Arzt zu werden, auf dem Wunsch nach sexueller Überlegenheit beruhen. Es wird sofort deutlich, daß die Sichtweise von Freud zu extrem ist (vgl. Correll, 1991, S. 22 f.).

Auch ***Adler*** vertrat die monistische Sichtweise. Er war der Meinung, daß alle Bestrebungen des Menschen auf dem Wunsch nach Geltung, Überlegenheit und sozialer Anerkennung beruhen. Dieses Grundbedürfnis nach Geltung und Ansehen ist um so größer, in je geringerem Maße es verwirklicht ist und je stärker die Minderwertigkeitsgefühle erlebt werden. Diese gewünschte Kompensation von erlebten Minder-

---

29 Aus kognitivistischer Sicht deckt sich der Motivationsbegriff weitgehend mit dem Einstellungsbegriff der Ziel-Mittel-Betrachtung (means-end-analysis) (vgl. Kroeber-Riel, 1990 a, S. 140 und 163 ff., vgl. auch Krampen, 1987, S. 31 ff.).

30 Hier handelt es sich nur um eine mögliche Einteilung. Das Forschungsfeld kann auch in physiologisch orientierte Ansätze (z.B. Pawlow), Motivationstheorien im Bereich der Lernforschung (z.B. Skinner) oder solche der Persönlichkeitsforschung (z.B. Cattell, vgl. auch Kapitel C.3.2) aufgefächert werden (vgl. Lingenfelder, 1990, S. 84). Auch Bäntsch nimmt eine Dreiteilung der Ansätze vor. Er unterscheidet monothematische (z.B. Freud), polythematische (z.B. Maslow) und athematische Motivationstheorien. Nach letzteren Theorien lassen sich keine fertigen Motivlisten und -rangordnungen festlegen (vgl. Bäntsch, 1990, S. 18 ff., vgl. Roth, 1977, S. 74 ff.)

31 Weitere Forscher dieser Richtung waren: Jones, Rank, Ferency, Sachs, Abraham und Eitingon. Mit den fünf zuletzt genannten Forschern bildete Freud ein geheimes Komitee (vgl. Revenstorf, 1981, S. 93).

wertigkeiten kann zu einer Überkompensation führen, wodurch das Denken und Handeln verkrampfte und phantastische Züge annehmen kann (vgl. Correll, 1991, S. 23 f., vgl. Revenstorf 1981, S. 124 ff.). Für kommunikative Aktivitäten besonders interessant ist die Erkenntnis nach Adler, daß ein Mensch zu einem zielgerichteten Streben in bezug auf ein bestimmtes Objekt und/oder eine Person motiviert werden kann, indem dieser Person ein Minderwertigkeitsgefühl künstlich bewußt gemacht wird, das sie vorher gar nicht als solches empfunden hat.

Die Theorien von Freud und Adler weisen eine weitere Schwäche auf, die sie zum Teil auch mit pluralistischen Ansätzen teilen, in denen mehrere Bedürfnisse berücksichtigt werden: Die ***sozio-kulturelle Relativität der menschlichen Bedürfnisse*** (vgl. Correll, 1991, S. 26). Demnach sind die Grundbedürfnisse des Menschen, soweit sie in der Psyche des Menschen verankert sind, weitgehend durch die Umstände geprägt, in denen der Mensch aufwächst und lebt (vgl. Correll, 1991, S. 26). Dabei streben die Individuen immer nach den Dingen und Zuständen, die sie als in zu geringem Maße erfüllt ansehen.

Correll als Vertreter der pluralistischen Sichtweise unterscheidet ***fünf Grundbedürfnisse***.[32] Diese sind pyramidenförmig angeordnet.[33] An der Spitze steht das jeweilige Bedürfnis Nr. 1, weil dessen Erfüllung am längsten vorenthalten wurde und daher eine entsprechende Befriedigung am stärksten betrieben werden muß. Ist dieser dringende Wunsch erfüllt, fällt es auf eine niedrigere Dringlichkeitsstufe herab und läßt anderen Bedürfnissen den Vortritt. Die Hierarchie der Bedürfnisse ist dynamisch, d.h. sie befindet sich in einer dauernden Umstrukturierung. Ruhe und Zufriedenheit können sich daher im Menschen nicht auf Dauer einstellen, da er immer nach der Saturierung seines dringlichsten Bedürfnisses strebt. Daraus folgt aber auch: Nur wer Defizite empfindet, ist motivierbar (vgl. Correll, 1991, S. 28). Wie bereits angedeutet, ***muß ein Anbieter pharmazeutischer Leistungen das zu dem Zeitpunkt wichtigste Be-***

---

32 Ein weiterer Vertreter der pluralistischen Sichtweise ist Fromm. Seine Motive lauten: Beziehung, Transzendenz, Verwurzelung, Identität und Orientierung. Das Hauptmotiv ist nach Fromm die Flucht vor der spezifisch menschlichen Freiheit des Willens (vgl. Revenstorf, 1981, S. 126 f.).

33 Es handelt sich hier nicht um eine Variante der Theorie von Maslow. Die Motivationen haben andere Inhalte und die Rangordnung ist intertemporär verschieden angeordnet (zur Darstellung und kritischen Würdigung der Theorie von Maslow vgl. Schneewind, 1984, S. 23 ff.).

dürfnis des potentiellen Kunden entdecken, um dann entsprechende Präparate motivationsadäquat zu offerieren (vgl. Correll, 1989, S. 28).

3.3.2 Die fünf Motivationen nach Correll

Die ***fünf Grundbedürfnisse nach Correll*** haben folgenden Inhalt (vgl. Correll, 1991, S. 28 ff., Correll, 1990, S. 32 ff.):

Motivation 1: Soziale Anerkennung
Der Mensch versucht von anderen Menschen aufgrund seiner Leistung und/oder Position anerkannt zu werden. Er möchte nicht als "Omega-Typ" gelten. "Omega-Typen" sind Menschen, die auf dem untersten Rang der Anerkennung stehen, also nur Verachtung und höchstens Mitleid erfahren und keinen Respekt. Dagegen erhält der "Alpha-Typ" von allen Seiten nur Bewunderung und keine Ablehnung. Das Bemühen um soziale Anerkennung führt zum Einsatz von Prestigemarken und Statussymbolen, die für die jeweils angestrebte Rangstufe stehen. Das können bestimmte Automarken, besondere Reisen in ferne Länder, Kleidung usw. sein.[34]

Motivation 2: Sicherheit und Geborgenheit
Das Individuum strebt danach, daß es von seiner Gruppe anerkannt wird, und zwar aufgrund der Persönlichkeit. Dieses Bedürfnis wird in der Mehrzahl der Fälle dann wichtig, wenn das Bedürfnis nach sozialer Anerkennung weitgehend befriedigt ist.[35]

Motivation 3: Vertrauen
Hierbei handelt es sich um die Suche eines Menschen nach Liebe und Vertrauen. Ein derartig motiviertes Individuum stellt sich auf andere leicht ein, geht beinahe in den Vorstellungen und in den Problemen anderer auf und wird gerne von anderen in deren Probleme einbezogen. Eine solche Person gilt als vertrauenswürdig und kommunikativ. Derartige Menschen sind allgemein beliebt. Sie möchten nicht eigenständig ent-

---

34 Möglich wäre z.B., daß ein Arzt sich für diesen Beruf auch wegen der damit verbundenen sozialen Anerkennung entschieden hat.

35 Beispiel: Ein Arzt möchte von seinen Kollegen nicht nur aufgrund der fachlichen Kompetenz, sondern auch aufgrund seiner Persönlichkeit von seinen Kollegen anerkannt werden. Diese Motivation ist heute besonders wichtig, da die Familie diese Funktion oftmals nur noch unbefriedigend erfüllt.

scheiden, sondern nach Rücksprache beziehungsweise mit Bezug auf die Interessen anderer Personen.[36]

Motivation 4: Selbstachtung

Der Mensch möchte in Übereinstimmung mit seinen eigenen Gewissensnormen leben. Ein Verstoß gegen die subjektiven Normen und Werte kann nicht hingenommen werden, um nicht vor sich selbst die Achtung zu verlieren. Dadurch wirken Personen mit einer dominierenden Motivation nach Selbstachtung anderen gegenüber als sehr unnachgiebig, exakt und humorlos.[37]

Motivation 5: Unabhängigkeit und Verantwortung

Menschen wollen in geistiger und wirtschaftlicher Unabhängigkeit arbeiten und leben. Diese Menschen können es nicht ertragen, gegängelt zu werden. Sie wollen selbständige Entscheidungen treffen. Daher streben sie nach Eigenverantwortung. Eine derartige Motivation ist häufig bei Führungskräften und Selbständigen anzutreffen. Der auf diese Weise Motivierte ist für die Bewältigung überindividueller Aufgaben wie geschaffen, da er nicht nur an sein Prestige, seine Sicherheit, seinen Vorgesetzten oder seine Prinzipien denkt.[38]

3.3.3 Bedeutung der fünf Motivationen in der Ärzteschaft

In verschiedenen Gesprächen mit Marketingverantwortlichen ethisch-pharmazeutischer Hersteller konnte festgestellt werden, daß die Typologie von Correll zur ***Schulung des Außendienstes*** genutzt wird. Dabei geht es aber eher um eine ***Sensibilisierung*** der

---

36 Beispiel: Viele Landärzte werden von ihren Patienten nicht nur in medizinischen Fragen, sondern auch bei persönlichen Problemen um Rat gefragt.

37 Ein Arzt könnte z.B. das Prinzip verinnerlicht haben, daß freizeitorientierte Rahmenprogramme bei Ärzteveranstaltungen nicht der notwendigen Regeneration dienen, sondern nur von wissenschaftlichen Themen ablenken. Demnach wird er jede noch so freundliche Einladung von Pharma-Herstellern zu derartigen Ärzteveranstaltungen ablehnen, auch wenn er damit seinen eigenen Fortbildungsinteressen schadet.

38 Z.B. könnte ein solcher Arzt die Ratschläge der Pharma-Referenten, er solle Präparat "X" verordnen, als hilfreiche Unterstützung seiner Entscheidungsfindung werten. Derartige Hinweise würde er nicht, wie etwa ein "Typ 4 Motivierter", als unzulässigen Eingriff in seine Entscheidungskompetenz werten und aus diesem Grunde möglicherweise ein Medikament eines anderen Herstellers verschreiben.

Außendienstmitarbeiter, weniger um die explizite Anweisung, die Ärzte vor Ort für die Marktforschungsabteilung des Unternehmens einzuschätzen.[39] Es liegen also ***bisher keine empirischen Werte*** vor, die Aufschluß darüber geben, wie stark diese verschiedenen Motivationen in der niedergelassenen Ärzteschaft ausgeprägt sind.

Die folgenden Argumente könnten Ansätze zu Antworten liefern: Aufgrund des "Numerus Clausus" zur Qualifizierung für das Medizinstudium entsteht für die "potentiellen Ärzte" bereits in der Schulzeit ein erheblicher Leistungsdruck. Dieser wird oftmals durch die Erwartungen des Elternhauses noch verstärkt. Viele Ärzte dürften daher stark leistungsorientiert, aber besonders auch in jungen Jahren vergleichsweise angepaßt an die Normen der etablierten Gesellschaft sein.

Jeder Arzt besitzt eine große Verantwortung für seine Patienten. Eine zu spät eingeleitete Behandlung, eine Fehldiagnose und/oder eine unpassende Medikamentenverordnung können unabsehbare Folgen für den Hilfesuchenden hervorrufen. Daher werden viele Ärzte ein ausgesprochenes Sicherheitsstreben erkennen lassen.

Viele Mediziner empfinden ihre Tätigkeit als "Berufung". Menschen zu helfen, ist für sie Lebenserfüllung. Außerdem entwickeln viele Ärzte im Lauf der Jahre ein ausgesprochenes Vertrauensverhältnis zu ihren Patienten, das nicht nur in Ausnahmefällen freundschaftliche Züge aufweist. Die positive Einschätzung durch ihre Patienten ist ihnen sehr wichtig. Daher dürfte der "Vertrauens-Motivierte" vergleichsweise häufig vertreten sein.

Der Arztberuf eignet sich wegen seiner gesellschaftlichen Wertschätzung und den auch heute immer noch vergleichsweise guten Verdienstmöglichkeiten besonders für Personen, die auf soziale Anerkennung größten Wert legen. Der "Typ 1-Motivierte" verkörpert diesen Ärztetyp.

Das Streben nach "Unabhängigkeit und Verantwortung" ist im allgemeinen Unternehmern und Freiberuflern immanent. Sie können es nicht ertragen, von anderen Vorschriften zu erhalten. Entscheidungen möchten sie so weit wie möglich eigenverantwortlich treffen. Dann sind sie auch bereit, die Verantwortung für eventuell eintre-

---

39 Nach Auskunft von Correll wird zur Zeit unter seiner Federführung zusammen mit einem Pharma-Unternehmen ein Projekt durchgeführt, das zum Ziel hat, die Ärzte durch die Außendienstmitarbeiter einschätzen zu lassen.

tende negative Folgen ihres Verhaltens zu übernehmen. Obwohl niedergelassene Ärzte "Unternehmer" sind, wird dieser Aspekt von ihnen oftmals ungern thematisiert. Eine in der Bevölkerung verbreitete Ansicht lautet, daß ein Arzt diese Motivation allenfalls als Randbedingung besitzen dürfe, jedoch keinesfalls dürfe dieses Streben seine Handlungen zu stark beeinflussen. Diese Motivation wird daher bei vielen Ärzten kaum oder nur sehr schwer festzustellen sein.

Die Selbstachtung ist vermutlich bei den meisten Ärzten weitgehend gegeben, da sie in den Beziehungen zu ihren Patienten, ihren Angestellten und ihren Partnern aus der Pharma-Industrie eine im allgemeinen dominierende Stellung einnehmen. Skepsis, Intoleranz usw. werden daher als typische Kennzeichen für das Streben nach Selbstachtung nur relativ schwach ausgeprägt sein.

3.3.4 Motivationsspezifische Differenzierung der Kommunikationsinhalte als Ziel

Correll hat ein ***Diagnoseraster*** erarbeitet, um die ***Hauptmotivationen*** eines Menschen erkennen zu können.

Abb. 6: Raster zur Motivationsdiagnose einschließlich Strategie nach Correll

Motiv \ Beobachtung	AUSSERE ERSCHEINUNG	VERBALE AUSSERUNGEN	FREIZEIT HOBBY	VERHALTEN IN DER GRUPPE	VERHALTEN VOR VORGESETZTEN	VERHALTEN ZUR ZUKUNFT	STRATEGIE	
							MITARBEITER	KUNDE
SOZIALE ANERKENNUNG	Repräsentative Erscheinung, modisch, extravagant, auffallend.	Spricht in „Ich-Form", theatralisch, lautstark gestikulierend, modische Fremdwörter, effekthaschend.	Mondane Clubs, extravaganter Sport, ausgefallene Reisen, (Großwild-Safari), aparte Frauen	Führungsanspruch, Initiative, Wortführer, engagiert sich nicht verantwortlich	sich in Position setzen, benutzt jeden anderen um beim Vorgesetzten im besten Licht zu erscheinen, versteht Schuld abzuwälzen, opportunistisch, ohne Standpunkt,	naiv-optimistisch, sieht keine Gefahr, sorglos,	Anerkennung durch Verleihen von Status-Symbolen, Führung bis an die Grenze der Belastbarkeit	Exklusive Prestige-Angebote
SICHERHEIT GEBORGENHEIT	konventionell, konservativ, traditionsgebunden, solide, bieder, dienernd unterwürfige Haltung durch Streben nach Sicherheit	zurückhaltend, spricht in „Man-Form", leise und wenig, ruhig, gehemmt, hält sich an die Mehrheit bei seinen Äußerungen	unauffällige Hobbys, Gartenpflege, Heimwerker, Modellbau, Briefmarken, Münzen, Wandern, Urlaub auf dem Bauernhof oder einfacher Pension	anpassend, unauffällig, risikoscheu, zurückhaltend,	unterordnend, gefügig, Ja-Sager,	absichernd, ängstlich, vorsorgend, vorausdenkend,	sichere, gleichbleibende Arbeiten versprechen, Erklären, warum wie was gemacht wird Richtiges an Information	Bewährtes anbieten Guter Kundendienst Qualität garantieren
VERTRAUEN	ähnlich wie 2. ausgerichtet auf Bezugsperson	vorbildsorientiert, ruhig, „Wir-Form", angenehm, teilt seiner Bezugsperson persönliche Probleme mit	Vereinsmeier, karitative Organisationen, Familie, Kegelclub, Stammkneipe.	kompromißbereit, dienend, abhängig von Bezugsperson,	loyal, zuverlässig, strebt persönlichen Bezug zu Vorgesetzten an, persönliches Verhältnis zum Vorgesetzten anstrebend.	versucht durch Freunde und persönliche Beziehungen seine Zukunft zu sichern.	Interesse zeigen für seine Probleme	Persönliche Erfahrungen verkaufen, (Subjektiver Verkauf)
SELBSTACHTUNG	korrekte Kleidung pedantisch, eitel, pünktlich.	pointiert, absichernd, zitierend,	politisch engagiert, neigt zu Fanatismus, ausgefallene Sammler,	kompromißlos, intolerant, dadurch isoliert, fanatisch,	distanziert, rechthaberisch, unnachgiebig,	pessimistisch, skeptisch, ungläubig,	motivieren, daß seine Vorstellungen mit unseren übereinstimmen	extrem genau erklären, präzises, deklariertes Angebot, (Genaue Detailkenntnisse der Ware erforderlich)
UNABHÄNGIGKEIT VERANTWORTUNG	offen, aufrecht, salopp, individualistisch, (nicht auffallend)	zielsicher, bestimmt, vertritt Standpunkt konsequent, überzeugend, sachlich	Einzelsportler mit Risiko, Individualreisen, (mit Landrover durch die Wüste)	Führungsanspruch, falls er in der Gruppe auftritt, aufgeschlossen, konstruktiv, tolerant,	sachlich, realistisch, eigene Meinung, ideenreich,	positiv, optimistisch, realistisch,	Führung im Mitunternehmeranspruch, will frei arbeiten, prämienorientierte Bezahlung	einfacher Kunde sachliche Information, realistisch ökonomisch

Quelle: Correll, 1991, S. 43.

Correll zeigt sechs Möglichkeiten, Hinweise auf die fünf verschiedenen Motivations-Typen zu finden. So erlauben seiner Meinung nach die äußere Erscheinung, verbale Äußerungen, Hobbies, das Verhalten in der Gruppe sowie das Verhalten vor Vorgesetzten und zur Zukunft eine Zuordnung zu den fünf Typen. Ergänzt wird das Raster um Empfehlungen, die zeigen, wie entsprechend diagnostizierte Mitarbeiter und Kunden motivationsspezifisch angesprochen werden sollen.

Die Theorie wurde von Correll und Mitarbeitern am Lehrstuhl für Psychologie an der Universität Gießen entwickelt. Eine empirische Überprüfung erfolgte bisher nicht.[40] Im empirischen Teil der vorliegenden Arbeit (vgl. Kapitel D.2) wird mit Hilfe einer Ärztebefragung überprüft, ob unter realen Bedingungen niedergelassene Ärzte in Gruppen eingeteilt werden können, die in sich homogene Motivationen aufweisen, zwischen den Gruppen aber in ihren Correll-Dimensionen sehr heterogen sind. Weiterhin wird der Versuch unternommen, durch eine Beobachtung der Ärzte und ihrer Arbeitsräume (Praxen) charakteristische Hinweise auf die ebenfalls empirisch ermittelten Ärztetypen zu erhalten.

Ziel dieser Gruppierungen ist die Entwicklung clusterspezifischer Kommunikationsformen und -inhalte. Eine ***Differenzierung der Kommunikationsinhalte*** ist aber nur sinnvoll, wenn zwischen den Ärztegruppen signifikante Unterschiede in den Informationswünschen feststellbar sind. Das Streben nach "sozialer Anerkennung" dürfte am leichtesten für Beobachter (Beispiel: Pharma-Referenten) erkennbar sein. Daher wird diese Ärzte-Gruppe näher untersucht.

Die Ärzte, die dieser Gruppe zuzurechnen sind, werden im Vergleich zu den Ärzten der größten Gruppe weniger Probleme haben, sich als "Unternehmer" zu sehen, der dafür Sorge tragen muß, daß sein Unternehmen "Arztpraxis" wettbewerbsfähig ist. Dazu gehört neben den Informationen über medizinische Erkenntnisse auch die Information über wirtschaftliche Themen. Zum Beispiel verlangt die Implementierung einer computergestützten Kassenabrechnung einen erhöhten Beratungsbedarf. Aber auch Themen, die sich mit dem Kapitalmarkt beschäftigen, dürften für viele Ärzte unzweifelhaft von großem Interesse sein: Zum einen müssen in der Praxisgründungs-

---

40 Durchgeführt wurden jedoch verschiedene Auftragsstudien, in denen die Typologie zum Einsatz kam. So wurden im Rahmen einer unveröffentlichten politischen Auftragsstudie Verteilungsunterschiede zwischen verschiedenen europäischen Ländern in bezug auf die fünf Typen ermittelt, telefonische Auskunft von Professor Dr. Correll.

phase viele Ärzte zur Finanzierung ihrer Praxis Kredite aufnehmen, zum anderen besteht bei vielen Ärzten in späteren Jahren das Problem der bestmöglichen Kapitalanlage. Auch dürften für viele Ärzte Themen interessant sein, die sich mit der gehobenen Freizeitgestaltung beschäftigen. Besonders auf diesem Gebiet kann ein Arzt eine besondere Lebensart nach außen dokumentieren. Gerade Ärzte, die nach sozialer Anerkennung streben, dürften hier vergleichsweise wenig Probleme haben, sich über wirtschaftliche und private Themen informieren zu lassen. Daher wird folgende Hypothese zu prüfen sein:

Hypothese I:

Wenn ein Arzt sich durch ein ausgeprägtes Streben nach "sozialer Anerkennung" auszeichnet, dann hat er im Vergleich zu den Ärzten der größten Gruppe eine positivere Haltung zur Thematisierung wirtschaftlicher und privater Themen in der Ärztekommunikation.

Kulturelle Aktivitäten, wie z.B. Theater- und Konzertbesuche, dürften dem nach "Sozialer Anerkennung" strebenden Arzt ein gute Möglichkeit zur Selbstdarstellung bieten. Es dürfte auch seiner Eitelkeit entsprechen, Medien, die auf seinen Beruf schließen lassen (z.B. Ärztezeitschriften), für andere sichtbar, in sein privates Umfeld mit einzubeziehen. Der Grund wird darin liegen, daß die Anerkennung seiner Person untrennbar mit dem Beruf verbunden ist. Daher kann folgende weitere Hypothese formuliert werden.

Hypothese II:

Wenn ein Arzt sich durch ein ausgeprägtes Streben nach "sozialer Anerkennung" auszeichnet, dann bezieht er im Vergleich zu den Ärzten der größten Gruppe Medien zur Ärzte-Ansprache stärker in sein von kulturellen Aktivitäten geprägtes Privatleben mit ein.

Die Eitelkeit, Aufgeschlossenheit und unternehmerisch geprägte Einstellung der nach "sozialer Anerkennung" strebenden Ärzte wird auch zu einer vergleichsweise positiven Beurteilung der innovativen patientenorientierten Ansprache führen. Der Arzt wird in diesen Aktivitäten als Helfer dargestellt, der nicht unberücksichtigt bleiben sollte und dem Erkrankten gerne hilft (vgl. dazu ausführlich Kapitel C.4 und D.3). Weiterhin wird implizit eine Diskussionbereitschaft unterstellt, die der Arzt zur Selbstdarstellung gegenüber seinen Patienten nutzen kann. Die zusätzlichen Patienten werden den nach sozialer Anerkennung strebenden Ärzten auch finanzielle Vorteile bieten, die für seine aufwendige Lebensart von Wichtigkeit sind. Im empirischen Teil ist daher folgende Hypothese zu prüfen:

Hypothese III:

Wenn ein Arzt sich durch ein ausgeprägtes Streben nach "sozialer Anerkennung" auszeichnet, dann sieht er im Vergleich zu den Ärzten der größten Gruppe eine patientenorientierte Ansprache in Publikumsmedien stärker als begrüßenswerte Aktion zur Unterstützung des Arzt-Patienten-Verhältnisses.

Neben der Differenzierung der Inhalte besteht auch die Möglichkeit einer ***Differenzierung der Kommunikationsinstrumente***. Dies wäre sinnvoll, wenn zwischen den empirisch ermittelten Ärztegruppen Unterschiede im Werbeträger-Involvement[41] bestehen (vgl. zum Involvement C.4.2.2). Es ist jedoch zu vermuten, daß unterschiedliche Beurteilungen der Kommunikation der Pharma-Industrie durch die Ärztegruppen nicht auf den Medien, sondern auf den unterschiedlichen Inhalten gründen. Ein Beispiel soll dies verdeutlichen: Wenn ein Arzt eine informative Kommunikation der Hersteller wünscht, könnte er ein Symposium zur ernsthaften medizinisch-wissenschaftlichen Fortbildung positiv beurteilen. Mit großer Wahrscheinlichkeit wird er dann aber auch den Einsatz zu starker emotionaler Reize in Ärzte-Zeitschriften ablehnen.

4. "Integrierte Patienten-Ansprache"

Die Einbeziehung der Patienten und der Öffentlichkeit in die Kommunikation pharmazeutischer Hersteller wird immer wichtiger. Die Patienten-Ansprache im ethischen Pharma-Markt ist ein ***neuartiger Trend***. Problemlösungspakete, TV-Spots usw. sind in vielfältiger Form in der Entwicklung (vgl. dazu Schmidt, 1990, S. 19). Hersteller, die sich dieser Neuerung gegenüber verschließen, werden im Wettbewerb Nachteile erleiden (vgl. Wenninger, 1991, S. 20).

Das folgende Beispiel bestätigt dies: Die ***"Direct-To-Patient-Communication (DTPC)"*** des Unternehmens ***"Glaxo" (USA)*** bezüglich des Krankheitsbildes

41 In einer explorativen Vorstudie (Studie 1, Marketingleiterbefragung, vgl. dazu Kapitel D.1) wurden die nach Meinung von Experten der Pharma-Kommunikation wichtigsten Instrumente zur Ärzteansprache ermittelt.

"Magengeschwüre" wurde von 12 Millionen Personen gesehen und erbrachte 581.000 Patientenbesuche bei den Ärzten. Vermutlich profitierten auch Glaxo-Konkurrenten von dieser Aktion (vgl. o.V., 1991, Advertise to the patient, says Glaxo chief executive, S. 13). Nach einer von Glaxo in Auftrag gegebenen empirischen Studie halten 70 v.H. der US-Konsumenten die Patienten-Ansprache für nützlich. Sie sehen diese Aktivitäten als glaubwürdige Quelle der Gesundheitsinformation an. 17. v.H. der Ärzte haben eine Krankheit diagnostiziert, wenn sich die Patienten aufgrund einer solchen Werbung an den Arzt gewandt haben. Zudem nimmt die Zahl der Ärzte, die sich der direkten Patienten-Ansprache widersetzen, ab, von 63 v.H. 1987 zu 55 v.H. 1989 (vgl. o.V., 1991, Advertise to the patient, says Glaxo chief executive, S. 13). Ein weiteres Erfolgsbeispiel ist eine Aufklärungsaktion von ***Merz-Pharma, Frankfurt,*** für Ärzte und Patienten. Im Wartezimmer der Praxen (Erlaubnis des Arztes vorausgesetzt) wird durch die emotionale Kampagne ***"Herzensbrecher Klein-Eberhard"*** (Schweinchen im Smoking) über die Gefahren zu hoher Bluttfettwerte aufgeklärt. Auch durch diese Aktion werden die Patienten aufgefordert, den Arzt aufzusuchen: ***"Fragen Sie Ihren Arzt. Am besten noch heute!"*** (vgl. o.V., 1991, Werbung muß Ärzte und andere Zielgruppen integrieren, S. 10).

Mit der ***"Integrierten Patienten-Ansprache"*** sollen Ärzte und Patienten im Rahmen der gesetzlichen Möglichkeiten angesprochen werden. ***Das grundlegende Prinzip*** der "Integrierten Patienten-Ansprache" sei im folgenden anhand der Bewerbung in Publikumszeitschriften erläutert. Die Leser der Anzeige sollen über Krankheitsbilder und mögliche Vorbeugungsmaßnahmen informiert werden. Dabei wird auch auf wirksame Behandlungsmöglichkeiten verwiesen, die der Arzt bereithält. Parallel werden die Ärzte über die Aktion unterrichtet. Wenden sich die Leser nun mit ihren Beschwerden an einen Arzt ihres Vertrauens, so können sie konkret über diese Behandlungsmöglichkeiten informiert werden.

4.1 Fallbeispiele zur "Integrierten Patienten-Ansprache"

In Deutschland gibt es verschiedene Hersteller ethisch-pharmazeutischer Präparate, die mit ihren Aktionen "Integrierte Patienten-Ansprachen" durchgeführt haben. Dies sind ***Deutsche Wellcome***, Burgwedel, ***Boehringer Mannheim,*** Mannheim und ***Schering,*** Berlin. Im folgenden werden diese Beispiele vorgestellt.

Deutsche Wellcome - "Integrierte Patienten-Ansprache" zum Krankheitsbild "Herpes-Labialis"

Die Deutsche Wellcome führte im Jahre 1988 eine Kampagne in Publikums-Zeitschriften (Stern/Impulse) durch. In Anzeigen verschiedener Größe (vgl. die untenstehende Abbildung) klärte sie unter dem Motto ***"Kribbeln und Bläschen, Herpes Labialis"*** die Öffentlichkeit über das Krankheitsbild, die Krankheitsursachen und den Krankheitsverlauf der im Volksmund als Lippenbläschen bekannten Viruserkrankung auf. Auch auf vorbeugende Maßnahmen wurde hingewiesen. Als Eye-Catcher dienten zwei volle, gesunde Lippen in aktivierendem Rosé. Die Aufklärung wurde mit folgenden entscheidenden Sätzen abgeschlossen: ***"Doch wenn alle Vorsorge nicht hilft, sollten Sie Ihren Arzt fragen. Denn es gibt wirksame Behandlungsmöglichkeiten. Eine Information der Deutschen Wellcome."***

Abb. 7: Anzeige der Deutschen Wellcome in Publikumszeitschriften

Parallel wurden die Ärzte über die Aktion informiert, damit sie die Fragen der Patienten schnell zuordnen konnten und ihnen das entsprechende Präparat der Deutschen Wellcome, ***"Zovirax"***, aktuell im Gedächtnis war. Die Deutsche Wellcome ist in der Behandlung von Herpes Labialis dominanter Marktführer.

Angemerkt sei, daß zur Behandlung der Lippenbläschen neben verschreibungspflichtigen Konkurrenz-Präparaten auch OTC-Präparate anderer Hersteller angeboten werden.

Boehringer Mannheim - "Integrierte Patienten-Ansprache" zum Gesundheits-Check Up

Ähnlich aufgebaut ist die Kampagne von Boehringer Mannheim. Die Bevölkerung wurde in ganzseitigen Anzeigen unter dem Motto ***"Mir geht's gut, ich geh zum Arzt - Gesundheits-Check Up ab 35. Sicher ist Sicher"*** angesprochen. Als Blickfang dienten jeweils attraktive, unbeschwerte Menschen. Ziel war es, die Leser ab dem 35. Lebensjahr zu einem Gesundheits-Check Up nach dem neuartigen Passus im Gesundheitsreformgesetz bei ihrem Arzt zu bewegen. Die potentiellen Teilnehmer wurden darüber informiert, daß sie nur einen Arzttermin für diese Kontrolle benötigen, da Boehringer über 6.000 Ärzte mit einem Diagnostikcomputer ausgerüstet hat. Ein paar Tropfen Blut genügen, und die Werte liegen vor. Die abschließende Aufforderung zum Arztbesuch hatte folgendes Aussehen: ***"Also - machen sie doch auch mal einen Arzttermin. Am besten gleich jetzt."***

Auch der Arzt wurde in verschiedenen Varianten über den Diagnosecomputer und die Kampagne unterrichtet. Die Titel lauteten ***"High Tech, High Touch?", "Und nur ein Arztbesuch?", "Jetzt kommen auch die Gesunden" und "Endlich wird Prävention bezahlt".***

Die Arzthelferinnen wurden ebenfalls von Boehringer angesprochen, um sie als Befürworter von Reflotron, dem System für den patientennahen Sofort-Check Up, zu gewinnen. Motto der Anzeige: ***"Liebe Arzthelferin, Sie sind gefragt wie nie zuvor".***

Die Aktion hatte offensichtlich verschiedene Ziele. Die Akzeptanz des Diagnostikcomputers sollte bei den niedergelassenen Ärzten vergrößert werden. Den Ärzten sollte weiterhin gezeigt werden, daß Boehringer sich für ihre Belange durch Werbung zusätzlicher Patienten einsetzt. Es wurde sicherlich auch gehofft, die eine oder andere Präparateverschreibung als Folge der Untersuchung zu erlangen. Der Name ***"Boehringer"*** dürfte in der Verschreibungssituation aufgrund des Computers ***"Reflotron - Boehringer"*** hohe Aktualität besitzen. Weiterhin besitzt Boehringer ein umfangreiches Präparateprogramm zur Behandlung festgestellter Normabweichungen.

Schering, Berlin, "Integrierte Patienten-Ansprache" zum Gebiet der hormonalen Kontrazeptiva

Diese Aktion hat sehr viel Aufsehen verursacht. Im Jahre 1987 warb die ***Schering AG*** in Mädchenzeitschriften wie ***"Freundin"***, ***"Prima"*** und ***"Mädchen"*** mit zwei verschiedenen Anzeigen, in denen von Empfängnisverhütung die Rede ist. Unter anderem wurde in einer Anzeige für Vertrauen zum Besuch des Frauenarztes geworben. Zugleich stellte Schering die Kompetenz der Gynäkologen heraus: ***"Und wenn es um eine behutsame Verhütungsmethode geht, ist seine Beratung besonders wichtig"***. Zum Abschluß folgte die Information, daß ***"Schering den Frauenarzt durch die Entwicklung immer neuer und verträglicherer Präparate unterstützt"***. Diese Art der Patienten-Ansprache wurde vom ***Landgericht München*** (Geschäftsnummer: Ho 7010577, Verkündet am: 14.7.1987) und vom ***Oberlandesgericht München*** (Geschäftsnummer: 6 U496/87, verkündet am: 17.12.1987) in zweiter Instanz für unzulässig erklärt. Ein Wettbewerber im Markt für orale Kontrazeptiva, die ***Organon GmbH, Oberschleißheim***, hatte auf Unterlassung geklagt.

Die beanstandete Werbung verstößt nach Ansicht der Richter gegen § 10 HWG und damit auch gegen § 1 UWG (vgl. auch Kapitel B.1.3). Dabei wurde auf die ***Zielrichtung der Werbung*** abgestellt. Diese sei ***das verschreibungspflichtige Präparat "Femovan"***, auch wenn dies nicht genannt werde. Es handele sich demnach ***nicht*** um eine ***"Sympathiewerbung für das Unternehmen"***. Die Richter bemängelten, daß nur auf hormonale Kontrazeptiva und nicht auch auf andere Verhütungsmethoden eingegangen wird. Durch die ***Benutzung des Wortes "Präparate"*** wird die Zielsetzung auf eine Werbung für Arzneimittel eingeschränkt. Ein weiterer Mangel sei, daß die ***typische Farbkombination*** der Verpackung von Femovan auch in der gesamten Anzeige vorherrscht. Als ***Identifikationsmerkmal*** diente das Bild eines lächelnden blonden Mädchens mit Pferdeschwanz. Das Bild dieses Mädchens wurde zusammen mit der idealtypischen Farbe auch zur Bewerbung des Medikamentes ***"Femovan"*** in der Ärzteschaft genutzt (vgl. dazu neben den oben genannten Urteilen, auch ausführlich, o.V., 1989, Grenzen der Imagewerbung für verschreibungspflichtige Arzneimittel, S. 126 ff.).

Aus diesen Urteilen lassen sich ***wichtige Einschränkungen der "Integrierten Patienten-Ansprache"*** ersehen. Diese werden in der kritischen Würdigung nochmals detailliert aufgeführt und diskutiert (vgl. dazu Kapitel C.4.3).

4.2 Theoretische Erklärungsmuster

Bei der ***"Integrierten Patienten-Ansprache"*** handelt es sich den dargestellten Fallbeispielen zufolge um eine Variante der ***mehrstufigen Kommunikation*** (vgl. zur mehrstufigen Kommunikation Kroeber-Riel, 1990 a, S. 671 ff.).

Der Arzt wird zum einen von den Patienten durch persönliche Kommunikation über die entsprechende Aufklärungskampagne in Kenntnis gesetzt. Dabei können innerhalb der Gruppe der Patienten Meinungsführer zwischengeschaltet sein (z.B. Hausfrauen), die anderen Betroffenen ihre aus Massenmedien (z.B. Anzeigen in Publikumszeitschriften) oder durch persönliche Aufklärung (z.B. Informationsveranstaltungen) erhaltenen Kenntnisse übermitteln. Der Arzt wird weiterhin durch das jeweilige Pharma-Unternehmen über die Aktion und deren Inhalte aufgeklärt, wobei auch hier die persönliche Kommunikation (z.B. Pharma-Referenten) und die Massenkommunikation (z.B. Anzeigen in Ärztefachzeitschriften) eingesetzt werden können.[42] ***Der Arzt wird diesem Prinzip zufolge durch parallel geschaltete Einflüsse erreicht.***

In der nun folgenden theoretischen Diskussion werden zunächst die Einstellungen, die Verhaltensweisen und anschließend das Involvement der von einem Krankheitsbild Betroffenen detailliert analysiert.

4.2.1 Einstellung und Verhalten der Betroffenen

Aus ***neobehavioristischer Sicht*** handelt es sich bei einer Einstellung um eine ***intervenierende Variable***, die zwischen Meinungsgegenstand[43] und Verhalten vermittelt (vgl. Lilli, 1980, S. 180). Das ***hypothetische Konstrukt "Einstellung"*** ist Bindeglied zwischen "Stimulus" (Beispiel: Aufforderung zur Teilnahme an einer Informationsveranstaltung) und Reaktion (Beispiel: Teilnahme bzw. Nicht-Teilnahme an der Veranstaltung). Dabei geht der ***Drei-Komponenten-Ansatz*** der Einstellung davon aus, daß sich Einstellungen additiv aus einer kognitiven (erkennenden), einer affektiven

---

42 Selbstverständlich besteht für die Pharma-Hersteller ergänzend auch die Möglichkeit, Meinungsführer aus der Ärzteschaft für eine solche Informationskampagne zu gewinnen.

43 Ein Meinungsgegenstand kann eine einzelne Person, eine Personengruppe, ein Gegenstand der sozialen Umwelt oder ein Sachverhalt sein (vgl. Bornewasser, Hesse u.a., 1979, S. 145).

(evaluativen) und einer konativen (Verhaltenstendenz-) Komponente zusammensetzen.[44] Diese Elemente sind im allgemeinen miteinander konsistent (vgl. Schmidt, Brunner u.a. 1975, S. 20 ff.) und ähneln der psychologischen Dreiteilung "Denken, Fühlen und Handeln" (vgl. Lilli, 1980, S. 183).

Einstellungen erfüllen verschiedene ***Funktionen*** (vgl. Lutz, 1978, S. 360 ff.). Katz sieht eine Anpassungs-, eine Selbstbehauptungs-, eine Selbstdarstellungs- und eine Erkenntnisfunktion sozialer Einstellungen (vgl. Katz, 1969, S. 170 ff.). Einstellungen können demnach helfen, das Verhältnis von Belohnungen und Bestrafungen seitens der sozialen Umwelt möglichst positiv zu gestalten. Sie sorgen weiterhin dafür, daß Realitäten nicht anerkannt werden müssen, wenn diese intraindividuelle Konflikte hervorrufen würden. Einstellungen dienen auch zur Selbstdarstellung, indem sie die Grundwerte repräsentieren, die das Individuum besonders schätzt. Nicht zuletzt helfen Einstellungen, die komplexe Umwelt zu verstehen, sie zu vereinfachen und sich auf diese Weise in ihr zurechtzufinden.

Einstellungen können von mehr oder weniger starker ***Intensität und Zentralität*** sein (vgl. Schneider, 1977 b, S. 30 f.). Eine positive Einstellung zur Institution "Familie" ist im allgemeinen von wesentlich stärkerer Intensität und Wichtigkeit als eine positive Einstellung zu einem Produkt (Beispiel: Gesundheitstee). Verschiedene Einstellungen bilden zusammen ***Einstellungssysteme***. Diese Ordnungen sind wiederum integrativ miteinander verbunden, wobei die obersten Ebenen der Hierarchien auf die grundlegenden Werte (Supra-Einstellungen) zurückgeführt werden können (vgl. Bergler, Six, 1972, S. 1385).[45]

Einstellungen werden erworben, wobei die ererbte Ausstattung des Individuums Möglichkeiten und Grenzen des Erwerbs in gewissem Ausmaß vorzeichnet (vgl. Roth, 1974, S. 25), sind relativ überdauernd und beeinflussen das Verhalten. ***Entstehung***

---

44 Neben dem Drei-Komponenten-Ansatz wurden auch Zwei-Komponenten-Modelle (Beispiel: Rosenbergs affektiv-kognitive Konsistenztheorie) und eindimensionale Modelle entwickelt (vgl. dazu ausführlich Schiefele, 1990, S. 3 ff., vgl. Brinberg, 1979, S. 48 ff.).

45 Vinson, Scott und Lamont unterteilen ihr Wertesystem in globale Werthaltungen, bereichsspezifische Werthaltungen und Bewertungen von Produktattributen (Einstellungen) (1977, S. 46). Diese Hierarchie ist pyramidenförmig aufgebaut. So gibt es Tausende von bewertenden Überzeugungen, Hunderte von bereichsspezifischen Werthaltungen, jedoch nur einige Dutzend von globalen Werthaltungen (vgl. Schürmann, 1988, S. 157).

und Änderung von Einstellungen sind dabei zwei verschiedene Sichtweisen eines fortdauernden und allgemeinen Entwicklungsprozesses (vgl. Schmidt, Brunner, Schmidt-Mummendey, 1975, S. 149 ff.). Lerntheoretische Paradigmen, wie die klassische und die operante (instrumentelle) Konditionierung sowie das Lernen am Modell, und Theorien, die sich mit intrapsychischen Prozessen befassen, wie z.B. die Reaktanztheorie, die Dissonanztheorie, die Assimilations-Kontrast-Theorie und die Attributionstheorie, haben wichtige Beiträge zur Erklärung der Bildung und Änderung von Einstellungen geleistet (vgl. Frey, 1979, S. 36 ff.).

Die verschiedenen Bewertungen der ***Einstellungs-Verhaltens-Beziehung*** können drei Grundpositionen zugeordnet werden (vgl. Warner, DeFleur, 1969, S. 153 ff.). Nach der "Einfachen Konsistenz-Position" sind Einstellungen valide Prädikatoren des Verhaltens und haben damit einen hohen prognostischen Wert.[46] Die "Position der unabhängigen Variation" geht davon aus, daß Einstellungen bezüglich eines Meinungsgegenstandes und das Verhalten gegenüber diesem unabhängig voneinander variieren. Die dritte Variante ***"Eingeschränkte Konsistenz"*** hat die weiteste Anerkennung in der wissenschaftlichen Diskussion gefunden. Sie besagt, daß Einstellungen und Verhalten zwar grundsätzlich aufeinander bezogen sind, verschiedene ***Moderatorvariablen*** (Beispiele: Normen, Rollenerwartungen, Bezugsgruppen) jedoch einen unterschiedlich starken Einfluß auf die Ausprägung dieser Beziehung haben (vgl. Lilli, 1980, S. 180, vgl. Smith u. Swinyard, 1983, S. 258 f., vgl. Fazio, Chen, McDonel, Sherman, 1982, S. 339 ff.).

Die Korrelationen zwischen den Einstellungs- und Verhaltensmaßen liegen in empirischen Untersuchungen zu verschiedenen Themenbereichen häufig nur bei Werten von 0,3, das entspricht einer zehnprozentigen Determination[47] des Verhaltens durch die Einstellung (vgl. Wicker, 1968, S. 65, vgl. Mummendey, 1975, S. 157 f.). Die Stärke des linearen Zusammenhanges kann durch die Einbeziehung verschiedener Einflußgrößen gesteigert werden (vgl. Ehrlich, 1969, S. 29 ff., vgl. A. Mummendey, 1979, S. 20 f.). Zunächst sollten die Beziehungen zwischen Einstellungen und Verhalten eindeutig sein. Der Spezifitätsgrad des Einstellungs- und Verhaltensmaßes müs-

---

46 Diese Ansicht wird oftmals von Laien vertreten, da der Einklang zwischen Einstellungen und Verhalten ihren Alltagserfahrungen entspricht (vgl. Bierbrauer, 1976, S. 8).

47 Der Determinationskoeffizient, auch Bestimmtheitsmaß genannt, gibt an, wieviel Prozent der Varianz einer Variablen durch die Varianz der anderen Variablen bestimmt werden (vgl. Clauß und Ebner, 1972, S. 112).

sen einander entsprechen (vgl. Ajzen, Fishbein, 1977, S. 901). Diese Annahme, daß eine weitgehende Entsprechung von Einstellungs- und Verhaltensmaß i.d.R. zu einem vergleichsweise starken Zusammenhang führt, wird auch als Reformulierung des Konsistenzmodells der Einstellungs-Verhaltens-Relation bezeichnet. Wenn sich die Einstellung z.B. auf die Teilnahme an einer Patienten-Informationsveranstaltung eines bestimmten pharmazeutischen Herstellers bezieht, dann darf sich das Verhaltensmaß nicht allgemein auf Informationsveranstaltungen richten. Die Maße müssen sich demnach im Meinungsgegenstand (Beispiel: Informationsveranstaltung eines bestimmten Pharma-Herstellers), in der Handlung (Beispiel: aktive Teilnahme), in der Zeit (Beispiel: Sommer, Urlaubszeit, abends) und im Kontext (Beispiel: Besuch zusammen mit Freunden) entsprechen. Weiterhin muß es den Individuen bei gegebenen Fähigkeiten und situativen Umständen in der realen Situation möglich sein, einstellungsadäquate Verhaltensweisen zu zeigen. Es kann z.B. sein, daß es Normen und Rollenerwartungen unmöglich machen, an einer Aufklärungsveranstaltung über eine tabuisierte Krankheit teilzunehmen. Die Einstellungs-Verhaltens-Konsistenz wird zudem von Persönlichkeitsfaktoren beeinflußt. Dazu zählen Persönlichkeitsmerkmale, konkurrierende Motive und andere Einstellungen. Die Einbeziehung von Persönlichkeitsmerkmalen (vgl. dazu auch Kapitel C.2.2) erbringt i.d.R. eine Verbesserung der Verhaltensvorhersage (vgl. z.B. Bornewasser, Hesse, 1979, S. 155).[48]

Ein erheblicher Effekt auf die Stärke des Zusammenhanges zwischen Einstellung und Verhalten geht auch von dem gewählten Verhaltensmaß aus. Es kann zwischen dem offenen Verhalten, dem retrospektiv verbalen Verhalten und der verbal geäußerten Verhaltensabsicht unterschieden werden. Die Verwendung der beiden zuletzt genannten Maße hat i.d.R. einen inflationierenden Effekt auf die Einstellungs-Verhaltens-Beziehung (vgl. Benninghaus, 1976, S. 343). Die Messung der Einstellung kann über reaktive (Beispiele: Befragung, Gruppenexploration, Assoziationstechniken) und nicht-reaktive Verfahren (Beispiele: Lost-Letter Technique, Spurenanalyse) erfolgen (vgl. zu verschiedenen Meßverfahren Cialdini, Petty u. Cacioppo, 1981, S. 366 ff., Becker, Mehrtens, 1986, S. 40 ff.). In jeder empirischen Untersuchung sollte daher

---

48 Es wird in der Literatur auch diskutiert, welchen Einfluß verschiedene Einstellungsmerkmale auf die Einstellungs-Verhaltens-Beziehung haben. Beispiele für solche Charaktereigenschaften von Einstellungen sind z.B.: Ego-Involvement, Commitment, Zentralität, Einstellungserwerb aufgrund direkter oder indirekter Erfahrungen, Speicherungs- und Wiedererlangungswerte sowie Konsistenz zwischen affektiver und kognitiver Komponente.

zur Bewertung der Erkenntnisse genau angegeben werden, wie "das Verhalten" und "die Einstellung" operationalisiert werden.

Mehrheitlich wurde in der Literatur untersucht, wie Einstellungen auf das Verhalten wirken. Die Konsequenzen des Verhaltens[49] und die Ergebnisse intrapsychischer Prozesse[50] können jedoch auf Einstellungen einwirken, die vorher das Verhalten bestimmt haben. Gerade unter Low-Involvement-Bedingungen kommt es oftmals zum Kauf eines Produktes (Verhalten) ohne vorherige Einstellungsbildung (vgl. Kassarjian, 1979, S. 12). Diese bildet sich dann erst durch Produkterfahrungen heraus. Alles in allem gilt: ***Einstellungen und Verhalten beeinflussen sich wechselseitig.***[51]

Einstellungen zu verschiedenen Meinungsgegenständen stehen aufgrund der beschriebenen hierarchischen Systeme zueinander in Beziehung. Eine an einer Krankheit leidende Person, die eine Informationskampagne zur Aufklärung über Krankheitsbilder nicht als unzulässigen Eingriff in das Arzt-Patienten-Verhältnis begreift (überwiegend affektiv geprägtes Urteil), wird auch eine tendenziell positive Einstellung zu Medien haben, die auf populäre Weise informieren (Anzeigen in Publikums-Zeitschriften, z.B. "Stern"). Daher kann folgende Hypothese formuliert werden:

Hypothese IV

Je weniger eine erkrankte Person die Informationskampagne zur Aufklärung über Krankheitsbilder global als unzulässigen Eingriff in das Arzt-Patienten-Verhältnis einschätzt, desto stärker hält sie Medien zur Publikumsinformation für geeignet, die besonders der Vermittlung populärer Informationen dienen.

---

49 Beispiel: Auf einer Informationsveranstaltung bezüglich eines bestimmten Krankheitsbildes hat ein Vorstandsmitglied in der Vergangenheit seinen Assistenten getroffen (sozialer Druck). Um die Entstehung von Gerüchten nicht zu unterstützen, meidet er seitdem derartige Veranstaltungen.

50 Beispiel: Abänderung einer Einstellung aufgrund eines gestörten Verhältnisses zwischen miteinander in Beziehung stehenden Kognitionen.

51 H.D. Mummendey (1979, S. 165) würdigt den Wert des Einstellungskonzeptes zur Verhaltensvorhersage mit folgenden Worten: "Der von der Nützlichkeit des Einstellungskonzepts Überzeugte darf damit zufrieden sein, daß unter ganz bestimmten Bedingungen eine fast perfekte Verhaltensvorhersage möglich wird. Der Kritiker darf befriedigt sein, daß diese Bedingungen in der Praxis selten zusammentreffen."

Krankheitsbildträger, die der Meinung sind, daß eine Informationskampagne zur Aufklärung über Krankheitsbilder einen ungehemmten Umgang mit der Krankheit erleichtert,[52] dürften ein vergleichsweise starkes Informationsinteresse besitzen. Daher werden sie Medien bevorzugen, die laiengerechte "medizinische Informationen" vermitteln (Anzeigen in Apotheken-Zeitschriften, Arzt-Broschüren, Patienten-Informationsveranstaltungen).

Hypothese V

Je stärker eine erkrankte Person der Meinung ist, daß eine Informationskampagne zur Aufklärung über Krankheitsbilder einen ungehemmten Umgang mit der Krankheit erleichtert, desto stärker hält sie Medien zur Ansprache des Publikums für geeignet, die "medizinische Informationen" beinhalten.

Erkrankte Personen, die der Meinung sind, daß eine Informationskampagne zur Aufklärung über Krankheitsbilder einen ungehemmten Umgang mit der Krankheit erleichtert, werden auch bereit sein, an einer Informationsveranstaltung teilzunehmen, in der Betroffene und Experten über die Krankheit diskutieren. Demzufolge werden sie eine positive Verhaltensabsicht äußern. Der beschriebene Sachverhalt läßt sich folgendermaßen formulieren:

Hypothese VI

Je stärker eine erkrankte Person der Meinung ist, daß eine Informationskampagne zur Aufklärung über Krankheitsbilder einen ungehemmten Umgang mit der Krankheit erleichtert, desto eher würde sie auch aktiv an Informationsveranstaltungen teilnehmen.

Zum Abschluß dieses Themenkomplexes soll untersucht werden, ob ein Zusammenhang zwischen der durch Krankheitsbildträger subjektiv empfundenen generellen Eignung von Informationsveranstaltungen zur Aufklärung über Krankheitsbilder und der Absicht zur Teilnahme an einer solchen Veranstaltung besteht. Auch wenn die Eignung positiv beurteilt wird, besteht immer die Möglichkeit, daß z.B. aufgrund von Zeitmangel oder der Ansicht, bereits über genug Wissen zu verfügen, eine Teilnahme

---

52 Ungehemmter Umgang bedeutet hier: Die Krankheitsbildträger sehen Informationen über die Krankheit als Beitrag zum Abbau von Tabus, werten Informationen als Anstoß zum Arztbesuch und sind tendenziell eher bereit, ihren Arzt aufgrund einer werblichen Ansprache um eine Verschreibung zu bitten.

als unwahrscheinlich eingeschätzt wird. Dennoch ist insgesamt ein positiver Zusammenhang zu erwarten, wie er in der folgenden Hypothese postuliert wird:

Hypothese VII

Je stärker eine erkrankte Person Informationsveranstaltungen für geeignet hält, die Öffentlichkeit über Krankheitsbilder zu informieren, desto eher ist sie auch bereit, an einer solchen Veranstaltung teilzunehmen.

Im nun folgenden Abschnitt wird untersucht, welchen Einfluß das ***Involvement*** auf die Funktionsweise der "Integrierten-Patienten-Ansprache" hat.

4.2.2 Involvement der Betroffenen

Das Involvement der durch kommunikative Aktivitäten zu beeinflussenden Zielpersonen ist eine entscheidende Ausgangsgröße für die Festlegung einer bestimmten Kommunikationsstrategie (vgl. Rothschild, 1979, S. 74 ff.). Unter dem Begriff "Involvement" kann die Bereitschaft verstanden werden, sich für etwas zu engagieren oder sich einem Gegenstand oder einer Aktivität zuzuwenden (vgl. Jeck-Schlottmann, 1988, S. 5 ff., vgl. Jeck-Schlottmann, 1987, S. 67 ff.). Die Stärke des Involvements kann als Aktivierung des Patienten angesehen werden (vgl. Kroeber-Riel, 1990 b, S. 98). Hohes Involvement kann ein hohes Aktivierungsniveau zur Folge haben. Diese Aktivierung versorgt den Organismus mit der benötigten Antriebskraft, damit eine kognitive und/oder emotionale Auseinandersetzung mit dem betreffenden Meinungsgegenstand erfolgen kann. Dabei ist Involvement eine graduelle Größe, d.h. eine Person kann sehr stark bis sehr schwach involviert sein.

Hervorgerufen wird das Involvement einer Person durch ***personen-, produkt-, situations-, werbeträger- und werbemittelspezifische Faktoren***. Entsprechend wird von Persönlichkeits- (Ego-Involvement), Produkt-, Situations-, Werbeträger- und Werbemittel-Involvement gesprochen. Bei dem Involvement-Konstrukt handelt es sich demzufolge um ein sehr komplexes Gebilde.[53]

---

53 Einen umfassenden Überblick über in der Literatur genutzte Operationalisierungen bietet Costley (1988, S. 554 ff.) als Ergebnis einer Meta-Analyse von Veröffentlichungen zur Involvement-Forschung.

Persönlichkeits-Involvement

Bei den das Ego-Involvement beeinflussenden Faktoren handelt es sich insbesondere um Motive, für die das Individuum aktiv wird, das Wertesystem, das Selbstkonzept und das Einstellungssystem. Eine Person kann sich z.B. sehr stark um persönliche Gesunderhaltung bemühen. Dies kann bis zu einem fanatischen Verhalten reichen (Beispiele: Kauf jeglicher Special-Interest-Journals zur Gesundheit, häufiger Erfahrungsaustausch mit Gleichgesinnten, häufige Arztbesuche, Mitnahme von Wartezimmer-Informationsbroschüren). Das tägliche Denken und Handeln derartig stark involvierter Personen kann vollkommen von Gesundheitsfragen beherrscht sein (vgl. Holbrook, 1987, S. 404 ff.).

Produkt-Involvement

Das Involvement einer Person ist stark von dem Interesse abhängig, das dem jeweilig betrachteten Produkt entgegengebracht wird (vgl. Bloch, 1981, S. 61 ff.). Für eine erkrankte Person dürfte der Preis eines verschreibungspflichtigen Medikamentes keinen Einfluß auf das Involvement für ein bestimmtes Präparat haben, das dem Patienten vor der Behandlung durch den Arzt vielleicht gar nicht namentlich, sondern nur schemenhaft als inneres Bild präsent ist. Das Präparate-Involvement dürfte hingegen von der durch die Anwendung des Produktes erhofften Verbesserung des zu behandelnden Krankheitsbildes[54], von der vermuteten Dauer der notwendigen, medikamentösen Therapie und von sozialen Einflüssen abhängen. Dient das betrachtete Präparat zur Behandlung einer äußerlich sichtbaren Krankheit, die andere Personen als abstoßend empfinden, und ist der erkrankten Person die soziale Anerkennung wichtig, so wird das Involvement für ein entsprechendes Präparat eher hoch sein (vgl. dazu für den Konsumgütermarkt Jeck-Schlottmann, 1988, S. 6 f.). Das wahrgenommene Risiko eines Patienten in Bezug auf die Wirkungen eines Präparates und die sozialen Einflüsse sind bedeutsame Einflußfaktoren. Ob zur Behandlung eines Krankheitsbildes viele verschiedene Präparate angeboten werden, kann der Patient - wenn überhaupt - nur indirekt (durch den Arzt) erfahren. Daher wird die Anzahl der seitens des Arztes

---

54 Die Bedrohlichkeit einer Krankheit hat einen starken Einfluß auf das Involvement (Beispiel: leichte Hautrötung/schwere Hautverbrennung). Die Einschätzung einer Krankheit reicht jedoch alleine nicht aus, um das Involvement zu bestimmen.

zur Wahl stehenden Präparate das Involvement der Patienten nur schwach bestimmen. Anders ist dies im Konsumgüterbereich.[55]

Situations-Involvement

Von besonderer Bedeutung ist das Situations-Involvement. ***Es dominiert in vielen Fällen das Ego- und Produkt-Involvement*** (vgl. Jeck-Schlottmann, 1988, S. 9). Eine wichtige situationsspezifische Determinante ist der ***Zeitdruck***. Beispiel: Ein Arzt, der ein hohes Involvement für eine bestimmte Krankheit aufweist, möge im allgemeinen mit seinen Patienten ausführlich die Vor- und Nachteile verschiedener Behandlungsmöglichkeiten besprechen. Aufgrund einiger Notfälle und eines überfüllten Wartezimmers verschreibt er jedoch in diesem Fall flüchtig und wenig involviert ein Präparat, mit dem er schon in der Vergangenheit Behandlungserfolge erzielen konnte. Ähnlich handelt ein Patient, wenn er aufgrund einer anstehenden Familienfeier keine Zeit mehr hat, eine ihn eigentlich interessierende Anzeige zur Aufklärung über ein bestimmtes Krankheitsbild zu lesen. Entscheidend dafür, ob eine Anzeige gelesen wird oder nicht, ist demnach nicht, ob sich jemand generell für einen Meinungsgegenstand interessiert, sondern inwieweit er sich momentan dafür interssiert (vgl. Jeck-Schlottmann, 1988, S. 9).

Hingewiesen sei auch auf den situativen Einfluß ***"Gespräch mit dem behandelnden Arzt"***. Der Arzt hat zum einen die Gelegenheit, das Involvement eines Patienten für ein unbeachtetes Krankheitsbild zu erhöhen (Beispiel: Aufklärung über die Gefahren eines zu hohen Cholesterinspiegels), zum anderen kann er versuchen, überhöhtes Involvement zu senken (Beispiel: Aktuelle Beunruhigung eines Patienten über Faltenbildungen der Haut aufgrund eines Berichtes in einer Illustrierten). Kurzum: Die situativen Einflüsse haben eine starke Wirkung auf das Involvement bezüglich eines Krankheitsbildes (vgl. Bloch, 1982, S. 413).

---

55 Das Produkt-Involvement kann weiter untergliedert werden in das Produktart- und das Marken-Involvement. Ein Krankheitsbildträger kann hohes Involvement für eine medikamentöse Therapie besitzen (Herz-, Kreislaufpräparate), jedoch für ein spezielles Präparat eines Generikaherstellers ein geringes Involvement aufweisen (vgl. Mittal, Lee, 1988, S. 43, Bloch, Richins, 1986, S. 280 ff.).

Werbeträger-Involvement

Verschiedene Werbeträger können mit sehr unterschiedlichem Involvement verbunden sein. So kann es sein, daß eine Person elektronische Medien gänzlich ablehnt, aber regelmäßig "Zeitschriften zur Gesundheit" interessiert liest. Ein Werbespot zur Patienten-Aufklärung könnte diese Person daher nicht erreichen, währenddessen eine Anzeige zur Patienten-Aufklärung in einer solchen speziellen Zeitschrift gute Chancen hätte, gelesen zu werden (vgl. Mitchell, 1981, S. 28).[56]

Werbemittel-Involvement

Ein Werbemittel kann durch starke Aktivierungskraft das Involvement eines Rezipienten steigern (Beispiel: Eine in einem aktivierenden Rot gehaltene und mit Schlüsselreizen versehene Patientenaufklärung). Diese durch Werbemittelgestaltungen beim Betrachter erzielte Wirkung wird "Reaktions-Involvement" genannt (vgl. Stone, 1984, S. 214, vgl. Batra, Ray, 1983, S. 309).

Neben diesen fünf Arten des Involvements kann zusätzlich zwischen ***kognitivem und emotionalem Involvement*** differenziert werden. Diesen Aspekt stellte Vaughn 1980 (1980, S. 27 ff.) zur Diskussion (vgl. auch Mittal 1987, S. 41, Park, McClung, 1986, S. 545, Park, Young, 1983, S. 320 ff.). Heute gilt es als gesichert, daß einerseits zwischen der Intensität des Involvements (High/Low) und der Dimension "Denken/Fühlen" zu differenzieren ist (vgl. Zaichkowsky, 1987, S. 32 ff.).[57]

Kognitives Involvement kann sich in aktiver Informationsaufnahme und -verarbeitung, emotionales Involvement in emotionalen Verhaltensweisen äußern, wobei auch kogni-

---

56 Selbstverständlich ist auch die Schaltung in einer solchen Special-Interest-Zeitschrift keine Garantie, daß die Anzeige beachtet wird. Deshalb ist auch hier auf eine aktivierungsstarke Gestaltung zu achten. Krugman konnte schon 1966 in einer empirischen Studie feststellen, daß das Involvement bezüglich der Werbung für High-Involvement-Produkte in Zeitschriften stärker ausgeprägt ist als in TV-Spots. Für Low-Involvement-Produkte konnte er keine signifikanten Unterschiede feststellen (vgl. Krugman, 1966, S. 596). Nach den Erkenntnissen von McClung, Park und Sauer (1985, S. 353) werden informative TV-Spots am besten aufgenommen und verarbeitet, wenn eine mittlere Intensität kognitiven Involvements bezüglich des betreffenden TV-Programmes besteht. Höhere Intensitäten haben eine nachteilige Wirkung. Im Gegensatz dazu konnten keine negativen Wirkungen hoher affektiver Involvement-Intensitäten auf die Verarbeitung emotionaler TV-Spots festgestellt werden.

57 Aus diesen beiden Dimensionen läßt sich eine Vierfeldermatrix mit folgenden Produkt-/Verhaltens-Kategorien bilden: "Thinker", "Feeler", "Doer", "Reactor" (vgl. Vaughn, 1980, S., 27 ff.).

tive Aktivitäten denkbar sind (vgl. Kroeber-Riel, 1990 a, S. 379). Hochinvolvierten Personen sollten daher primär sachliche Informationen und schwachinvolvierten Personen primär emotionale Reize angeboten werden.

Aufgrund der Erkenntnis, daß ein hohes Involvement auch emotional geprägt sein kann, sollten hochinvolvierten Personen neben den obligatorischen sachlichen Informationen auch einige emotionale Stimuli dargereicht werden (vgl. Raffée, Wiedmann, 1988, S. 207, vgl. Gröppel, 1991, S. 53 f.).[58] Hochinvolvierte Personen (Ego-Involvement) sind mit größerer Wahrscheinlichkeit Meinungsführer und zeichnen sich aus diffusionstheoretischer Sicht eher durch innovative Verhaltensweisen aus (vgl. Venkatraman, 1988, S. 299 ff., vgl. Richins, Root-Shaffer, 1988, S. 32 ff.).

Krugman stellte in den sechziger Jahren fest, daß TV-Spots passiv und mit geringem Involvement gelernt werden (vgl. Krugman, 1965, S. 349 ff.). Werbestrategien müssen sich demnach in vielen Fällen auf diese ***Low-Involvement-Bedingung*** einstellen. Das Leitbild des kritischen Konsumenten, der aktiv nach Informationen sucht, sich eine Einstellung bildet und dann seine Entscheidung in entsprechendes Verhalten umsetzt, trifft in den meisten Fällen nicht zu (vgl. dazu Kroeber-Riel, 1990 a, S. 679 ff., vgl. Esch, 1990, S. 74). So kann bereits die Einstellung zu einem Werbemittel kaufauslösend wirken. Zudem werden Einstellungen häufig erst nach einem Erst-Kauf gebildet (vgl. Calder, 1979, S. 33, vgl. Park, Young, 1983, S. 320 ff.). Die klassischen Werbewirkungsmodelle (Beispiel: AIDA) wurden daher durch eine Vielfalt neuer Werbewirkungsmodelle ergänzt (vgl. Kroeber-Riel, 1990 a, S. 629 ff., vgl. Jeck-Schlottmann, 1988, S. 2 f.).

Die Messung des Involvements kann durch Selbsteinschätzungen der Probanden, durch psychobiologische Verfahren (Beispiele: Pulsfrequenzmessung oder elektrodermale Reaktion "EDR") und durch Kategorisierungen von Statements (Beispiele:

---

58 Mittal (1987, S. 44) konnte im Rahmen der Hemisphärenforschung nachweisen, daß hohes kognitives Involvement primär zu Aktivitäten der linken Gehirnhälfte, hohes emotionales Involvement primär zu Aktivitäten in der rechten Gehirnhälfte führt. Geringes Involvement (emotionales oder kognitives) führt zu geringen Aktivitäten in jeweils beiden Gehirnhälften (vgl. dazu auch Krugman, 1979, S. 17).

"Latitude of Rejection" und "Latitude of Acceptance") erfolgen (vgl. Sherif, Hovland, 1965, S. 127 ff., vgl. Mitchell, 1979, S. 192).[59] Weit verbreitet ist das 20 Items umfassende "PII" (Personal-Involvement-Inventory) Differential zur Befragung von Probanden (vgl. Zaichkowsky, 1985, S. 350).[60]

Hochinvolvierte Personen werden kaum in der Lage sein, ihr Aktivierungsniveau allein durch Verdrängungsprozesse abzubauen. Daher werden diese Personen einen ***ungehemmten Umgang mit dem Krankheitsbild*** anstreben. Nur auf diese Weise können sie ihre Krankheit effektiv bekämpfen, beziehungsweise von ihrem Arzt bekämpfen lassen.[61] Informationen zur Krankheit dürften daher als Beitrag zum Abbau von schädlichen Tabus und als Anstoß zum Arztbesuch angesehen werden. Wenn ein Hersteller ihre Aufmerksamkeit durch ein Werbemittel auf eine neuartige Behandlungsmöglichkeit lenkt, werden sie diese Information dem Arzt voraussichtlich als "Verschreibungsbitte" mitteilen. Allgemein dürften an die Patienten gerichtete Informationen mit steigendem Involvement auch als aktive Unterstützung des Arzt-Patienten-Verhältnisses angesehen werden. Daher kann folgende Hypothese formuliert werden:

Hypothese VIII:

Je höher das Involvement eines Krankheitsbildträgers bezüglich des Krankheitsbildes ist, desto stärker befürwortet er einen ungehemmten Umgang mit dem Krankheitsbild.

---

59 Wenn aus der Sicht der Forschungsökonomik vertretbar, sollte das Involvement durch verschiedene Indikatoren gemessen werden. Problematisch erscheint jedoch bei jeder Messung die oftmals dominante Einwirkung situativer Einflüsse auf die jeweilige Involvement-Intensität (vgl. Jeck-Schlottmann, 1987, S. 216, vgl. Esch, 1990, S. 78 ff. und die dort zitierte Literatur). Eine kritische Würdigung verschiedener Meßverfahren bietet Weidling (1988, S. 165 ff.).

60 Eine kürzere Fassung (14 statt 20 Items) dieses Meßinstrumentes entwickelten McQuarrie und Munson (1987, S. 36 ff.).

61 Es besteht auch die Möglichkeit, daß hochinvolvierte Personen versuchen, ihr Aktivierungsniveau durch Verdrängungsprozesse abzubauen. Je stärker jedoch das Involvement ausgeprägt ist, desto schwieriger wird es für die Betroffenen sein, einen Zustand der Entspanntheit durch Verdrängungsprozesse zu erlangen.

Krankheitsbildträger (erkrankte Personen), die ein ***hohes Involvement*** bezüglich eines bestimmten Krankheitsbildes aufweisen, werden bestrebt sein, ***Informationen*** über diese Krankheit zu erhalten. Mit dem Involvement einhergehende Aktivierung versetzt das Individuum in die Lage, extensiv nach Informationen zu suchen, beziehungsweise angebotene Informationsmöglichkeiten aktiv zu nutzen (vgl. Leven, 1988, Involvement-Niveau und Informationsbearbeitung, S. 169, vgl. Bloch, Bruce, 1984, S. 197 ff., vgl. Muncy, Hunt, 1984, S. 193, vgl. Bleicker, 1983, S. 169 f.).

4.3 Kritische Würdigung der "Integrierten Patienten-Ansprache"

Es kann aufgrund der vorliegenden Erkenntnisse davon ausgegangen werden, daß es in vielen Fällen möglich ist, mit Hilfe einer ordnungsgemäß durchgeführten "Integrierten Patienten-Ansprache" Patienten dem Arzt zuzuführen (vgl. dazu Kapitel D.3). Der Arzt hat dann zu entscheiden, ob er eine Verschreibung eines Präparates für angebracht erachtet. Wenn dies der Fall ist, muß er das konkrete Präparat festlegen. Den Erkenntnissen der gesondert durchgeführten Ärztebefragung zufolge wird der Arzt vielfach bereit sein, sich für ein Präparat des innovativ kommunizierenden und marktführenden Herstellers zu entscheiden (vgl. dazu Kapitel D.2).

Im folgenden soll die ***"Integrierte Patienten-Ansprache"*** auf mögliche ***Vor- und Nachteile für die Beteiligten*** untersucht werden (eine übergreifende kritische Würdigung der Pharma-Kommunikation findet sich in Kapitel B.2.5).

4.3.1 Vorteile der "Integrierten Patienten-Ansprache"

1. Die "Integrierte Patienten-Ansprache" ermöglicht es den in dem betreffenden Indikationsgebiet von den Ärzten als kompetent angesehenen Unternehmen, vorhandene ***Marktanteile*** zumindest zu ***sichern*** und die absoluten ***Umsatzvolumina zu erhöhen.***[62]

---

62 Das die "Integrierte Patienten-Ansprache (IPA)" in der beschriebenen Form "funktioniert", steht außer Frage (vgl. C.4, vgl. dazu auch die Erkenntnisse der empirischen Studie in Kapitel D.3).

Dabei dürften ***Marktführer*** wesentliche ***Vorteile*** besitzen. In dem betrachteten Arzneimittelsegment vergleichsweise unbedeutende Anbieter müssen ein wesentlich höheres Budget einsetzen, um die informationsüberlastete Ärzteschaft von ihren Leistungen zu überzeugen. Ärzte werden in vielen Fällen den Patienten, die sich z.B. aufgrund einer entsprechenden Anzeige in die Behandlung durch den Arzt begeben, gegenüber dem Arzt aber nichts von dieser Anzeige erwähnen, habituell Präparate des bisherigen Marktführers verordnen (vgl. dazu Becker, 1990, S. 32).

2. Bemühungen um die eigene Gesundheit sind nicht zu delegieren. Jeder Bürger muß selber über seine Lebensweise entscheiden und wissen, in welchen Fällen er den Arzt aufsuchen sollte. Die Patienten-Ansprache gibt hier eine wichtige Orientierungshilfe, da über Krankheitssymptome, -ursachen, -verlauf und Behandlungsmöglichkeiten in der Sprache der Laien aufgeklärt wird. ***Das Wissen der Bürger über wichtige Krankheitsbilder wird dadurch erhöht*** (vgl. Baier, 1990, S. 1).

3. Die Einbeziehung der Patienten kommt dem gerade auch in Gesundheitsfragen zu beobachtenden ***steigenden Selbstbewußtsein der Bevölkerung*** entgegen. Der unbedingte Gehorsam gegenüber der ärztlichen Verschreibung wird zumindest teilweise durch Selbsteinsicht ersetzt (vgl. Baier, 1990, S. 4), wodurch sich auch die Compliance[63] erhöhen dürfte. Der Patient sollte verlangen dürfen, daß über Krankheitsbilder in einer auch für Laien verständlichen Sprache aufgeklärt wird (vgl. Baier, 1990, S. 5). Dabei muß auf die Individualität der Patienten durch abgestimmte kommunikative Aktivitäten Rücksicht genommen werden (Baier, 1990, S. 6), z.B. indem bildungsspezifische Informationsansprüche genügend berücksichtigt werden. Die "IPA" leistet einen Beitrag, den mündigen Patienten in einen fachlich kompetenten Patienten (Ko-Therapeuten) zu überführen (vgl. Kunze, 1990, S. 98).

---

63 Unter "Compliance" kann die Befolgung der ärztlichen Anweisungen durch die Patienten verstanden werden. Dazu gehören z.B. die Befolgung der vorgeschriebenen Dosierungen und die Einnahme der verschriebenen Medikamente über den vorgeschriebenen Zeitraum.

4.3.2 Nachteile der "Integrierten Patienten-Ansprache"

1. Die Patienten-Ansprache kann, wenn sie von einem ***kleinen Wettbewerber*** durchgeführt wird, dazu führen, daß die ***Konkurrenten*** von den Aktivitäten unverhältnismäßig stark ***profitieren***. Die Ärzte entscheiden sich dann für den Hersteller mit der vermeintlich größten Kompetenz in diesem Indikationsgebiet.

   Möglicherweise wenden sich viele Betroffene auch nicht an ihren Arzt, sondern an einen ***Apotheker***, der Ihnen dann ein OTC-Präparat eines Mitbewerbers anbietet. Der Verkauf eines OTC-Präparates bringt dem Apotheker einen sofortigen Ertrag, während eine Verschreibung durch den Arzt nur einen unsicheren späteren Ertrag darstellt.

   Aus ***gesundheitspolitischen Gründen*** ist es unerheblich, ob ein Präparat des Herstellers verschrieben wird, der die "Integrierte Patienten-Ansprache" anwendet, oder ob ein Mitbewerber der Nutznießer ist; vorausgesetzt, eine Verschreibung ist aus medizinischer Sicht zur Behandlung des Patienten notwendig und die Arzneimittel sind von gleicher Qualität.

   Aus ***volkswirtschaftlicher***, insbesondere ***wettbewerbspolitischer Sichtweise*** ist es dagegen keinesfalls unbedeutend, ob durch die "Integrierte Patienten-Ansprache" vorwiegend dominante Hersteller in dem bestimmten Arzneimittelsegment Wettbewerbsvorteile erlangen können.

2. Es wird von ***Kritikern*** behauptet, daß pharmazeutische Hersteller die "Integrierte Patienten-Ansprache" einsetzen, um primär einen Vorteil für das Unternehmen zu gewinnen. ***Der "gesellschaftliche Vorteil" werde - wenn er überhaupt vorhanden sei - faktisch als Nebensache "mitgenommen".***

   Marketing kann Bestandteil einer gesellschaftspolitisch positiven Unternehmensdenkhaltung sein. Nur die jeweiligen Marketing-Verantwortlichen, nicht aber die Betrachter von außen können eine Aussage darüber machen, welche Priorität die möglichen Beweggründe für eine solche Aktion in ihrem Unternehmen haben. Aus dem Umstand, daß sich die "Integrierte Patienten-Ansprache" letztlich zugunsten des kompetenten Unternehmens auswirkt, kann nicht gefolgert werden, daß es ein gesellschaftlich verantwortungsvolles Pharma-Marketing nicht gibt (vgl.

Nieschlag, Dichtl, Hörschgen, 1988, S. 21). Nur grundsätzliche Systemkritiker würden von Unternehmen Handlungen verlangen, die das eigene Überleben in Frage stellen. Unternehmerisches Verhalten sollte immer gesellschaftlich verantwortungsvoll sein; konkurrenzwirtschaftliche Unternehmen werden deshalb aber auch in Zukunft nicht zu Wohlfahrtsinstituten werden.[64]

3. Ein weiterer, oftmals von Verbraucherforschern genannter Einwand ist die ***befürchtete Instrumentalisierung der Patienten***. Durch die "Integrierte Patienten-Ansprache" würden zwar die Patienten angesprochen, faktisch gehe es den Pharma-Herstellern aber nur um die Verschreibungen der Ärzte.

Die Frage, ob die Patienten Nachteile erleiden, muß sehr differenziert beantwortet werden: Was für eine Art Patient wird hier betrachtet? Fehlte ihm vielleicht nur ein leichter Anstoß, um sich in die Obhut des Arztes zu begeben? Wußte er vielleicht gar nicht, daß es sich bei seinen "harmlosen Bläschen" um eine leicht übertragbare Viruserkrankung handelt? Möglicherweise werden dem Leser einer solchen Anzeige auch Erklärungsmuster geliefert, warum er auf andere Menschen durch seine Lippenbläschen wenig attraktiv wirkt. In all diesen Fällen ist eine Behandlung durch den Arzt sinnvoll, da diese zur Lebensqualität des Patienten und seiner sozialen Kontaktpersonen beiträgt.

Es kann jedoch auch sein, daß ein physisch gesunder Mensch aufgrund einer solchen Anzeige glaubt, an der beschriebenen Krankheit zu leiden. Hier wäre eine Behandlung entbehrlich, da sie die gesetzliche Krankenkasse - bzw. die Gemeinschaft der Versicherten im allgemeinen - unnötig belasten würde.

In diesem Fall liegt die Behandlung - anders als bei OTC-Präparaten - in den Händen der Personen mit der größten Kompetenz auf diesem Gebiet: den Ärzten. Sie sollten in der Lage sein, eine medikamentöse Behandlung einzuleiten, wenn diese notwendig ist. Genauso sollten sie die Fähigkeit besitzen, einen Hypochonder ohne

---

64 Für Pharma-Unternehmen kann es z.B. sinnvoll sein, sich für Selbsthilfegruppen auch in Indikationsbereichen zu engagieren, in denen keine Präparate angeboten werden (Beispiel: Ein Hersteller von Herzpräparaten unterstützt neben indikationsspezifischen Selbsthilfegruppen auch entsprechende Engagements bezüglich anderer Krankheiten, z.B. der Leberhilfe e.V.). Dadurch kann eine indikationsunabhängige Profilierung als Förderer von Selbsthilfegruppen erzielt werden. Jedoch müssen auch solche Aktivitäten Kosten-Nutzen-Analysen unterzogen werden.

Arzneimittel und mit entsprechend verständnisvollen Worten in seine gewohnte Umwelt zu entlassen. Es dürfte selbstverständlich sein, daß es mit oder ohne Patienten-Ansprache immer Personen geben wird, die sich subjektiv krank fühlen, ohne daß ihnen objektiv auch nur die geringste Schwächung nachzuweisen ist. Dabei handelt es sich aber nicht um ein spezielles Problem des pharmazeutischen Marketing.

Wird eine schwerwiegendere Krankheit aufgrund von Verdrängungsprozessen erst in einem späteren Stadium behandelt, kann dies zu einer bleibenden Schädigung des Patienten führen. Darüber hinaus werden die gesellschaftlichen Kosten für Behandlung, Pflege, Lohnfortzahlung usw. dadurch in der Regel erheblich gesteigert.

4. ***Von den Kritikern wird auch der Einwand vorgebracht, daß der Arzt durch die "Integrierte Patienten-Ansprache" von den Pharma-Herstellern und den Patienten zur Verschreibung eines bestimmten Medikamentes gedrängt wird.*** Dazu folgendes: Die Ansprache der Ärzte soll über die Aktion und das zur Behandlung geeignete Präparateangebot informieren. Diese Hinweise sind für die Ärzte wichtig, weil sie die Transparenz des Arzneimittelangebots erhöhen. Es sei darauf hingewiesen, daß die Ärzteschaft unabhängig von der "Integrierten Patienten-Ansprache" bereits gewohnheitsmäßig von den verschiedenen Anbietern über die pharmazeutisch-ethischen Präparate informiert wird (vgl. zu den verschiedenen Instrumenten Becker, 1990, S. 29 f.).

Warum soll der Arzt sich unter Präparaten mit vergleichbarer Wirkung nicht für ein Medikament des aktiven, patientenorientierten Unternehmens entscheiden? In jedem Fall wird der Arzt den Ausschlag geben, auch wenn der Patient gezielt ein Präparat des aufklärenden Unternehmens wünscht. Wenn der Arzt - aus welchen Gründen auch immer - ein anderes Präparat verordnen will, so wird er dieses tun. Es kann z.B. sein, daß ein Patient durch Informationen, die er aus der Patienten-Ansprache und TV-Gesundheitssendungen übernommen hat, zu einer "eigenen Diagnose" gekommen ist. Wenn der Patient nun versucht, seine gefestigte Meinung dem Arzt aufzudrängen, kann dieser Reaktanz gegenüber dem patientenorientierten Unternehmen entwickeln und ein Konkurrenzpräparat rezeptieren.[65]

5. Die Kritiker bemängeln auch, daß die "Integrierte Patienten-Ansprache" ***nur für weit verbreitete Krankheitsbilder*** eingesetzt wird, da nur in diesen Fällen durch die erwarteten Verschreibungen ein Überschuß der zusätzlichen Erträge über die zusätzlichen Kosten erhofft werden kann.

Hierzu sei folgendes gesagt: Selbstverständlich wird es nicht möglich sein, alle Krankheiten auf diese Weise zu thematisieren. Es ist jedoch denkbar, daß sich ein Patient aufgrund einer Patienten-Ansprache in die Behandlung durch den Arzt begibt, obwohl er an einer anderen Krankheit leidet, die zufällig ähnliche Symptome aufweist. Der Arzt hat dann die Möglichkeit, eine erfolgversprechende Behandlung einzuleiten.[66] Würde das obige Gegenargument als stichhaltig angesehen, so dürfte keine medizinische Forschung mehr betrieben werden, da es auch bei größter Anstrengung immer unerforschte Krankheiten geben wird.

4.3.3 Freiwillige Beschränkung der "Integrierten Patienten-Ansprache"

Es gibt jedoch Restriktionen, die bei einer Durchführung der "Integrierten Patienten-Ansprache" unbedingt beachtet werden müssen:

1. ***Die Patienten dürfen nicht durch angstauslösende Reize aktiviert werden.*** Angst führt zunächst einmal zu einer Beeinträchtigung der Lebensqualität der Patienten. Es kann zu Blockierungen, zu geistigem Streß kommen, wodurch jede vernünftige Handlung vereitelt wird. Die Angst kann verdrängt oder z.B. durch einen Arztbesuch abgebaut werden. Der Patient wird dem Arzt jedoch nicht gelöst entgegen-

---

65 Ärzte könnten sich auch aus anderen Gründen gegen die Patienten-Ansprache wenden. So lehnten die Delegierten des Deutschen Ärztetages 1991 die Laienwerbung für verordnungsfähige, aber nicht rezeptpflichtige Arzneimittel aus wirtschaftlichen Gründen ab. Vermutlich aufgrund von Ängsten vor späteren Regreßforderungen durch die Krankenkassen werden die Verschreibungswünsche der Patienten oftmals zurückgewiesen (vgl. dazu o.V., 1991, Ärztetag ist gegen Laienwerbung, S. 2).

66 Es ist durchaus keine Besonderheit, daß ein Patient seinem Arzt eine falsche Vermutung über seine Beschwerden mitteilt. Der Arzt ist in jedem Fall gefordert, letztlich unabhängig zu entscheiden.

treten, wodurch die Interaktion zwischen Arzt und Patient beeinträchtigt wird. Der Arzt wird eine derartige Behinderung seiner Tätigkeit in vielen Fällen nicht auch noch durch eine Verordnung eines Präparates des angstauslösenden Unternehmens honorieren.

2. ***Lebensbedrohende Krankheitsbilder (z.B. AIDS, Krebs) sollten nur vorsichtig thematisiert werden.*** Möglich wären z.B. im Rahmen einer Aktualitätskampagne allgemeine Hinweise, Vorsorgeuntersuchungen auch ohne konkrete Krankheitsanzeichen regelmäßig zu nutzen. Beschreibungen konkreter Verdachtsmomente, die der Leser einer solchen Anzeige vielleicht "an sich selbst feststellt", können zu unkontrollierbaren Reaktionen der Patienten führen. Diese nichtvorhersagbaren psychischen Prozesse lassen eine "Schock-Therapie" als ungeeignet erscheinen.

§ 12 Abs. 1 HWG legt fest, daß sich die Werbung für Arzneimittel außerhalb der Fachkreise nicht auf die Erkennung, Beseitigung oder Linderung von genau festgelegten Krankheiten beim Menschen beziehen darf. ***§ 11 HWG Nr. 10*** bestimmt zudem, daß außerhalb der Fachkreise für Arzneimittel, Verfahren, Behandlungen, Gegenstände oder andere Mittel nicht mit Veröffentlichungen geworben werden darf, die dazu anleiten, bestimmte Krankheiten, Leiden, Körperschäden oder krankhafte Beschwerden selbst zu erkennen (Diagnose) und mit den in der Werbung bezeichneten Arzneimitteln, Gegenständen, Verfahren, Behandlungen oder anderen Mitteln zu behandeln (Therapie).

3. ***In der Anzeige der Patienten dürfen nur die Unternehmensfarben vorherrschen.*** Präparatespezifische Farben und Identifikationsmerkmale wären aus verhaltenswissenschaftlicher Sicht zwar sinnvoll, sind aber nach herrschender Meinung nicht zulässig (vgl. dazu die weiter oben dargestellte gerichtliche Beurteilung der Bewerbung des Präparates "Femovan" in Publikumszeitschriften).

4. ***Das Präparat des informierenden Herstellers muß dem Arzt mit all seinen Vorteilen und Nachteilen sowie Nebenwirkungen dargestellt werden.*** Eine Herabsetzung der Präparate anderer Hersteller (direkt oder indirekt) muß unterbleiben. Bei der Darstellung der Vorteile eines Präparates darf auch nicht vergleichend auf das Medikament eines Konkurrenten angespielt werden.

5. Wie schon in § 10 Abs. 1 HWG festgelegt, ***muß eine Präparatenennung im Rahmen der Patienten-Ansprache zwingend unterbleiben.*** Den Patienten sollte auch nicht suggeriert werden, daß der Arzt in jedem Fall bei einem bestimmten Krankheitsbild gezwungen ist, eine medikamentöse Behandlung einzuleiten. Vielmehr sollten auch ***vorbeugende Maßnahmen*** und ***alternative Behandlungsformen*** dargestellt werden. Besser wäre es auch, wenn nicht nur über ein spezifisches Krankheitsbild, sondern auch umfassend über angrenzende Indikationsgebiete aufgeklärt würde. Dadurch bliebe der Charakter der "aufklärenden Sympathiewerbung" erhalten (vgl. auch Kapitel B.2.5).[67]

Pharma-Hersteller sollten heute Partner von Arzt und Patient sein, sich also nicht auf Tätigkeiten von Erfüllungsgehilfen beschränken (vgl. Raffée, 1990). Dazu gehört neben dem Angebot entsprechender Leistungen, daß ein fairer Dialog mit allen Beteiligten - insbesondere Patienten, Ärzten, Apothekern, dem Gesetzgeber (Ausschüsse im Bundestag, Ministerien), der Öffentlichkeit und den entsprechenden Verbänden - geführt wird (vgl. Raffée, 1990). Die Arzneimittelhersteller sollten für jegliche Verbesserungsvorschläge und Einwände offen sein, sich dabei aber immer unter gesellschaftspolitischen Aspekten fragen: ***"Should it be done?"*** (Raffée, 1990).

Welche Marktpartner (Beispiele: Ärzte, Apotheker, Patienten) auch angesprochen werden, immmer stellt sich die Frage, welche Positionierungsstrategie der Kommunikationsgestaltung zugrundegelegt werden soll. Daher werden im folgenden verschiedene Möglichkeiten vorgestellt, und die praktische Vorgehensweise wird erläutert.

---

67 Ein Beispiel mag dies verdeutlichen. Ein Hersteller von Herz-Kreislauf-Präparaten könnte in Patienten-Anzeigen über die zehn weitverbreitetsten Krankheitsbilder aufklären. Unter anderem z.B. auch über Magen-Darm-Erkrankungen, obwohl das Unternehmen in diesem Bereich kein Präparat anbieten kann. Diese Vorgehensweise ist unabhängig von den zur Ansprache der Patienten eingesetzten Instrumenten. Auf das Instrument "Selbsthilfegruppen" würde das für den Hersteller von Herz-Kreislauf-Präparaten heißen, nicht nur die Herz-Kreislauf-Liga e.V., sondern auch die unbedeutendere Leberhilfe e.V. zu fördern.

5. Positionierungsstrategien im Pharma-Markt

Kroeber-Riel unterscheidet drei grundlegende ***Ziele der Kommunikation zur Verhaltensbeeinflussung:***

1. **Aktualisierung** - erzeuge Aktualität für das Angebot
2. **Emotion** - löse Emotion für das Angebot aus
3. **Information** - vermittle Informationen über das Angebot.[68]

Die ***Wirkungen auf Seiten der Kommunikanten*** sind entsprechend:

1. **Wahrnehmung** - das Angebot wird als Alternative für die Verordnungsentscheidung wahrgenommen,
2. **Emotion** - das Angebot wird emotional erlebt,
3. **Information** - rationale Beurteilung des Angebots (vgl. Kroeber-Riel, 1990 b, S. 33).

Die Beeinflussungsziele können strategischen oder taktischen Zwecken dienen, d.h. die Kommunikation kann kurzfristig ihr Hauptgewicht auf eines der Beeinflussungsziele oder auch auf mehrere legen, auch wenn die übergreifende Strategie anders aussieht (vgl. Kroeber-Riel, 1990 b, S. 41).

Die Positionierung des Angebots ist in Wettbewerbsmärkten das strategische Hauptziel. Unter Positionierung können alle Aktivitäten verstanden werden, die darauf abzielen, das Angebot (Produkte, aber auch Institutionen) so in die subjektive Wahrnehmung der Entscheider einzufügen, daß es sich von den konkurrierenden Angeboten unterscheidet und diesen vorgezogen wird (vgl. Kroeber-Riel, 1990 b, S. 42).

Im folgenden werden die vier grundlegenden Positionierungsstrategien am Beispiel der Anzeigenwerbung für ethische Präparate skizziert.

5.1 Grundsatzstrategien nach Kroeber-Riel

Positionierung durch Aktualität

Diese Art der Positionierung beabsichtigt, einen besonders auffallenden Auftritt zu inszenieren (vgl. dazu Kroeber-Riel, 1990 b, S. 82 ff.). Die aktive Markenbekannt-

---

68 Vgl. zu den grundsätzlichen Möglichkeiten, pharmazeutische Präparate zu positionieren, neben Kroeber-Riel (1990 b) auch Walther (1988 b, S. 189 ff.).

heit soll gesteigert werden, damit das Produkt in der Verordnungssituation *"Top of Mind"* ist. Zu unterscheiden sind ***zwei Fälle:***

- ***Langfristige Aufgabenteilung im Marketing-Mix***
  Die Aktualität des Angebots wird durch Medienwerbung gesichert. Aufmerksamkeit soll ausgelöst werden. Andere kommunikative Instrumente (z.B. Pharma-Referenten) übernehmen Aufgaben der informativen oder emotionalen Positionierung.

- ***Positionierung bei sehr geringem Involvement***
  Aktualität kann als Auslöser für die Verordnung genügen, wenn die Produkte mit sehr geringem Involvement[69] gekauft werden (vgl. Kroeber-Riel, 1990 b, S. 87). Der positive Eindruck, den das Werbemittel auslöst, wird auf das Präparat übertragen (vgl. Kroeber-Riel, 1987 a, S. 34). Aktualisierungswerbung wird aber i.d.R. einige informative und/oder emotionale Komponenten enthalten, um die Präferenz positiv zu beeinflussen. Durch Aktualisierungswerbung kann das Produkt aus dem Konkurrenzangebot herausgehoben und eine besondere gedankliche Präsenz bei der Zielgruppe erreicht werden (vgl. dazu Kroeber-Riel, 1990 b, S. 87 f.).

In geringem Maße sind derartige Ansätze auch im ethischen Pharma-Markt zu beobachten. Zwei Beispiele für entsprechende Anzeigen:

Beispiel 1: Gastrax, Asche AG, Hamburg

Text: "Gastrax. Der Säure-Blocker von Asche", einige Produktinformationen, Abbildung: Übergroße Zitrone, die mit zwei Heftpflastern verbunden ist, Text: Einige Produktinformationen, "Gastrax".

Beispiel 2: Exoderil, Sandoz AG, Nürnberg

Text: "Die X-fachen Vorteile bei allen Dermatomykosen", Abbildung: Ein großes grell-violettes Kreuz, die Eckpunkte und der Mittelpunkt dieses Kreuzes sind besetzt mit Produktvorteilen: entzündungshemmend, antibakteriell, fungizid, schnell wirksam, 1x täglich, Text: "Exoderil", wobei das "x" ebenfalls violett gefärbt ist. Dadurch wird die Wiedererkennung und Erinnerung erleichtert.

Positionierung durch Emotion und Information

Das Schema der beabsichtigten Verhaltensbeeinflussung lautet hier:

- Appelliere an ein Bedürfnis,
- Informiere über Merkmale eines Gegenstandes, die dieses Bedürfnis befriedigen können (vgl. dazu Kroeber-Riel, 1990 b, S. 57).

---

69 Gemeint sind hier insbesondere das Produkt- und Situationsinvolvement (vgl. dazu auch Kapitel C.4.2.2).

Beispiel: "Noctamid", Schering AG, Berlin. Appell an ein Bedürfnis: "Schlaflosigkeit kann quälend sein", Abbildung einer traurig anmutenden Maske, Informationen über Merkmale, die dieses Bedürfnis befriedigen können: "Noctamid, bedarfsgerecht dosieren, flexibel verordnen, ausschleichend normalisieren", Verpackungsabbildung: "Noctamid induziert Schlaf nach Bedarf".

Je nach Art des angesprochenen Bedürfnisses und der dargebotenen Information im Verhältnis zur Werbung der Konkurrenten sind verschiedene Strategien denkbar (vgl. dazu Kroeber-Riel, 1990 b, S. 58). Fließende Übergänge zwischen der rein informativen und der rein emotionalen Positionierung werden möglich, indem die Werbung mehr oder weniger auf die Vermittlung von Informationen bzw. Emotionen ausgerichtet wird (vgl. dazu Kroeber-Riel, 1990 b, S. 59).

Positionierung durch Information

Prämisse dieser Alternative ist, daß die Beworbenen aktuelle Bedürfnisse haben, die durch die angebotenen Produkte befriedigt werden (vgl. dazu Kroeber-Riel, 1990 b, S. 61 ff.). Die informative Positionierung entspricht dem sogenannten Informationsmodell. Der "souveräne Marktpartner" (Arzt, Apotheker, Patient) ist demnach stets bereit, sachliche Informationen über die Produkte aufzunehmen (vgl. dazu Kroeber-Riel, 1990 a, S. 679 ff.). Die Werbung hat die Aufgabe, Informationen über die Merkmale eines Angebots zu liefern. Diese Mitteilungen müssen verdeutlichen, daß das Produkt zur Befriedigung von vorhandenen Bedürfnissen geeignet ist.

Die informative Positionierung ist mit großem Abstand am häufigsten in der pharmazeutischen Anzeigenwerbung vertreten. Auch Generikahersteller, wie z.B. die ***Ratiopharm GmbH & Co***, in Ulm, bevorzugen diese Positionierungsstrategie. Die Informationen werden zumeist in sprachlicher oder numerischer Form dargeboten, jedoch werden gleichfalls Bilder verwendet, um den Verlauf von Krankheiten, die Wirkungen von Arzneimitteln und biologische Zusammenhänge zu verdeutlichen (vgl. zu den Vorteilen der Bildkommunikation Weinberg, 1986 a, S. 163 ff., vgl. auch Kroeber-Riel, 1985, S. 122 ff.).

Emotionale Positionierung/Erlebniswertvermittlung

Wird die sachliche und funktionale Qualität auf dem Markt als Selbstverständlichkeit angesehen und sind die Informationen über ein Angebot trivial, so sollte auf diese weitgehend verzichtet und zur erlebnisbetonten Positionierung ***(Erlebniswertvermittlung)*** übergegangen werden (vgl. Weinberg, 1986 a, S. 68). Die Produkte werden dabei in der emotionalen Erfahrungswelt der Zielgruppen verankert.

Angemerkt sei, daß die Entscheidung zur Erlebniswertvermittlung in besonderem Maße eine detaillierte Untersuchung der Marktbedingungen voraussetzt.

"Unter einem produktspezifischen Erlebniswert kann der subjektiv erlebte, durch das Produkt vermittelte Beitrag zur Lebensqualität der Konsumenten verstanden werden." (Weinberg und Gröppel, 1988, S. 190 ff., siehe auch Weinberg, 1986 a, S. 125 ff.). Es handelt sich dabei ***nicht um "emotionales Beiwerk"***, sondern bei erfolgreicher Erlebniswertvermittlung um die zentralen Eigenschaften des Produktes zur Profilierung des Angebots.[70]

Auf dem ethischen Pharma-Markt wird diese Variante ***kaum professionell genutzt***. Die Bedeutung der emotional gefärbten Auswahl eines Präparates wird offensichtlich unterschätzt (vgl. Jantsch und Peljak, 1988, S. 74 f.). Ansätze sind aber zu erkennen. (***Beispiel:*** Die Anzeigenwerbung für "Hydergin spezial", Sandoz AG, Nürnberg, Text: "Natürlich", Abbildung: Kornähren in der Abendsonnne, Text: "Hydergin spezial").[71] Diese Positionierungsstrategie sollte von besonderer Bedeutung für Marken-Hersteller sein, deren Präparate dem Festbetrag unterliegen. Die in Konkurrenz angebotenen Generika unterscheiden sich kaum in den Wirkungen bzw. Nebenwirkungen und werden oftmals zu einem Preis unterhalb des Festbetragsniveaus angeboten. Informative Positionierungen der ***Marken-Hersteller*** dürften dagegen aufgrund dieser bei vielen Ärzten verbreiteten Einstellung der Gleichwertigkeit der Generika kaum zur Profilierung geeignet sein.

5.2 Strategieentwicklung und -umsetzung am Beispiel eines Low-Involvement-Präparates

Die Kommunikationsstrategien sind im Hinblick auf die jeweiligen Produkte und Zielgruppen bzw. Marktsegmente zu spezifizieren. So verfolgen zum Beispiel innovative Unternehmen andere Strategien als Nachahmerfirmen. Ein Einfluß geht auch von

---

70 Klassische Beispiele sind z.B. die Anzeigen für die Zigarettenmarken Marlboro "Der Geschmack von Freiheit und Abenteuer" und Camel "It's your way".

71 In Kapitel C.5.2 wird ein Beispiel für eine professionelle Umsetzung gegeben. Vgl. allgemein zur emotionalen Pharma-Werbung Girardi (1987 b, S. 216 ff.) und insbesondere Girardi (1987 a, S. 66 ff.).

der Stellung des Präparates im Produkt-Lebenszyklus[72], von der Lage im Produkt-Portfolio[73] und von den anzusprechenden Marktpartnern aus.

Die Positionierungsstrategien sind Ansatzpunkte zur Formulierung von ***Kommunikations-Normstrategien*** und eingebunden in ein umfassendes System gegenseitiger Abhängigkeiten. Eine vollständige Normstrategie umfaßt Ausprägungen folgender vier Faktoren: Marktpartner, Produkte, Instrumente (Werbeträger, Werbemittel) und Positionierungsalternativen.[74]

In Abhängigkeit von den Marktpartnern und den Produkten sind zunächst rudimentäre Normstrategien zu entwickeln. Diese legen die in Frage kommenden Positionierungsalternativen fest, ohne dabei bereits die Auswahl der Werbeträgerart und die Gestaltung der Werbemittel zu bestimmen. In Abhängigkeit von den einzusetzenden Instrumenten sind die Normstrategien dann zu spezifizieren.[75]

Zur Ansprache der Ärzte mit Hilfe einer Anzeige ergeben sich in Abhängigkeit vom zu bewerbenden Präparat verschiedene Vorgehensweisen. Für ***austauschbare Präparate***, die den Ärzten in Preis, Wirkungen und Nebenwirkungen bereits seit Jahren bekannt sind, bieten sich andere Strategien an als für ***echte Neuheiten***. Für letztere Präparate dürften viele Ärzte ein hohes Produkt-Involvement aufweisen, wenn das angesprochene Indikationsgebiet zu ihrem Fachgebiet gehört. Entsprechend wird das Produkt-Involvement für ein leicht verbessertes Präparat oder ein Me-too-Präparat gering sein. Bei der Formulierung grundsätzlicher Positionierungsstrategien für Präparate mit unterschiedlichem Produkt-Involvement ist zu beachten, daß Ärzte im allgemeinen aufgrund der besonderen Kommunikationsbedingungen in der Praxis (vgl. die Ausführungen zur Informationsüberlastung, C.1.3) ein geringes Situations-Involvement aufweisen (vgl. zu den verschiedenen Involvement-Formen C.4.3.2, vgl. zum Ent-

72 Z.B. Einführungs- versus Erinnerungswerbung.

73 Gewichtung der Bemühungen für unterschiedliche Produkte.

74 Der Begriff "Normstrategie" wurde gewählt, um zu verdeutlichen, daß diese idealtypischen Empfehlungen an konkrete Einzelfälle angepaßt werden müssen.

75 Verschiedene Instrumente lösen unterschiedliches situatives Involvement aus. Telefax-Informationen (zu beachten ist die aktuelle Diskussion um die rechtliche Zulässigkeit) werden zur Zeit noch stärker beachtet als z.B. einfache Direct-Mails. Ein weiteres Beispiel sind Ärzteveranstaltungen. Durch ihren Einsatz wird es möglich, ein Low-Involvement-Produkt in interessante aktuelle Veranstaltungen einzubetten.

scheidungsverhalten der Ärzte C.1.2). Das Engagement der Ärzte zur aktiven Aufnahme von Präparateinformationen sollte daher auf keinen Fall überschätzt werden.

Zur Darstellung der grundsätzlichen Vorgehensweise beschränken sich die folgenden Ausführungen auf die Unterscheidung von Low- und High-Involvement-Präparaten.

Normstrategie für Low-Involvement-Präparate

Erlebniswertvermittlung, Positionierung durch Aktualität, jeweils mit einem Info-Hinweis, z.B. eine Couponanzeige zur Anforderung weiterer Informationen. Dadurch wird dem Arzt die Möglichkeit geboten, ein eventuell empfundenes Informationsdefizit zu decken.[76]

Normstrategie für High-Involvement-Präparate

Informative Positionierung:[77] Ärzte erwarten, daß sie über wichtige Neuerungen auf ihrem Fachgebiet schnell informiert werden. Das Interesse an Produktinformationen ist stark ausgeprägt. Emotionale Appelle können zur Steigerung des Interesses an den Präparateinformationen eingesetzt werden.

Schritt 1: Involvement bestimmen

Das Involvement, also das Engagement, mit dem sich eine Person einer Sache widmet, ist vielschichtig. Es können z.B. Persönlichkeits-, Produkt-, Situations-, Medien- und Werbemittel-Involvement unterschieden werden. (vgl. dazu C.4.3.2). Das Produkt- bzw. Präparate-Involvement dürfte bestimmt werden durch die medizinische Ausbildung, das Ausmaß der vorhandenen Kenntnisse über die zu behandelnde Krankheit, die Bedeutung der Krankheit im Rahmen der Konsultationen, die Zahl der alternativen Präparate u.v.a. Das Produkt-Involvement bildet den entscheidenden Ausgangspunkt für die Bestimmung der "richtigen" Normstrategie. Die anderen Involvement-Arten sind insbesondere zu berücksichtigen, wenn es um den Einsatz der

---

76 Dabei sollte bedacht werden, daß den Ärzten durch die Öffentlichkeit und durch ihre Berufsverbände vermittelt wird, daß sie nur "Sachinformationen" zu interessieren haben. Die Möglichkeit zur Anforderung von Informationen kann Dissonanzen schwächen oder sogar beseitigen.

77 Es ist nicht dienlich, Arzneimittel ungesättigter Marktsegmente wie Low-Involvement-Präparate zu bewerben.

verschiedenen Instrumente und deren Ausgestaltung geht. So kann das werbende Pharma-Unternehmen z.B. durch die Art des eingesetzten Mediums (z.B. Telefaxgerät statt Ärztezeitschrift), durch die Aktivierungskraft der Werbemittel (z.B. Einsatz von Farben bei der Gestaltung), die antizipierte Kontaktsituation (z.B. entspannte Privatatmosphäre statt hektischen Praxisalltages) und die Auswahl der Zielpersonen (z.B. Lebensstil, Werte, Motive, Einstellungen)[78] die Normstrategie mit Leben füllen (vgl. zum Involvement-Konstrukt und zur "Involvement-Barriere" auch Wimmer, 1988, S. 95 ff., vgl. auch Kapitel D.4.3).

Schritt 2: Werte der Ärzte qualitativ und quantitativ bestimmen

In dieser Phase sind die Selbstbilder der Ärzte und die Fremdeinschätzungen, die andere Marktpartner über die Ärzte besitzen, zu erfassen (vgl. zu den Selbstbildern der Ärzte z.B. Gerken, 1986, S. 172, und zu den Fremdeinschätzungen Ost, 1986, S. 142 ff.). Zu diesem Zweck sind bevorzugt Gruppendiskussionen[79] und Befragungen durchzuführen. Lebensstil-Studien können ebenfalls Hinweise auf die Werte der Ärzte geben (vgl. dazu Kapitel C.3.2). Eine weitere Möglichkeit, bisher jedoch in diesem Zusammenhang kaum eingesetzt, ist der Einsatz ***kreativitätsfördernder Methoden.***

Schritt 3: Gruppierung der erfaßten Werte

Die erkannten Werte sind zwei Gruppen zuzuordnen, den ***"offen kommunizierbaren Werten"*** und den ***"tabuisierten Werten"***. "Tabuisierte Werte" sind "Supra-Einstellungen", zu denen sich die Ärzte mehrheitlich in der Öffentlichkeit nicht bekennen können. Der gesellschaftliche Druck z.B. gegen das Profitstreben des Unternehmers "Arzt" ist zu stark ausgeprägt. Ein junger Arzt darf z.B. nicht öffentlich äußern, daß er den Arztberuf nicht zuletzt aufgrund der guten Verdienstmöglichkeiten ergriffen hat. Gleiche Werte können in Abhängigkeit von der jeweiligen Zielgruppe verschie-

---

78 So kann es sein, daß z.B. bestimmte Ärzte die Erlebniswertvermittlung im Rahmen der ethischen Pharma-Kommunikation ablehnen, andere Ärzte sich dagegen sehr stark von dieser Kommunikation angesprochen fühlen.

79 Themen für die Gruppendiskussionen können z.B. sein: Was macht Ärzten Freude? Was heißt für Ärzte Erfolg? Wie wichtig ist die Familie für den Arzt? Welche Urlaubsziele präferieren Ärzte? u.v.a.

denen Gruppen zugeordnet werden.[80] Zuordnungsschwierigkeiten sind durch Expertenbefragungen zu beheben.

Schritt 4: Auswahl der Werte

Die Auswahl der Werte kann mit Hilfe von Expertenurteilen vorgenommen werden. Dabei sind die Wirkungen auf andere Marktpartner zu berücksichtigen. Möglich ist auch eine Selektion mit Hilfe von Ärztebefragungen. Im Zweifel sollte jedoch auf den Rat der Experten vertraut werden, da die Ärzte, wie aufgezeigt, in bezug auf ihre Werte nicht unbeeinflußt urteilen können.

Schritt 5: Gestaltungsvorschläge

Im Falle ***"offen kommunizierbarer Werte"*** ist der Arzt direkt anzusprechen.[81] Im Falle ***"tabuisierter Werte"*** könnte dagegen der Patient in den Mittelpunkt der Aussage gestellt werden, wobei jedoch der Arzt gemeint ist.[82] Das Präparat ist kommunikativ so darzustellen, als wäre es "ein Stück des Arztes". Die Wunschbilder und Vorstellungen, die der Arzt mit dem Präparat verknüpft, müssen in Einklang stehen, damit sich positive Einstellungen herausbilden und eine das Verordnungsverhalten beeinflussende Identifikation herbeigeführt wird (vgl. dazu Spehr, 1987, S. 15). Als Nebenbedingung sollte gelten, daß die Gestaltung von allen Marktpartnern zumindest gebilligt werden kann. Die Kreativen in den Werbeagenturen sollten bei der Erarbeitung ihrer Entwürfe zumindest grundlegende sozialtechnische Regeln berücksichtigen.[83] Dabei bietet sich der ***Einsatz heuristischer Expertensysteme*** an. Der Kreative kann sich dabei durch vielfältig gespeicherte Konzepte anregen lassen (vgl. Kroeber-Riel, 1990 a, S. 39 und S. 135, vgl. Esch, 1990, S. 17 ff.).

---

80 Ein Apotheker, der einen großen Umsatz bzw. Gewinn zu verzeichnen hat, wird als erfolgreich angesehen. Der finanzielle Erfolg eines Arztes wird dagegen tabuisiert und oftmals kritisiert. Dabei ist ein Arzt Helfer und Unternehmer mit sozialer Verantwortung in Personalunion.

81 Themenbereiche: Der Arzt als Helfer und Experte im Rahmen der Arzt-Patienten-Beziehung.

82 Der Arzt als erfolgreicher Unternehmer, der Arzt im Urlaub, Arzt und Auto, Arzt und Kunst, Arzt und Familie, Arzt und Abenteuer, Arzt und Natur u.v.a.

83 Bildkommunikation, Aktivierungs- und Frequenztechniken, hierarchische Informationsdarbietung, positive Wahrnehmungsatmosphäre und Akzeptanz, visuelle Präsenzsignale u.a. (vgl. dazu Kroeber-Riel, 1990 b, S. 91 ff., und zur Anzeigengestaltung, Andresen, 1990, S. 640 ff.).

Schritt 6: Auswahl der Entwürfe

Die Auswahl der Entwürfe kann durch Expertenurteile erfolgen. Zur Beurteilung bieten sich ***analytische Systeme*** an. Dabei werden die Entwürfe anhand gesicherter sozialtechnischer Erkenntnisse (z.B. zum Einsatz der Bildkommunikation) geprüft (vgl. Kroeber-Riel, 1990 a, S. 39).[84]

Schritt 7: Realisierung

Im Rahmen der Realisierung stehen die üblichen kaufmännischen Überlegungen im Vordergrund. Bei vorgegebener Qualität sind die Kosten möglichst gering zu halten. Dies setzt konsequentes Beschaffungs-Marketing voraus.

Schritt 8: Erfolgskontrollen, wenn nötig Verbesserungen

Erfolgskontrollen sind unverzichtbar, um kurzfristig Änderungen vornehmen zu können, wenn die erhofften Wirkungen mit den verabschiedeten Maßnahmen nicht erreicht werden können. Dies ist durchaus vorstellbar, da die Rahmenbedingungen permanenten Veränderungen unterworfen sind.

Beispiel

Ein gutes Beispiel ist die Bewerbung des Präparates ***"tensobon"*** (Behandlung der Hypertonie und Herzinsuffizienz) der ***Schwarz AG***, Mohnheim, in Ärztezeitschriften. Angesprochen werden die medizinische Qualifikation des Arztes, eine gute Arzt-Patienten-Beziehung und der Wunsch des Arztes nach einem gehobenen Lebensstil. Beschreibung: Ein älteres Paar steht freudig und entspannt (Mimik und Gestik) vor einem Gemälde. Die Headline dazu lautet: "Auch in der Heilkunst gibt es Meisterwerke. (Unterhalb der Abbildung steht die Aussage "Weil Lebensqualität ein Anspruch ist. tensobon.") Die üblichen Hinweise und die Firma bilden den Abschluß der Anzeige.

Sehr schön wird deutlich, wie der ***Wert "Kunstinteresse" indirekt eingesetzt wird*** (der Patient wird dargestellt, und der Arzt ist gemeint, auch wenn dies von den Kreativen ursprünglich offengelassen wurde). Eine Verbesserung ist vermutlich noch durch den

---

84 Am Institut für Konsum- und Verhaltensforschung der Universität des Saarlandes in Saarbrücken wird an diesen Expertensystemen gearbeitet. Erleichtert werden sollen die Gestaltung durch die Kreativen, der Test der Bildverarbeitung und die Beurteilung der Entwürfe. Aufwendige Erhebungen zur Untersuchung bekannter Effekte können auf diese Weise entfallen (vgl. dazu o.V., 1989, Marktforschung: Perspektiven und neues Selbstbewußtsein, S. 26 f.).

Einsatz eines Coupons ("Weitere Informationen können angefordert werden ...") möglich, denn mit einer Anzeige kann die Zielgruppe nicht so stark eingegrenzt werden wie z.B. im Rahmen einer Direct-Mailing-Aktion, der unter anderem auch Lebensstil-Daten zugrunde liegen.[85] An der angesprochenen Indikationsgruppe oder speziell an diesem Präparat interessierten Ärzten muß die Gelegenheit gegeben werden, weitere Informationen anzufordern, um Kritik an der Low-Involvement-Ansprache von vorneherein zu vermeiden.[86]

---

85 Der Einsatz von Informations-Coupons wird noch wichtiger, wenn die üblichen Hinweise, wie die Zusammensetzung, die Anwendungsgebiete usw., nicht auf der gleichen Seite, sondern erst auf der nächsten Seite vermerkt werden. Diese Variante ist bereits häufig zu beobachten.

86 Bedacht werden sollte dabei, daß Ärzte eventuelle Kritik nur in wenigen Fällen direkt an das Unternehmen richten. Wahrscheinlicher ist, daß sie aus Bequemlichkeit usw. nichts unternehmen, ihre negative Beurteilung aber abspeichern (Expertenauskunft).

D. Empirische Studien zur Pharma-Kommunikation

In den Kapiteln B und C wurde ein Überblick über das kommunikationspolitische Instrumentarium im ethischen Pharma-Markt gegeben und Ansatzpunkte für eine auf verhaltenswissenschaftlichen Erkenntnissen beruhende Erneuerung der Kommunikation diskutiert. Dabei konnten Hypothesen gewonnen werden, die überprüft werden sollen.

Im ***ersten Teil dieses Kapitels*** folgt die Darstellung ***einer explorativen Untersuchung***. Die erarbeiteten Erkenntnisse dienen der Strukturierung des weiteren Forschungsablaufs. Es handelt sich dabei um eine ***empirische Bestandsaufnahme der Kommunikation im ethischen Pharmamarkt***. Sämtliche Hersteller ethisch-pharmazeutischer Präparate, die einen Sitz in der alten Bundesrepublik Deutschland haben, wurden zu diesem Zweck angeschrieben. Marketing-Verantwortliche aus 71 Unternehmen beteiligten sich an dieser Studie. Es wird somit ein umfassender Überblick über die Kommunikation im ethischen Pharmamarkt gegeben (vgl. dazu Kapitel D.1).[1]

Im ***zweiten*** (vgl. Kapitel D.2) ***und dritten Kapitel*** (vgl. Kapitel D.3) erfolgt dann die Darstellung der ***Hauptstudie*** dieser Arbeit. Dabei handelt es sich um die ***theoriegeleitete empirische Entwicklung einer Ärztetypologie*** und um eine ***Studie zur "Integrierten Patienten-Ansprache"***.

Hauptziele dieser hypothesengestützten Studien sind:

1. Darstellung einer empirischen Ärztetypologie (Selektion trennscharfer Dimensionen zur Einschätzung einzelner Ärzte),
2. Entwicklung typologieorientierter differenzierter Formen der Ärzte-Ansprache,

---

1 Mit ***einer zweiten explorativen Studie*** wurde dann aus der Sicht unabhängiger Betrachter am Beispiel der ***Anzeigenkommunikation in Ärztefachzeitschriften*** versucht, diesen Überblick zu präzisieren. Von besonderem Interesse sind unter anderem die thematisierten Erlebnisbereiche, die Bedeutung der verschiedenen Positionierungsstrategien nach Kroeber-Riel und der Aufbau der Anzeigen (Headline, Bild, Fließtext, Absender, Farben usw). Eine ausführliche Darstellung der Ergebnisse kann einem gesonderten Arbeitspapier entnommen werden (vgl. dazu Becker, 1991 c).

3. Untersuchung der Patienten-Ansprache ethisch-pharmazeutischer Hersteller im Hinblick auf die angestrebten Einstellungen und Verhaltensweisen von Ärzten und Patienten,
4. Ableitung von Empfehlungen zur Gestaltung der Kommunikationspolitik (vgl. dazu Kapitel E.).

Die folgende Abbildung zeigt die Abfolge und den Aufbau der vier empirischen Studien.

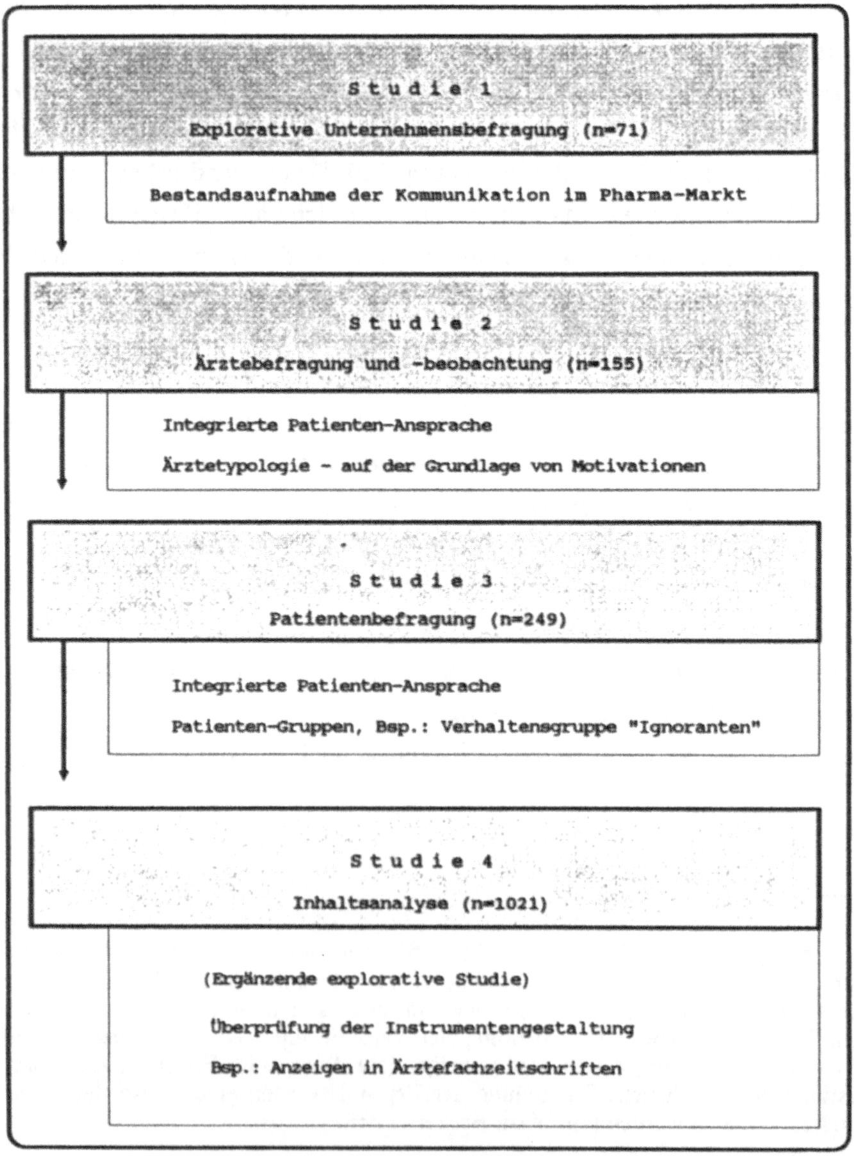

1. Das Kommunikationsverhalten ethischer Pharma-Hersteller - Eine explorative Bestandsaufnahme[2]

1.1 Zielsetzungen der Studie

Die Pharma-Kommunikation soll durch Berücksichtigung verhaltenswissenschaftlicher Erkenntnisse erfolgreicher werden. Zu diesem Zweck wurde in einem ersten explorativen Schritt - neben einer ausführlichen Literaturanalyse und Gesprächen mit Experten der Pharma-Kommunikation - eine empirische Bestandsaufnahme der Kommmunikation im ethischen Pharma-Markt durchgeführt. Dazu wurde allen Herstellern ethisch-pharmazeutischer Präparate in der "alten" Bundesrepublik Deutschland ein Fragebogen mit Rücksendeumschlag zugeschickt (vgl. dazu Anhang, F.1). Die Marketingleiter dieser Unternehmen wurden gebeten, den Fragebogen ausgefüllt zurückzusenden.

Die Befragung der Marketing-Verantwortlichen sollte Tendenzen aufzeigen und als explorative Studie Ansatzpunkte für eine Erneuerung der Kommunikation im ethischen Pharma-Markt liefern. Ziel der Studie war es also, den weiteren Forschungsprozeß zu leiten. Der Erhebung lagen unter anderem folgende Fragestellungen bezüglich des ethisch-pharmazeutischen Bereichs zugrunde:

1. Welche Bedeutung hat die Kommunikationspolitik im Marketing-Mix der Hersteller ethisch-pharmazeutischer Präparate?
2. Wie verteilt sich das Kommunikationsbudget auf die verschiedenen Zielgruppen?
3. Welches Gewicht haben die einzelnen Erscheinungsformen (Public-Relations, Wissenschaftliche Information, Werbung usw.) und Instrumente (Pharma-Referenten, Fortbildungsseminare, Anzeigen usw.) im Kommunikations-Mix?
4. Welche zukünftigen Entwicklungen sehen die Marketing-Verantwortlichen bezüglich der kommunikativen Aktivitäten?
5. Der Arzt ist zweifelsohne der wichtigste Ansprechpartner im ethischen Pharma-Markt. Werden in Zukunft andere Marktpartner (Patienten, Apotheker, Öffentlichkeit, Politiker usw.) für die Pharma-Kommunikation an Bedeutung gewinnen?
6. Wie verhält es sich mit der Akzeptanz der Marketing-Aktivitäten bei den Marktpartnern?

---

2 Eine ausführlichere Darstellung der Ergebnisse ist als Arbeitspapier in der Reihe Konsum und Verhalten erschienen (vgl. dazu Becker, 1990).

7. Welche neueren Entwicklungen sind im Bereich der Pharma-Kommunikation zu verzeichnen?
8. Welche Wirkung haben die kommunikativen Aktivitäten der Pharma-Industrie neben anderen Einflußfaktoren (z.B. die Apotheker und die Patienten) auf die Verordnungsentscheidungen der Ärzte?

1.2 Stichprobenbeschreibung und Angaben zur Datenerhebung

Am 09. Januar 1990 wurden sämtliche 320 Hersteller pharmazeutisch-ethischer Präparate (vgl. GSK-Marketing-Report, 1989, S. 142 ff.) angeschrieben.[3] Die Marketingleiter dieser Unternehmen wurden um die Bearbeitung eines Fragebogens gebeten.[4] Im Abstand von zwei Wochen wurden zwei Erinnerungsschreiben an die Unternehmen versandt, die bis zu diesen Zeitpunkten in keiner Weise (Absage, Zusage oder Rücksendung des ausgefüllten Fragebogens) reagiert hatten.

5 Unternehmen waren unbekannt verzogen, 2 Unternehmen bereits liquidiert, 23 Hersteller bekundeten, daß sie fälschlicherweise in das entsprechende Verzeichnis der Gesellschaft für Strukturanalysen und Kommunikationsforschung aufgenommen wurden, da sie nur OTC-Präparate, Diagnostika und/oder Desinfektionsmittel für die ärztliche Praxis herstellen würden. 44 Unternehmen erteilten entweder mündlich oder schriftlich eine Absage.[5] Bis zum 21. März 1990 waren 72 Fragebögen wieder eingetroffen. Ein Bogen konnte aufgrund offensichtlicher Mängel nicht mit in die Auswertung einbezogen werden. Die Rücklaufquote betrug somit 24,5 v.H. (71/(320-5-2-23), ein

---

3 Der Fragebogen wurde zuvor einem Praxis-Pretest unterzogen, um Verständnisschwierigkeiten zu vermeiden.

4 Die Fragebögen wurden in der Mehrzahl von Marketingleitern ausgefüllt (20). Vertreten waren aber auch: Inhaber, Prokuristen, Geschäftsführer, Projekt-Manager, Produkt-Manager, Vertriebsleiter und andere Führungskräfte. Die Positionen in den Unternehmen sind aufgrund der unterschiedlichen Rechtsformen, Unternehmensstrukturen und -größen und der ungeschützten Positionsbezeichnungen (z.B. Produkt-Manager, Vertriebsleiter usw.) nicht vergleichbar. Alle genannten Verantwortlichen beschäftigen sich aber in ihren Unternehmen hauptsächlich mit Fragen des Marketing.

5 Begründet wurde dies z.B. damit, daß einige Unternehmen über keinen eigenen Vertrieb oder keine eigene Marketingabteilung verfügen, mit Zeitgründen und mit der Brisanz der Erkenntnisse. Gleichwohl besteht ein großes Interesse an den Ergebnissen des gesamten Forschungsprojektes (vgl. dazu Becker, 1991 a, S. 13 f.).

Wert, der für eine Erhebung zur Kommunikationspolitik im Pharma-Sektor als sehr gut zu beurteilen ist (Expertenauskunft).

Es beteiligten sich Unternehmen aus allen Bundesländern, Hersteller mit verschiedenen Rechtsformen, Firmen mit dem unterschiedlichsten Präparate-Angebot und Vertreter der verschiedensten Grössenklassen an dieser Studie (vgl. dazu ausführlich, Becker, 1990, S. 24 ff.).

1.3. Operationalisierung der Variablen

In diesem Abschnitt werden nur Variablen erläutert, die in die vorliegende Kurzfassung aufgenommen werden. Die jeweiligen Ziffern beziehen sich auf den Fragebogen (vgl. Anhang F.1), wobei die Reihenfolge der Darstellung sich nach dem Aufbau des Erhebungsinstruments richtet.

Stellung der Kommunikationspolitik im Marketing-Mix (Frage 1)
Die Befragten sollten pauschal eine Reihenfolge der vier Bereiche (Produkt-, Preis-, Distributions- und Kommunikationspolitik) des Marketing festlegen. Dem wichtigsten Bereich sollten sie die "1", dem zweitwichtigsten die "2", dem drittwichtigsten die "3" und dem unwichtigsten Bereich die "4" zuordnen.

Erscheinungsformen der Kommunikation (Frage 2)
Insgesamt standen acht Kategorien zur Wahl: Öffentlichkeitsarbeit, Verkaufsförderung, Werbung, Produktbegleitende Dienstleistungen, Feldstudien/Klinische Studien, Außendienst, Wissenschaftliche Information, Sonstige. Mehrfachnennungen waren möglich.

Instrumente zur Ansprache der niedergelassenen Ärzte (Frage 7)
Sechzehn Möglichkeiten zur Ansprache der Ärzte wurden vorgegeben: Fortbildungsseminare, Pharma-Referenten, Werbehilfen, Telefon-Marketing, Messen und Ausstellungen, Direct-Mails, Symposien, Präsente, Btx-Informationen, Anzeigen in Ärztezeitschriften, Feldstudien/Klinische Studien, Telefaxmitteilungen, Sales Folder, Musteraussendungen, Videospots und Hauszeitschriften. Außerdem wurde eine Kategorie "Sonstige" angeboten. Es sollte angegeben werden, wie häufig die Instrumente genutzt werden. Dazu standen vier Kategorien zur Wahl: "Sehr häufig", "häufig",

"gelegentlich", "selten" und "nie". Weiterhin wurde gefragt, welche drei dieser Möglichkeiten die größte Wirkung haben.

Kommunikationsbudget (Fragen 12 und 8)
Die Marketingverantwortlichen sollten angeben, wie groß ihr Budget für die Kommunikation im ethischen Pharma-Markt (Wissenschaftliche Information, Werbung, Öffentlichkeitsarbeit, Verkaufsförderung, Außendienst, Produktbegleitende Dienstleistungen, Feldstudien/Klinische Studien; ohne allgemeine Kosten und Vertriebskosten) durchschnittlich in v.H. des Herstellerumsatzes ist. Es standen fünf Kategorien zur Wahl: "0 - 8 v.H.", "9 - 17 v.H.", "18 - 26 v.H.", 27 - 35 v.H.", "über 35 v.H.". Weiterhin sollte dieses Budget auf die verschiedenen Zielgruppen (Patienten, Öffentlichkeit, Pharma-Großhandel, Ärzte, Apotheker und Sonstige) aufgeschlüsselt werden.

Ansichten zur Kommunikation im ethischen Pharma-Markt (Frage 9)
Auf fünfstufigen Ratingskalen sollten die Marketingexperten angeben, inwieweit sie verschiedenen Ansichten zustimmen. Die Skala reichte von "trifft völlig zu" bis zu "trifft gar nicht zu". Die Statements enthielten Äußerungen zum Kommunikationsbudget, zum EG-Binnenmarkt, zu verschiedenen Zielgruppen, zum Einsatz von Pharmareferenten, Direct-Mails sowie Anzeigen in Ärztezeitschriften, zur emotionalen und informativen Kommunikation, zu Unternehmenskooperationen, zur Thematisierung wirtschaftlicher und privater Themen und zur Stellung des Bereichs "Kommunikation" im Unternehmen (der genaue Wortlaut der Statements kann dem Fragebogen entnommen werden, vgl. dazu Anhang F.1). Weiterhin konnten die Probanden mit ihren eigenen Worten Empfehlungen geben, welche wirtschaftlichen und privaten Themen sich besonders zur Ärzte-Ansprache eignen.

Neue Wege in der Kommunikation (Frage 10)
Im Rahmen einer offenen Frage konnten die Experten angeben, welche aktuellen Entwicklungen und Trends (Instrumente, Aktivitäten usw.) im Rahmen der Kommunikation für ethische Präparate ihrer Meinung nach vergleichsweise innovativ sind. Außerdem wurden sie gefragt, ob sie im Bereich der Kommunikation neue Wege gehen wollen. Wenn ja, sollten sie ihre Absichten in Stichworten notieren.

Kritik an der Pharma-Kommunikation (Frage 13)

Pharma-Kommunikation wird bekanntermaßen von verschiedenen Seiten kritisiert. Die Marketingleiter hatten die Möglichkeit, detailliert in eigenen Worten anzugeben, "Wer" - "Was" - "Warum" kritisiert.

1.4. Erkenntnisse der Studie

1.4.1 Marketing-Mix

Die Produktpolitik wird mit einem durchschnittlichen Rangplatz von 1,5 für am wichtigsten erachtet (vgl. F.1, Frage 1). Nicht ein Proband war der Ansicht, daß der Produktpolitik im ethischen Pharma-Markt der vierte und letzte Rang zufällt. Auf Rang 2 (mittlerer Rang 1,9) folgt schon die Kommunikationspolitik. Auf Rang 3 und 4 schließen sich mit erheblichem Abstand die Preis- (mittlerer Rang 3,0) und die Distributionspolitik (mittlerer Rang 3,6) an.

1.4.2 Kommunikationsbudget

Im Durchschnitt werden von den befragten Unternehmen 23 v.H. des Umsatzes für die Kommunikation im ethischen Pharma-Markt verwendet (Frage 8 und 12). In v.H. des gesamten Kommunikationsbudgets entfallen auf die einzelnen Zielgruppen folgende Anteile:

Tab. 1: Kommunikationsbudget nach Zielgruppen

(alle Angaben in v.H.)	MW	Modus	Median	Var	Range
1. Ärzte	77,2	80	80	352	96
2. Apotheker	7,7	0	5	86	50
3. Patienten	6,5	0	5	40	20
4. Öffentlichkeit	4,1	0	2	29	30
5. Pharma-Großhandel	1,9	0	0	9	10
6. Sonstige	2,7	0	0	154	90

Nach wie vor entfällt demnach auf die ***Ansprache der Ärzte der größte Teil des Kommunikationsbudgets (ca. 80 v.H.)***. Die Ansprache der Patienten und der Öffentlichkeit beansprucht zur Zeit zusammmen nur 10 v.H. der für die Kommunikation vorgesehenen Mittel.

1.4.3 Erscheinungsformen der Kommunikation

Durchschnittlich werden von den Verantwortlichen "5,6" der vorgeschlagenen 7 ***Erscheinungsformen der Kommunikation*** eingesetzt (vgl. F.1, Frage 2). Nach der Häufigkeit der Nennungen (1 = eingesetzt; 2 = nicht eingesetzt) ergibt sich folgendes Bild:

1. Wissenschaftliche Information (1,04)
2. Werbung (1,04)
3. Außendienst (1,09)
4. Feldstudien/Klinische Studien (1,13)
5. Produktbegleitende Dienstleistungen (1,17)
6. Öffentlichkeitsarbeit (1,35)
7. Verkaufsförderung (1,56)
8. Sonstige (1,96)

Das Ergebnis zeigt, daß die theoretischen Bezeichnungen "Wissenschaftliche Information" und "Werbung" von gleich vielen Verantwortlichen genutzt werden. Die Trennung zwischen ***"Wissenschaftlicher Information"*** und ***"Werbung"*** ist lediglich eine Frage der ***Sprachregelung***. Denn: "Wissenschaftliche Information" ist in jedem Fall eine Form der Beeinflussung, und "Werbung" beinhaltet zumindest einige wenige Informationen wissenschaftlicher Art[6], sei es auch nur die Erinnerung an ein Präparat durch Anzeigen.

Auffällig ist, daß 25 Verantwortliche keine Öffentlichkeitsarbeit und 12 Befragte keine produktbegleitenden Dienstleistungen einsetzen. Wenig überrascht, daß 40 Personen den Einsatz von Verkaufsförderungsaktivitäten verneinen. Die "Sonstigen Erscheinungsformen" (z.B. wurden AV-Medien, Telefon-Marketing, Seminare für Arzthelferinnen genannt) können den vorgenannten Bereichen zugeordnet werden.

---

6 Schon der bloße Hinweis auf ein Präparat in der Anzeige einer Ärzte-Zeitschrift kann als "Wissenschaftliche Information" bezeichnet werden. Ein Indiz hierfür ist, daß die in den Anzeigen verwendeten Fachbezeichnungen für den Laien unverständlich sind. Zudem löst die Anzeige beim Arzt "Assoziationen wissenschaftlicher Art" aus, d.h. es werden viele Dinge bewußt, die mit dem Präparat zusammenhängen, z.B. Erkenntnisse aus Fortbildungsveranstaltungen, Erlebnisse in der Praxis, Studienberichte.

1.4.4 Instrumente zur Ansprache der Ärzte

Zur Ansprache der niedergelassenen Ärzte[7] sind viele verschiedene ***Instrumente*** entwickelt worden (vgl. F.1, Frage 7). Nach der Häufigkeit des Einsatzes ergibt sich folgendes Profil:

Tab. 2: Kommunikationsinstrumente nach Häufigkeit des Einsatzes

Instrumente	MW	VAR	MODUS
1. Pharma-Referenten	4,63	0,57	5,0
2. Sales-Folder	4,10	0,96	4,0
3. Fortbildungsseminare	3,49	1,12	4,0
4. Werbehilfen	3,49	1,20	4,0
5. Anzeigen in Ärztezeitschriften	3,27	1,06	4,0
6. Direct-Mails	3,23	1,08	4,0
7. Feldstudien, Klinische Studien	3,06	0,61	3,0
8. Messen und Ausstellungen	2,99	0,88	3,0
9. Symposien	2,77	1,03	3,0
10. Präsente	2,60	0,91	2,0
11. Musteraussendungen	2,48	1,78	1,0
12. Hauszeitschriften	1,93	1,39	1,0
13. Video-Spots	1,77	0,87	1,0
14. Telefon-Marketing	1,63	0,64	1,0
15. Telefax-Mitteilungen	1,12	0,23	1,0
16. Btx-Informationen	1,09	0,29	1,0
17. "Sonstige" sind zu vernachlässigen; erwähnt seien Selbsthilfegruppen und Stammtische.			

Diese Aufstellung gibt einen guten Aufschluß über die Bedeutung der Instrumente in der Praxis. ***Pharma-Referenten/Sales-Folder, Fortbildungsseminare, Werbehilfen, Anzeigen, Direct-Mails und Feldstudien/Klinische Studien bilden den Kern der Pharma-Kommunikation im ethischen Markt.*** Seltener werden Messen/Ausstellungen, Symposien, Präsente und Muster-Aussendungen genutzt.

Nur vereinzelt zählen Hauszeitschriften und ***"die Neuen bzw. Neuesten Medien"*** zum Kommunikations-Mix. Überrascht der geringe Einsatz von Video-Spots etwas, so wird am Beispiel "Btx" deutlich, daß eine zum Teil leidenschaftlich geführte Diskus-

7 Selbstverständlich werden auch die Klinikärzte auf vielfältige Weise angesprochen. Die Entscheidungen über die Aufnahme bestimmter Präparate in die Sortimente der Krankenhausapotheken liegen aber nicht alleine bei den einzelnene Ärzten. Daher werden auch andere Beteiligte von den pharmazeutischen Herstellern intensiv angesprochen.

sion in der Fachpresse noch nicht zwangsläufig zur Verbreitung in der Praxis beiträgt. "Zu teuer, zu kompliziert, zu geringe Akzeptanz bei den Ärzten und zu geringe Verbreitung" dürfte das Motto auch weiterhin lauten. Für die Zukunft läßt der Telefax-Einsatz hoffen. Die Geräte werden immer preisgünstiger, die Anschlußzahl steigt stetig, die Gebühren sind vergleichsweise niedrig und die rechtlichen Einwände besitzen nur geringe Tragkraft.[8] Die Akzeptanz dieser Übertragungsmöglichkeit bei den Ärzten kann erhöht werden, indem nur sehr wichtige Informationen auf diese Weise verschickt werden und/oder der Arzt um sein Einverständnis zu dieser Art der Informationsübermittlung gebeten wird (vgl. dazu Kapitel B.2.3.8 und B.2.3.9).

Die Marketing-Verantwortlichen haben jeweils zusätzlich drei ***Instrumente*** herausgehoben, die ihrer Meinung nach die ***größte Wirkung*** bei den niedergelassenen Ärzten erzielen. Die Rangfolge nach Nennungen ergibt folgendes Bild:

01. Pharma-Referenten (64)
02. Fortbildungsseminare (42)
03. Feldstudien, Klinische Studien (29)
04. Direct-Mails (16)
05. Symposien (16)
06. Sales-Folder (9)
07. Messen und Ausstellungen (7)
08. Anzeigen in Ärztezeitschriften (6)
09. Musteraussendungen (6)
10. Sonstige (4)
11. Präsente (2)
12. Werbehilfen (1)
13. Telefon-Marketing (1)
14. Videospots (1)

Die vorstehende Rangfolge der Wichtigkeit entspricht in vielen Punkten der Reihenfolge nach Häufigkeit des Instrumenteneinsatzes. Wiederum führt "der Pharma-Referent" souverän. Die Sales-Folder und die Anzeigen in Ärztezeitschriften scheinen aber nicht so wirkungsvoll zu sein, wie nach der Häufigkeit ihres Einsatzes zu erwarten gewesen wäre. Das trifft besonders auch auf die Werbehilfen zu. Sie runden lediglich das Kommunikations-Mix ab, z.B. als Eintrittshilfe des Pharma-Referenten bei der Arzthelferin und als Erinnerungsstütze und -anstoß für den Arzt. Feldstudien und Symposien werden zwar nur gelegentlich durchgeführt, jedoch als stark wirksam eingeschätzt. Das "Wirkungs-Schlußlicht" bilden, wie schon bei der "Einsatz-Reihen-

---

8 In Anlehnung an die telefonische Ärzte-Ansprache kann davon ausgegangen werden, daß Telefax-Mitteilungen statthaft sind, wenn die Ärzte nicht als "Privat-Person", sondern in ihrer Praxis kontaktiert werden.

folge", die "Neuen Medien". Hier liegen noch große (jedoch kostenintensive) Profilierungsmöglichkeiten.

Die verschiedenen Möglichkeiten zur Kommunikation mit den Ärzten wurden in eine Faktorenanalyse einbezogen. Die Anwendungsvoraussetzungen sind erfüllt; die Fallzahl (71) ist größer als die dreifache Variablenzahl (48). Die Extraktion der Faktoren erfolgte nach der Hauptkomponentenmethode. Zur Erzielung einer günstigeren Faktorenkonstellation wurde eine orthogonale Rotation (hier: Varimax-Rotation) des Koordinatenkreuzes durchgeführt. Berücksichtigt wurden nur Faktoren mit einem Eigenwert größer/gleich 1 (Kaiser-Kriterium). Die folgende Tabelle zeigt die Faktorladungen und die Benennungen der 7 extrahierten Faktoren[9]:

Tab. 3: Kommunikationsinstrumente, Faktorladungen

Instrumente	Faktorladung 1	2	3	4	5	6	7	*Hypo. Dim.*
Hauszeitschrift	0,9	-0,0	-0,0	0,2	-0,2	-0,0	0,1	
Symposien	0,8	0,1	0,2	-0,3	0,3	0,1	0,1	*Fortbildung*
Fortbildungss.	0,6	0,2	0,2	0,1	0,6	-0,1	0,2	
Referenten	-0,2	0,8	0,1	0,2	0,1	-0,1	0,2	*Pharma-*
Sales-Folder	0,3	0,8	-0,1	0,2	-0,0	0,2	-0,0	*Referent*
Feldstudien	0,1	0,1	0,7	-0,1	0,2	0,1	0,2	
Telefax	0,1	-0,1	0,7	0,3	-0,1	0,0	0,2	*Feldstudien*
Telefon	-0,0	0,0	0,6	0,0	0,1	0,1	-0,4	
Werbehilfe	-0,1	0,2	0,1	0,8	0,1	-0,2	0,2	*Geschenke*
Präsente	0,1	0,2	0,1	0,8	-0,0	0,3	-0,3	
Btx	-0,0	0,2	0,1	-0,2	-0,7	-0,2	0,2	*Videospots*
Videospots	-0,1	0,3	0,2	-0,2	0,6	-0,2	0,0	
Mustersendungen	-0,1	-0,2	0,1	0,1	-0,2	0,8	0,2	*Postalische*
Mailings	0,3	0,2	0,0	-0,1	0,2	0,8	-0,0	*Aussendungen*
Anzeigen	0,1	0,2	0,2	-0,0	-0,1	0,1	0,8	*Anzeigen*
Messen/Aus.	0,4	-0,3	-0,2	0,1	0,3	0,3	0,4	
Eigenwerte	2,9	1,9	1,6	1,5	1,3	1,1	1,1	
Anteil erklärte Varianz	18%	12%	10%	10%	8%	7%	6%	Kumuliert 71%

9 Zur Interpretation wurden nur Items herangezogen, deren jeweilige Faktorladungen über 50 v.H. liegen.

Sämtliche ***Instrumente*** zur Ansprache der Ärzte lassen sich also aus Unternehmenssicht ***7 übergeordneten Dimensionen*** zuordnen:

1. ***Fortbildung***
2. ***Pharma-Referent***
3. ***Feldstudien***[10]
4. ***Geschenke***
5. ***Video-Spots***
6. ***Postalische Aussendungen***
7. ***Anzeigen***

Für pharmazeutische Hersteller besteht also die Möglichkeit, ihre kommunikativen Anstrengungen zieladäquat auf die 7 Dimensionen zu verteilen oder in irgendeiner Form zu konzentrieren.

1.4.5 Ansichten zur Pharma-Kommunikation

Die Marketingverantwortlichen sollten zu verschiedenen Meinungen bezüglich der Pharma-Kommunikation Stellung nehmen (vgl. F.1, Frage 9). Dies erbrachte folgendes Ergebnis (keine Umcodierungen[11]).

---

10 Diese hypothetische Dimension wurde "Feldstudien" genannt, da Feldstudien oftmals telefonisch angekündigt werden.

11 "Keine Umcodierungen" bedeutet, daß die Skalen (1-5) aus dem Fragebogen unverändert in die Auswertung übernommen werden.

Tab. 4: Ansichten zur Pharma-Kommunikation, Statements

	MW	Modus	Median	VAR
Informative Pharma-Kommunikation	4,29	5	4,5	0,82
Erfolgreiche Ansprache aller Partner	4,17	4	4	0,63
Unternehmens-Leitungen	4,06	4	4	0,55
Patienten-Ansprache	3,97	4	4	0,79
Ansprache der Öffentlichkeit	3,94	4	4	0,97
Private Interessen	3,83	4	4	0,80
Emotionale Pharma-Kommunikation	3,81	4	4	1,11
Kooperationen	3,69	4	4	1,26
Apotheker	3,58	4	4	1,16
Anzeigen in Ärztezeitschriften	3,34	3	3	1,06
Aktualität	3,24	3	3	1,27
Kommunikationsbudget vergrößern	2,84	2	2,5	1,93
EG/Vereinheitlichung	2,56	3	3	0,83
Direct-Mail	2,54	2	2	1,22
Pharma-Referenten	1,97	2	2	0,87

Nach Ansicht der Marketingverantwortlichen muß Pharma-Kommunikation in jedem Fall informativ sein. Außerdem setzt erfolgreiche Pharma-Kommunikation in Zukunft die ***Ansprache der Ärzte, Apotheker, Patienten und der Öffentlichkeit*** voraus. Emotionale Pharma-Kommunikation wird an Gewicht gewinnen, und dem Bereich ***"Kommunikation"*** muß in den ***Unternehmensleitungen*** ein stärkeres Gewicht eingeräumt werden. Etwas schwächer, aber immer noch auf einem vergleichsweise hohen Niveau, fallen die Zustimmungen zu folgenden Statements aus: "Im Rahmen der Ärzte-Ansprache sollten auch wirtschaftliche und private Interessen thematisiert werden", "Kooperationen im Rahmen der Kommunikation werden zunehmen".

Die wirtschaftlichen und privaten Interessen der Ärzte werden zur Zeit noch weitgehend vernachlässigt, zudem wird das große Potential der möglichen alternativen Themen nicht annähernd ausgeschöpft (vgl. zur thematischen Profilierung gegenüber der Konkurrenz im Rahmen der Anzeigenkommunikation Becker, 1991 c).

Im Durchschnitt wurde von den Befragten knapp ein ***Thema*** (insgesamt 55 Nennungen) zur Ansprache ***wirtschaftlicher und privater Interessen*** der Ärzte genannt.

Folgende Themengruppen lassen sich bilden:

Tab. 5: Wirtschaftliche und private Interessen der Ärzte	
A. *Arzt und Praxismanagement*	- Praxisorganisations-Beratung - Praxismarketing-Beratung - Kostenmanagement-Seminare - Abrechnungshilfen - Hilfe im Rahmen von Regressen - Patientenführungs-Seminare
B. *Arzt und EDV*	- Soft- und Hardware-Beratung - EDV-Kurse - Anwenderkurse für die Helferin
C. *Arzt und Kapitalanlage*	- Steuertips - Börseninformationen - Vermögensberatung
D. *Arzt und Freizeit*	- Reiseberatung - Sportveranstaltungen und -Seminare - Angebote zur Freizeitgestaltung

Voraussetzung für jede dieser Aktivitäten ist, daß ***kompetente Seminarleiter*** gewonnen werden. Anbieten würde sich auch eine ***Zusammenarbeit zwischen den zuständigen Pharma-Referenten und den Kursleitern***. Wenn möglich sollten die teilnehmenden Ärzte eine Gebühr für ihre Fortbildung zahlen. In der Öffentlichkeitsarbeit könnte dann herausgestellt werden, daß sich die Fortbildung der Ärzte selbst trägt. Themen, wie z.B. Kapitalanlage, Freizeitgestaltung, Praxismanagement und EDV[12], stoßen bei vielen Ärzten auf großes Interesse (vgl. dazu Kapitel D.2). Die pharmazeutischen Hersteller und die einzelnen Ärzte müssen jedoch fürchten, in ein "schiefes Licht" zu geraten.[13] Eine ***Gebühr***, zur Kommunikation nach außen, könnte diese Barriere zumindest mildern, wenn auch sicherlich nicht gänzlich beseitigen.

---

12 Zu Fragen des Praxis-Managements und der EDV in der Arztpraxis werden sich in Zukunft immer mehr Ärzte öffentlich bekennen. Zur Zeit besitzen nur 9 v.H. der Allgemeinmediziner eine EDV-Anlage in ihrer Praxis. Schon die Einrichtung einer Einplatzanlage kann bis zu DM 30.000 kosten (Privat- und Kassenabrechnung, Textverarbeitung, Medikamenten-Expertenprogramm) und erfordert somit in der Regel eine Beratung des Arztes (vgl. Dryden, 1990, S. 24 ff.).

13 Vgl. dazu den Abschnitt zur Kritik an der Pharma-Kommunikation in diesem Kapitel (D.1.4.8).

Frage 9 erbrachte folgende weiteren Erkenntnisse: ***Kooperationen*** zwischen verschiedenen pharmazeutischen Unternehmen bieten sich nicht nur im Vertrieb, sondern auch im Bereich der Kommunikation an. Interessant und folgerichtig ist, daß ***Anzeigen in Ärztezeitschriften*** an Bedeutung (nicht unbedingt absolut in DM-Schaltkosten) ***verlieren*** werden. Gleichzeitig kommt den Anzeigen in verstärktem Maße die Aufgabe zu, die Bekanntheit der Präparate in der Verschreibungssituation durch einen ***"auffälligen Auftritt"*** zu erhöhen (Positionierung durch Aktualität). Dabei wird das gesamte ***Kommunikationsbudget eher wachsen als sinken***. Geringer fiel die Zustimmung zu der Aussage aus, daß der EG-Binnenmarkt 1993 zu einer Vereinheitlichung der Kommunikation zwischen den Mitgliedsstaaten führen werde (die derzeitigen Unterschiede sind erheblich). Direct-Mails werden wahrscheinlich in Zukunft nicht an Bedeutung gewinnen (in Relation zu den anderen Instrumenten). Pharma-Referenten werden ihre große Bedeutung auch in Zukunft erhalten können. Das persönliche Gespräch zwischen Fachleuten ist, da es nicht durch Massen-Kommunikation zu ersetzen ist, für viele Unternehmen ein Fixpunkt im Mix.

1.4.6 Aktuelle innovative Trends

Die Befragungsteilnehmer wurden gebeten, **allgemeine innovative Trends** im Rahmen der Pharma-Kommunikation zu nennen (vgl. F.1, Frage 10). Insgesamt wurden 94 "Innovationen" genannt. Folgende sechs Gruppen lassen sich bilden:

Tab. 6: "Innovationen" nach Themen-Bereichen

Bereich	*"Innovation"*
A. *Einsatz neuer Medien*	- Electronic Mail - Video-Magazine, Videotheken - Btx-Einsatz, Telefax-Einsatz - Dialogfähige Medien zur Weiterbildung - Datenbankangebote - EDV-gestützte Gesprächshilfen - Satelliten-Symposien - CD-ROM Bildplatte ergänzt den Folder durch neue Darstellungsmöglichkeiten
B. Arzt-Patienten-Veranstaltungen	- Kleingruppenfortbildung mit Praktikern - Selbsthilfegruppen unter ärzt. Führung - Gruppensprechstunden - Präventionsveranstaltungen - Medical Centers, d.h. der Arzt kommt mit seinen Fragen in die Firma - Round-Table-Veranstaltungen - Vermittlung von Patientenvereinigungen
C. Arzt-Praxis-Beratungen	- EDV-Beratungen - Marketing-Seminare - Seminare und Kongresse (Gebühr) - Verbesserung der Kommunikation zwischen den Kliniken und den Hausarztpraxen (Präparate-Neueinstel.)
D. Neue Zielgruppen	- Social-Marketing, PR-Aktivitäten - Apotheker-Ansprache - Kommunikationsarbeit mit Kassen und Verbänden - Kommunikation mit Arzthelferinnen - Indirekte Patienten-Ansprache - Ganzheitliche Marketing-Konzepte, die die Interaktion Arzt/Apotheker/Patient/Öffentlichkeit in ihr Dienstleistungsangebot einbeziehen.
E. Emotionalität	- Verstärkter Einsatz emotionaler Ansprache bei allen Zielgruppen, d.h. lösen von der tradierten Meinung "Pharma-Kommunikation darf nur informativ sein".
F. Kooperationen	- Co-Marketing mit anderen Unternehmen, Bsp.: sich ergänzende Präparate - Engere Verzahnung zwischen den Klinik- und den Praxen-Betreuern

Besonders stark dürften sich die ***Ansprache neuer Zielgruppen (Beispiel: Patienten sowie Öffentlichkeit) und die Praxis-Beratung*** entwickeln. Aufgrund der zunehmenden Informationsüberlastung der Ärzte, der Eintönigkeit in der Werbung und der Einsicht, daß der Arzt "auch nur ein Mensch" ist, wird die ***Kommunikation mittels emotionaler Signale*** stark an Bedeutung gewinnen. Die Verbreitung neuer Medien wird sich aus Kostengesichtspunkten nur langsam vollziehen (vgl. dazu Kapitel B.2.3). An Bedeutung gewinnen zur Zeit ***Unternehmenskooperationen***. Sie haben das Grundmuster: Verlust an Eigenständigkeit (auch aus der Sicht der angesprochenen Ärzte) gegen einen Gewinn an Kosteneffizienz. Die Entscheidung für oder gegen eine Kooperation muß dem Einzelfall überlassen bleiben.

51 von 71 Verantwortlichen beabsichtigen, ***neue Wege*** im Bereich der Kommunikation zu gehen. Insgesamt ergaben sich 63 Nennungen, die zu folgenden übergreifenden ***Strategien*** zusammengefaßt werden können:

01. Einsatz neuer Medien
02. Patienten- und Laien-Ansprache
03. Stärkung der Arzt-Patienten-Beziehung
04. Verstärkte Zielgruppen-Segmentation
05. Umfassende Dienstleistungen für die Ärzte (vom Beruf bis zur Freizeit)
06. PR-Aktivitäten
07. Emotionale Ansprache verstärken
08. Ganzheitliche therapeutische Problemlösungen (Medikamente + Dienstleistung)
09. Co-Marketing[14]
10. Versuchen, die "wahren Bedürfnisse" der Zielgruppen zu ergründen und zu erfüllen.
11. Offenheit gegenüber den verschiedenen Zielgruppen verstärken.

1.4.7 Einflüsse auf die Präparateentscheidung des Arztes

Es wurde gefragt, wovon die ***Entscheidung eines Arztes*** für oder gegen ein bestimmtes Präparat eines bestimmten Herstellers abhängt (vgl. F.1, Frage 11). Im folgenden sind die ***Einflußgrößen*** nach ihrem Gewicht aufgeführt:

---

14 Dieser Begriff steht für kooperative Marketingaktivitäten verschiedener Anbieter. Damit sind nicht wettbewerbswidrige Absprachen gemeint, sondern die Durchführung vom Gesetzgeber akzeptierter sich ergänzender Aktivitäten, z.B. gemeinsame Durchführung von Symposien, gemeinsamer Vertrieb eines Präparates, insbesondere gemeinsamer Einsatz von Pharma-Referenten.

Tab. 7: Einflußgrößen auf die Verordnungsentscheidung					
	MW	Modus	Median	Range	Varianz
Pharma-Referenten	4,16	4	4	3	0,56
Angst vor Kassenregressen	3,94	4	4	3	0,58
Informative Ansprache	3,66	4	4	3	0,58
Image des Herstellers	3,50	3	3,5	3	0,66
Gespräche mit Kollegen	3,44	3	3	4	0,73
Emotionale Ansprache	3,41	4	3	4	0,70
Ärzteveranstaltungen	3,38	3	3	3	0,57
Patient	3,36	3	3	3	0,61
Aufsätze	3,14	3	3	3	0,55
Direct-Mails	2,67	3	3	4	0,56
Öffentlichkeit	2,60	2	2	4	0,72
Anzeigen	2,42	2	2	3	0,43
Arzthelferin	2,40	2	2	4	0,77
Apotheker	2,27	2	2	3	0,43
Schadensersatzforderungen	1,99	2	2	3	0,77

Die Erkenntnisse entsprechen den Beurteilungen der vorherigen Fragen: ***Die Pharma-Referenten haben nach Meinung der Befragten den stärksten Einfluß auf die Präparateentscheidung des Arztes***. Es folgt die derzeit sehr ***aktuelle Angst der Ärzte vor Kassenregressen*** (Unsicherheit als Reaktion auf den dirigistischen Eingriff "Festbetrag"). Die ***"Informative Ansprache" ist vor der "Emotionalen Ansprache"*** plaziert. Interessant ist, daß den Patienten eine gewisse Einwirkung zuerkannt wird. Anzeigen in Ärztefachzeitschriften wird nur ein geringer Einfluß zugeordnet, genauso wie den Arzthelferinnen und Apothekern. Die Angst der Ärzte vor Schadenersatzforderungen durch die Patienten beeinflußt den Beurteilungen zufolge die Verschreibung kaum. Interessant ist noch, daß das Image der Hersteller für die Verordnungsentscheidung wichtiger sein soll als Gespräche des Arztes mit seinen Kollegen und Ärzteveranstaltungen.[15]

15 Angemerkt sei, daß es sich bei der isolierten Betrachtung einzelner Variablen um eine starke Vereinfachung handelt, weil das Verschreibungsverhalten der Ärzte auf einem Wirkungsgeflecht von Einflußgrößen beruht.

1.4.8 Kritik an der Pharma-Kommunikation

Im Durchschnitt wurden von den Befragten 2 Kritiker genannt (Modus 3/Range 5, Frage 13). Die verschiedenen Kritiker werden im folgenden nach der Häufigkeit ihrer Nennung aufgeführt:

Tab. 8: Kritiker nach Nennungen

Kritiker	Nennungen
1. Ärzte	34
2. Politiker	24
3. Öffentlichkeit	20
4. Medien	18
5. Krankenkassen	17
6. Apotheker	8
7. Patienten	7
8. Sonstige	12

Im einzelnen werden von diesen Gruppen hauptsächlich folgende Punkte kritisiert:

1. Einige ***Ärzte*** bemängeln die Kosten der Pharma-Kommunikation, damit verbunden die aufwendige Ausgestaltung (z.B. Hochglanz-Folder) und die Stärke des kommunikativen Auftritts (z.B. Zahl der Aussendungen, Anzeigen, Pharma-Referenten), die Störungen im Praxisbetrieb (z.B. Telefon-Aktionen, Pharma-Referenten) und die oftmals "zu unsachliche Aufbereitung" der Informationen.

2. Die ***Öffentlichkeit und die Medien*** sind untrennbar miteinander verknüpft. Hier werden besonders Fragen zur Arzneimittelsicherheit, zu den Nebenwirkungen der Medikamente, den Ausgaben für pharmazeutische Präparate, dem Werbestil und den Ausgaben für kommunikative Aktivitäten thematisiert. Angesprochen werden aber auch Themen wie "Umweltverschmutzung durch Hersteller pharmazeutischer Produkte" und "unnötige Tierversuche".

3. Die ***Kassen*** als Kostenträger kritisieren die ihrer Meinung nach nicht nachvollziehbare Preiskalkulation für pharmazeutische Erzeugnisse, die "Verschreibungsflut" und die Werbekosten.

4. Von den ***Apothekern*** werden die im allgemeinen fehlenden Fortbildungsveranstaltungen für Pharmazeuten, der Mustereinsatz (dieser hat weniger Umsatz für die Apotheker zur Folge) und die vergleichsweise wenigen Präparateinformationen für Apotheker bemängelt.

5. Die ***Patienten*** kritisieren zum Teil die durch Pharma-Referenten verursachten längeren Wartezeiten in den Arztpraxen, die nicht ausreichenden Patienteninformationen und die z.T. recht unverständlichen Beipackzettel. Die ***Verbraucherverbände*** bemängeln dagegen insbesondere die Preise der Präparate. Sonstige Kritiker sind z.B. auch ***Wettbewerber*** im Markt, die um ihre Position besorgt sind und einzelne Werbeaussagen anfechten.[16]

Insbesondere die ***Politiker, die Medien und die Öffentlichkeit*** werden als ***"wichtige Kritiker"*** herausgestellt. Ihre Bewertungen wirken im negativen Sinn auf die Arzt-Patienten-Beziehung ein.[17]

1.5. Güte der Daten

Zur Reliabilitätsprüfung wurden einfaktorielle Varianzanalysen und Chi-Quadrat-Tests durchgeführt. Es zeigte sich, daß das Datum (Irrtumswahrscheinlichkeit unter 0,05) keinen signifikanten Einfluß auf die anderen Variablen hatte. Das spricht für die Reliabilität des Befragungsinstruments. Die vorliegende Studie erhebt keinen Anspruch auf externe Validität, d.h. die Ergebnisse können nicht auf sämtliche Hersteller ethisch-pharmazeutischer Hersteller übertragen werden; zu unterschiedlich sind die Verhältnisse in den einzelnen Unternehmen. Erwähnt sei jedoch nochmals, daß sich Unternehmen aus allen "alten" Bundesländern, Hersteller mit verschiedenen Rechtsformen, Firmen mit den unterschiedlichsten Präparate-Angeboten und Vertreter der verschiedensten Größenklassen an dieser Studie beteiligten. Die interne Validität der

16 Bei der Interpretation dieser Erkenntnisse ist zu beachten, daß es zumeist nur einige wenige Mitglieder sehr großer Gruppen sind, die Kritik äußern und sich damit vergleichsweise starkes Gehör verschaffen.

17 Eine ausführlichere Darstellung der Erkenntnisse und weitere multivariate Analysen enthält das Arbeitspapier "Kommunikations-Strategien im Pharma-Markt" (Becker, 1990). Unter anderem werden die Besonderheiten der Kommunikation von OTC-Herstellern, von Generika-Herstellern und von mittelständischen Unternehmen dargestellt (vgl. dazu Becker, 1990, S. 33 ff., vgl. auch Becker, 1991 a).

Itembatterien wurde mit Hilfe von Außenkriterien gemessen. Zu diesem Zweck wurden Rangkorrelationskoeffizienten (Kendalls-Tau-b) bestimmt. Dabei wurde folgender Zusammenhang unterstellt: Je höher der Korrelationskoeffizient zwischen den positiven Items und dem Globalurteil ist, desto höher ist die interne Validität der Untersuchung. Die Ergebnisse können als valide angesehen werden, da alle errechneten Korrelationskoeffizienten über 0,4 liegen.

1.6. Zusammenfassung der wichtigsten Erkenntnisse

An dieser explorativen Studie beteiligten sich 71 Unternehmen. Das entspricht gemäß den Angaben der Gesellschaft für Strukturanalysen und Kommunikationsforschung einer Quote von 24,5 v.H. der Unternehmen in der "alten" Bundesrepublik Deutschland, die ethisch-pharmazeutische Präparate herstellen. Nach Ansicht der Befragten kommt der Kommunikationspolitik der "zweite Platz" nach der Produktpolitik im Rahmen des Marketing-Mix zu. Es schließen sich mit erheblichem Abstand die Preis- und die Distributionspolitik an. Im Rahmen der Erscheinungsformen der Kommunikation haben die Wissenschaftliche Information und die Werbung die größte Bedeutung. Außendienst, Feldstudien/Klinische Studien, Produktbegleitende Dienstleistungen, Öffentlichkeitsarbeit und Verkaufsförderung folgen. Nach der Häufigkeit des Einsatzes der Kommunikationsinstrumente stehen die Pharma-Referenten, Fortbildungsseminare, Werbehilfen, Anzeigen und Direct-Mails an der Spitze. Eine Faktorenanalyse ergab folgende ***hypothetischen Dimensionen der Kommunikation***:

1. Wissenschaftliche Fortbildung
2. Pharma-Referent
3. Feldstudien
4. Geschenke
5. Videospots
6. Postalische Aussendungen
7. Anzeigen

Der Arzt ist und wird auch in absehbarer Zeit der wichtigste Ansprechpartner im Bereich des ethischen Marktes bleiben. Erfolgreiche Pharma-Kommunikation wird aber in Zukunft die Ansprache der Ärzte, der Apotheker, der Patienten und der Öffentlichkeit voraussetzen. Aktuelle ***innovative Trends*** im Rahmen der Pharma-Kommunikation sind:

1. Einsatz neuer Medien
2. Arzt-Patienten-Veranstaltungen
3. Arzt-Praxis-Beratung
4. Ansprache "neuer Zielgruppen"
5. Verstärkter Einsatz emotionaler Ansprache
6. Kooperationen

Den stärksten Einfluß auf die ***Präparateentscheidung des Arztes*** (für oder gegen ein bestimmtes Medikament eines bestimmten Herstellers) haben nach Ansicht der Marketingverantwortlichen die Pharma-Referenten. Es folgen die aktuellen Ängste der Ärzte vor Kassenregressen. Der "informativen Ansprache" wird ein stärkerer Einfluß als der "emotionalen Ansprache" zuerkannt. Interessant ist, daß den Patienten ein gewisser Einfluß zugesprochen wird.

Zu den Kritikern der Pharma-Kommunikation zählen neben den Ärzten und Politikern insbesondere die Vertreter der Medien und die Öffentlichkeit.

1.7. Relevanz der explorativen empirischen Befunde

Die zwei explorativen Studien "Unternehmensbefragung" und "Inhaltsanalyse von Anzeigen in Ärztefachzeitschriften" (vgl. dazu Becker, 1991 c) geben in Kombination mit den vielen Gesprächen, die mit Experten aus Unternehmen, Verbänden, Agenturen, Instituten und Hochschulen geführt wurden, einen ***weitreichenden Einblick in die Kommunikation für ethische Präparate***. Die Struktur der kommunikativen Aktivitäten liegt in differenzierter Weise vor.

Die Erkenntnisse haben verschiedene Vermutungen bestätigt. ***Demzufolge werden die Patienten und die Apotheker nur in vergleichsweise geringem Umfang von den Herstellern ethisch-pharmazeutischer Präparate angesprochen und in Marketingaktivitäten eingebunden. Eine weitere wichtige Erkenntnis ist, daß das Kommunikationsinstrumentarium zur Ansprache der Ärzte überwiegend einheitlich genutzt wird.***[18]

---

18 Die aus der Sicht von Marketingverantwortlichen wichtigsten Instrumente wurden in einer weiteren Studie 155 Ärzten zur Beurteilung vorgelegt. Die Bewertungen der Ärzte können Kapitel D.2 entnommen werden.

Die Ergebnisse dieser explorativen Studie können dazu anregen, neue Kommunikationsstrategien zu entwickeln. Die Marketingverantwortlichen in den Unternehmen haben die Möglichkeit, ihre eigenen Daten mit den in dieser Studie dargestellten durchschnittlichen Wertungen zu vergleichen. Daraus können sich Hinweise ergeben, wie eine Profilierung gegenüber der Konkurrenz erreicht werden kann, sei es z.B. durch Nutzung bisher unbekannter innovativer Trends, sei es durch eine Umverteilung vorhandener finanzieller Mittel zur Ärzte-Ansprache auf Instrumente, die zur Zeit allgemein weniger genutzt werden.

Im weiteren Forschungsprozeß wurde das Hauptaugenmerk auf die zukunftsweisenden Möglichkeiten der **typologieorientierten Ärzte-Ansprache** (Kapitel D.2) und der **"Integrierten Patienten-Ansprache"** (Kapitel D.3) gerichtet.

2. Kombinierte Ärztebefragung und -beobachtung

2.1 Zielsetzungen und Aufbau der Untersuchung

Grundlage dieser Studie ist die im theoretischen Teil dargestellte ***Correlltypologie*** (vgl. Kapitel C.3.3). Mit Hilfe einer Ärztebefragung sollen verschiedene Ärztegruppen identifiziert werden. Die gefundenen Ärztecluster sollen auf signifikante Unterschiede in ihrem ***Kommunikations-Involvement*** bezüglich verschiedener ***Instrumente und Inhalte*** untersucht werden. Zu prüfen ist auch, ob Abweichungen zwischen den Gruppen bezüglich der Beurteilung ***patientenorientierter Aktivitäten*** bestehen.

Zusätzlich sollen ***charakteristische Merkmale der verschiedenen Ärzte***, die durch Beobachtung des Arztes und seines Arbeitsumfeldes (Fremdeinschätzung) leicht zugänglich sind, festgestellt werden. Für einen späteren Praxiseinsatz der erarbeiteten Ärztetypologie ist die Zuordnung eines beliebigen Arztes zu einem der empirisch ermittelten Ärztetypen eine Grundvoraussetzung.

Pharma-Referenten, die den Arzt regelmäßig aufsuchen, können dann zukünftig entsprechende Einschätzungen vornehmen und, darauf aufbauend, die ***Ärzte verschiedenen Typen zuordnen***. Mit diesen Angaben lassen sich dann Kommunikationsaktivitäten entwickeln, die den individuellen Ansprüchen der Ärzte eher gerecht werden als eine unspezifische Vorgehensweise nach dem Gießkannenprinzip.

Im einzelnen sind in dieser Studie folgende Hypothesen zu prüfen:

Hypothese I:

Wenn ein Arzt sich durch ein ausgeprägtes Streben nach "sozialer Anerkennung" auszeichnet, dann hat er im Vergleich zu den Ärzten der größten Gruppe eine positivere Haltung zur Thematisierung wirtschaftlicher und privater Themen in der Ärztekommunikation.

Hypothese II:

Wenn ein Arzt sich durch ein ausgeprägtes Streben nach "sozialer Anerkennung" auszeichnet, dann bezieht er im Vergleich zu den Ärzten der größten Gruppe Medien zur Ärzte-Ansprache stärker in sein von kulturellen Aktivitäten geprägtes Privatleben mit ein.

Hypothese III:

Wenn ein Arzt sich durch ein ausgeprägtes Streben nach "sozialer Anerkennung" auszeichnet, dann sieht er im Vergleich zu den Ärzten der größten Gruppe eine patientenorientierte Ansprache in Publikumsmedien stärker als begrüßenswerte Aktion zur Unterstützung des Arzt-Patienten-Verhältnisses.

2.2 Vorgehensweise

Im Rahmen eines empirischen Praktikums an der Universität Paderborn wurden im Sommersemester 1990 ***155 niedergelassene Ärzte*** befragt. Zusätzlich wurden die Praxen der interviewten Ärzte beobachtet und eine Fremdeinschätzung der Ärzte durch studentische Interviewer vorgenommen.[1]

In die Untersuchung wurden 110 Praktische Ärzte, 32 Internisten und 13 Dermatologen einbezogen.[2] 28 Teilnehmer waren weiblichen und 127 männlichen Geschlechts. 24 Ärzte beteiligten sich in Paderborn, die restlichen 131 Ärzte waren über das Bundesgebiet verteilt. Werden die Praxen nach der Einwohnerzahl ihres Ortes gruppiert, so ergibt sich folgende Verteilung.

Tab. 9: Ärztepraxen nach Einwohnerzahlen

Einwohner	Praxen-Fallzahlen
bis 5.000	22
5.001 bis 40.000	42
40.001 bis 150.000	59
150.001 bis 500.000	24
über 500000	8

Die in die Befragung einbezogenen Praxen sind in mittleren Orten angesiedelt. 125 Interviews wurden in Nordrhein-Westfalen (Nielsen 2), 28 im Gebiet Nielsen 1[3] und

1 Die Ärzte wurden vorher vom Lehrstuhl schriftlich um ihre Mitwirkung gebeten. Ein umfangreicher Pretest diente zur Absicherung des Erhebungsinstruments. Ungefähr jeder vierte angesprochene Arzt beteiligte sich an der Untersuchung.

2 Ärzte anderer Fachrichtungen konnten nicht berücksichtigt werden, da das Krankheitsbild des Fallbeispiels nur sehr selten im Praxisalltag dieser Ärzte diagnostiziert wird.

2 in Nielsen 3a[4] durchgeführt. 62 Interviews fanden während der Sprechstunde, entsprechend 93 außerhalb der offiziellen Praxisöffnungszeiten statt. Die Interviews wurden in 132 Fällen im Sprechzimmer, in 13 Fällen in der Privatwohnung, in 2 Fällen im Wartezimmer/Empfang und in 7 Fällen an sonstigen Orten durchgeführt.

Die Interviewer hatten die Aufgabe, die Ärzte mit Hilfe verschiedener Kartensätze zu ***befragen***. Zusätzlich sollten sie in der Praxis Beobachtungen vornehmen. Dazu dienten ***Bebachtungsbögen*** mit Kategorien zum Empfang, zu den Arzthelferinnen, zum Wartezimmer, zum Sprechzimmer und zur Praxisumgebung. Außerdem sollte eine ***Fremdeinschätzung der Ärzte*** anhand von 16 Items vorgenommen werden. Im Rahmen der vorbereitenden Arbeiten zu der empirischen Studie wurden die Interviewer umfassend in der Anwendung der Correll-Typologie geschult und die Einschätzungen durch Beobachtung eingeübt.

2.3 Operationalisierung der Variablen

Der Frage- und der Beobachtungsbogen enthielten offene und geschlossene Fragen (vgl. dazu Anhang F.2). Letztere wurden mit Hilfe von fünfstufigen Ratingskalen erfaßt. Im folgenden erfolgt zunächst die Operationalisierung der durch Befragung erfaßten Variablen, dann werden die durch Beobachtung zugänglichen Variablen vorgestellt. Die Reihenfolge der Erläuterungen richtet sich nach dem Aufbau der Erhebungsinstrumente.

2.3.1 Operationalisierung der durch Befragung erfaßten Variablen

Indikationsgebiet (Frage 1)[5]

Der Einstieg zu dem persönlichen Gespräch mit den Ärzten erfolgte über die Frage, zu welchem Indikationsgebiet ihr Hauptarbeitsbereich zählt. Die Codierer ordneten den verschiedenen Arbeitsgebieten dann eine Kennzahl zu.

---

3 Zum Gebiet "Nielsen 1" zählen: Hamburg, Bremen, Schleswig-Holstein, Niedersachsen.

4 Zum Gebiet "Nielsen 3a" zählen: Hessen, Rheinland-Pfalz, Saarland.

5 Vergleiche zu den Fragen im einzelnen den Fragebogen (Anhang F.2).

Medien-Involvement (Frage 2)
Das Involvement der Ärzte bezüglich der kommunikativen Instrumente wurde mittels der Frage, wie stark sie die verschiedenen Instrumente vermissen würden, wenn die Pharma-Industrie aus Wirtschaftlichkeitsgründen auf alle Informationsangebote verzichten müßte, erfaßt. Die Ärzte hatten die Wahl zwischen 1 "gar nicht vermissen", 2 "kaum vermissen", 3 "etwas vermissen", 4 "stark vermissen" und 5 "sehr stark vermissen". Die Einschätzungen erfolgten mit Hilfe eines Kartensatzes, um die Erhebung zu erleichtern und Reihenfolgeeffekte zu vermeiden.

Informationsinhalte (Frage 3)
Die Mediziner hatten durch Bildung einer Rangfolge anzugeben, wie stark sie an drei verschiedenen Informationsinhalten interessiert waren. Die Alternativen lauteten: "Allgemeine wissenschaftliche Informationen im Sinne genereller Fortbildung", "indikationsspezifische, jedoch präparateunabhängige Informationen" und "präparatespezifische Informationen". Jeder Möglichkeit wurde somit eine 1 "Rang 1", eine 2 "Rang 2" oder eine 3 "Rang 3" zugeordnet.

Ansichten der Ärzte (Frage 4)
Mit Hilfe von zwanzig auf Kärtchen notierten Statements hatten die Ärzte die Möglichkeit, differenziert zu verschiedenen Themen Stellung zu nehmen. Die Antworten werden im Rahmen der Hypothesenprüfung auf Unterschiede zwischen den gefundenen Ärztegruppen untersucht, um Hinweise auf typenspezifische Kommunikationsinhalte zu gewinnen.

Im folgenden sind die Nummern der Statements und ihre Inhalte aufgeführt:

Nr. 01: Persönliche Empfehlungen der Pharma-Referenten und Präparateentscheidung des Arztes
Nr. 02: Exclusivität der Informationen des Pharma-Referenten
Nr. 03: Detailkenntnisse des Pharma-Referenten
Nr. 04: Kurze, sachliche Informationen des Pharma-Referenten
Nr. 05: Qualität eines Präparates und Verordnungsentscheidung
Nr. 06: Emotionale Elemente in Anzeigen
Nr. 07: Thematisierung wirtschaftlicher und privater Interessen
Nr. 08: Einstellung zu innovativen Präparaten
Nr. 09: Generika- versus Markenpräparatverordnung
Nr. 10: Computereinsatz als Thema für die Fortbildung
Nr. 11: Sicherheit durch Verschreibungen der Kollegen
Nr. 12: Profitmaximierung als Hauptinteresse der Pharma-Hersteller

Nr. 13-15: Fragen zu den Selbstbildern "vertrauensvoller Freund", "wissenschaftlicher Mediziner" und "Autoritätsperson"
Nr. 16: Nutzung von Ärzte-Zeitschriften in der Privatwohnung
Nr. 17: Teilnahmeabsicht "Seminar zur Kapitalanlage"
Nr. 18: Anforderung medizinischer Literatur bei den Herstellern
Nr. 19: Kulturinteressen in der Freizeit
Nr. 20: Interesse am aktiven Sport

Einstellungen der Ärzte zur Patienten-Ansprache (Frage 5)

Die Ärzte wurden darauf hingewiesen, daß eine neue Form der Bevölkerungsaufklärung durch verschiedene pharmazeutische Hersteller zu beobachten ist. Als Beispiel wurde ihnen die in Publikumszeitschriften geschaltete Anzeige der Deutschen Wellcome zum Krankheitsbild "Herpes Labialis" vorgestellt. Die Ärzte erhielten sechs Kärtchen mit Aussagen zu der Aktion. Sie hatten wiederum die Möglichkeit, ihre Zustimmung fünfach abgestuft anzugeben (1 "stimme gar nicht zu", 2 "stimme kaum zu", 3 "stimme etwas zu", 4 "stimme weitgehend zu", 5 stimme völlig zu"). Die Inhalte im einzelnen:

Nr. 1: Unzulässiger Eingriff in das Arzt-Patienten-Verhältnis
Nr. 2: Aktive Unterstützung des Arzt-Patienten-Verhältnisses
Nr. 3: Schnellstmögliche Informationen über die Aktion
Nr. 4: Verschreibungswunsch der Patienten
Nr. 5: Honorierung des Einsatzes des aufklärenden Unternehmens
Nr. 6: Auslösung eines Arzt-Besuches

Generikaanteil an den Verschreibungen (Frage 6)

Es wurde gefragt, wie sich die Verschreibungen ethisch-pharmazeutischer Präparate auf Markenpräparate und Generika in v.H. verteilen. Die Summe ergibt in jedem Fall 100 v.H.

Persönlichkeitseigenschaften (Frage 7)

Die Möglichkeiten gezielter beeinflussender Kommunikation können durch Segmentierungen stark verbessert werden. Als Testbeispiel dient hier der Ansatz von Correll. Zu diesem Zweck waren verschiedene Persönlichkeitseigenschaften zu erfassen. Die Ärzte sollten daher mit dem letzten Kartensatz eine Selbsteinschätzung ihrer Persönlichkeit vornehmen. Insgesamt handelte es sich um 29 Statements, die aus einem umfassenden Item-Pool von Correll ausgewählt wurden (vgl. dazu Kapitel C.3.3). Die Ärzte hatten wiederum die Möglichkeit, zwischen 1 "trifft gar nicht zu", 2 "trifft kaum zu", 3 "trifft etwas zu", 4 "trifft weitgehend zu" und 5 "trifft völlig zu" zu wählen. Berücksichtigung fanden nur Eigenschaften, die durch eine Befragung zugänglich waren. Jedem Motivationstyp der Theorie von Correll wurden sechs bzw. fünf Items zugerechnet. Die folgende Tabelle zeigt die genaue Zuordnung der 29 Items zu den fünf Correll-Motivationstypen.

Tab. 10: Items nach Correll-Motivationstypen

Motivationstyp	Items
1. Soziale Anerkennung:	auffallend (1) nutze im privaten Bereich gerne Fremdwörter (5) nehme an ausgefallenen Reisen teil (10) Wortführer (15) sehe kaum Zukunftsgefahren (20) setze mich gerne in Position (25)
2. Sicherheit /Geborgenheit:	traditionsgebunden (2) orientiere mich bei meinen Äußerungen an der Mehrheit (6) Sammler von Gegenständen (11) risikoscheu (16) vorsorgend (21) ordne mich unter (26)
3. Vertrauen:	teile meiner Bezugsperson persönliche Probleme mit (7) verfüge über eine Stammkneipe (12) kompromißbereit (17) habe viele Freunde (18) versuche durch Freunde und persönliche Beziehungen meine Zukunft zu sichern (22) loyal (27)
4. Selbstachtung:	pünktlich (3) zitiere gerne (8) politisch engagiert (13) skeptisch (23) unnachgiebig (28)
5. Unabhängigkeit /Verantwortung:	individualistisch (4) zielsicher (9) betreibe eine risikobehaftete Einzelsportart (14) tolerant (19) realistisch (24) ideenreich (29)

Globalurteil zur Ärzte-Ansprache (Frage 8)

Die Ärzte sollten angeben, wie sie die kommunikativen Aktivitäten der Pharma-Hersteller zur Ärzte-Ansprache im großen und ganzen beurteilen. Es standen fünf Noten zur Verfügung: 1 "sehr schlecht", 2 "schlecht", 3 "befriedigend", 4 "gut" und 5 "sehr gut".

Statistische Angaben (Frage 9-17)

Die Ärzte wurden gebeten, Angaben zu folgenden statistischen Fragen zu machen:

- Patienten pro Tag (Frage 9)
- Krankenscheine pro Quartal (Frage 10)
- Privat-Patienten pro Quartal (Frage 11)
- Jahr der Praxiseröffnung (Frage 12)
- Alter der Ärztin/des Arztes (Frage 13)
- Praxistyp: Einzel-, Gemeinschaftspraxis, Praxisgemeinschaft, Zahl der Ärzte in der gesamten Praxis (Frage 14)
- Beschäftigte in der Praxis (Frage 15)
- Durchführung von Laborarbeiten (Frage 16)
- Geräte und Einrichtungen in der Praxis (Frage 17)

Globalurteil zur Patienten-Ansprache (Frage 18)

Die Ärzte sollten die Informationskampagnen der Pharma-Hersteller über Krankheitsbilder in Publikumsmedien global beurteilen. Ihnen standen wie beim Globalurteil zur Ärzte-Ansprache fünf Noten zur Verfügung.

2.3.2 Operationalisierung der durch Beobachtung erfaßten Variablen

Zur Erfassung nonverbaler Verhaltensweisen sind direkte (Beispiel: Elektromyogramm) und indirekte Meßmethoden (Beispiele: Facial-Action-Coding-System zur Erfassung der Mimik, Berner System zur Beschreibung der Gestik) entwickelt worden (vgl. Bekmeier, 1989, S. 110 ff., vgl. Weinberg, 1986, S. 27 ff.). Die zuletzt genannten Notationssysteme setzen eine zeitaufwendige Einarbeitung der Codierer voraus. Nur sehr wenige Personen beherrschen daher gleichzeitig verschiedene Systeme.

Zur Beobachtung des Arztes, seiner Praxis und der Praxisumgebung sollte daher iterativ ein weniger aufwendiges ***Kategoriensystem*** entwickelt werden. Zu diesem Zweck wurden die zu erfassenden Verhaltensweisen und Räumlichkeiten in einzelne Systeme zerlegt, die sich gut zur gleichen Zeit erfassen ließen (vgl. zu den Beobachtungskategorien im einzelnen den Beobachtungsbogen, Anhang F.2). Die Beobachter wurden im Umgang mit dem Beobachtungsverfahren geschult und hatten Anweisung, die Notierungen unauffällig vorzunehmen.

Im folgenden werden die einzelnen ***Beobachtungsbereiche*** kurz erläutert.

Empfang (Beobachtung 1-3)
Hier sollten die Beobachter(innen) angeben, ob ein Praxis-Computer vorhanden ist, ob der Empfang eher modern oder altmodisch eingerichtet ist und wieviele Personen im Empfang arbeiten.

Arzthelferinnen (Beobachtung 4-6)
Es sollte beobachtet werden, wie alt die Arzthelferinnen durchschnittlich sind. Neben der Kleidung sollte auch das "Styling" (Haarschnitt, Schmuck, Make-Up) der Helferinnen mit Hilfe einer fünfstufigen Ratingskala global eingeschätzt werden.

Wartezimmer (Beobachtung 7-14)
Im Wartezimmer waren Beobachtungen zu folgenden Themen vorzunehmen:

- Patientenbroschüren im Wartezimmer (7)
- Durchschnittliches Alter der Patienten im Wartezimmer (8)
- Zahl der Sitzplätze (9)
- Titel der ausgelegten Zeitschriften (10)
- Kinderecke im Wartezimmer (11)
- Poster, Gemälde, Photographien, Zeichnungen von Kindern (12-13)
- Ausgestrahlte Musikinhalte (14)

Sprechzimmer (Beobachtung 15-22)
In bezug auf das Sprechzimmer waren nachstehende Kategorien einzuschätzen:

- Ordnung auf dem Schreibtisch (15)
- Computer im Sprechzimmer (16)
- Werbehilfen mit Firmenaufdruck im Sprechzimmer (17)
- Poster, Gemälde, Photographien und Zeichnungen von Kindern im Sprechzimmer (18-19)
- Blumen und/oder Gewächse (20)
- Hinweise auf das Privatleben (21)

Zusätzlich sollte auf fünfstufigen Skalen beurteilt werden, inwieweit das Sprechzimmer über eine private Atmosphäre verfügt und ob es eher ein Empfangs- als ein Behandlungszimmer ist (Beobachtung 22).

Gesamteindruck der Praxis (Beobachtung 23)

Mit Hilfe von sechs Items wurde der von den Beobachtern subjektiv empfundene Gesamteindruck der Praxis erfaßt:

- ist alles in allem gut gelungen (Globalurteil)
- moderner Stil
- weiträumig
- ist rustikal
- neu eingerichtet
- ist "aufgeräumt".

Gesamteinschätzung des Arztes (Beobachtung 24-25)

Zur Beobachtung des Arztes wurden wie schon bei der Befragung Vorschläge von Correll genutzt (vgl. dazu das Diagnoseraster in Kapitel C.3.3). Ergänzend wurden vier leicht beobachtbare Items aufgenommen, die vermutlich gut zur Unterscheidung der Typen beitragen. Zur Fremdeinschätzung dienten wiederum fünfstufige Skalen. Die Items im einzelnen:

- kann positiv beurteilt werden (Globalurteil)
- modisch
- spricht in Ich-Form
- spricht in Wir-Form
- spricht in Man-Form
- gestikulierend
- zurückhaltend/ruhig
- leise Stimme
- pedantisch
- offene Körperhaltung
- aufrechte Körperhaltung
- offen/geschlossen
- ist freundlich
- ist hektisch
- ist humorvoll
- ist übergewichtig.

Die Beobachter wurden in verschiedenen Seminarterminen im Umgang mit dem Ansatz von Correll geschult. Mit Hilfe von fünfstufigen Skalen (trifft völlig zu - trifft gar nicht zu) sollten sie jeweils angeben, inwieweit sich die Ärzte durch die folgenden fünf Motivationstypen zutreffend charakterisieren lassen:

- Soziale Anerkennung
- Sicherheit/Geborgenheit
- Vertrauen
- Selbstachtung
- Unabhängigkeit/Verantwortung.

Außerhalb der Praxis (Beobachtung 26-39)

Außerhalb der Praxis notierten die Beobachter Erkentnisse zu folgenden Kategorien:

- Fachrichtung der Ärztin/des Arztes (26)
- Geschlecht der Ärztin/des Arztes (27)
- Haustyp, in dem die Praxis untergebracht ist (28)
- Vorgarten vor dem Haus (29)
- Zahl der Praxen im Haus (30)
- Name und Größe des Ortes (31-32)
- Subjektive Einschätzung der Umgebung (4 Straßenzüge) (33-34). Es sollte mit Hilfe einer fünfstufigen Ratingskala festgestellt werden, ob der "Status" "eher hoch" (Villengegend) oder "eher niedrig" (Obdachlosengegend) ist. Zusätzlich war die Umgebung mit vier Kategorien zu beschreiben: "City-Zentrum", "City-Rand", "Städtischer Vorort", "Dorf" und "ländliche Streusiedlung".
- Nielsen-Gebiet, in dem sich die Praxis in der Bundesrepublik Deutschland befindet (35).
- Sonstige Angaben (36-39): Wochentag, Uhrzeit und Ort des Interviews, Geschlecht des Interviewers.

2.4 Dimensionierung der Variablen

2.4.1 Trennschärfeberechnung zur Datenreduktion

Zur Erfassung der fünf Motivationstypen nach Correll wurden den Ärzten ***29 Items zur Selbsteinschätzung*** vorgelegt. Es bestanden also theoretisch gestützte Vorabannahmen, welche Items jeweils einer Dimension zuzurechnen sind. Mit Hilfe der ***Item-Gesamtwert-Korrelation***[6] können Variablen ausgesondert werden, die unbrauchbare Indikatoren (Items) eines theoretischen Konstruktes (Motivationstypen) darstellen (vgl. Bauer, 1986, S. 235). Durch das Verfahren kann geprüft werden, ob die Items einer Dimension mit der Summe aller Items der betrachteten Dimension hinreichned korrelieren. Werden pro Dimension nur wenige Items (kleiner 10) betrachtet, so wird das jeweils betrachtete Item nicht in die Summenbildung mit einbezogen, da sonst ein beträchtlicher Teil des Zusammenhangs artifiziell ist (vgl. Bauer, 1986, S. 236). In die Analyse einbezogene Items können als unbrauchbare Indikatoren angesehen werden, wenn sie nur relativ niedrig mit dem Summenwert korrelieren (vgl. Bauer, 1986, S. 236). Die Korrelation zwischen den restlichen Items und dem neugebildeten Summenwert wird nach der Eliminierung der betreffenden Items in der Regel steigen (vgl. Bauer, 1986, S. 236). Die Eliminierung von Items pro Dimension wurde wiederholt

6 Klapprott verwendet die Begriffe "Item-Gesamtwert-Korrelation" und "Trennschärfeberechnung" synonym (vgl. Klapprott, 1975, S. 47 ff.).

durchgeführt, bis eine Erhöhung der Korrelation durch eine weitere Selektion von Items nicht mehr möglich war.

Insgesamt waren mit Hilfe der SPSS-PC-Prozedur "Reliability" fünf Iterationen zur Aussonderung von Items notwendig. Die folgende Tabelle zeigt die verbleibenden Items pro Dimension, die korrigierten Item-Gesamtwert-Korrelationskoeffizienten und Cronbachs Alpha als Maß für die innere Konsistenz.

Tab. 11: Skalenanalyse mit Hilfe der Gesamtwert-Korrelation, Motivationstypen

Motivationstyp	Items	MW	Stabw	r	Alpha
1. Soziale Anerkennung	auffallend	2,09	0,93	0,43	0,60
	in Position setzen	1,95	0,83	0,43	0,60
2. Sicherheit /Geborgenheit	vorsorgend	3,98	0,88	0,19	0,42
	traditionsgebunden	3,33	1,12	0,22	0,42
	ordne mich unter	2,44	0,97	0,35	0,42
	Mehrheitsorientierung	1,88	0,84	0,18	0,42
3. Vertrauen	loyal	4,04	0,77	0,31	0,45
	habe viele Freunde	2,84	1,12	0,31	0,45
4. Selbstachtung	skeptisch	3,31	0,95	0,17	0,32
	politisch engagiert	2,81	1,29	0,20	0,32
	unnachgiebig	2,43	0,84	0,18	0,32
5. Unabhängigk./ Verantwortung	realistisch	4,13	0,66	0,32	0,48
	zielsicher	3,93	0,72	0,32	0,48

Legende: MW - Mittelwert, Stabw - Standardabweichung,
r - Korrelationskoeffizient, Alpha - Cronbachs Alpha

Eine Betrachtung der Mittelwerte ergibt, daß ***sich die Ärzte im Durchschnitt vergleichsweise stark als realistisch (Mittelwert: 4,13), loyal (Mittelwert: 4,04) und vorsorgend (Mittelwert: 3,98) ansehen***. Es handelt sich dabei um Items, die den Dimensionen "Unabhängigkeit/Verantwortung", "Vertrauen" und "Sicherheit/Geborgenheit" zuzurechnen sind. Ihrer Selbsteinschätzung zufolge sehen sie sich jedoch kaum als auffallend (Mittelwert 2,09), setzen sich ihrer Meinung nach auch nicht gerne in Position (Mittelwert 1,95) und orientieren sich bei ihren Äußerungen kaum an der Mehrheit (Mittelwert 1,88). Ebenso fiel die Bewertung der Items "ordne mich unter (2,44)" und "unnachgiebig (2,43)" unterdurchschnittlich aus. Diese Items sind den

Dimensionen "Soziale Anerkennung", "Sicherheit/Geborgenheit" und "Selbstachtung" zuzurechnen. ***Kurzum:*** ***Den Selbsteinschätzungen der Ärzte zufolge stehen bei ihnen die Motivationen "Unabhängigkeit/Verantwortung", "Vertrauen" und "Sicherheit/Geborgenheit" im Vordergrund. Dagegen sind die Motivationen "Selbstachtung" und insbesondere "Soziale Anerkennung" von untergeordneter Bedeutung. Die befragten Ärzte verfügen demnach erwartungsgemäß über ein positives Selbstbild.***[7]

Die dreizehn verbliebenen Items repräsentieren die fünf Skalen bestmöglich. Die erzielten Werte für Cronbachs Alpha (interne Konsistenzen) reichen von "0,32 bis 0,60", die korrigierten Item-Gesamtwert-Korrelationen von "0,17" bis "0,43". Die Ergebnisse werden im folgenden als Grundlage für eine Clusteranalyse genutzt, um das Ziel "empirische Erarbeitung einer theoretisch entwickelten Ärztetypologie" zu erreichen. Zu diesem Zweck wurde für jede der fünf Dimensionen ein Wert ermittelt. Dazu wurden alle Item-Ausprägungen einer Person pro Dimension summiert. Diese Vorgehensweise erfolgte für alle Personen.[8] Eine Standardisierung der errechneten Werte (Mittelwert = 0; Varianz = 1) ermöglicht einen Vergleich der in die Clusteranalyse einbezogenen Dimensionen.

2.4.2 Clusteranalyse zur Gewinnung einer Ärztetypologie

Mit der im folgenden zu beschreibenden Clusteranalyse wurde versucht, disjunkte Klassen von Ärzten zu finden. Dabei sollten zwischen den Mitgliedern der einzelnen Gruppen möglichst große Ähnlichkeiten bestehen, zwischen den Gruppen aber möglichst keine verwandten Eigenschaftsstrukturen vorzufinden sein.

Grundlage für die Gruppenbildung waren die im vorherigen Kapitel durch die Trennschärfeberechnungen ermittelten Werte für die fünf Correll-Dimensionen: Soziale Anerkennung, Sicherheit/Geborgenheit, Vertrauen, Selbstachtung und Unabhängig-

---

7 Die direkte Befragung wird vermutlich einen Beitrag zum durchschnittlich positiven Selbstbild der Ärzte geleistet haben. Für die weiteren Analysen sind jedoch die relativen Unterschiede in den Beurteilungen maßgebend.

8 Die Summenwerte wurden nicht durch die Anzahl der Variablen dividiert, die jeweils pro Dimension aufsummiert wurden. Dies war aufgrund der späteren Z-Transformation auch aus Vergleichbarkeitsgründen nicht notwendig (vgl. dazu Bauer, 1986, S. 244).

keit/Verantwortung. Eine Besonderheit des hier eingesetzten ***polythetischen clusteranalytischen Verfahrens*** ist die simultane Einbeziehung aller vom Anwender der Methode vorgesehenen Eigenschaften (vgl. Backhaus u.a., 1987, S. 116 u. S. 133). Aus der Analyse wurden acht Fälle aufgrund des fallweisen Ausschlusses fehlender Werte eliminiert. Auf diese Weise konnten 147 vollständige Fälle berücksichtigt werden.

Der Ablauf dieses Verfahrens verläuft in zwei grundlegenden Schritten (vgl. dazu Backhaus u.a., 1987, S. 116):

1. Wahl des Proxitätsmaßes
Für jeweils zwei Ärzte (Fälle) wird durch einen Zahlenwert die Ähnlichkeit der Ärzte hinsichtlich aller einbezogenen Merkmale symbolisiert.

2. Wahl des Fusionierungsalgorithmus
Die berechneten Ähnlichkeitswerte bilden die Grundlage für eine Gruppenbildung, die Ärzte mit annähernd gleichen Eigenschaftsstrukturen in jeweils eine Gruppe zusammenfaßt.

Als Ähnlichkeitsmaß wurden quadrierte euklidische Distanzen eingesetzt. Dadurch bekamen geringe Differenzwerte ein kleines Gewicht und große Differenzwerte bei der Distanzberechnung ein vergleichsweise großes Gewicht (vgl. dazu Backhaus u.a., 1987, S. 127, vgl. auch Schübo, Uehlinger, 1986, S. 388).

Zur Bestimmung der optimalen Clusterlösung wurde ein ***agglomeratives hierarchisches Verfahren*** vorgeschaltet. Bei dieser Methode wird zu Beginn von der feinsten Partition ausgegangen, d.h. jedes Untersuchungsobjekt (Arzt) bildet eine Gruppe für sich. Diese einzelnen Elemente werden dann mit Hilfe eines Algorithmus zu Gruppen zusammengefaßt (vgl. Schübo, Uehlinger, 1986, S. 222). Es wurde in diesem Fall der ***Ward-Algorithmus*** gewählt. Dadurch wurden die Ärzte zu Gruppen zusammengefaßt, die ein gesetztes Heterogenitätsmaß - das Varianzkriterium, auch Fehlerquadratsumme genannt - am wenigsten vergrößerte (vgl. dazu Backhaus u.a., 1987, S. 141).[9]

Es zeigte sich bei Anwendung des ***Elbow-Kriteriums***, daß die Fehlerquadratsumme bei Übergang von 4 Clustern auf 3 Cluster im Vergleich zu den vorherigen Fusionen an dieser Stelle vergleichsweise stark ansteigt (vgl. dazu Backhaus u.a., 1987, S. 144 ff.). Daher wurden vier Cluster als Voreinstellung für die Durchführung der SPSS-Prozedur "Cluster" gewählt.

Alle fünf empirisch ermittelten Correll-Dimensionen wurden in der endgültigen Clusterlösung berücksichtigt, da sie, wie sich im Rahmen diskriminanzanalytischer Verfahren durch univariate F-Tests zur Ergründung der Unterschiede zwischen den Clustern festellen ließ, alle hochsignifikante Beiträge zur Clusterbildung lieferten (Irrtumswahrscheinlichkeit kleiner 0,05).

Die folgende Tabelle zeigt die Zentren der endgültigen Clusterlösung (agglomerativ-hierarchisches Verfahren), die Häufigkeitsverteilung und die Benennung der vier Arztgruppen:

Tab. 12: Zentren der vier Ärzte-Cluster

Empirische Correll-Dimensionen	Cluster-Zentren 1	2	3	4
1. Soziale Anerkennung	0,14	-0,68	1,08	-0,79
2. Sicherheit/Geborgenheit	-0,06	-0,69	0,07	0,72
3. Vertrauen	-0,27	0,62	-0,11	-0,11
4. Selbstachtung	0,04	-0,88	0,31	0,44
5. Unabhängigkeit/Verant.	-0,87	0,42	0,58	0,48
Absolute Häufigkeiten	n=53	n=30	n=34	n=30
Relative Häufigkeiten	37v.H.	20v.H.	23v.H.	20v.H.

Benennung der Ärzte-Typen:

Typ 1: "Der angepaßte Arzt"
Typ 2: "Der vertrauensvolle Arzt"
Typ 3: "Der nach sozialer Anerkennung strebende Arzt"
Typ 4: "Der sicherheitsbewußte Arzt"

9 Im Vergleich zu anderen Algorithmen kann gesagt werden, daß das Ward-Verfahren nach Erkenntnissen von Bergs in den meisten Fällen eine sehr gute Clusterlösung findet und die Untersuchungsobjekte richtig den Gruppen zuordnet (vgl. Bergs, 1981, S. 96 f.). Das Ward-Verfahren ist aber nicht dazu geeignet, langgestreckte Gruppen oder Cluster mit kleiner Elementenzahl herauszukristallisieren (vgl. dazu Backhaus u.a., 1987, S. 144). Dies war angesichts des Anspruchs, eine statistisch signifikante Clusterlösung mit praktischer Relevanz zu finden, auch nicht erwünscht.

Wenn es diese vier Ärztetypen gäbe, dann können sie anhand der Zentroide der empirischen Correll-Dimensionen wie folgt beschrieben werden:

Cluster 1: Die angepaßten Ärzte

Die Ärztinnen und Ärzte dieses Typs zeichnen sich durch ein sehr schwaches Bestreben nach "Unabhängigkeit und Verantwortung" aus. Auch die Correll-Motivation "Vertrauen" ist bei ihnen schwach ausgeprägt. Das Streben nach "sozialer Anerkennung", "Sicherheit"[10] und "Selbstachtung" ist durchschnittlich, d.h. ohne große Auffälligkeiten ausgebildet. Diese Ärzte können alles in allem als unauffällig und angepaßt bezeichnet werden.

Cluster 2: Die vertrauensvollen Ärzte

Hier steht die Motivation "Vertrauen" im Vordergrund. Skepsis und Unnachgiebigkeit um jeden Preis (Dimension "Selbstachtung") sind diesen Ärzten völlig fremd. Sie verfügen über ein vergleichsweise starkes Unabhängigkeitsstreben, zeigen das geringste Sicherheitsstreben, und soziale Anerkennung ist ihrer Meinung nach für sie unbedeutend, da es ihren Ansprüchen entsprechend hinreichend befriedigt ist. Das Streben nach Unabhängigkeit und Verantwortung in Kombination mit einer ausgeprägten Vertrauens-Motivation zeichnet erfolgreiche Persönlichkeiten aus. Die Begründung liegt darin, daß eigenverantwortliches Handeln leichter durchsetzbar ist, wenn es durch die engere soziale Umwelt unterstützt wird. Kurzum: Es handelt sich hier um den typischen vertrauensvollen Arzt, der Verantwortung zeigt.

Cluster 3: Die nach sozialer Anerkennung strebenden Ärzte

Die Ärzte dieses Typs sind sehr stark auffallend. Sie setzen sich gerne in Position, da ihnen soziale Anerkennung sehr wichtig ist. Sie zeichnen sich im Vergleich zu den anderen Gruppen auch durch das stärkste Streben nach Unabhängigkeit und Verantwortung aus. Selbstachtung ist für sie im Gegensatz zu den beiden zuerst genannten Gruppen von Wichtigkeit, d.h. sie sehen sich selbst als eher skeptisch und unnachgiebig. Die Motivation "Vertrauen" ist bei ihnen schwach negativ ausgeprägt. Das Sicherheitsstreben ist nur durchschnittlich ausgebildet.

---

10 Das Streben nach Sicherheit und Geborgenheit darf auf keinen Fall mit dem Streben der Ärzteschaft nach sicherer medikamentöser Therapie verwechselt werden.

Cluster 4: Die sicherheitsbewußten Ärzte
Die Ärzte dieses vierten Clusters lassen sich durch ein ausgesprochenes Sicherheitsstreben charakterisieren. Sie sind also vorsorgend, traditionsgebunden und mehrheitsorientiert. Das Streben nach sozialer Anerkennung liegt ihnen völlig fern, d.h. sie bemühen sich nicht darum aufzufallen und in Position zu setzen. Die Motivation "Selbstachtung", hier stellvertretend für Skepsis, politisches Engagement und Unnachgiebigkeit stehend, ist bei den Mitgliedern dieser Gruppe am stärksten ausgeprägt. Im Vergleich zu den Ärzten des dritten Clusters ist das unabhängige und eigenverantwortliche Handeln bei ihnen fast ebenso stark ausgeprägt. Ähnlichkeiten zur dritten Gruppe bestehen auch beim Streben nach "Vertrauen", das schwach negativ ausgebildet ist.

Die ***statistische Güte der theoretisch gestützten, empirischen Ärztetypologie*** wurde mit Hilfe einer ***Diskriminanzanalyse*** nachgewiesen (vgl. dazu Abschnitt D.2.7.2). Diese vier Ärztegruppen, die sich untereinander sehr unterscheiden, in sich aber sehr homogen sind, werden im Rahmen der Hypothesenprüfung auf signifikante Einstellungs- und Verhaltensunterschiede bezüglich der Pharma-Kommunikation untersucht. Im Rahmen der sich anschließenden Analysen wird die Beobachtung der Ärzte ausgewertet. Es werden charakteristische, leicht beobachtbare Eigenschaften zur schnellen Unterscheidung der Ärzte vorgestellt. Nach einer ausführlichen Beurteilung der Güte der Daten wird zur schnelleren Orientierung eine Zusammenfassung dieses Kapitels geboten.

Zunächst werden einige faktoranalytische Betrachtungen vorgenommen, um die Hypothesentests vorzubereiten.

2.4.3 Faktorenanalytische Untersuchungen zur Datenreduktion

Für die Prüfung der Hypothesen sollen nur voneinander unabhängige übergeordnete Dimensionen genutzt werden. Zur Festlegung dieser Einflußfaktoren ist die Faktorenanalyse ein adäquates Verfahren. Die jeweiligen Items und Statements wurden mit Hilfe der im statistischen Programm SPSS enthaltenen Prozedur "Factor" untersucht (vgl. dazu Schübo, Uehlinger, 1986, S. 257 ff.). Zur Faktorenextraktion wurde die Hauptkomponentenmethode eingesetzt. Die Spalten der Faktormatrizen wurden durch orthogonale Varimax-Rotationen vereinfacht.

Zunächst erfolgt die Analyse zum Medien-Involvement, danach die Darstellung der Dimensionen zu den Kommunikationsinhalten und abschließend die Beschreibung der Faktoren zur patientenorientierten Ansprache.

Wenn die Pharma-Industrie aus Wirtschaftlichkeitsgründen auf alle Informationsangebote verzichten müßte, würden die Ärzte ***Fortbildungsseminare*** am stärksten vermissen (Mittelwert 3,77). Die Befragung ergab folgende weitere Rangfolge des ***Medien-Involvements*** der Ärzte:

02. Symposien (3,35)
03. Muster (3,26)
04. Pharma-Referenten (3,03)
05. Messen (2,68)
06. Video-Fortbildung (2,62)
07. Feldstudien (2,19)
08. Anzeigen in Ärztefachzeitschriften (2,14)
09. Direct-Mails (1,81)
10. Sales-Folder (1,58)
11. Telefon-Marketing (1,16)

Die Einbeziehung dieser Angaben zum Medien-Involvement in eine Faktorenanalyse ergab vier übergeordnete Dimensionen.

Tab. 13: Medien-Involvement der Ärzte, Faktorladungen

Kommunikations-Instrument	Faktorladung 1	2	3	4	*Hypoth. Dim.*
Direct Mails	0,71	0,09	0,01	0,16	
Anzeigen	0,60	-0,21	0,30	-0,01	*Direct u.*
Telefon-Marketing	0,56	0,26	-0,20	0,01	*Print*
Sales-Folder	0,54	-0,02	0,27	0,16	
Feldstudien	0,42	0,17	0,39	-0,11	
Fortbildungsseminare	-0,06	0,83	0,15	0,15	*Wissenschaft.*
Symposien	0,18	0,80	-0,10	0,05	*Fortbildung*
Muster	0,10	-0,17	0,81	0,08	*Persönliche*
Pharma-Referenten	0,05	0,39	0,57	0,02	*Muster*
Video-Fortbildung	0,03	0,00	0,04	0,89	*Neuerungen*
Messen u. Ausstell.	0,27	0,21	0,03	0,60	
Eigenwerte	2,39	1,56	1,07	1,04	
Anteil erklärte Var	21,7%	14,2%	9,8%	9,5%	Kumuliert 55,3%

Das Involvement der Ärzte bezüglich der 11 zur Beurteilung gestellten Medien kann zu vier grundlegenden Faktoren gebündelt werden. Auf den ersten Faktor laden die Instrumente "Direct Mails" und "Telefon-Marketing" sowie "Anzeigen" und "Sales-Folder" mit Werten über 0,50. Daher wurde der Faktor ***"Direct und Print"*** genannt.

Der zweite Faktor ***"Wissenschaftliche Fortbildung"*** faßt die "Fortbildungsseminare" und "Symposien" zusammen. ***"Muster" und "Pharma-Referenten"*** bilden den dritten Faktor. Das kann mit der in der täglichen Praxis oftmals zu beobachtenden Verkürzung des Gesprächs zwischen Arzt und Außendienstmitarbeiter auf die Übergabe von Mustern zusammenhängen. ***"Video-Fortbildung" und "Messen und Ausstellungen"*** bilden einen eigenständigen Faktor.

Die folgende Tabelle zeigt eine faktoranalytische Betrachtung der Ärzte-Ansichten. Dadurch lassen sich Bündel von Kommunikationsinhalten erkennen.

Tab. 14: Ärzte-Ansichten zu den Kommunikationsinhalten, Faktoren

Instrumente	Faktorladungen 1	2	3	4	5	6	7	8	
Kapitalanlage 17	0,66	0,07	0,03	0,08	0,04	0,01	0,18	-0,18	
Computer 10	0,62	0,23	-0,08	-0,14	0,05	0,00	-0,15	0,08	1
Mediziner 14	0,56	-0,15	0,44	0,10	-0,16	0,09	0,23	0,06	
Wi./Priv.Int. 7	0,51	0,28	-0,06	0,01	0,49	0,14	-0,03	-0,11	
Pers. Empfehl. 1	0,08	0,78	-0,05	-0,11	0,09	0,02	0,09	0,05	
Kollegen 11	0,13	0,68	0,19	0,14	-0,26	0,01	0,06	0,03	2
Emo. Elemente 6	0,08	0,55	0,12	-0,09	0,13	0,44	0,09	-0,09	
Zeitsch./Priv.16	-0,13	-0,04	0,75	-0,07	0,13	0,11	0,17	-0,08	
Kultur 19	0,15	0,20	0,57	-0,37	-0,02	0,04	-0,09	0,12	3
Qualität 5	0,04	0,27	0,55	-0,04	-0,04	-0,35	-0,08	-0,34	
Med. Lit. 18	0,25	-0,12	0,19	-0,73	-0,14	0,03	-0,07	-0,07	4
Profit-Max 12	0,21	-0,15	-0,03	0,72	-0,09	0,09	-0,04	-0,11	
Sport 20	-0,00	0,22	-0,07	0,13	-0,73	0,21	0,07	0,08	5
Vertr. Freund 13	0,02	0,11	0,08	0,32	0,62	0,19	0,03	0,20	
Neue Präparate 8	0,38	-0,01	0,03	0,00	-0,04	0,67	0,01	0,05	6
Detailkenntnis 3	0,35	-0,20	0,02	-0,15	0,03	-0,65	0,14	0,19	
Autoritätsper.15	0,13	0,06	0,14	0,09	-0,15	-0,01	0,74	0,05	
Exklusivität 2	0,02	0,33	-0,05	-0,06	0,35	-0,13	0,58	-0,00	7
Sachl. Infos. 4	0,25	0,06	0,39	0,27	0,16	-0,29	-0,44	0,25	
Generikum 9	-0,08	0,04	-0,05	-0,05	0,01	-0,08	0,01	0,89	8
Eigenwerte	2,71	1,83	1,61	1,50	1,26	1,24	1,17	1,01	
Anteil erklärte Varianz	13,5%	9,2%	8,0%	7,5%	6,3%	6,2%	5,8%	5,0	Kum 62%

Faktor-Nr.	Benennung der Faktoren
1	Wirtschaftliche und private Themen in der Ärztekommunikation
2	Absicherung der Verschreibung
3	Privatleben
4	Profitmaximierung als Hauptinteresse der Pharma-Industrie
5	Freund der Patienten
6	Innovative Verordnungen ohne Beratungsnotwendigkeit
7	Autoritätsperson mit Stil und Selbstbewußtsein
8	Verschreibung von Generika

Der Faktor mit dem größten Varianzerklärungsanteil wurde ***"Wirtschaftliche und private Themen in der Ärztekommunikation"*** genannt. Er steht für das Interesse der

Ärzte an Seminaren zur Kapitalanlage und zur Computerfortbildung und für das Statement "Im Rahmen der Ärzteinformationspolitik sollten neben dem Arzt als Helfer auch wirtschaftliche und private Interessen der Ärzte thematisiert werden". Die Ärzte sollten demnach als umfassende Kommunikationspartner gesehen werden. Auf diesen Faktor lädt auch das Selbstbild "wissenschaftlicher Mediziner" mit einem Wert von 0,56 stark.

Der zweite Faktor ***"Absicherung der Verschreibung"*** betrifft die persönlichen Empfehlungen der Pharma-Referenten, die Verschreibungen der Kollegen und den Einsatz von emotionalen Elementen in Anzeigen von Ärztezeitschriften.

"Privatleben" wird der dritte Faktor genannt. Es geht um kulturelle Freizeitbeschäftigungen in Verbindung mit der Nutzung von Ärztezeitschriften im privaten Bereich, ergänzt um die pauschale Feststellung, daß "die bewährte Qualität eines Präparates" der wichtigste Verschreibungsgrund für ein Präparat ist.

Der vierte Faktor ***"Profitmaximierung als Hauptinteresse der Pharma-Industrie"*** zeigt eine Verbindung zwischen der Ansicht, das Hauptinteresse der Pharma-Hersteller sei die Profitmaximierung und der "Nicht-Anforderung von medizinischer Literatur".

Die hypothetische Dimension 5 ***"Freund der Patienten"*** zeigt eine Verbindung von "Nicht-Sportler" und dem Selbstbild "Ich glaube, viele Patienten sehen in mir einen vertrauensvollen Freund".

"Innovative Verordnungen ohne Beratungsnotwendigkeit" zeigt die Bereitschaft zur Verschreibung auf dem Markt neu eingeführter Präparate. Auf den gleichen Faktor lädt das Statement "Ich erwarte, daß der Pharma-Referent über genaue Detailkenntnis seiner Präparate verfügt" stark negativ. Innovative Verordner verlangen von ihren Ärztebesuchern keine Detailkenntnis. Dies ist vermutlich darauf zurückzuführen, daß diese Ärzte ihre eigene Kompetenz hoch einschätzen.

Im Vordergrund des siebten Faktors steht das Selbstbild "Ich glaube, für meine Patienten bin ich eine Autoritätsperson". Eine hohe Ladung auf diesen Faktor verzeichnet auch der Anspruch "Pharma-Informationen, die mir der Pharma-Referent mitbringt, sollten in der Gestaltung einen Hauch von Exklusivität aufweisen". Demzufolge wird der Faktor *"Autoritätsperson mit Stil und Selbstbewußtsein"* genannt. Die bevorzugte Verschreibung von ***Generika***, wenn die freie Wahl zu Markenpräparaten besteht, bildet einen eigenen Faktor.

Die faktoranalytischen Betrachtungen werden durch eine Untersuchung der Ansichten zur Patienten-Ansprache vervollständigt.

Tab. 15: Ärzte-Ansichten zur Patienten-Ansprache, Faktorladungen

Statements	Faktorladungen 1	2	*Hypoth. Dim.*
Aktive Unterstützung des A-P-V (2)	0,81	0,02	*Unterstützung des A-P-V*
Notwendige Behandlung (6)	0,73	-0,12	
Unzul. Eingriff in das A-P-V (1)	-0,68	-0,01	
Honorierung durch Verschreibung (5)	0,66	0,09	
Verschreibungsbitte (4)	0,43	0,73	*Unabhängigkeit in der Verschreibung*
Schnelle Herstellerinformationen(3)	0,44	-0,68	
Eigenwerte	2,46	1,01	Kumuliert
Anteil erklärte Varianz	41,1%	16,9%	58,0%

Die multivariate Analyse ergab eine zweifaktorielle Lösung. Beachtenswert ist der große Varianzerklärungsanteil des ersten Faktors mit 41,1 v.H. Dieser bündelt vier Statements, die eine positive Ausrichtung zeigen. So wird die Aktion als eine Informationskampagne gesehen, die das Arzt-Patienten-Verhältnis aktiv unterstützt und einen erkrankten Menschen dazu bringen kann, daß dieser sich in die Behandlung durch den Arzt begibt. Stark positiv lädt auf diesen Faktor auch das Item "Wenn eine Verschreibung notwendig ist, werde ich den Einsatz des informierenden Herstellers durch die Verschreibung eines Präparates dieses Herstellers honorieren". Angesichts dieser Statements wurde der Faktor *"Unterstützung des Arzt-Patienten-Verhältnisses"* genannt.

Die zweite hypothetische Dimension *"Unabhängigkeit in der Verschreibung"* steht für die Verknüpfung zweier Statements. Eine stark positive Ladung weist die Ansicht "Wenn ein Patient ein Präparat des werbenden Herstellers verschrieben haben möchte, werde ich diesem Wunsch mit meiner Verschreibung nachkommen" auf. Stark negativ lädt auf diesen Faktor dagegen der Wunsch, schnellstmöglich über Publikumsinformationskampagnen unterrichtet zu werden. Angemerkt sei aber, daß beide Aussagen auf den ersten Faktor positiv mit Werten in Höhe von "0,43" beziehungsweise "0,44" laden.

2.5 Prüfung der Hypothesen

Nachdem nun die cluster- und faktoranalytischen Ergebnisse zur Ärztestudie vorliegen, kann in diesem Abschnitt die Hypothesenprüfung vorgenommen werden.

Hypothese I:

Wenn ein Arzt sich durch ein ausgeprägtes Streben nach "sozialer Anerkennung" auszeichnet, dann hat er im Vergleich zu den Ärzten der größten Gruppe eine positivere Haltung zur Thematisierung wirtschaftlicher und privater Themen in der Ärztekommunikation.

Zur Prüfung dieser Hypothese dienten als unabhängige Variablen die fünf mit Hilfe der Item-Gesamtwert-Korrelation ermittelten Motivationen nach Correll: "Soziale Anerkennung", "Sicherheit/Geborgenheit", "Vertrauen", "Selbstachtung" und "Unabhängigkeit/Verantwortung". Die abhängige Variable bildeten die Faktorwerte des Ansichts-Faktors mit dem größten Varianzerklärungsanteil "Wirtschaftliche und private Themen in der Ärztekommunikation". Dieser Faktor bündelt folgende Statements:

- Wenn ein Pharma-Hersteller ein Seminar zur Kapitalanlage anbieten würde, wäre ich geneigt, daran teilzunehmen.
- Die Pharma-Hersteller sollten in ihr Fortbildungsangebot verstärkt Themen zum Computereinsatz in der Arztpraxis aufnehmen.
- Ich glaube, meine Patienten sehen in mir einen wissenschaftlichen Mediziner.
- Im Rahmen der Ärzteinformationspolitik der Pharma-Industrie sollten neben dem "Arzt als Helfer" auch wirtschaftliche und private Interessen der Ärzte thematisiert werden.

Durch ein ausgeprägtes Streben nach "Sozialer Anerkennung" zeichnet sich die dritte clusteranalytisch ermittelte Ärztegruppe (23 v.H.) "Die nach sozialer Anerkennung strebenden Ärzte" aus. Als Vergleichsgruppe wurde die Teilmenge "Die angepaßten Ärzte" (37 v.H.) und damit die zahlenmäßig größte Gruppe gewählt. Die beiden Gruppen wurden mittels t-Tests für unabhängige Gruppen mit heterogenen Varianzen auf signifikante Unterschiede der Faktorwerte untersucht. Zur Prüfung der Varianzhomogenität diente der F-Test. Das Signifikanzniveau wurde in diesem Fall mit 10 v.H. festgelegt, um den beta-Fehler klein zu halten (vgl. Bauer, 1986, S. 55). Es ergaben sich folgende Ergebnisse.

Tab. 16: Mittelwertvergleich der Ärzte-Ansichten zur Hypothese 1

Faktor	Gruppe		Signifikanzniveau
	Größte G.	Anerk.	
"1" "Wirtschaftliche und private Themen in der Ärztekommunikation"	-0,18	0,53	kleiner/gleich 0,01

Die Hypothese muß demnach bestätigt werden. Nach sozialer Anerkennung strebende Ärzte zeichnen sich durch eine positivere Haltung zur Thematisierung wirtschaftlicher und privater Themen in der Ärztekommunikation aus als "die größte Gruppe der Ärzte" (Mittelwerte).

Hypothese II:

Wenn ein Arzt sich durch ein ausgeprägtes Streben nach "sozialer Anerkennung" auszeichnet, dann bezieht er im Vergleich zu den Ärzten der größten Gruppe Medien zur Ärzte-Ansprache stärker in sein von kulturellen Aktivitäten geprägtes Privatleben mit ein.

Die unabhängigen Variablen sind identisch mit der ersten Hypothese. Als abhängige Variable wurde der dritte Faktor "Privatleben" der Ärzte-Ansichten herangezogen. Die Benennung der Dimension stützt sich auf folgende Statements:

- Ärztezeitschriften lese ich des öfteren in Ruhe in meiner Privatwohnung.
- In meiner Freizeit widme ich mich gerne der Kultur, z.B. Theater, Musik, Gemälde, Literatur usw.
- Die bewährte Qualität eines Präparates ist für mich der wichtigste Aspekt zur Entscheidung für ein Präparat in der Verschreibungssituation.[11]

Die beiden Gruppen "Die angepaßten Ärzte" und "Die nach sozialer Anerkennung strebenden Ärzte" wurden mittels t-Tests für unabhängige Gruppen mit homogenen

11 Das Statement ist von geringerer Bedeutung für die Interpretation dieses Faktors als die beiden anderen Aussagen. Daher kann der Faktor zur Hypothesenprüfung genutzt werden.

Varianzen (F-Test) auf signifikante Unterschiede der Faktorwerte untersucht. Es ergaben sich folgende Ergebnisse.

Tab. 17: Mittelwertvergleich der Ärzte-Ansichten zur Hypothese 2

Faktor	Gruppe		Signifikanzniveau
	Größte G.	Anerk.	
"1" "Privatleben"	-0,22	0,28	kleiner/gleich 0,05

Die Hypothese muß demnach bestätigt werden. Nach sozialer Anerkennung strebende Ärzte beziehen demnach Medien zur Ärzte-Ansprache stärker in ihr durch kulturelle Aktivitäten geprägtes Privatleben mit ein als die "größte Gruppe der Ärzte".

Hypothese III:

Wenn ein Arzt sich durch ein ausgeprägtes Streben nach "sozialer Anerkennung" auszeichnet, dann sieht er im Vergleich zu den Ärzten der größten Gruppe eine patientenorientierte Ansprache in Publikumsmedien stärker als begrüßenswerte Aktion zur Unterstützung des Arzt-Patienten-Verhältnisses.

Die unabhängigen Variablen sind unverändert. Als abhängige Variable wurde der erste Faktor der Ärzte-Ansichten zur Patienten-Ansprache herangezogen. Es handelt sich um die hypothetische Dimension "Arzt-Patienten-Verhältnisses" mit einem hohen Varianzerklärungsanteil von 41,1 v.H. Hinter diesem Faktor stehen folgende Statements:

- Es handelt sich bei einer solchen Informationskampagne um eine aktive Unterstützung des Arzt-Patienten-Verhältnisses.
- Aktionen zur Information der Bevölkerung über Krankheitsbilder können einen Beitrag dazu leisten, daß ein erkrankter Mensch sich in die notwendige Behandlung durch den Arzt begibt.
- Eine solche Informationskampagne ist kein unzulässiger Eingriff in das Arzt-Patienten-Verhältnis (umcodiert).
- Wenn eine Verschreibung notwendig ist, werde ich den Einsatz des informierenden Unternehmens durch die Verschreibung eines Präparates dieses Herstellers honorieren.

Die beiden Ärzte-Gruppen wurden wiederum mittels t-Tests für unabhängige Gruppen mit homogenen Varianzen (F-Test) auf signifikante Unterschiede der Faktorwerte untersucht. Die Tabelle zeigt das Ergebnis.

Tab. 18: Vergleich der Ärzte-Einstellung zur Patienten-Ansprache H3			
Faktor	Gruppe Größte G.	 Anerk.	Signifikanzniveau
"1" "Unterstützung des A-P-V"	-0,16	0,29	kleiner/gleich 0,05

Es zeigt sich, daß stark nach sozialer Anerkennung strebende Ärzte im Vergleich zu den Ärzten der größten Gruppe eine patientenorientierte Ansprache in Publikumsmedien stärker als begrüßenswerte Aktion zur Unterstützung des Arzt-Patienten-Verhältnisses ansehen als die "Angepaßten Ärzte".

Weiterhin sollte geprüft werden, ob ein Zusammenhang zwischen dem Medien-Involvement und den empirisch ermittelten Haupt-Motivationen der Ärzte besteht.

Als unabhängige Variablen dienten die fünf mit Hilfe der Item-Gesamtwert-Korrelation ermittelten Motivationstypen nach Correll "Soziale Anerkennung", "Sicherheit/Geborgenheit", "Vertrauen", "Selbstachtung" und "Unabhängigkeit/Verantwortung". Es konnten dadurch vier Ärztetypen festgestellt werden: Typ 1 "Der angepaßte Arzt", Typ 2 "Der vertrauensvolle Arzt", Typ 3 "Der nach sozialer Anerkennung strebende Arzt" und Typ 4 "Der sicherheitsbewußte Arzt". Als abhängige Variablen fungierten die vier aus den elf Variablen extrahierten Faktoren zum **Medien-Involvement**:

- "Direct und Print",
- "Wissenschaftliche Fortbildung",
- "Persönliche Muster",
- "Neuerungen und Fortbildung".

Die Faktorwerte zum Medien-Involvement wurden auf Unterschiede zwischen den Ärzte-Clustern untersucht. Insgesamt waren 16 Paarvergleiche mittels t-Tests für unabhängige Gruppen durchzuführen. Die folgende Tabelle zeigt die Einzelergebnisse.

Tab. 19: Mittelwerte der vier Ärzte-Cluster zum Medien-Involvement

Faktoren zum Medien-Involvement	Ärzte-Cluster 1	2	3	4
"1" Direct und Print	-0,19	0,03	0,18	-0,02
"2" Wissenschaftliche Fortbildung	-0,13	-0,03	0,10	0,24
"3" Persönliche Muster	-0,04	0,11	0,06	-0,06
"4" Neuerungen und Fortbildung	0,08	0,08	-0,14	-0,06

Benennung der Ärzte-Typen:
Ärzte-Cluster 1: "Der angepaßte Arzt"
Ärzte-Cluster 2: "Der vertrauensvolle Arzt"
Ärzte-Cluster 3: "Der nach sozialer Anerkennung strebende Arzt"
Ärzte-Cluster 4: "Der sicherheitsbewußte Arzt"

Die Tabelle zeigt, daß ***keine signifikanten Unterschiede zwischen den einzelnen Gruppen im Medien-Involvement*** festzustellen waren (Signifikanzniveau kleiner/gleich 0,05). Dies ist eine Erkenntnis von besonderer Tragweite. ***Wenn es die Correll-Typen gäbe, könnten sie in ihrem Medienverhalten nicht unterschieden werden. Für die motivationsspezifische Gestaltung der Kommunikation wäre dann lediglich eine Differenzierung der Kommunikationsinhalte notwendig.***[12] Es gibt zwar Kommunikationsinstrumente, die im allgemeinen von den Ärzten positiver beurteilt werden als andere (z.B. Pharma-Referenten im Gegensatz zum Telefon-Marketing), motivationsspezifische Präferenzen bezüglich einzelner Medien bestimmter Correll-Cluster sind jedoch nicht überzufällig.

2.6 Weitere Analysen

2.6.1 Erkenntnisse der Ärztebefragung

In diesem Abschnitt werden zunächst die von den Ärzten geäußerten statistischen Angaben auf Unterschiede zwischen den vier Gruppen untersucht. Faktorenanalysen dimensionierten die metrischen Daten. Die Faktorwerte bildeten später die Grundlage für eine Diskriminanzanalyse.

12 Diese Erkenntnis beruht auf den mündlichen Angaben der Ärzte. Dies setzt (wie bei jeder Befragung) voraus, daß die Interviewten nicht absichtlich falsch antworten und sich nicht unbewußt anders verhalten.

Die Extraktion der Faktoren erfolgte nach der Hauptkomponentenmethode. Eine orthogonale Rotation (hier: Varimax-Rotation) diente der Erzielung einer günstigeren Faktorenstruktur. Der Faktoreninterpretation wurde das Kaiser-Kriterium zugrundegelegt.

Tab. 20: Statistische Angaben der Ärzte, Faktorladungen

Statistische Angaben der Ärzte	Faktorladung 1	2	3	4	*Hypoth. Dim.*
Krankenscheine pro Quartal	0,87	0,08	0,05	-0,03	
Patienten pro Tag	0,82	0,01	0,12	0,07	*Patienten-*
Privat-Patienten pro Quartal	0,78	0,11	0,07	-0,11	*aufkommen*
Zahl der Ärzte in der Praxis	0,00	0,87	-0,06	0,06	*Personal*
Zahl der Beschäftigten	0,32	0,81	0,11	0,09	*und*
Zahl der medizinischen Geräte	-0,06	0,64	0,17	-0,41	*Ausstattung*
Alter des Arztes	-0,11	-0,02	-0,91	0,06	*Praxisalter*
Jahr der Praxiseröffnung	0,08	0,09	0,90	0,15	
Anteil der Generikaverord.	-0,08	0,01	0,10	0,94	*Generika-verordnungen*
Eigenwerte	2,66	1,59	1,51	1,04	
Anteil erklärte Var	29,5%	17,7%	16,8%	11,5%	Kumuliert 75,4%

Die ermittelte Vier-Faktorenlösung zeichnet sich durch sehr eindeutige Ladungen aus. Die erste Dimension wurde ***"Patientenaufkommen"*** genannt, da es die Angaben zur Zahl der Patienten pro Quartal und zu den Patienten pro Tag bündelt. ***"Personal und Ausstattung"*** steht für die Zahl der Beschäftigten in der Praxis und die Ausstattung mit medizinischem Gerät. Je mehr Personal vorhanden ist, desto umfangreicher und komfortabler ist tendenziell die technische Ausstattung. Der Faktor ***"Praxisalter"*** zeigt deutlich, daß die Praxiseröffnung bei vielen jungen Ärzten noch nicht lange zurückliegt. Die ***Generikaverordnungen*** bilden einen eigenständigen Faktor. Angemerkt sei, daß der Varianzerklärungsanteil mit 75,4 v.H. relativ hoch ausgefallen ist.

2.6.2 Analyse der Ärztebeobachtungen

Die Auswertung der Beobachtungen wird in drei Schritten dargestellt. Zunächst werden die Beobachtungen zu den Themen "Gesamteinschätzung des Arztes" sowie "Praxis und Praxisumgebung" in zwei getrennte Faktorenanalysen einbezogen. Die daraus resultierenden Faktorwerte bilden zusammen mit den Faktorwerten der statistischen Angaben die Grundlage für die sich anschließende diskriminanzanalytische Betrachtung. Zusätzlich wird eine Untersuchung der nominalskalierten Beobachtungen durchgeführt.

Mit Hilfe der Faktorenanalyse kristallisierten sich folgende Dimensionen zur ***"Gesamteinschätzung des Arztes"*** heraus.

Tab. 21: Gesamteinschätzung des Arztes, Faktorladungen

Einschätzung des Arztes	Faktorladung 1	2	3	*Hypoth. Dim.*
offen/aufgeschlossen	<u>0,82</u>	0,14	0,12	
freundlich	<u>0,77</u>	-0,14	0,20	
offene Körperhaltung	<u>0,67</u>	0,24	-0,20	
humorvoll	<u>0,67</u>	0,22	0,11	*Erscheinung*
modisch	<u>0,65</u>	-0,02	-0,16	
pedantisch	<u>-0,61</u>	-0,05	-0,24	
aufrechte Körperhaltung	0,49	-0,11	-0,18	
zurückhaltend/ruhig	-0,19	<u>-0,82</u>	0,15	
leise	-0,24	<u>-0,73</u>	0,28	
übergewichtig	-0,24	<u>0,62</u>	0,10	*Verhalten*
gestikulierend	0,26	<u>0,52</u>	0,27	
hektisch	-0,44	<u>0,50</u>	0,06	
spricht in Ich-form	-0,05	0,14	<u>-0,82</u>	
spricht in Man-form	-0,07	-0,03	<u>0,73</u>	*Sprache*
spricht in Wir-form	0,07	0,12	<u>0,71</u>	
Eigenwerte	3,72	2,33	1,98	*Kumuliert*
Anteil erklärte Varianz	24,8%	15,5%	13,2%	53,5%

Faktor 1 ***"Erscheinung"*** vereinigt ausschließlich positive Eigenschaften. Ärzte mit einer positiven Faktorwertausprägung zeichnen sich durch eine offene Haltung aus, sind freundlich, humorvoll und modisch gekleidet. Die Variable "pedantisch" lädt negativ auf diesen Faktor.

Auf den Faktor 2 ***"Verhalten"*** laden die Variablen "zurückhaltend/ruhig" und "leise" stark negativ, die Variablen "übergewichtig" und "gestikulierend" überdurchschnittlich stark positiv.

Der dritte Faktor steht für die Art des Arztes, andere Personen anzureden. So dominiert hier die ***"Sprache"***.

Die folgende Tabelle zeigt die faktoranalytischen Ergebnisse zu den ***Beobachtungen der Praxis und Praxisumgebung***.

Tab. 22: Beobachtungen der Praxis und der Praxisumgebung, Faktorladungen

Beobachtungs-Kategorien	Faktorladung 1	2	3	4	5	6	7	*Hypoth. Dim.*
Moderner Stil	0,83	0,16	-0,14	0,27	0,03	0,03	0,08	
Neu eingerich	0,81	0,32	-0,04	0,16	0,06	-0,00	-0,02	*Moderne,*
Weiträumig	0,75	0,13	-0,10	0,00	0,07	0,11	-0,30	*einladende*
Empfangszim.	0,62	-0,21	0,09	0,14	-0,13	-0,20	-0,05	*Praxis*
Aufger. Tisch	-0,03	0,87	0,05	0,08	-0,17	0,11	-0,12	*Ordentliche*
Aufger. Prax.	0,34	0,79	0,04	0,05	0,08	-0,02	-0,04	*Praxis*
Hinweise auf								*Privatleben*
Privatleben	0,13	0,17	0,81	-0,05	0,18	0,01	0,18	*ohne private*
Priv. Atmosp.	0,51	-0,05	-0,63	-0,07	0,04	0,16	0,09	*Atmosphäre*
Blumen/Sprech	0,43	0,08	-0,58	-0,45	0,03	0,02	0,09	*i.d. Praxis*
Alter d. Pat.	-0,09	-0,35	0,54	-0,42	-0,13	0,24	-0,07	
Rusti. Praxis	-0,28	0,02	0,01	-0,78	-0,08	-0,07	-0,02	*Nicht rusti.*
Status d. Um.	0,11	0,12	0,02	0,61	-0,01	0,17	-0,02	*Praxis in*
								gehob.Umgeb.
Werbehilfen								
im Sprechz.	0,07	-0,12	-0,07	0,20	0,79	-0,15	-0,13	*Werbehilfen*
Warteplätze	0,01	0,10	0,11	-0,04	0,76	0,26	-0,06	*in großen*
Arzthel./Styl	0,44	0,29	-0,14	0,28	-0,51	0,23	-0,08	*Praxen*
Mitarb./Empf.	-0,06	0,05	0,02	0,14	-0,05	0,76	-0,22	*Große Praxen*
Praxen i. H.	0,06	0,03	-0,03	0,08	0,09	0,76	0,21	*i.Ärztehäus.*
Einwohner	-0,07	-0,03	-0,11	0,14	-0,10	0,14	0,83	*Einwohner-*
Arzth./Alter	-0,11	-0,14	0,26	-0,23	-0,08	-0,21	0,65	*zahl*
Eigenwerte	4,22	1,94	1,71	1,50	1,41	1,22	1,15	
Erklärte Varianz	22,2%	10,2%	9,0%	7,9%	7,4%	6,4%	6,0%	Kumuliert 69,2%

Die sieben extrahierten Faktoren erklären zusammen 69,2 v.H. der Gesamtvarianz. Der mit Abstand wichtigste Faktor ***"Moderne, einladende Praxis"*** vereinigt ausschließlich positive Items zur Beschreibung der Praxis. Der zweite Faktor gibt Aufschluß über das ***Ordnungsstreben*** des Arztes. Die dritte Dimension gibt Hinweise auf das Verhältnis von ***Beruf und Privatleben*** des Arztes. Obwohl die "Hinweise auf das Privatleben des Arztes" stark positiv laden, vermittelt die Praxis dem Beobachter keine private Atmosphäre. Faktor 4 zeigt einen ***negativen Zusammenhang zwischen einer rustikalen Praxiseinrichtung und einer gehobenen Praxisumgebung***. ***Werbehilfen mit Firmenaufdruck*** sind im Sprechzimmer besonders dann zu beobachten, wenn das ***Wartezimmer über viele Plätze verfügt***. Einen weiteren nachvollziehbaren Zusammenhang läßt Faktor 6 erkennen: ***In Ärztehäusern mit mehreren Praxen arbeiten mehr Personen im Empfang einer Praxis***. Die hypothetische Dimension 7 steht für die ***"Einwohnerzahl"*** des Ortes, in dem die Praxis gelegen ist.

Im nächsten Schritt der weiteren Analysen werden nun die Faktorwerte der ermittelten ***14 Faktoren*** in eine ***Diskriminanzanalyse*** einbezogen. Zum besseren Verständnis seien die Faktoren an dieser Stelle noch einmal genannt:

Statistische Angaben:
"1" Patientenaufkommen
"2" Personal und Ausstattung
"3" Praxisalter
"4" Generikaverordnungen

Gesamteinschätzung des Arztes
"1" Erscheinung
"2" Verhalten
"3" Sprache

Beobachtungen der Praxis und Praxisumgebung:
"1" Moderne, einladende Praxis
"2" Ordentliche Praxis
"3" Privatleben ohne private Atmosphäre in der Praxis
"4" Nicht/rustikale Praxis in gehobener Umgebung
"5" Werbehilfen in großen Praxen
"6" Große Praxen in Ärztehäusern
"7" Einwohnerzahl

Die Einbeziehung dieser Faktoren in eine ***schrittweise Diskriminanzanalyse nach dem Wilks-Lambda-Kriterium*** ergab, daß nur die Hälfte der Faktoren signifikant zur

Trennung der Gruppen beiträgt (Signifikanzniveau kleiner/gleich 0,05).[13] Von den drei berechneten Diskriminanzfunktionen ist nur die erste signifikant (Wilks-Lambda = 0,54; Irrtumswahrscheinlichkeit kleiner/gleich 0,01). Die standardisierten kanonischen Diskriminanzkoeffizienten der ersten Diskriminanzfunktion zeigen, daß der ***Faktor "Moderne, einladende Praxis" über das größte Potential zur Trennung der Gruppen verfügt. Es schließen sich die Faktoren "Generikaverordnungen", "Einwohnerzahl", "Erscheinung", "Praxisalter" und "Verhalten" an.*** Die Tabelle zeigt die Gruppenmittelwerte der Faktoren.

Tab. 23: Diskriminanzanalytische Betrachtung der Beobachtungen und statistischen Angaben, Gruppenmittelwerte

Faktoren	Trenn-potential	Gruppenmittelwerte 1	2	3	4	G-MW
Moderne, einladende Praxis	-0,79	0,23	-0,27	0,06	0,18	0,04
Generikaverordnungen	-0,66	0,52	-0,45	-0,03	0,16	0,06
Einwohnerzahl	0,64	-0,08	0,53	0,21	-0,37	0,13
Erscheinung	0,46	-0,15	-0,02	0,32	0,03	0,04
Praxisalter	0,45	0,29	0,08	-0,23	-0,57	-0,02
Verhalten	0,06	-0,03	-0,03	-0,34	0,04	-0,10
Fallzahl		22	19	18	9	68

Benennung der Ärzte-Typen:

Ärzte-Cluster 1: "Der angepaßte Arzt"
Ärzte-Cluster 2: "Der vertrauensvolle Arzt"
Ärzte-Cluster 3: "Der nach sozialer Anerkennung strebende Arzt"
Ärzte-Cluster 4: "Der sicherheitsbewußte Arzt"

Klassifizierungsergebnis: Insgesamt wurden **55,88 v.H. aller Fälle** korrekt gemäß ihrer tatsächlichen Gruppenzugehörigkeit zugeordnet.

In die Analyse wurden nur ***68 Fälle*** einbezogen, da aufgrund von "missing values" nur für diese Ärzte sämtliche 14 Faktorwerte ermittelt werden konnten.

Die Praxen der angepaßten und der sicherheitsbewußten Ärzte sind vergleichsweise modern und einladend. Von gegenteiliger Anmutung sind die Praxen der vertrauensvollen Ärzte. Generika werden vornehmlich von den angepaßten Ärzten verordnet,

---

13 Die Annahme gleicher Streuungen in den Gruppen konnte mit Hilfe von Box-M und einem F-Test bestätigt werden. Es liegt also Varianzhomogenität vor.

Marken werden von den vertrauensvollen Ärzten präferiert.[14] Der Faktor "Einwohnerzahl" nimmt für die vertrauensvollen Ärzte die höchsten und für die sicherheitsbewußten Ärzte die niedrigsten Werte an. Die "nach Anerkennung strebenden Ärzte" wurden von den Beobachtern als positive Erscheinung bezeichnet. Sie sind aufgeschlossen, freundlich, humorvoll, modisch und zeichnen sich durch eine offene Körperhaltung aus. Diese positiven Beschreibungen treffen auf die Ärzte des ersten Clusters am wenigsten zu. Bei den "Sicherheitsbewußten Ärzten" liegt die Praxiseröffnung am weitesten zurück, ganz im Gegensatz zu den angepaßten Ärzten. Den Gruppenmittelwerten des letzten Faktors (geringstes Trennpotential) kann entnommen werden, daß die nach sozialer Anerkennung strebenden Ärzte am stärksten zurückhaltend und leise sowie am wenigsten übergewichtig sind. Zur Bekräftigung ihrer verbalen Kommunikation nutzen sie die Möglichkeiten der Gestik nur vergleichsweise wenig.[15]

Von Interesse ist, ob sich ***Ärzte aufgrund der Beobachtungswerte korrekt den vier Clustern zuordnen lassen.*** Zur Überprüfung dieser Fragestellung wurden alle 68 Fälle mit Hilfe der ermittelten ***Diskriminanzfunktionen*** den vier Gruppen zugeordnet. In ***55,88 v.H. der Fälle*** stimmten die mit Hilfe der Diskriminanzfunktionen prognostizierten mit den tatsächlichen Gruppenzugehörigkeiten überein. Bei zufälliger Zuordnung der Elemente wäre unter Vernachlässigung der ungleichen Gruppengrößen nur eine "Trefferquote" von ***25 v.H. zu erwarten gewesen*** (vgl. zum statistisch-methodischen Vorgehen: Backhaus u.a., 1987, S. 199 ff.). ***Demzufolge ist es nicht möglich, mit Hilfe von Beobachtungen und "Statistischen Angaben" eine genaue Zuordnung der Ärzte zu den einzelnen Gruppen vorzunehmen. Die Ergebnisse zeigen aber auch, daß diese Daten einen wichtigen Beitrag zur Orientierung vor Ort***

---

14 In den letzten Jahren wurde insbesondere von den Krankenkassen und anderen Institutionen wiederholt zur Verschreibung von Generika aufgefordert, um die Gemeinschaft der Versicherten zu entlasten. Typ "2" zeichnet sich besonders durch ein starkes Vertrauen auf die eigene Meinung aus. Dementsprechend werden sich die Ärzte dieses Clusters in geringerem Umfang von ihren gewohnheitsmäßigen Marken-Verschreibungen abbringen lassen.

15 Erklärungen hierfür könnten sein, daß die Ärzte dieses Clusters aufgrund ihres offensichtlich zurückhaltenden Verhaltens den dringenden Wunsch nach stärkerer sozialer Anerkennung verspüren oder daß es ihnen nicht gelingt, ihre Motivation in offenes Verhalten umzusetzen. Das Alltagsvorurteil "lautstarke und unruhige Menschen versuchen sich durch ihr Verhalten Anerkennung zu verschaffen" wurde hier nicht bestätigt. Die Motivation kann sich aber durchaus in anderen Verhaltensweisen zeigen (Beispiele: Kongreßteilnahmen, Veröffentlichungen).

leisten können, wenn es darum geht, festzulegen, um welchen Arzttyp es sich vermutlich handelt. Zusammen mit den Erkenntnissen aus persönlichen Gesprächen im Zeitablauf dürfte sich ein geschlossenes Bild für die Pharma-Referenten bzw. die Marketingverantwortlichen in den Unternehmen ergeben (vgl. dazu auch die Empfehlungen in Kapitel E).

Zum Abschluß der "weiteren Analysen" werden nun die bisher nicht betrachteten nominalskalierten Daten auf signifikante Unterschiede zwischen den vier Clustern untersucht. Die folgenden qualitativen Angaben beruhen auf Chi^2-Tests[16]. Berücksichtigt wurden nur Variablen, die signifikante Unterschiede zwischen den Gruppen aufweisen konnten:

1. Kinderecken in Wartezimmern werden vergleichsweise häufig von Ärzten des ersten Clusters bereitgestellt (57 v.H.). Die "Sicherheitsbewußten Ärzte" haben dagegen nur in 29 v.H. der Fälle eine solche Einrichtung für Kinder.

2. Die nach sozialer Anerkennung strebenden Ärzte statten ihre Praxen eher mit Kunstgegenständen aus, die der "Modernen Kunst" zuzuordnen sind (58 v.H./28 v.H. alle anderen), als mit klassischer Kunst.

3. 29 v.H. der Ärzte des dritten Clusters waren weiblich. In den anderen Gruppen betrug dieser Anteil nur 16 v.H. Eine mögliche Erklärung könnte sein, daß Frauen mit Hilfe dieses Berufes versuchen, soziale Anerkennung zu erfahren.

4. Zur Einschätzung der Häuser, in denen die Praxen untergebracht sind, standen im Fragebogen 7 verschiedene Möglichkeiten zur Verfügung. Die Verteilungen in den Clustern sind sehr heterogen. Daher seien hier die Modi der Verteilungen in den Gruppen wiedergegeben:

   Cluster 1: Hauptsächlich gewerblich genutztes Haus (28 v.H.)
   Cluster 2: Normales Einfamilienhaus (34 v.H.)
   Cluster 3: Mehrfamilienhaus (38 v.H.)
   Cluster 4: Hauptsächlich gewerblich genutztes Haus (21 v.H.)

Die Erkenntnis, daß Ärzte, die aufgrund ihrer eigenen Angaben als ***"Vertrauensvolle Ärzte"*** eingeschätzt wurden, ihre Praxis vergleichsweise häufig in ***Einfamilienhäusern*** eingerichtet haben, wird durch eine andere Beobachtung gestützt. 66 v.H. der Häuser der Ärzte dieses Clusters haben einen ***Vorgarten***. Der entsprechende Wert liegt für die Arzthäuser aller anderen Cluster bei nur 32 v.H.

---

16 Dabei blieben Variablen unberücksichtigt, die in den einzelnen Zellen der jeweiligen Kreuztabelle nicht mindestens fünf Fälle aufweisen (Irrtumswahrscheinlichkeit kleiner/gleich 0,05).

2.7 Güte der Daten

2.7.1 Reliabilität des Erhebungsinstruments

Zur Prüfung der Zuverlässigkeit wurden einfaktorielle Varianzanalysen mit Hilfe der SPSS-Prozedur "Oneway" gerechnet. Als abhängige Variablen wurden die im Rahmen der statistischen Analysen berechneten Faktorwerte herangezogen. Weder das Geschlecht der Interviewer noch die Wochentage, an denen die Interviews durchgeführt wurden, hatten einen Einfluß auf die abhängigen Variablen der Befragungsergebnisse. Die Beobachtungsergebnisse weisen intertemporal ebenfalls keine Unterschiede auf. Intersubjektiv waren jedoch für drei der Beobachtung zuzuordnende Faktoren leichte Unterschiede in Abhängigkeit vom Geschlecht der Interviewer festzustellen:

1. Gesamteinschätzung des Arztes, Faktor 2 "lautstark": Weibliche Beobachter (Mittelwert 0,27) empfinden die Ärzte/Ärztinnen durchschnittlich wesentlich lauter als männliche Beobachter (-0,26, Signifikanzniveau kleiner/gleich 0,001). Es kann sein, daß die Ärzte/Ärztinnen sich gegenüber weiblichen Personen generell lautstärker und unruhiger verhalten.

2. Beobachtung der Praxis und der Praxisumgebung, Faktor 2 "Ordentliche Praxis": Weibliche Interviewer (Mittelwert -0,29) sind weniger stark als die männlichen Interviewer (0,24) der Meinung, daß die Praxen der Ärzte aufgeräumt sind (Signifikanzniveau kleiner/gleich 0,05). Dieses Ergebnis mag mit der in unserer Gesellschaft weit verbreiteten, tradierten Meinung zusammenhängen, primär den Frauen käme die Aufgabe zu, "für Ordnung zu sorgen". Aus diesem Grunde dürften ihre Beurteilungen von einer verstärkten Sensibilität beinflußt sein.

3. Beobachtung der Praxis und der Praxisumgebung, Faktor 4 "Nicht rustikale Praxis in gehobener Umgebung": Die weiblichen Codierer bewerteten die Praxis und die Praxisumgebung positiver (Mittelwert 0,31) als die männlichen Beobachter (-0,23, Signifikanzniveau kleiner/gleich 0,05). Eine Erklärung könnte sein, daß die weiblichen Interviewer tatsächlich Praxen in gehobenerer Umgebung zur Befragung ausgewählt haben. Wahrscheinlicher dürfte jedoch sein, daß Frauen eher bereit sind, positivere Wertungen zu vergeben.

Diese Interpretationen geringer intersubjektiver Beobachtungsunterschiede dürften die Annahme stützen, daß die Erhebungsinstrumente insgesamt reliabel sind.

2.7.2 Güte der Clusterlösung

Durch Anwendung der Clusteranalyse wurden vier Ärztegruppen gebildet. Mit Hilfe der Diskriminanzanalyse besteht die Möglichkeit zu überprüfen, ob und wie sich die Segmente voneinander unterscheiden (vgl. Backhaus u.a., 1987, S. 198). Die gefundenen 4 Cluster wurden als abhängige Variablen vorgegeben, und die mit Hilfe der Item-Gesamtwert-Korrelationen ermittelten 5 Dimensionen nach Correll als unabhängige Variablen in die Analyse einbezogen. Ein schrittweises Vorgehen nach dem Wilks Lambda Kriterium stellte sicher, daß die Variablen nach der Stärke ihres Beitrags zur Trennung der Gruppen in die Analyse einbezogen wurden. Es wird bei dieser Methode jeweils die Variable gewählt, die zum kleinsten Wilksschen Lambda (entspricht dem größten multivariaten F-Wert) führt (vgl. Schubö, Uehlinger, 1986, S. 244). Es ergab sich folgende Reihenfolge der Dimensionen: "Soziale Anerkennung", "Unabhängigkeit/Verantwortung", "Sicherheit/Geborgenheit", "Selbstachtung" sowie "Vertrauen". Die wichtigsten Ergebnisse der Diskriminanzanalyse werden im folgenden dargestellt.

Tab. 24: Diskriminatorische Gütekriterien zur Beurteilung der clusteranalytischen Ergebnisse

Diskr. Fkt.	Eigen- wert	v.H. d. Varianz	Kum. v.H. Varianz	Kano. Korr.	Nach Fkt.	Wilks Lamb.	Chi^2	Frei. Grad	Signi. Niveau
1	1,19	45,21	45,21	0,74	0	0,16	264,1	15	0,000
2	0,78	29,73	74,93	0,66	1	0,34	153,3	8	0,000
3	0,66	25,07	100,00	0,63	2	0,61	71,6	3	0,000

Im Vier-Gruppenfall werden drei Diskriminanzfunktionen gebildet. Alle drei Funktionen sind hochsignifikant (Irrtumswahrscheinlichkeit = 0,000) und verblieben daher in der Analyse. Die Eigenwerte der drei Funktionen liegen vergleichsweise dicht zusammen. Besonders der Wert der dritten Funktion fällt kaum ab. Das wird durch den in v.H. ausgedrückten Varianzerklärungsanteil deutlich. Die kanonischen Korrelationskoeffizienten[17] sind mit Werten zwischen 0,74 und 0,63 überdurchschnittlich hoch. Die Ermittlung der residuellen Wilks Lambda Werte und die Transformation in probabilistische Variablen bestätigt durch die zugehörigen Chi^2-Werte die eingangs

17 Der kanonische Korrelationskoeffizient ist definiert als die Quadratwurzel aus dem Verhältnis zwischen erklärter Streuung und Gesamtstreuung.

getroffene Festellung, daß alle drei Funktionen hochsignifikant zur Trennung der vier Gruppen beitragen.

Eine weitere Möglichkeit zur Prüfung der Güte einer Clusterlösung besteht darin, die Fälle mit Hilfe der ermittelten Diskriminanzfunktionen den Gruppen zuzuordnen. Die folgende Klassifikationsmatrix zeigt die Gegenüberstellung von tatsächlicher (Clusterlösung) und prognostizierter Gruppenzugehörigkeit.

Tab. 25: Gruppenspezifische diskriminatorische Klassifikationsergebnisse

Tatsächliche Gruppenzugehörigkeit		Fallzahl	Vorhergesagte Gruppenzugehörigkeit 1	2	3	4
Gruppe 1:	absolut	**53**	**39**	2	8	**4**
	v.H.	37	73,6	3,8	15,1	7,5
Gruppe 2:	absolut	**30**	1	**24**	2	3
	v.H.	20	3,3	80,0	6,7	10,0
Gruppe 3:	absolut	**34**	2	1	**28**	3
	v.H.	23	5,9	2,9	82,4	8,8
Gruppe 4:	absolut	**30**	1	3	0	**26**
	v.H.	20	3,3	10	0	86,7

Insgesamt wurden 79,59 v.H. aller Fälle korrekt gemäß ihrer tatsächlichen Gruppenzugehörigkeit zugeordnet.

Das beste ***Verhältnis von vorhergesagter und tatsächlicher Gruppenzugehörigkeit*** weist die vierte Gruppe mit einem Wert von 86,7 v.H. auf. Am schwierigsten scheint mit einer ***Trefferquote*** von 73, 6 v.H. die korrekte Zuordnung zur ersten Gruppe zu sein. Insgesamt ergibt sich ein vergleichsweise ***hoher Wert von 79,59 v.H.*** Zum Vergleich: Unter der Voraussetzung gleicher zahlenmäßiger Besetzungen in den vier Gruppen, wäre bei zufälliger Einordnung der Fälle in die vier Gruppen nur eine Trefferquote von 25 v.H. zu erwarten gewesen.

Die Klassifizierungsergebnisse beruhen auf der Annahme gleicher Streuungen in den untersuchten Gruppen. Die Berechnung eines Box-M-Wertes (111,58) ergab, daß dies nicht der Fall ist (F-Wert = 1,91). Die Eindeutigkeit der Ergebnisse zeigt dennoch deutlich die Güte der empirisch ermittelten Clusterlösung.

2.7.3 Interne Validität der sonstigen Variablen

Interne Gültigkeit liegt vor, wenn mit einem Indikator tatsächlich der Sachverhalt gemessen wurde, der mit dem definierten Begriff gemessen werden sollte (vgl. dazu Kromrey, S. 77 f.). Zur Überprüfung der sonstigen Variablen wurden verschiedene Außenkriterien eingesetzt. Zur Feststellung der Zusammenhänge dienten einfache und multiple Korrelationsanalysen nach Pearson. Im folgenden werden die Validitätstests detailliert erläutert:

1. ***Einstellungen zur "Patienten-Ansprache":*** Die Faktorwerte der zwei ermittelten Faktoren wurden mit dem Globalurteil "Informationskampagnen der Pharma-Hersteller über Krankheitsbilder in Publikumsmedien" in eine multiple Korrelationsanalyse einbezogen. Der erste Faktor "Begrüßenswerte Aktion zur Unterstützung des Arzt-Patienten-Verhältnisses" korreliert stark mit dem Globalurteil (r = 0,72, Signifikanzniveau kleiner/gleich 0,001).

2. ***Ansichten der Ärzte zur Pharma-Kommunikation:*** Die Statements "Die persönlichen Empfehlungen der Pharma-Referenten sind für mich ein ernstzunehmendes Kriterium im Rahmen der Präparateentscheidung" (Frage 4, Nr. 1) und "Wenn ein Pharma-Hersteller ein Seminar zur Kapitalanlage anbieten würde, wäre ich geneigt, daran teilzunehmen"[18] (Frage 4, Nr. 17) wurden mit dem Globalurteil zur Ärzte-Ansprache durch die Pharma-Hersteller (Frage 8) in eine multiple Korrelationsanalyse einbezogen. Hier ergab sich ein multipler Korrelationskoeffizient in Höhe von r = 0,32 (Signifikanzniveau kleiner/gleich 0,05).

3. ***Involvement bezüglich der Kommunikations-Instrumente:*** Ansicht 1 der Ärzte zur Pharma-Kommunikation "Die persönlichen Empfehlungen der Pharma-Referenten sind für mich ein ernstzunehmendes Kriterium im Rahmen der Präparateentscheidung" (Frage 4, Nr. 1) steht mit den Faktoren 2 "Wissenschaftliche Fortbildung" und 3 "Persönliche Muster" in einem positiven Zusammenhang (r = 0,37, Signifikanzniveau kleiner/gleich 0,05).[19] Ebenso stark ist der lineare Zusammenhang zwischen der Ärzte-Ansicht 17 "Wenn ein Pharma-Hersteller ein Seminar zur Kapitalanlage anbieten würde, wäre ich geneigt, daran teilzunehmen" (Frage 4) und den Faktoren 1 "Direct und Print", 2 "Wissenschaftliche Fortbildung" und 3 "Persönliche Muster".[20] Entsprechend beträgt der Korrelationskoeffizient 0,38 (Signifikanzniveau kleiner/gleich 0,01) zwischen dem Globalurteil zur Ärzte-Ansprache sowie dem ersten "Direct und Print" und dem zweiten Faktor "Wissenschaftliche Fortbildung".

---

18 Ein Arzt, der ein Angebot zu einem Kapitalanlage-Seminar der Pharma-Industrie positiv beurteilt, wird vermutlich auch im allgemeinen keine negative Einstellung zur Ärzte-Ansprache durch die Pharma-Hersteller haben.

19 Ein Arzt, der die persönlichen Empfehlungen des Pharma-Referenten schätzt, wird vermutlich auch Muster und Fortbildungen nicht ablehnen.

20 Ein Arzt, der ein Angebot zu einem Kapitalanlage-Seminar der Pharma-Industrie positiv beurteilt, wird vermutlich auch eine positive Einstellung zu den verschiedenen anderen Ansprachemöglichkeiten der Pharma-Hersteller besitzen.

4. ***Gesamteinschätzung der Ärzte:*** Es besteht ein starker, linearer, positiver Zusammenhang (r = 0,71, Signifikanzniveau kleiner/gleich 0,001) zwischen dem ersten Faktor zur Gesamteinschätzung der Ärzte "Positive Erscheinung" und dem Globalurteil "Kann positiv beurteilt werden" (Kategorie 24).

5. ***Beobachtungen der Praxis und der Praxisumgebung:*** Der multiple Korrelationskoeffizient zwischen den ersten beiden Faktoren "Moderne, einladende Praxis" sowie "Ordentliche Praxis" und dem Globalurteil "Ist alles in allem gut gelungen" beträgt 0,82 (Signifikanzniveau kleiner/gleich 0,001).

2.7.4 Angaben zur externen Validität der Erkenntnisse

Die Erkenntnisse der Studie erheben keinen Anspruch auf Repräsentativität. 80 v.H. der Interviews wurden in Nordrhein-Westfalen und 20 v.H. in den anderen Ländern der "alten" Bundesrepublik durchgeführt. Ein störender Einfluß könnte von der notwendigen "Bereitschaft der Ärzte zur Teilnahme an der Befragung" ausgegangen sein. Dennoch dürften vier in der Ärzteschaft vorherrschende Motivationstypen identifiziert worden sein.

Kurzum: Die Erhebungsinstrumente können als reliabel und valide angesehen werden.

2.8 Zusammenfassung der Erkenntnisse

155 Ärzte nahmen im Rahmen einer theoriegestützten Ärztebefragung eine Selbsteinschätzung anhand von 29 Eigenschafts-Items nach Correll vor. Nach Verdichtung dieser Daten mit Hilfe der "Item-Gesamtwert-Korrelation" und Einbeziehung dieser Dimensionen in eine Clusteranalyse konnten vier Ärztegruppen mit eindeutigen Motivationen ermittelt werden. Diese vier Cluster wurden auf signifikante Unterschiede in den Ansichten zur Pharma-Kommunikation (Inhalte und Instrumente) und zum Freizeitverhalten untersucht. Zusätzlich ermöglichten Beobachtungswerte (Praxis, Praxisumgebung, Fremdeinschätzung des Arztes) und statistische Angaben eine differenzierte Beschreibung der Arzttypen. Im folgenden werden die verschiedenen Arzttypen umfassend charakterisiert.

Cluster 1: Die angepaßten Ärzte

Die Ärzte zeichnen sich durch ein sehr schwaches Streben nach "Unabhängigkeit und Verantwortung" aus. Die anderen vier Correll-Motivationen sind kaum ausgeprägt. Diese Ärzte können daher alles in allem als unauffällig und angepaßt bezeichnet werden. Sie arbeiten in vergleichsweise modern und einladend eingerichteten Praxen. Ihr Alter ist niedrig, entsprechend liegt die Praxiseröffnung noch nicht weit zurück. Die Beobachter sahen in diesen Ärzten insgesamt keine positiven Erscheinungen. Die angepaßten Ärzte verordnen am häufigsten Generika. In ihren Wartezimmern sind mehrheitlich Kinderecken eingerichtet.

Cluster 2: Die vertrauensvollen Ärzte

Hier steht die Motivation "Vertrauen" im Vordergrund. Skepsis und Unnachgiebigkeit um jeden Preis (Dimension "Selbstachtung") sind diesen Ärzten völlig fremd. Sie verfügen über ein vergleichsweise starkes Unabhängigkeitsstreben, zeigen das geringste Sicherheitsstreben und soziale Anerkennung ist ihrer Meinung nach für sie unbedeutend, da es ihren Ansprüchen entsprechend hinreichend befriedigt ist. Die Ärzte dieses Clusters zeichnen sich durch eigenverantwortliches Verhalten aus. Eine Absicherung ihrer Verschreibungen durch Kollegen und/oder Pharma-Referenten ist für sie unnötig. Sie glauben zudem am stärksten, daß das Hauptinteresse der pharmazeutischen Hersteller in der Profitmaximierung liegt. Die Übernahme von pharmazeutischen Innovationen ist bei diesen Ärzten ein langwieriger Prozeß. Ihre Praxen sind wenig modern eingerichtet und in größeren Orten angesiedelt. In bezug auf den prozentualen Anteil der Generikaverordnungen an den Gesamtverschreibungen bilden sie das Gegenstück zu den angepaßten Ärzten, da sie sich bevorzugt für Markenpräparate entscheiden. In vielen Fällen ist die Praxis dieser Ärzte in einem normalen Einfamilienhaus untergebracht. Charakteristisch für diese Praxen ist auch ein Garten vor dem Haus.

Cluster 3: Die nach sozialer Anerkennung strebenden Ärzte

Die Ärzte dieses Typs sind sehr auffallend, da sie sehr stark nach sozialer Anerkennung streben. Im Vergleich zu den anderen Gruppen zeichnen sie sich auch durch das stärkste Streben nach "Unabhängigkeit und Verantwortung" aus. Selber sehen sie sich eher als skeptisch und unnachgiebig. Im Vergleich zu den angepaßten Ärzten bezieht dieser Arzttyp Medien zur Ärzte-Ansprache stärker in sein von kulturellen Aktivitäten geprägtes Privatleben mit ein. Er hat auch eine positivere Haltung zur Thematisierung wirtschaftlicher und privater Themen in der Ärztekommunikation. Im Vergleich zu den Ärzten des ersten Clusters wird eine Patienten-Ansprache in Publikumsmedien eher als begrüßenswerte Aktion zur Unterstützung des Arzt-Patienten-Verhältnisses gesehen. Die nach sozialer Anerkennung strebenden Ärzte verordnen vergleichsweise häufig auf dem Markt neu eingeführte Präparate. Die Beobachter charakterisieren die Ärzte dieses Clusters insgesamt als positive Erscheinungen.[21] Die Ärzte sind im Durchschnitt älter als die Angehörigen der ersten beiden Cluster. Die nach sozialer Anerkennung strebenden Ärzte sind am stärksten zurückhaltend und leise sowie am wenigsten übergewichtig. Zur Bekräftigung ihrer verbalen Kommunikation nutzen sie die Möglichkeiten der Gestik vergleichsweise wenig. Die Praxen dieser Ärzte sind oftmals mit Kunstgegenständen ausgestattet, die der modernen Kunstrichtung zuzurechnen sind. In diesem Cluster sind vergleichsweise viele Frauen vertreten. Die Praxen sind häufig in Mehrfamilienhäusern untergebracht.

Cluster 4: Die sicherheitsbewußten Ärzte

Die Ärzte dieses vierten Clusters lassen sich durch ein ausgesprochenes Sicherheitsstreben charakterisieren. Sie sind also vorsorgend, traditionsgebunden und mehrheitsorientiert. Das Streben nach sozialer Anerkennung liegt ihnen völlig fern, d.h. sie bemühen sich nicht darum, aufzufallen und sich in Position zu setzen. Die Motivation "Selbstachtung", hier stellvertretend für Skepsis, politisches Engagement und Unnachgiebigkeit stehend, ist bei den Mitgliedern dieser Gruppe am stärksten ausgeprägt. Im Vergleich zu den Ärzten des dritten Clusters ist das unabhängige und eigenverantwortliche Handeln bei ihnen fast ebenso stark ausgeprägt. Die Ärzte dieses Clusters sind gegenüber der Verwendung wirtschaftlicher und privater Themen in der Ärztekommunikation vergleichsweise negativ eingestellt. Ihre Verschreibungen sichern sie oftmals durch Gespräche mit Kollegen und/oder Pharma-Referenten ab. Sie glauben weniger als die vertrauensvollen Ärzte, daß die pharmazeutischen Hersteller hauptsächlich nach Profit streben. Die Praxen dieser Ärzte sind häuptsächlich in kleineren Städten bzw. Orten anzutreffen. Es handelt sich um ältere Ärzte, entsprechend liegt ihre Praxiseröffnung weit zurück.

Die Clusterlösung weist eine hohe Güte auf. Die Trefferquote beträgt 80 v.H.; bei zufälliger Zuordnung wäre nur eine Trefferquote von 25 v.H. zu erwarten gewesen.

---

21 Die Einschätzungen wurden durch Studenten im Hauptstudium vorgenommen. Die positive Beurteilung kann möglicherweise dadurch zu erklären sein, daß das Streben nach Anerkennung sowie Unabhängigkeit und Verantwortung dem eigenen Selbstbild der Studenten "Kritische, eigenverantwortliche Persönlichkeit" entgegenkommt.

3. Empirische Studie zur "Integrierten Patienten-Ansprache"

3.1 Zielsetzungen der Studie

Anhand eines aktuellen Fallbeispiels sollen Erkenntnisse über die Funktionsweise und die Akzeptanz der ***"Integrierten Patienten-Ansprache"*** und damit ein Beitrag zur Theorieentwicklung gewonnen werden. Als Fallbeispiel dient die Patienten-Ansprache der Deutschen Wellcome zum Krankheitsbild "Herpes Labialis" (vgl. zu dieser Aktion ausführlich Kapitel C.4.1, vgl. auch Becker, 1991 b, S. 1 ff.).

Zu dieser Kampagne sollten Personen verschiedener Altersklassen befragt werden, die an "Herpes Labialis" leiden. Im Rahmen der theoretischen Vorarbeiten zu dieser Studie wurden folgende Hypothesen generiert, die auf ihre Gültigkeit überprüft werden sollen (vgl. Kapitel C.4.2):

Hypothese IV

Je weniger eine erkrankte Person die Informationskampagne zur Aufklärung über Krankheitsbilder global als unzulässigen Eingriff in das Arzt-Patienten-Verhältnis einschätzt, desto stärker hält sie Medien zur Publikums-Information für geeignet, die besonders der Vermittlung populärer Informationen dienen.

Hypothese V

Je stärker eine erkrankte Person der Meinung ist, daß eine Informationskampagne zur Aufklärung über Krankheitsbilder einen ungehemmten Umgang mit der Krankheit erleichtert, desto stärker hält sie Informationen zur Ansprache des Publikums für geeignet, die "medizinische Informationen" beinhalten.

Hypothese VI

Je stärker eine erkrankte Person der Meinung ist, daß eine Informationskampagne zur Aufklärung über Krankheitsbilder einen ungehemmten Umgang mit der Krankheit erleichtert, desto eher würde sie auch aktiv an Informationsveranstaltungen teilnehmen.

Hypothese VII

Je stärker eine erkrankte Person Informationsveranstaltungen für geeignet hält, die Öffentlichkeit über Krankheitsbilder zu informieren, desto eher ist sie auch bereit, an einer solchen Veranstaltung teilzunehmen.

Hypothese VIII

Je höher das Involvement eines Krankheitsbildträgers bezüglich des Krankheitsbildes ist, desto stärker befürwortet er einen ungehemmten Umgang mit dem Krankheitsbild.

Außerdem sollten folgende Fragestellungen bearbeitet werden:

1. Wie verhalten sich die an "Herpes Labialis" leidenden Personen gewöhnlich? Gehen sie zum Arzt und lassen sich ein Präparat verschreiben oder zum Apotheker, um sich ein OTC-Präparat zu kaufen, oder unternehmen sie gar nichts, warten also, bis die Symptome abgeklungen sind?
2. Wie empfinden diese drei Gruppen patientenorientierte Ansprachen? Kann eine solche Anzeige (1) bei den Patienten Nach-Verschreibungs-Dissonanzen abbauen, (2) zu einem Verschreibungswunsch an den Arzt führen oder (3) als Auslöser für einen Arztbesuch dienen?
3. Aus welchen Gründen würden einige Personen trotz des Hinweises in der Anzeige, der Arzt habe wirksame Behandlungsmöglichkeiten, den Arzt nicht aufsuchen?
4. Wie sollten nach Meinung der Patienten Informationen der Hersteller über Krankheitsbilder aussehen?
5. Welche Medien eignen sich nach Ansicht der Patienten besonders, patientenorientierte Ansprachen durchzuführen?
6. Sind an "Herpes Labialis" leidende Personen interessiert, an Informationsveranstaltungen über Lippenbläschen teilzunehmen?
7. Welche Ansichten besitzen die Patienten über derartige patientenorientierte Ansprachen? Werden durch solche Aktionen z.B. Tabus abgebaut und das Arzt-Patienten-Verhältnis gestärkt?
8. Welche Unterschiede bestehen zwischen den verschiedenen Befragten-Gruppen (Alter, Geschlecht, Schulbildung, Beruf)? Konkret: Beurteilen z.B. Personen mit geringerer Schulbildung (beruflicher Bildung) eine solche patientenorientierte Ansprache positiver als Personen mit vergleichsweise höherer Bildung; gibt es geschlechtsspezifische Unterschiede im Umgang mit diesem Krankheitsbild; leiden jüngere Menschen stärker an dieser Krankheit, sind sie daher auch eher für eine solche Kampagne empfänglich?

3.2 Stichprobenbeschreibung und Angaben zur Datenerhebung

Insgesamt wurden vom 08.08.1990 bis zum 17.09.1990 ***249 Personen befragt***. Voraussetzung zur Teilnahme an der Befragung war, daß die Personen bereits einmal ***an Lippenbläschen gelitten*** haben. Die Befragten wurden in Cafes und Restaurants sowie auf öffentlichen Plätzen der Stadt Paderborn angesprochen.[1]

125 der Interviewpartner waren weiblichen Geschlechts und folglich 124 männlichen Geschlechts. ***Werden die Quotierungsmerkmale Geschlecht und Alter kombiniert, können folgende Häufigkeiten in den verschiedenen Klassen unterschieden werden:***

- 15-25 Jahre: 30 weibliche, 30 männliche Interviewte
- 26-35 Jahre: 34 weibliche, 32 männliche Interviewte
- 36-45 Jahre: 35 weibliche, 28 männliche Interviewte
- 46-60 Jahre: 26 weibliche, 34 männliche Interviewte

Insgesamt wurden ***mehr als 1000 Personen angesprochen***, um die vorgegebenen Quoten zu erfüllen. Ein Interview dauerte im Durchschnitt 25 Minuten, wobei das längste 50 und das kürzeste 14 Minuten Befragungszeit in Anspruch nahm. An allen Tagen der Woche wurden Interviews durchgeführt, auch an Sonnabenden und Sonntagen.[2]

Es wurden Angehörige verschiedener Berufskategorien befragt. Aufgeschlüsselt ergibt sich folgendes Bild.

---

1 Einige Interviews wurden auch auf Bahnfahrten von Paderborn nach Clausthal-Zellerfeld geführt. Insgesamt wurden vier Interviewer eingesetzt.

2 Von Montag bis Sonntag wurden im einzelnen folgende Interviews durchgeführt: Montags 27, Dienstags 25, Mittwochs 65, Donnerstags 41, Freitags 56, Sonnabends 25, Sonntags 10.

Tab. 26: Befragte Patienten nach Berufskategorien	
Berufskategorien	Nennungen
Angestellte(r)	71
In Ausbildung Befindliche(r)	62
Hausfrau, Hausmann	34
Beamter, Beamtin	18
Freiberufler(in) (Ärzte, Makler)	16
Arbeiter(in)	15
Selbständige(r), Unternehmer(in)	15
Arbeitslose(r)	11
Rentner(in), Pensionär(in)	07

Angestellte und in Ausbildung befindliche Befragte sind in der Stichprobe überrepräsentiert, dagegen sind die Arbeiter(innen) vergleichsweise schwach vertreten. Gemessen daran, daß es sich bei dem Stichprobenverfahren um eine Quotenauswahl handelt und daß nur an "Herpes Labialis" leidende Personen einbezogen wurden, entspricht die Verteilung den Erwartungen.

Differenziert nach der Schulbildung wurden 66 Personen mit einem Hauptschulabschluß, 76 Personen mit einem Realschulabschluß, 84 Abiturienten(innen) und 22 Personen mit einem Hochschulabschluß befragt. Da neben Paderborner Bürgern auch Auswärtige an der Befragung teilnahmen, wurden die Interviewpartner weiterhin nach Ihrer Heimatgemeinde gefragt. Im Durchschnitt hatten die verschiedenen Heimatgemeinden ca. 150.000 Einwohner.

Die Interviewer hatten die Aufgabe, die befragten Personen nach Abschluß des Gesprächs global gemäß ihrem persönlichen Eindruck vom Status der jeweiligen Person einzuschätzen. Die fünfstufige Skala reichte von "eher niedriger Status" bis zu "eher höherer Status". Insgesamt ergab sich ein Wert von 3,75, der 0,75 Einheiten über dem Mittelpunkt der Skala von 3,0 liegt.

3.3 Operationalisierung der Variablen

Im folgenden werden Variablen erläutert, die für die statistischen Analysen von besonderer Bedeutung sind. Es handelt sich um die Medieneignung, die Ansichten zur Patienten-Ansprache und um das Involvement bezüglich des Krankheitsbildes. Hinsichtlich der sonstigen Variablen sei auf den Fragebogen verwiesen (vgl. dazu Anhang F.3).

Medieneignung

Den Befragten wurden verschiedene Möglichkeiten genannt, Betroffene über Krankheitsursachen, Krankheitsverlauf, Krankheitsbilder und Behandlungsmöglichkeiten der Lippenbläschen zu informieren. Es handelt sich um TV-Spots, Funk-Werbung, Anzeigen in Zeitschriften, wie z.B. Stern, Spiegel, Bunte usw., Anzeigen in Zeitschriften, die in Apotheken ausliegen, Anzeigen in regionalen Zeitungen, Informationsveranstaltungen in der Heimatstadt, beim Hausarzt ausliegende Informationsbroschüren und um Postwurfsendungen (Kartensatz, vgl. dazu Anhang F.3, Frage 8). Die Probanden sollten jeweils angeben, für wie gut geeignet sie die verschiedenen Möglichkeiten halten. Dafür standen ihnen fünfstufige Ratingskalen zur Verfügung ("sehr gut geeignet" bis "gar nicht geeignet").

Ansichten zur Patienten-Ansprache

Die Einstellungen der befragten Personen wurden durch sechs verschiedene Statements bezüglich der Informationskampagne erfaßt (Kartensatz). Die Statements gehen auf explorative Einzelgespräche mit Betroffenen und Experten der Pharma-Kommunikation zurück (vgl. dazu Anhang F.3, Frage 10). Zur Einschätzung wurden fünfstufige Ratingskalen vorgelegt.

Involvement bezüglich des Krankheitsbildes

Das Involvement der Betroffenen bezüglich des Krankheitsbildes wurde durch die subjektiv empfundene Beeinträchtigung operationalisiert. Fünf Möglichkeiten standen für die Einschätzung zur Wahl. Die Skala reicht von "sehr stark beeinträchtigt" bis "gar nicht beeinträchtigt" (vgl. dazu Anhang F.3, Frage 14).

3.4 Einzelerkenntnisse der Studie

3.4.1 Das Krankheitsbild "Herpes Labialis" aus Patientensicht

Alle 249 befragten Personen wußten, was "Lippenbläschen" sind. Das Krankheitsbild wird mit einer großen Vielfalt von Ausdrücken beschrieben (Fragen: 1-3, 11-14)[3]. Die Beschreibungen beziehen sich auf verschiedene Phasen des Krankheitsverlaufes (vgl. dazu ausführlich Becker, 1991 b, S. 15 ff.).

Die Teilnehmer wurden weiterhin gefragt, wie häufig bei ihnen pro Jahr die Lippenbläschen auftreten (vgl. Frage 11). Im Durchschnitt ist dies ca. dreimal im Jahr der Fall. Der Modus hat die Ausprägung 2, der Median den Wert 3.

Das Involvement der Befragten bezüglich des Krankheitsbildes wurde durch Frage 14 erfaßt. Es wurde untersucht, wie stark sich die Patienten durch akute "Lippenbläschen" beeinträchtigt fühlen. Im Durchschnitt fühlen sich die Befragten "etwas beeinträchtigt" (3,11, Modus 3, Median 3). 21 Befragte fühlten sich "gar nicht", 53 "kaum", 83 "etwas", 61 "stark" und 31 "sehr stark" beeinträchtigt. Weiter wurden die Probanden gefragt, wodurch sie die Bläschen beeinträchtigen (vgl. dazu Frage 14a). An der Spitze der Beeinträchtigungen steht mit Abstand "Essen und Trinken" (158 Nennungen). Es folgt "Stört beim Küssen" mit 45 Nennungen. Bei beiden Einschränkungen handelt es sich um die Dokumentation ***"sachlicher Funktionsschwächungen"***.

Die nächsten Punkte "sehen häßlich aus, unschön, Aussehen" (37) und "Unwohlsein, unangenehm, lästig" (29) haben einen ganz anderen Bedeutungsinhalt. Hier stehen die ***Beeinträchtigungen der Psyche*** und die Interaktion mit anderen Personen im Vordergrund.

Wird das als durch Lippenbläschen hervorgerufen empfundene "häßliche Aussehen" in Kombination mit dem "kosmetischen Problem, optisch" (25 Nennungen) und "beim Schminken" (5 Nennungen) gesehen, wird zusätzlich eine ***"kosmetische Dimension"*** der Lippenbläschen deutlich.

---

3 Die Angaben zu den Fragen beziehen sich auf den Fragebogen zur Patienten-Ansprache (vgl. Anhang F.3).

Die Interviewer wurden angewiesen, die Äußerungen der Befragten auf zwei Skalen - "Beeinträchtigungen sind physischer Natur" und "Beeinträchtigungen sind psychischer Natur" - einzuschätzen. 27 Personen fühlten sich "gar nicht" und 21 "sehr stark" physisch beeinträchtigt. Als "gar nicht" psychisch beeinträchtigt fühlten sich 59 Personen, "sehr stark" dagegen nur 18. Im Durchschnitt ergibt sich für die physische Skala ein Wert von 3,02 und für die psychische Skala ein Wert von 2,64.

3.4.2 Verhaltensmöglichkeiten bei Auftreten der Lippenbläschen

Die Interviewpartner wurden gefragt, was sie gewöhnlich unternehmen, wenn bei ihnen Lippenbläschen auftreten (Frage 4). Drei Möglichkeiten wurden zur Wahl gestellt. Das Ergebnis sieht folgendermaßen aus:

56 Arzt-Besucher: Personen, die zum Arzt gehen und sich etwas verschreiben lassen,

72 OTC-Kunden: Personen, die die Apotheke aufsuchen und sich ein Arzneimittel kaufen,

121 Ignoranten: Personen, die gar nichts unternehmen und es vorziehen zu warten, bis die Symptome wieder abklingen.

Von den 56 Personen, die sich vom Arzt etwas verschreiben lassen, gaben 38 Personen ungestützt an, der Arzt verordne Ihnen das Präparat Zovirax von der Deutschen Wellcome. D.h. 68 v.H. dieser Gruppe erinnert sich ungestützt an das verschriebene Präparat der Deutschen Wellcome. Das ist ein überaus hoher Wert und entspricht der Marktführerschaft der Deutschen Wellcome bei der medikamentösen Behandlung dieses Krankheitsbildes.[4] Von den restlichen 18 Personen erinnerten sich nur sieben an die durch den Arzt verschriebenen Präparate anderer Hersteller.[5] Insgesamt betrachtet

---

4 Es ist dabei zu bedenken, daß eine Heilung von dem Herpes-Virus nicht möglich ist. Daher wird das Präparat sicher bereits über sehr lange Zeit verschrieben. Darin könnten auch die guten Erinnerungsleistungen begründet sein.

5 Genannt wurde viermal Virunguent (Hermal) und je einmal Herviros (Hermal), Bepanthensalbe (Roche, möglicherweise liegt hier eine Verwechslung des Krankheitsbildes vor) und "homöopathisches Präparat".

werden also ungestützt nur sehr wenige aus der großen Vielzahl angebotener Konkurrenzpräparate zur Behandlung der Lippenbläschen von den Patienten erinnert.[6]

Insgesamt zeigt das vorliegende Ergebnis, welche weitreichenden Möglichkeiten sich der "Integrierten Patienten-Ansprache" bieten. Nur 23 v.H. der erkrankten Personen begeben sich nach dieser Stichprobe in die Behandlung durch den Arzt. "Integrierte Patienten-Ansprache" kann hier einen Beitrag leisten, daß dieser Anteil zum Nutzen der Patienten und zur Vermeidung von weiteren Virusübertragungen erhöht wird.[7]

Den Befragten wurde die zur Aufklärung der Bevölkerung über die Krankheit "Herpes Labialis" geschaltete Anzeige der Deutschen Wellcome vorgelegt (vgl. Anhang F.3, Frage 5 und 6). Entsprechend den vorher erfragten Verhaltensweisen der Patienten wurden drei verschiedene Fragen gestellt.

Personen, die sich daran erinnern konnten, daß ihnen ihr Arzt Zovirax verordnet hat, sollten auf einer fünfstufigen Ratingskala (stimme gar nicht zu - stimme völlig zu) angeben, ob diese Anzeige ihnen nachträglich die Sicherheit gibt, daß ihr Arzt ihnen das richtige Präparat verschrieben hat. 4 Personen stimmten gar nicht, 6 kaum, 9 etwas, 9 weitgehend und 10 Personen völlig zu. Im Durchschnitt ergab dies einen Wert von 3,40 bei einer Varianz von 1,76. Dieser Wert ist als hoch zu bezeichnen. ***Die patientenorientierte Ansprache kann also auch wichtige Impulse geben, um etwaige Nach-Verschreibungs-Dissonanzen beim Patienten abzubauen.*** Personen, die ein Präparat über längere Zeit anwenden, suchen Informationen, die ihr Verhalten rechtfertigen. Durch die patientenorientierte Ansprache erhalten sie so neben der Bestätigung durch den verschreibenden Arzt ein weiteres positives Feed-Back.

Die Personen, die sich zwar in die Behandlung durch den Arzt begeben, sich aber nicht an die Verschreibung von Zovirax erinnern konnten, wurden gefragt, ob sie sich vorstellen könnten, ihren Arzt aufgrund dieser Anzeige künftig in der Verschreibungs-

---

6 Es ist denkbar, daß sich die schwachen ungestützten Erinnerungswerte für die Konkurrenzpräparate teilweise auch durch Markenwechsel der Ärzte bei ihren Verschreibungen erklären lassen. Es ist aber auch möglich, daß die Verpackungen der Konkurrenz nicht so einprägsam sind wie die kleine blaue Tube mit dem Einhorn der Deutschen Wellcome.

7 Die Befragungsergebnisse lassen eine positive Wirkung der "Integrierten Patienten-Ansprache" erwarten.

situation um die Verordnung eines Präparates des aufklärenden Unternehmens zu bitten. Die Zustimmung zu diesem Statement fiel mit 2,28 erheblich schwächer aus. Bei einer ebenfalls maximalen Spannweite von 4,0 ergab sich für die Varianz ein etwas höherer Wert von 2,45. Der Median betrug 2,00. ***Es zeigt sich, daß die Akzeptanz der Konkurrenzpräparate durch eine solche Anzeige abgeschwächt wird, da unzufriedenen Anwendern von Konkurrenzpräparaten neue Wege zum Wohlbefinden aufgezeigt werden.*** Die Möglichkeit, den Arzt um die Verschreibung eines Präparates eines bestimmten Herstellers zu bitten, wird vermutlich unter den bestehenden Verhältnissen jedoch kaum genutzt werden.[8]

Die Befragten, die nur die Apotheke aufsuchen oder gar nichts unternehmen, wurden gefragt, ob sie dieser Hinweis, der Arzt verfüge über wirksame Behandlungsmöglichkeiten zur Behandlung der Lippenbläschen, veranlassen könnte, in Zukunft bei Ausbruch der Lippenbläschen den Arzt aufzusuchen. Der Mittelwert zu diesem Statement beträgt 2,40, bei einer Varianz von 2,46, einem Median von 2,0 und einer maximalen Spannweite von 4,0.

Eine getrennte Betrachtung derjenigen, die den Apotheker um Rat fragen, und derjenigen, die gar nichts unternehmen, ergibt folgendes differenzierte Bild:

- **"OTC-Kunden"**: Mittelwert **2,68**, Median 3,0, Varianz 1,75,
- **"Ignoranten"**: Mittelwert **2,23**, Median 2,0, Varianz 1,74.

Demnach sind "OTC-Kunden" durch eine solche Anzeige leichter als "Ignoranten" zu bewegen, in Zukunft bei Ausbruch der Lippenbläschen den Arzt aufzusuchen.

Gefragt wurde auch danach, welche Gründe trotz der gezeigten Information, der Arzt habe wirksame Behandlungsmöglichkeiten, gegen einen Besuch beim Arzt sprechen (Frage 6). In 64 Fällen wird der Arzt nicht aufgesucht, da die Erkrankung als nicht so schwerwiegend eingeschätzt wird. Zudem meinen 11 Personen, daß die Bläschen sich von alleine zurückbilden. Zu lange Wartezeiten beim Arzt halten ebenfalls von einem Arztbesuch zur ausschließlichen Behandlung der Lippenbläschen ab. Ein weiteres

---

8 Hemmnisse aus Patientensicht, z.B. in Form der geringen pharmazeutischen Kenntnisse und der vermeintlich unangreifbaren Autorität des Arztes, müssen abgeschwächt werden, wobei die Interessen des Verschreibers zwingend zu beachten sind.

wichtiges Hindernis ist, daß einige Personen glauben, die Lippenbläschen mit Hausmitteln oder Medikamenten aus der Apotheke versorgen zu können.

3.4.3 Medieneignung und bevorzugte Inhalte aus Patientensicht

Den Befragten wurden verschiedene Möglichkeiten genannt, Betroffene über Krankheitsursachen, Krankheitsverlauf und Behandlungsmöglichkeiten der Lippenbläschen zu informieren. Sie sollten jeweils auf einer fünfstufigen Ratingskala angeben, für wie gut geeignet sie die verschiedenen Möglichkeiten ansehen (Frage 7-9). Sortiert nach der Höhe des Mittelwertes, ergibt sich folgende Rangfolge der Medieneignung aus Patientensicht:

Tab. 27: Medien-Eignung aus Sicht der Patienten

Medien	MW	Var	Median
1. Anzeigen in Apothekenzeitschriften	3,62	1,53	4,0
2. Informationsbroschüren beim Hausarzt	3,57	1,39	4,0
3. Anzeigen in Zeitschriften (Stern usw.)	3,37	1,30	4,0
4. Informationsveranstaltungen (Heimatstadt)	3,12	1,73	3,0
5. TV-Spots	3,08	1,79	3,0
6. Anzeigen in regionalen Zeitschriften	2,84	1,33	3,0
7. Funk-Werbung	2,57	1,79	3,0
8. Postwurfsendungen	1,89	1,24	1,0

Zeitschriften, die in Apotheken ausliegen, werden von den Patienten am besten beurteilt. Mit diesen Zeitschriften können zum einen Patienten erreicht werden, die sich dort vom Apotheker ein OTC-Präparat zur Bekämpfung der Lippenbläschen empfehlen lassen möchten, und zum anderen die gesamte sonstige Apotheken-Kundschaft.

Einen ähnlich hohen Wert weisen ***Informationsbroschüren auf, die beim Hausarzt ausliegen***. Mit ihnen können auch Patienten erreicht werden, die zwar an Lippenbläschen leiden, aber bisher den Arzt nur aus anderen Gründen aufgesucht haben. Im Rahmen der Behandlung aufgrund anderer Krankheiten kann der Patient einen im Wartezimmer aufgenommenen Hinweis leicht in das Gespräch mit dem Arzt einfließen lassen. Der Arzt kann umgehend adäquat durch die Verschreibung des entsprechenden Päparates reagieren, da er über die in seinen Räumlichkeiten ausgelegten Broschüren informiert ist.

Mit ***Anzeigen in Publikumszeitschriften (Stern, Bunte, Neue Revue)*** können weite Teile der Bevölkerung informiert werden. Wie noch zu zeigen sein wird, trifft die patientenorientierte Ansprache bei Personen mit höherer Bildung auf nicht so starke Akzeptanz. Zeitungen, wie "Die Zeit", dürften sich daher nicht so gut eignen. Aber auch in Zeitungen der Boulevard-Presse (Bild-Zeitung, St.-Pauli-Nachrichten, Kölner Express) sollten keine Anzeigen geschaltet werden, um nicht unangemessene Assoziationen hervorzurufen. Die räumliche Nähe zu Anzeigen für Haarwuchsmittel usw. ist dem Anliegen abträglich.

Informationsveranstaltungen in der Heimatstadt mit Ärzten und Patienten werden mit einem Mittelwert von 3,12 vergleichsweise gut beurteilt. Dabei bieten sich insbesondere zwei Varianten an:

1. Veranstaltungen unter eigener Regie an zentralen Plätzen (Bahnhof, Marktplatz, Fußgängerzone), wo z.B. stündlich eine Videoshow mit anschließender Diskussion zwischen Experten und Betroffenen gezeigt wird.

2. Veranstaltungen unter der Schirmherrschaft fremder Institutionen, z.B. der Krankenkasse, des örtlichen Ärzteverbandes, der ansässigen Sportvereine, die in der lokalen Presse in Form einer Aufklärungskampagne angekündigt werden. Der Organisationsaufwand ist bei der zweiten Variante jedoch wesentlich höher.

Die Betroffenen wurden zusätzlich gefragt (vgl. Frage 9), ob sie an einer Informationsveranstaltung über Lippenbläschen teilnehmen würden, in der Ärzte und andere Experten über Krankheitsursachen, Krankheitsverlauf und Behandlungsmöglichkeiten informieren und mit Patienten diskutieren. 76 Befragte konnten sich nicht vorstellen, an einer solchen Veranstaltung teilzunehmen. 37 Personen wollten dagegen gerne auf diese Weise informiert werden. Im Durchschnitt ergab sich ein mittlerer Wert von 2,63 auf einer fünfstufigen Skala, d.h. **grundsätzlich kann mit einigen Teilnehmern auf solchen Veranstaltungen gerechnet werden**, auch wenn die Bewertung des antizipativen Verhaltensmaßes (Frage 9) etwas schwächer ausfiel als die Beurteilung der generellen Eignung solcher Aktivitäten (Frage 8).

Diejenigen Probanden, die nicht vollkommen entschlossen waren, an so einer Veranstaltung teilzunehmen, wurden nach den Gründen befragt, die ihrer Meinung nach gegen einen solchen Besuch sprechen (Frage 9a). Der bedeutendste Grund, der aus der Sicht der Patienten gegen die Teilnahme spricht, ist der empfundene ***Zeitmangel***.

Damit sind auch die Äußerungen "Habe keine Lust teilzunehmen" und "Es gibt Wichtigeres" verknüpft. Ein weiterer wichtiger Grund scheint zu sein, daß ***"Herpes Labialis" als nicht so schwerwiegend eingestuft wird und nur selten akut ist.***[9]

In Frage 7 wurden die Teilnehmer gefragt, wie ihrer Meinung nach Informationen der Hersteller von Medikamenten über Krankheitsbilder aussehen sollen. Die Fragestellung war zweigeteilt: Zum einen ging es um den Inhalt der entsprechenden Informationen, zum anderen sollte eruiert werden, auf welche Weise, d.h. durch welche Medien, die Patienten unterrichtet werden möchten.

Die Patienten möchten demnach insbesondere über Ursachen der Lippenbläschen, Vorbeugungsmaßnahmen, Behandlungsmöglichkeiten und Infektionsmöglichkeiten informiert werden. In bezug auf das Präparat ist das Risiko von Nebenwirkungen bei Anwendung von Zovirax von besonderem Interesse.[10] ***Die Aufbereitung des Themas sollte so erfolgen, daß die Informationen jederzeit für alle Teilnehmer verständlich sind. Im Rahmen eines erfolgversprechenden Demarketing sollten auch alternative Behandlungsmöglichkeiten und Vorbeugungsmaßnahmen vorgestellt werden. Dadurch kann die Glaubwürdigkeit der Ausführungen erhöht werden.***

Die Patienten wurden auch gefragt, wie ihnen die Informationen übermittelt werden sollen. Es ergaben sich auch bei dieser Fragestellung deutliche Präferenzen.

Fachzeitschriften, Fernseh-Spots und Zeitungen stehen mit Abstand an der Spitze der von den Patienten gewünschten Informationsarten. Die Print-Medien können durch ***Anzeigen und durch medizinische Aufklärungsartikel*** (Beispielsweise: Pressemitteilungen) genutzt werden. Mit großem Abstand folgt die Möglichkeit, Radio-Spots einzusetzen. Durch den Arzt vermittelte Informationen schließen sich an. Hier empfehlen sich Patientenbroschüren, die in Übereinstimmung mit dem Arzt z.B. im Wartezimmer ausgelegt werden.

---

9 Derartige Veranstaltungen dürften also mehr Aussicht auf Erfolg haben, wenn sie zu Zeiten und an Orten durchgeführt werden, wenn die Lippenbläschen in der Bevölkerung hauptsächlich akut sind. Andere Befragte sind der Meinung, daß sie bereits über genug Wissen verfügen oder möchten lieber persönlich mit ihrem Arzt über die Lippenbläschen sprechen. Einige wenige Befragte lehnen eine Teilnahme ab, weil sie derartige Informationsveranstaltungen lediglich als Werbung pharmazeutischer Hersteller abtun.

10 Es ist zwingend zu beachten, daß verschreibungspflichtige Präparate außerhalb der Fachkreise nicht beworben werden dürfen (vgl. dazu ausführlich Kapitel C.4).

Von den Befragten wurde auch vorgeschlagen, Apothekenzeitschriften für Artikel und Anzeigen zu nutzen. ***Den Apotheker direkt als Empfehler von Zovirax einzubinden, dürfte in diesem speziellen Fall auf Schwierigkeiten stoßen, da der Apotheker auch OTC-Präparate zur Behandlung der Lippenbläschen anbietet.*** Aus welchem Grund sollte er den Umweg über den Arzt suchen, wenn er den Patienten durch die Empfehlung eines freiverkäuflichen Präparates zum sofortigen Kaufabschluß bewegen kann? Der Hersteller eines vergleichbaren ethischen Präparates hat nur die Möglichkeit, den Apotheker davon zu überzeugen, daß das verschreibungspflichtige Medikament wirksamer ist und daß das Krankheitsbild im Normalfall eine Behandlung durch den Arzt erfordert. Diese Argumente können durch entsprechende ***Aktionen im Apotheken-Verkaufsraum in Verbindung mit Naturalrabatten*** für den Apotheker ergänzt werden. Die Aktionen können vielfältiger Natur sein, sollten aber, wenn möglich, den Apotheken-Besucher aktiv einbinden (genannt seien hier Ratespiele mit Gewinnmöglichkeiten, Aufklärung über Vorbeugungsmaßnahmen, Diskussion mit Betroffenen, Gravuraktionen[11]).

3.4.4 Ansichten der Patienten zur Anzeigenkampagne

Die Befragten wurden mit einigen Ansichten zu der Anzeigenkampagne der Deutschen Wellcome konfrontiert (Frage 10). Mit Hilfe der auf den Karten verzeichneten fünfstufigen Skala konnten sie angeben, inwieweit sie jeder Äußerung zustimmen.

Tab. 28: Ansichten der Patienten zur Anzeigenkampagne

Statements	*MW*	*Modus*	*Median*	*VAR*
Behandlung durch den Arzt	3,84	4	4	0,99
Tabus abbauen	3,61	4	4	1,19
Bitte um Verschreibung	3,20	4	3	1,36
Unterstützung des A.-P.-Verh.	2,96	3	3	1,40
Wartezeiten in Kauf nehmen	2,63	1	2	2,09
Unzulässiger Eingriff/A.-P.-V.[12]	1,46	1	1	0,64

---

11 Gravur eines Zahnputzbechers, auf dem das "Wellcome-Einhorn" zusammen mit dem Namen des Apotheken-Besuchers verewigt werden.

12 Das Item wurde nicht umcodiert, obwohl es eine Verneinung beinhaltet.

Die stärkste Zustimmung entfiel auf das Statement "Aktionen zur Information der Bevölkerung über Krankheitsbilder können einen Beitrag dazu leisten, daß ein erkrankter Mensch sich in die notwendige Behandlung durch den Arzt begibt". Nur etwas schwächer fiel die Zustimmung zu der Aussage aus, daß solche Informationen helfen können, Tabus abzubauen, die den Menschen schaden. Derartige Aktivitäten werden also grundsätzlich positiv beurteilt.

Die Befragten glauben auf einem überdurchschnittlichen Niveau auch, daß eine erkrankte Person aufgrund einer solchen Anzeige den Arzt durchaus um die Verschreibung eines Präparates der aufklärenden Firma bittet. ***Alles in allem wird in einer solchen Aktion eher eine aktive Unterstützung als ein unzulässiger Eingriff in das Arzt-Patienten-Verhältnis gesehen.*** Um eine wirksame Behandlung der Lippenbläschen zu erhalten, würden die Befragten aber nur in geringem Maße Wartezeiten in Kauf nehmen. Die Varianz erreicht hier mit 2,1 den höchsten Wert aller Statements.[13]

Die Befragten wurden zum Abschluß des Interviews gefragt, wie sie die besprochenen Informationskampagnen der Pharma-Hersteller über Krankheitsbilder in Publikumsmedien (beispielsweise die Anzeige der "Deutschen Wellcome") im großen und ganzen beurteilen (Frage 15). Zur Bewertung standen fünf Möglichkeiten zur Wahl. 8 Personen waren der Ansicht, solche Aktionen seien "sehr schlecht". Ebenfalls nur 8 Teilnehmer wählten das andere Extrem. Sie finden eine derartige Aktion "sehr gut". Die überwiegende Mehrheit (100 Personen) vergab das Prädikat "gut", 89 Personen befanden eine solche Aktion als "befriedigend" und 44 entschieden sich für das Urteil "schlecht". Im Durchschnitt ergab dies ***ein befriedigendes Ergebnis mit positiver Tendenz*** (3,23 - ein Wert, der zwischen "befriedigend" und "gut" liegt).

13 Die unterschiedliche Bereitschaft, Wartezeiten in Kauf zu nehmen, wird auch von dem Leidensdruck durch die Lippenbläschen im konkreten Einzelfall abhängen.

3.5. Multivariate Analysen

3.5.1 Faktoranalytische Strukturengewinnung

Medien-Eignung zur Aufklärung über Krankheitsbilder

Die acht Möglichkeiten zur Aufklärung über Krankheitsursachen, -verlauf und Behandlungsmöglichkeiten der Lippenbläschen wurden in eine Faktorenanalyse nach der Hauptkomponentenmethode einbezogen.[14] Die Ladungen und die Benennungen der Faktoren können aus der folgenden Tabelle ersehen werden.

Tab. 29: Medien-Eignung aus Sicht der Krankheitsbildträger, Faktorladungen

Item	Faktorladung 1	2	3	Hypoth. Dim.
Apothekenzeitschriften	<u>0,82</u>	0,09	0,19	*Medizin-*
Arztbroschüren	<u>0,80</u>	0,04	0,05	*orientierte*
Informationsveranstaltungen	<u>0,71</u>	-0,13	-0,13	*Medien*
Funk-Werbung	-0,23	<u>0,78</u>	0,18	*Sonstige*
TV-Spots	-0,40	<u>0,68</u>	0,23	*öffentliche*
Postwurfsendungen	0,13	<u>0,67</u>	-0,28	*Medien*
Regionale Zeitungen	0,27	<u>0,61</u>	-0,01	
Publikumszeitschriften (Stern)	0,09	0,02	<u>0,93</u>	*Publikums-zeitschrift.*
Eigenwerte	2,24	1,86	1,05	*Kumuliert*
Anteil erklärte Varianz	28,0%	23,2%	13,1%	64,3%

Die eindeutigen Ladungen der Items auf die verschiedenen Faktoren sticht ins Auge. Auf den ersten Faktor ***"Medizinorientierte Medien"*** laden "Anzeigen in Zeitschriften, die in Apotheken ausliegen", "Beim Hausarzt ausliegende Informationsbroschüren" und "Informationsveranstaltungen in der Heimatstadt mit Ärzten und Patienten" sehr stark. Im Vordergrund steht eine auf medizinischen Gesichtspunkten aufbauende Information.

---

14 Eine orthogonale Rotation des Koordinatenkreuzes (hier: Varimax-Rotation) diente der Erzielung einer günstigeren Faktorenstruktur. Faktoren mit einem Eigenwert kleiner 1 wurden nicht zur Interpretation herangezogen (Kaiser-Kriterium).

Der Faktor 2 ***"Sonstige öffentliche Medien"*** vereinigt "Funk-Werbung", "TV-Spots", "Postwurfsendungen" und "Anzeigen in regionalen Zeitungen" aufeinander. Funk- und TV-Spots laden auf den ersten Faktor negativ. Eine "medizinische Information im herkömmlichen Sinne" kann hier nicht geleistet werden.

"Anzeigen in ***Publikumszeitschriften***, z.B. Stern, Spiegel, Bunte usw.", bilden einen eigenen Faktor. Hier dürfte es sich primär um die Vermittlung populärer Informationen handeln.

Ansichten zur Patienten-Ansprache

Die Befragten wurden mit sechs Äußerungen zur Kampagne der Deutschen Wellcome konfrontiert. Eine Faktorenanalyse (vgl. zur Methode die obenstehenden Ausführungen) sollte die dahinterliegenden hypothetischen Dimensionen aufdecken. Den Ergebnissen zufolge lassen sich die Ansichten zwei Dimensionen zuordnen.

Tab. 30: Ansichten zur Patienten-Ansprache, Faktorladungen

Statements	Faktorladung 1	Faktorladung 2	*Hypoth. Dim.*
Informationen zum Abbau von Tabus 4	0,70	0,14	
Notwendige Behandlung durch den Arzt 5	0,69	0,21	*Ungehemmter*
Verschreibungs-Bitte 3	0,65	-0,41	*Umgang mit*
Aktive Unterstützung des A-P-V 2	0,56	0,48	*dem Krank-*
Wartezeiten beim Arzt in Kauf nehmen 6	0,51	-0,15	*heitsbild*
Zulässiger Eingriff in das A-P-V 1 (umcodiert)	-0,01	0,88	*Eingriff in das A-P-V*
Eigenwerte	1,99	1,21	Kumuliert
Anteil erklärte Varianz	33,1%	20,3%	53,4%

Auf den ersten Faktor laden fünf der sechs Statements. Die größte Bedeutung haben die Aussagen zum Tabu-Abbau, zum Behandlungsbeginn und zur Verschreibungsbitte. Insgesamt wird dadurch ein ***ungehemmter Umgang mit dem Krankheitsbild*** beschrieben, der den Menschen hilft, Tabus abzubauen und eine entsprechende Behandlung durch den Arzt einzuleiten.

Faktor 2 hat den Charakter eines Globalurteils. Auf diese Dimension lädt in hohem Maße nur die umcodierte Aussage "Eine solche Informationskampagne ist ein unzulässiger Eingriff in das Arzt-Patienten-Verhältnis". Er wird daher ***"Eingriff in das Arzt-Patienten-Verhältnis"*** genannt.

3.5.2 Hypothesenprüfung

Im Rahmen der theoretischen Vorarbeiten zu dieser Studie wurden verschiedene Hypothesen generiert (vgl. dazu Kapitel C.4.3). Diese sollen im folgenden auf ihre Gültigkeit überprüft werden. Dabei wird auf die voranstehenden Faktorlösungen Bezug genommen.

Hypothese IV

Je weniger eine Person die Informationskampagne zur Aufklärung über Krankheitsbilder global als unzulässigen Eingriff in das Arzt-Patienten-Verhältnis einschätzt, desto stärker hält sie Medien zur Publikumsinformation für geeignet, die besonders der Vermittlung populärer Informationen dienen.

Zur Prüfung dieser Hypothese wurden die Factor-Scores der zwei Faktoren "Ansichten 2 - Eingriff in das Arzt-Patienten-Verhältnis (Globalurteil)" und "Eignung 3 - Publikumszeitschriften" in eine Regressionsanalyse einbezogen. Es ergab sich ein signifikanter (Irrtumswahrscheinlichkeit kleiner/gleich 0,05), schwach positiver Zusammenhang (r=0,15). Die Hypothese kann somit bestätigt werden.[15]

Angemerkt sei, daß keine signifikanten Zusammenhänge zwischen dem Faktor "Ansichten 2 - Globalurteil" und den beiden anderen Faktoren zur Medieneignung "Sonstige öffentliche Medien - Medizinorientierte Medien" bestehen.

Hypothese V

Je stärker eine erkrankte Person der Meinung ist, daß eine Informationskampagne zur Aufklärung über Krankheitsbilder einen ungehemmten Umgang mit der Krankheit erleichtert, desto stärker hält sie Informationen zur Ansprache des Publikums für geeignet, die "medizinische Informationen" beinhalten.

---

15 Auf die Darstellung der Regressionsgleichung und des Konfidenzintervalls des Regressionskoeffizienten wurde hier - wie auch bei den weiteren Hypothesentests - aus pragmatischen Gründen verzichtet.

Zur Überprüfung dieser Hypothese wurden die Factor-Scores der Faktoren "Ansichten 1 - Ungehemmter Umgang mit dem Krankheitsbild" und "Medien-Eignung 1 - Medizinorientierte Medien" in eine Regressionsanalyse einbezogen. Es ergab sich ein hochsignifikanter Zusammenhang (Irrtumswahrscheinlichkeit kleiner/gleich 0,01), der etwas stärker positiv ausgeprägt ist (r=0,24). Die Hypothese kann demnach bestätigt werden.[16]

Hypothese VI

Je stärker eine erkrankte Person der Meinung ist, daß eine Informationskampagne zur Aufklärung über Krankheitsbilder einen ungehemmten Umgang mit der Krankheit erleichtert, desto eher würde sie auch aktiv an Informationsveranstaltungen teilnehmen.

Hier wurde das antizipative Verhaltensmaß "Wenn in meiner Heimatstadt eine Informationsveranstaltung stattfinden würde, ..., würde ich diese Veranstaltung gerne besuchen" als abhängige Variable in eine Regressionsanalyse einbezogen. Die unabhängige Variable bildete der Faktor "Ansichten 1 - Ungehemmter Umgang mit dem Krankheitsbild". Die Hypothese kann bestätigt werden, da der Korrelationskoeffizient (0,32) hochsignifikant einen schwach positiven Zusammenhang anzeigt.[17]

Ein positiver, hochsignifikanter Zusammenhang konnte ebenso zwischen der Teilnahmeabsicht an Informationsveranstaltungen (Frage 9) und der Bereitschaft, zur wirksamen Behandlung der Lippenbläschen auch Wartezeiten beim Arzt in Kauf zu nehmen (Frage 10.6), festgestellt werden (r = 0,38). Personen, die ihre Zeit zur Teilnahme an Informationsveranstaltungen einsetzen würden, lassen eine wirksame Behandlung durch den Arzt nicht an Wartezeiten scheitern. Daher: ***Personen, die***

---

16 Es sei darauf hingewiesen, daß keine signifikanten Zusammenhänge zwischen dem Ansichten-Faktor "Ungehemmter Umgang mit dem Krankheitsbild" und den Eignungs-Faktoren 2 "sonstige öffentliche Medien" und 3 "Publikumszeitschriften" bestehen.

17 Es sei angemerkt, daß auch ein vergleichsweise starker, positiver und hochsignifikanter Zusammenhang (r=0,42) zwischen dem Faktor "Medien-Eignung 1 - Medizinorientierte Medien" und dem genannten antizipativen Verhaltensmaß zur aktiven Informationssuche besteht. Personen, die demnach "Medizin-Information" zur Aufklärung der Öffentlichkeit über Krankheitsbilder für geeignet halten, sind demnach auch gerne bereit, an Informationsveranstaltungen teilzunehmen. Es handelt sich dabei um stark involvierte Personen, die Informationen suchen. Aktivitäten der Unternehmen zur Aktualitätssicherung des Krankheitsbildes und populäre Informationen können ihre Aufklärungsbedürfnisse nicht befriedigen.

durch Informationsveranstaltungen erreicht werden können, kann ein Arztbesuch mit großer Erfolgsaussicht nahegelegt werden (vgl. dazu auch Kapitel D.3.5.3).

Hypothese VII

Je stärker eine erkrankte Person Informationsveranstaltungen für geeignet hält, die Öffentlichkeit über Krankheitsbilder zu informieren, desto eher ist sie auch bereit, an einer solchen Veranstaltung teilzunehmen.

Bei dieser Hypothese handelt es sich um eine klassische Hypothese der Einstellungs-Verhaltens-Theorie. Es wird ein Zusammenhang postuliert zwischen der Einstellung zu einer Informationsmöglichkeit und der Absicht, diese zukünftig zu nutzen. Die Hypothese kann erwartungsgemäß bestätigt werden, da ein hochsignifikanter, positiver Zusammenhang vorliegt ($r = 0{,}52$).

Hypothese VIII

Je höher das Involvement eines Krankheitsbildträgers bezüglich des Krankheitsbildes ist, desto stärker befürwortet er einen ungehemmten Umgang mit dem Krankheitsbild.

Auch diese Hypothese kann als zutreffend bezeichnet werden. Der Zusammenhang ist hochsignifikant und positiv ($r = 0{,}29$). Wie bei den zuvor dargestellten Hypothesentests konnte auch hier keine Verletzung des linearen Regressionsmodells festgestellt werden.

Es sei darauf hingewiesen, daß kein signifikanter Zusammenhang zwischen "der Häufigkeit, mit der die Lippenbläschen pro Jahr auftreten (Frage 11, standardisiert)" und "der subjektiv empfundenen Beeinträchtigung, dem Involvement" (Frage 14) bestehen. Hier handelt es sich um eine besonders wichtige Erkenntnis. ***Entscheidend für die unterschiedlichen Verhaltensweisen ist nicht das "objektive Leiden", sondern der "subjektiv empfundene Leidensdruck" der Krankheitsbildträger.***

Im folgenden werden Unterschiede in den Beurteilungen von Frauen und Männern, älteren und jüngeren Personen, Personen mit höherer und niedrigerer Bildung (beruflichem Status) aufgezeigt. Im Vordergrund soll dabei eine differenzierte Betrachtung der Arzt-Besucher, OTC-Kunden und der Ignoranten stehen. Diese Erkenntnisse können wichtige Anhaltspunkte für eine zielgruppenspezifische Ansprache der Krankheitsbildträger liefern.

3.5.3 Weitere Analysen

3.5.3.1 Differenzierte Betrachtung der drei Verhaltenstypen: "Arzt-Besucher", "OTC-Kunden" und "Ignoranten"

Es war zu vermuten, daß sich die drei Gruppen nicht nur in ihren Verhaltensmöglichkeiten unterscheiden, über die sie definiert sind. Die Angaben der jeweiligen Gruppenangehörigen zur Medieneignung, zur Akzeptanz der Informationsveranstaltungen, zu den Ansichten, zur Häufigkeit des Auftretens der Lippenbläschen, zur Stärke der Beeinträchtigungen durch akute Lippenbläschen und das Globalurteil zur Beurteilung der untersuchten Anzeige wurden daher mit Hilfe von t-Tests für unabhängige Gruppen auf signifikante Unterschiede geprüft. Die Irrtumswahrscheinlichkeit wurde mit "kleiner/gleich 0,05" festgelegt. Im folgenden werden nur Items und Statements aufgeführt, die überzufällige Unterschiede zwischen mindestens zwei der genannten Gruppen aufweisen.

Tab. 31: Differenzierte Betrachtung der drei Verhaltens-Gruppen: "Arzt-Besucher", "OTC-Käufer" und "Ignoranten", Mittelwerte, t-Tests

Statements/Items	Mittelwerte pro Cluster Arzt-Bes. (1)	OTC-Käuf. (2)	Ignoran. (3)	Gesamt-Mittelw.
Wartezeiten beim Arzt	3,55^{2,3xx}	2,79^{1,3xx}	2,09^{1,2xx}	2,63
Anzahl der Lippenbläschen	4,27^{2,3x}	3,04^{1x}	3,13^{1x}	3,36
Veranstaltungen (Eignung)	3,45^{3xx}	3,25	2,88^{1xx}	3,12
Veranstaltungen (Teilnahme)	3,13^{3xx}	2,75	2,34^{1xx}	2,64
Beeinträchtigungen	3,61^{3xx}	3,31^{3xx}	2,77^{1,2xx}	3,11
Physische Beeinträchtigung	3,38^{3xx}	3,18^{3xx}	2,75^{1,2xx}	3,02
Psychische Beeinträchtigung	3,11^{3xx}	2,85^{3xx}	2,30^{1,2xx}	2,64

Legende: Die hochgestellten Zahlen zeigen, daß ein signifikanter Unterschied zwischen den betreffenden Gruppen besteht. Ein "x" steht für eine Irrtumswahrscheinlichkeit kleiner/gleich 0,05. "xx" symbolisiert ein Signifikanzniveau von kleiner/gleich 0,01.

Aus der Übersicht wird deutlich, daß sich die drei Gruppen in verschiedenen Ansichten und Verhaltensweisen deutlich voneinander unterscheiden. ***Die Arzt-Besucher sind z.B. signifikant stärker bereit, Wartezeiten beim Arzt in Kauf zu nehmen als die OTC-Käufer und die Ignoranten, die abwarten, bis die Krankheitssymptome ohne Anwendung apothekenpflichtiger Arzneimittel wieder abklingen. In diesem Punkt unterscheiden sich auch die OTC-Käufer und die Ignoranten überzufällig.***

Die unterschiedliche Bereitschaft der drei Gruppen zu Wartezeiten ist in einem Zusammenhang mit den unterschiedlich stark empfundenen Beeinträchtigungen und der Häufigkeit des Auftretens der Bläschen pro Jahr zu sehen. ***So leiden die Arzt-Besucher öfter an akuten Bläschen als alle anderen. Sie fühlen sich auch stärker beeinträchtigt als die OTC-Kunden und die Ignoranten.*** Sie halten Informationsveranstaltungen für eher geeignet, über Krankheitsbilder zu informieren als die Ignoranten. Dementsprechend sind sie auch eher geneigt, an einer derartigen Veranstaltung in ihrer Heimatstadt teilzunehmen. Hier besteht aber kein signifikanter Unterschied zu den OTC-Kunden.

In der Beurteilung der Kampagne, der Art, wie die Informationen an die Bevölkerung herangetragen werden sollen, und im Globalurteil bestehen keine signifikanten Unterschiede zwischen den Gruppen.

Werden die drei Gruppen mit Hilfe der statistischen Angaben (Fragen A-D) auf charakteristische Unterschiede untersucht, so ergeben sich folgende Besonderheiten:

Die ***vier Alterskategorien sind verhältnismäßig gleichmäßig auf die drei Gruppen verteilt.*** Der Modus liegt im Falle der "Arzt-Besucher" bei "36-45 Jahren", bei den "OTC-Käufern" bei "15-25 Jahren" und im Falle der "Ignoranten" bei "26-35 Jahren". Alles in allem weisen die Arzt-Besucher durchschnittlich die höchste ***Schulbildung*** auf. Es folgen die Ignoranten und die OTC-Käufer, wobei letztere anteilsmäßig die meisten Hauptschüler auf sich vereinigen. Auch hier sind die ***Unterschiede zwischen den Gruppen nicht stark ausgeprägt.***

Nach dem ***Geschlecht*** ergeben sich dagegen ***auffällige Unterschiede. 62 v.H. der Arzt-Besucher sind weiblich, bei den OTC-Käufern sind dies noch 57 v.H. Dagegen sind die Ignoranten mehrheitlich männlich; der Frauenanteil beträgt hier nur noch 40 v.H.***

3.5.3.2 Geschlechtsspezifische Betrachtung

Von Interesse war, ob sich weibliche und männliche Erkrankte in ihrer Betroffenheit, ihren Beurteilungen und ihren Ansichten unterscheiden. Zu diesem Zweck wurden die in der voranstehenden Analyse genannten Variablen mit Hilfe von t-Tests auf geschlechtsspezifische Unterschiede überprüft.

Tab. 32: Patienten-Ansprache - Geschlechtsspezifische Betrachtung, Mittelwerte, t-Tests

Statements/Items — Geschlecht	MW pro Cluster weiblich n = 125	männlich n = 124	Gesamt-Mittelwert
TV-Spots	2,90^{x}	3,25^{x}	3,08
Anzeigen in Apothekenzeitschriften	3,94^{xx}	3,29^{xx}	3,62
Veranstaltungen (Eignung)	3,32^{x}	2,91^{x}	3,12
Broschüren beim Hausarzt	3,76^{x}	3,38^{x}	3,57
Veranstaltungen (Teilnahme)	2,89^{xx}	2,38^{xx}	2,63
Verschreibungsbitte (3)	3,35^{x}	3,04^{x}	3,20
Häufigkeit der Bläschen pro Jahr	3,80^{x}	2,92^{x}	3,36

Legende: Die hochgestellten "x" zeigen, daß ein signifikanter Unterschied zwischen den beiden Gruppen besteht. Ein "x" steht für eine Irrtumswahrscheinlichkeit kleiner/gleich 0,05. "xx" symbolisiert ein Signifikanzniveau von kleiner/gleich 0,01.

Von den zwanzig in die Analyse einbezogenen Variablen bestehen bei sieben signifikante Unterschiede zwischen Frauen und Männern. Die Erkenntnisse bilden ein geschlossenes Ganzes. Inkompatibilitäten zwischen Teilergebnissen sind nicht zu erkennen.

Die weiblichen Befragten weisen bis auf eine Ausnahme für alle signifikanten Variablen höhere Ausprägungen auf. Männer halten dagegen TV-Spots zur Aufklärung über Krankheitsursachen, Krankheitsverlauf und Behandlungsmöglichkeiten stärker für geeignet als Frauen.

Ein hochsignifikanter Unterschied besteht bei der Beurteilung von "Anzeigen in Zeitschriften, die in Apotheken ausliegen". Die Einkäufe in Apotheken dürften im allgemeinen hauptsächlich durch Frauen durchgeführt werden. Derartige Zeitschriften werden vermutlich eher von Frauen als von Männern gelesen. Auch beim Hausarzt ausliegende Informationsbroschüren werden von Frauen eher positiv beurteilt. Zudem sind Frauen sehr viel stärker bereit, an Informationsveranstaltungen in ihrer Heimatstadt teilzunehmen. Zum einen dürften sie in vielen Fällen die Freiheit einer unkonventionelleren Arbeitszeitgestaltung besitzen, zum anderen empfinden sie die Lippenbläschen pro Jahr wesentlich häufiger akut (3,80) als Männer (2,92). Besonders interessant ist folgende Erkenntnis: ***Frauen können sich eher als Männer vorstellen, "daß eine erkrankte Person beim Arzt aufgrund einer solchen Anzeige durchaus um die Verschreibung eines Präparates der aufklärenden Firma bittet".***

Alles in allem sind Frauen also stärker mit den Lippenbläschen involviert. Eine interessante Fragestellung ist, ob sie ihren männlichen Partnern, Verwandten, Freunden und Bekannten von ihren Erfahrungen über die Krankheitsaufklärung berichten. Es ist zu vermuten, daß Männer nicht nur direkt von der aufklärenden Pharma-Industrie erreicht werden können, sondern insbesondere auch im Rahmen der ***zweistufigen Kommunikation*** über "ihre Frauen" mit Informationen und Ratschlägen versorgt werden.[18]

3.5.3.3 Altersspezifische Betrachtung

Entsprechend den vorherigen Untersuchungen war nun von Interesse, ob die Beurteilungen altersspezifische Besonderheiten aufweisen. Zu diesem Zweck wurden 4 Gruppen gebildet: 15-25 Jahre, 26-35 Jahre, 36-45 Jahre und 46-60 Jahre. T-Tests dienten zur Feststellung von Unterschieden.

---

18 Dies sollte zur Ansprache der Bevölkerung genutzt werden. Geeignet könnten folgende Inhalte sein: "Eine bei einem Partner vorhandene Viruserkrankung ist aufgrund der Ansteckungsmöglichkeiten immer Sache beider Partner". "Eine offene Diskussion derartiger Themen sollte in funktionierenden Partner- und Freundschaften eine Selbstverständlichkeit sein". Das Motto könnte lauten: "Offenheit festigt Beziehungen".

Tab. 33: Patienten-Ansprache - Differenzierte Betrachtung der Alters-Gruppen, Mittelwerte, t-Tests

Alter: Statements/Items	Mittelwerte pro Cluster 15-25 (n_1=60)	26-35 (n_2=66)	36-45 (n_3=63)	46-60 (n_4=60)	GMW 249
TV-Spots	$2,85^{3x}$	$2,82^{3,4x}$	$3,35^{1,2x}$	$3,30^{2x}$	3,08
Funk-Werbung	$2,30^{3,4x}$	$2,39^{3x}$	$2,79^{1,2x}$	$2,78^{1x}$	2,57
Zeitschriften "Stern"	$3,63^{3x}$	3,20	$3,22^{1x}$	3,47	3,37
Apothekenzeitsch.	$3,92^{3x}$	3,59	$3,38^{1x}$	3,60	3,62
Postwurfsendungen	$2,3^{3xx2,4x}$	$1,80^{1x}$	$1,68^{1xx}$	$1,83^{1x}$	1,89
Infoveranstaltungen/E.	3,27	2,99	$2,86^{4x}$	$3,38^{3x}$	3,12
Broschüre beim Arzt	$3,80^{3x}$	3,53	$3,25^{1,4x}$	$3,73^{3x}$	3,57
Unterstützung A-P-V	$3,13^{2x}$	$2,62^{1,4x}$	3,03	$3,10^{4x}$	2,96
Tabu-Abbau	$3,78^{2x}$	$3,30^{1,3x}$	$3,81^{2x}$	3,55	3,61
Arzt-Behandlung	$4,10^{2,3x}$	$3,68^{1x}$	$3,71^{1x}$	3,90	3,84
Wartezeiten beim Arzt	$2,88^{4x}$	2,71	2,58	$2,32^{1x}$	2,63
Globalurteil	3,27	$3,0^{4xx}$	3,26	$3,43^{2xx}$	3,23

Legende: Die hochgestellten Zahlen zeigen, daß ein signifikanter Unterschied zwischen den betreffenden Gruppen besteht. Ein "x" steht für eine Irrtumswahrscheinlichkeit kleiner/gleich 0,05. "xx" symbolisiert ein Signifikanzniveau von kleiner/gleich 0,01
GMW = Gesamt-Mittelwert

TV-Spots und Funk-Werbung werden von den älteren Personen für besser geeignet angesehen, über Krankheitsursachen, Krankheitsverlauf und Behandlungsmöglichkeiten zu informieren als von jüngeren Betroffenen. Anzeigen in Publikums- und in Apothekenzeitschriften werden von den 15-25 jährigen Personen besser beurteilt als von den 36-45 jährigen. Die 46-60 jährigen Befragten beurteilen Informationsveranstaltungen besonders positiv. Informationsbroschüren werden von den Gruppen "15-25 Jahre" und "46-60 Jahre" präferiert.

Bei den Statements "Beitrag zum Tabu-Abbau", "Notwendige Behandlung durch den Arzt" und "Wartezeiten beim Arzt" lassen sich jeweils signifikant bessere Wertungen der Gruppe "15-25 Jahre" zu verschiedenen anderen Gruppen nachweisen. Das Globalurteil der 46-60 jährigen Befragten ist überzufällig positiver ausgefallen als das Urteil der Gruppe "26-35 Jahre".

Die Bewertungen der Gruppe "15-25 Jahre" sind insgesamt am besten ausgefallen. Es schließen sich die 46-60 jährigen Befragten an. Die beiden mittleren Gruppen sind in ihren Beurteilungen weniger positiv ausgerichtet.

Diesen Erkenntnissen zufolge dürfte eine Ansprache jüngerer Personen sehr erfolgversprechend sein. Die Botschaften werden wohlwollend beurteilt. ***Bei den 26-45 jährigen Befragten ist eine vergleichsweise kritische Einstellung zu verzeichnen.*** Das absolute Niveau der Meinungen ist jedoch auch hier nicht beunruhigend niedrig. Bei dieser Zielgruppe dürfte insbesondere eine Kampagne erfolgversprechend sein, die kritische Einwände gegen solche Informationen berücksichtigt und die informative Dimension der Ansprache besonders betont.[19]

3.5.3.4 Bildungsspezifische Betrachtung

Zur Feststellung von bildungsspezifischen Beurteilungsunterschieden wurden die Befragten zwei Gruppen zugeordnet:

Gruppe 1 (142 Personen) "Niedrige Bildung": Hauptschulabschluß (66 Personen), Realschulabschluß (76 Personen),

Gruppe 2 (106 Personen) "Hohe Bildung": Abitur (84 Personen), Hochschulabschluß (22 Personen).

---

19 Die Selektionskriterien "Geschlecht" und "Alter" wurden in einer weiteren Analyse kombiniert. Dabei sollten Frauen und Männer getrennt auf Unterschiede zwischen den verschiedenen Altersklassen untersucht werden (vgl. dazu ausführlich Becker, 1991 b, S. 47 ff.).

Tab. 34: Patienten-Ansprache - Bildungsspezifische Betrachtung, Mittelwerte, t-Tests

Statements/Items	Bildungsniveau Mittelwerte p.Cluster Niedrig (142)	Hoch (106)	Gesamt-Mittelw.
TV-Spots	$3,25^{x}$	$2,83^{x}$	3,08
Funk-Werbung	$2,71^{x}$	$2,34^{x}$	2,57
Anzeigen in Regional-Zeitungen	$3,01^{xx}$	$2,61^{xx}$	2,84
Verschreibungsbitte (3)	$3,34^{x}$	$3,01^{x}$	3,20
Globalurteil	$3,47^{xx}$	$2,90^{xx}$	3,23

Legende: Die hochgestellten "x" zeigen, daß ein signifikanter Unterschied zwischen den beiden Gruppen besteht. Ein "x" steht für eine Irrtumswahrscheinlichkeit kleiner/gleich 0,05. "xx" symbolisiert ein Signifikanzniveau von kleiner/gleich 0,01.

5 Statements/Items weisen signifikante Unterschiede zwischen den Gruppen auf (t-Tests). Das Schwergewicht liegt dabei auf Differenzen in der Eignungsbeurteilung der verschiedenen Medien.

Die Personen mit "niedriger Bildung" urteilen über die Aufklärungskampagne hochsignifikant positiver. Alle Äußerungen mit überzufälligen Unterschieden zeigen eine bessere Einschätzung der Gruppe der "Haupt- und Realschulabsolventen". Sie sind insgesamt unkritischer. Aufgrund ihrer Einschätzung der Medieneignung, die vermutlich mit ihrem eigenen Nutzungsverhalten zusammenhängt, sind sie im Vergleich mit der anderen Gruppe gut durch TV-Spots, Funk-Werbung und Anzeigen in regionalen Zeitungen zu erreichen.

Von besonderer Wichtigkeit ist, daß die Mitglieder der Gruppe mit dem niedrigeren Bildungsniveau gegenüber dem Arzt eher eine Verschreibungsbitte für denkbar halten. Die Ansprache dieser Gruppe sollte daher einen entsprechenden ***Aufforderungscharakter*** besitzen, etwa: ***"Sprechen sie mit ihrem Arzt über eine wirksame Behandlung! Er hilft gerne! (Eventuell zusätzlich: Er ist gesprächsbereiter als Sie vielleicht denken!)".***

3.5.3.5 Berufsspezifische Betrachtung

Die neun erfragten Berufsklassen wurden zu vier ähnlichen Gruppen zusammmengefaßt:

Gruppe 1 "Unselbständige" (104 Personen):
Angestellte (71), Beamte (18), Arbeiter (15),
Gruppe 2 "Erwerbslose" (80 Personen):
In Ausbildung Befindliche (62), Arbeitslose (11), Rentner (7),
Gruppe 3 "Hausfrauen, Hausmänner" (34 Personen),
Gruppe 4 "Selbständige" (31 Personen):
16 Freiberufler, 15 Selbständige.

Tab. 35: Patienten-Ansprache - Berufsspezifische Betrachtung, Mittelwerte, t-Tests

Statements/Items	Mittelwerte pro Cluster				GM
	Unselbst. (n_1=104)	Erwerbsl. (n_2=80)	Hausfrau (n_3=34)	Selbstän. (n_4=31)	249
Postwurfsendungen	1,90^{4xx}	2,06^{4xx}	1,85^{4x}	1,4^{3x1,2xx}	1,89
Veranstaltung (Teiln.)	2,52^{3x}	2,53	3,08^{1x}	2,81	2,63
Verschreibungsbitte(3)	3,25	2,96^{4xx}	3,13	3,67^{2xx}	3,20
Behandlung (5)	3,82^{4x}	3,85	3,58^{4x}	4,20^{1,3x}	2,92
Globalurteil	3,35^{2x}	3,04^{1,3x}	3,5^{2x4x}	3,0^{3x}	3,23

Legende: Die hochgestellten Zahlen zeigen, daß ein signifikanter Unterschied zwischen den betreffenden Gruppen besteht. Ein "x" steht für eine Irrtumswahrscheinlichkeit kleiner/gleich 0,05. "xx" symbolisiert ein Signifikanzniveau von kleiner/gleich 0,01.
GMW/M = Gesamt-Mittelwert/Männlich

Wie die Tabelle zeigt, bestehen nur zwischen 5 Statements/Items signifikante Unterschiede zwischen mindestens zwei der vier Gruppen. ***Demnach sind Hausfrauen wesentlich eher bereit, an Informationsveranstaltungen teilzunehmen als die Gruppe "Angestellte/Beamte/Arbeiter".*** Dies kann vermutlich durch ihre Möglichkeit zur freien Zeiteinteilung erklärt werden. Sie äußern sich auch global am positivsten über die Aufklärungs-Kampagne.

Eine Verschreibungsbitte beim Arzt würde am ehesten die Gruppe "Selbständige/Freiberufler" äußern.[20]

3.6 Güte der Daten

Einfaktorielle Varianzanalysen und Chi-Quadrat-Tests wurden zur Reliabilitätsprüfung eingesetzt (Signifikanzniveau kleiner/gleich 0,05). Die Wochentage, an denen die Interviews durchgeführt wurden, und das Geschlecht der Interviewer hatten keinen signifikanten Einfluß auf die anderen Variablen. Das spricht für die Reliabilität des Befragungsinstruments.

Diese Studie hatte nicht die Aufgabe, auf dem ***innovativen Gebiet der "Integrierten Patienten-Ansprache für ethische Präparate"*** repräsentative Erkenntnisse zu liefern. Vielmehr sollten signifikante Unterschiede und Zusammenhänge entdeckt werden, um dadurch eine repräsentative Untersuchung zur Patienten-Ansprache anzuregen. Die kombinierte Quotierung nach Alter und Geschlecht ermöglichte Aussagen für verschiedene Teilgruppen. Es ist anzunehmen, daß sich die Erkenntnisse der vorliegenden Studie und einer repräsentativen Folgeuntersuchung gegenseitig stützen werden.

Die interne Validität wurde mit Hilfe von Außenkriterien gemessen. Dabei wurden folgende Zusammenhänge unterstellt: Je höher der Korrelationskoeffizient zwischen den Factor-Scores "Ansicht 2 - Globalurteil" (bzw. den positiven Statements) und dem Globalurteil (Frage 15) ist, desto höher ist die Validität der Untersuchung. Die Validität ist zufriedenstellend gesichert, da ein signifikanter, schwach positiver Zusammenhang festgestellt wurde.

Gemäß der Definition des Involvementkonstruktes steigt mit dem Involvement auch die Bereitschaft, Informationsmöglichkeiten aktiv zu nutzen (vgl. dazu Kapitel

---

20 Dafür dürfte es hauptsächlich zwei Erklärungen geben: 1. Selbständige dürften vergleichsweise wenig Schwierigkeiten haben, ihre Meinungen zu artikulieren. 2. Die Beziehungen zum Arzt dürften sie eher als andere Bevölkerungsgruppen wie eine normale Geschäftsbeziehung ansehen. Das oft zu beobachtende Unterordnungsverhalten wird für sie - wenn überhaupt - nur in abgeschwächter Form zutreffen. Die "Selbständigen und Freiberufler" glauben auch vergleichsweise stark, daß eine solche Kampagne für Betroffene ein Anstoß sein kann, sich in die notwendige Behandlung durch den Arzt zu begeben.

C.4.3.2). Dieser Sachverhalt konnte auch in dieser Untersuchung bestätigt werden. Eine Regressionsanalyse ergab einen hochsignifikanten Zusammenhang (r = 0,33). Das Involvement mit dem Krankheitsbild wurde dabei durch die subjektiv empfundene Beeinträchtigung durch die Lippenbläschen operationalisiert (Frage 14). Der erste Ansichts-Faktor "Ungehemmter Umgang mit dem Krankheitsbild" bildete die abhängige Variable. Werden die Statements, die auf den Faktor hoch laden, einzeln betrachtet, so zeigt sich, daß der stärkste Zusammenhang zwischen "dem Involvement der Krankheitsbildträger" und "der Bereitschaft, Wartezeiten beim Arzt in Kauf zu nehmen, um eine wirksame Behandlung zu erhalten", besteht (r = 0,30).

Auch die Einschätzung des persönlichen Eindrucks der Befragten durch die Interviewer ist als valide anzusehen. Es kann davon ausgegangen werden, daß im Durchschnitt der persönliche Eindruck von Angehörigen verschiedener Berufsgruppen typische Unterschiede aufweist. So wird der persönliche Eindruck vom Status einer Selbständigen bzw. Freiberuflerin im allgemeinen einen höheren Wert annehmen als bei einer Hausfrau. Die folgenden signifikanten Unterschiede (T-Tests, Irrtumswahrscheinlichkeit kleiner/gleich 0,05) sprechen wiederum für die Validität der Ergebnisse:

Hausfrauen (3,29)/Angestellte (3,66)
Hausfrauen (3,29)/In Ausbildung Befindliche (3,75)
Hausfrauen (3,29)/Selbständige (4,55)
Selbständige (4,55)/Angestellte (3,66)
Selbständige (4,55)/In Ausbildung Befindliche (3,75).[21]

3.7 Zusammenfassung der Erkenntnisse

An der Befragung zur Patienten-Ansprache nahmen 249 Personen teil, die alle bereits einmal an Lippenbläschen gelitten haben. Die Interviewpartner wurden gefragt, was sie gewöhnlich unternehmen, wenn bei ihnen Lippenbläschen auftreten. Drei Möglichkeiten wurden zur Wahl gestellt. Das Ergebnis sieht folgendermaßen aus:

56 "Arzt-Besucher": Personen, die zum Arzt gehen und sich etwas verschreiben lassen,

21 Kritisch sei angemerkt, daß vor der Einschätzung die statistischen Daten erfragt wurden. Die Interviewer hatten jedoch die strikte Anweisung, sich dadurch nicht von ihrem persönlichen Eindruck abbringen zu lassen.

72 "OTC-Kunden": Personen, die die Apotheke aufsuchen und sich ein Arzneimittel kaufen,

121 "Ignoranten": Personen, die gar nichts unternehmen und es vorziehen zu warten, bis die Symptome wieder abklingen.

Von den 56 Personen, die sich vom Arzt etwas verschreiben lassen, gaben 38 Personen ungestützt an, der Arzt verordne Ihnen das Präparat Zovirax von der Deutschen Wellcome. Insgesamt zeigt das vorliegende Ergebnis, welche weitreichenden Möglichkeiten sich der "Integrierten Patienten-Ansprache" bieten. Nur 23 v.H. der erkrankten Personen begeben sich nach dieser Stichprobe in die Behandlung durch den Arzt. Personen, die sich daran erinnern konnten, daß ihnen ihr Arzt Zovirax verordnet hat, waren vergleichsweise stark der Meinung, daß die Anzeige der Deutschen Wellcome ihnen nachträglich die Sicherheit gibt, daß ihr Arzt ihnen das richtige Präparat verschrieben hat. Die patientenorientierte Ansprache kann also auch wichtige Impulse geben, um etwaige Nach-Verschreibungs-Dissonanzen beim Patienten abzubauen. Die Personen, die sich zwar in die Behandlung durch den Arzt begeben, sich aber nicht an die Verschreibung von Zovirax erinnerten, konnten sich nur schwach vorstellen, ihren Arzt aufgrund dieser Anzeige künftig um die Verordnung eines Präparates des aufklärenden Unternehmens zu bitten. Im allgemeinen sind "OTC-Kunden" durch eine solche Anzeige leichter als "Ignoranten" zu bewegen, in Zukunft bei Ausbruch der Lippenbläschen den Arzt aufzusuchen.

Der Arzt wird oftmals nicht konsultiert, da die Erkrankung als nicht so schwerwiegend eingeschätzt wird. Zu lange Wartezeiten beim Arzt halten ebenfalls von einem Arztbesuch ab. Ein weiteres wichtiges Hindernis ist, daß einige Personen glauben, die Lippenbläschen mit Hausmitteln oder Medikamenten aus der Apotheke versorgen zu können.

Zeitschriften, die in Apotheken ausliegen, werden von den Patienten als sehr geeignet angesehen, über Krankheitsbilder in der Öffentlichkeit zu informieren. Eine ähnlich gute Bewertung erfuhren Informationsbroschüren, die beim Hausarzt ausliegen. Mit Anzeigen in Publikumszeitschriften (Stern, Bunte, Neue Revue) können weite Teile der Bevölkerung informiert werden. Auch Informationsveranstaltungen in der Heimatstadt mit Ärzten und Patienten wurden vergleichsweise gut beurteilt.

Zur Akzeptanz der Patienten-Ansprache: Die stärkste Zustimmung entfiel auf das Statement "Aktionen zur Information der Bevölkerung über Krankheitsbilder können einen Beitrag dazu leisten, daß ein erkrankter Mensch sich in die notwendige Behandlung durch den Arzt begibt". Nur etwas schwächer fiel die Zustimmung zu der Aussage aus, daß solche Informationen helfen können, Tabus abzubauen, die den Menschen schaden. Derartige Aktivitäten werden also grundsätzlich positiv beurteilt. Die Befragten glauben auf einem überdurchschnittlichen Niveau auch, daß eine erkrankte Person aufgrund einer solchen Anzeige den Arzt durchaus um die Verschreibung eines Präparates der aufklärenden Firma bittet. Alles in allem wird in einer solchen Aktion eher eine aktive Unterstützung als ein unzulässiger Eingriff in das Arzt-Patienten-Verhältnis gesehen. Um eine wirksame Behandlung der Lippenbläschen zu erhalten, würden die Befragten aber nur in geringem Maße Wartezeiten in Kauf nehmen.

Alle ***Hypothesen*** konnten bestätigt werden. Die linearen Zusammenhänge waren jedoch zumeist schwach ausgeprägt:

Je weniger eine erkrankte Person die Informationskampagne zur Aufklärung über Krankheitsbilder global als unzulässigen Eingriff in das Arzt-Patienten-Verhältnis einschätzt, desto stärker hält sie Medien zur Publikums-Information für geeignet, die besonders der Vermittlung populärer Informationen dienen.

Je stärker eine erkrankte Person der Meinung ist, daß eine Informationskampagne zur Aufklärung über Krankheitsbilder einen ungehemmten Umgang mit der Krankheit erleichtert, desto stärker hält sie Informationen zur Ansprache des Publikums für geeignet, die "medizinische Informationen" beinhalten.

Je stärker eine erkrankte Person der Meinung ist, daß eine Informationskampagne zur Aufklärung über Krankheitsbilder einen ungehemmten Umgang mit der Krankheit erleichtert, desto eher würde sie auch aktiv an Informationsveranstaltungen teilnehmen. Eine weitere wichtige Erkenntnis lautet in diesem Zusammenhang: Personen, die durch Informationsveranstaltungen erreicht werden können, kann ein Arztbesuch mit großer Erfolgsaussicht nahegelegt werden.

Je stärker eine erkrankte Person Informationsveranstaltungen für geeignet hält, die Öffentlichkeit über Krankheitsbilder zu informieren, desto eher ist sie auch bereit, an einer solchen Veranstaltung teilzunehmen.

Je höher das Involvement eines Krankheitsbildträgers bezüglich des Krankheitsbildes ist, desto stärker befürwortet er einen ungehemmten Umgang mit dem Krankheitsbild.

Festgestellt werden konnte auch, daß für die unterschiedlichen Verhaltensweisen nicht das "objektive Leiden", sondern der "subjektiv empfundene Leidensdruck" der Krankheitsbildträger entscheidend ist.

Weitere statistische Analysen ergaben u.a. folgende Erkenntnisse:

1. Die Arzt-Besucher sind signifikant stärker bereit, Wartezeiten beim Arzt in Kauf zu nehmen als die OTC-Käufer und die Ignoranten. In diesem Punkt unterscheiden sich auch die OTC-Käufer und die Ignoranten überzufällig.

2. Die Arzt-Besucher leiden öfter an akuten Bläschen als alle anderen. Sie fühlen sich auch stärker beeinträchtigt als die OTC-Kunden und die Ignoranten.

3. 62 v.H. der Arzt-Besucher sind weiblich, bei den OTC-Käufern sind dies noch 57 v.H. Dagegen sind die Ignoranten mehrheitlich männlich; der Frauenanteil beträgt hier nur noch 40 v.H.

4. Frauen können sich eher als Männer vorstellen, "daß eine erkrankte Person beim Arzt aufgrund einer solchen Anzeige durchaus um die Verschreibung eines Präparates der aufklärenden Firma bittet". Auch die Mitglieder der Gruppe mit dem niedrigeren Bildungsniveau können sich dieses vergleichsweise gut vorstellen. Das trifft auch auf die Gruppe der "Selbständigen und Freiberufler" zu.

5. Die Gruppen der 15-25 jährigen und der 46-60 jährigen Betroffenen stehen derartigen Aufklärungsaktionen im allgemeinen positiv gegenüber. Die 26-45 jährigen Personen bilden die Gruppe der Kritiker, wobei die 26-35 jährigen am kritischsten eingestellt sind.

6. Die Personen mit "niedriger Bildung" urteilen über die Aufklärungskampagne hochsignifikant positiver.

7. Hausfrauen sind wesentlich eher bereit, an Informationsveranstaltungen teilzunehmen als die Gruppe "Angestellte/Beamte/Arbeiter".

E. Empfehlungen für die Praxis

Aus den Erkenntnissen der ***empirischen Studien*** (Unternehmensbefragung, Inhaltsanalyse von Anzeigen in Ärztefachzeitschriften, kombinierte Ärztebefragung und -beobachtung, Patientenbefragung) sollen praktische Empfehlungen für das Pharma-Marketing abgeleitet werden. Diese ***"Sozialtechniken des Pharma-Marketing"*** sind als Anregungen zu verstehen und beziehen sich im einzelnen auf:

1. Die typologieorientierte Ärzte-Ansprache
2. Die Gestaltung der "Integrierten Patienten-Ansprache"
3. Die Anzeigenkommunikation in Ärztefachzeitschriften

Zunächst seien jedoch drei übergreifende Hinweise gegeben:

1. ***Entwickeln Sie eine angemessene Ärzte-Segmentierung.***
Verfahren Sie bei der Ärzte-Ansprache nicht nach dem "Gießkannen-Prinzip" und vermeiden Sie auf diese Weise, Ihre Ärzte weiter mit Informationen zu überlasten, die sie nicht interessieren. Als Einteilungskriterien bieten sich in isolierter oder verknüpfter Form neben herkömmlichen Kriterien, wie z.B. Fachrichtung, Verordnungsvolumen, Wachstumspotential der Praxen sowie Markenwahl- und Kommunikationsverhalten, insbesondere verhaltenswissenschaftliche Charakteristika der Ärzte an (vgl. dazu ausführlich die Empfehlungen in Kapitel E.1).

2. ***Sprechen Sie neue Zielgruppen an.***
Durch geringe Umstrukturierungen in Ihrem Kommunikationsbudget können Sie zusätzlich weitere Marktpartner ansprechen. Insbesondere dürfen die Patienten als die Verwender und die Apotheker als das Bindeglied zwischen Ärzten und Patienten nicht länger vernachlässigt werden. Die vorgestellten Praxisbeispiele (vgl. Kapitel C.4.1) bieten vielerlei Anregungen für eigene Aktivitäten, zumal in den empirischen Studien (vgl. Kapitel D.2 und D.3) vergleichsweise positive Beurteilungen der Patienten und Ärzte festgestellt werden konnten (vgl. dazu ausführlich die Empfehlungen in Kapitel E.2).

3. ***Nutzen Sie emotionale Ansprachen.***
Aufgrund der beschriebenen Kommunikationsbedingungen (vgl. Kapitel C.1) ist Aufmerksamkeit, Informationsvermittlung und Profilierung gegenüber der Konkurrenz in den meisten Fällen nur noch mit Hilfe emotionaler Gestaltungselemente zu erzielen. Für Low-Involvement-Präparate bietet sich nach genauer Prüfung der Marktbedingungen insbesondere die Strategie der Erlebniswertvermittlung an (vgl. dazu Kapitel C.5, vgl. zur Optimierung der emotionalen Ansprache Weinberg, 1989, S. 216 ff.).

1. Empfehlungen zur typologieorientierten Ärzte-Ansprache

Aus den Erkenntnissen der Ärztebefragung und -beobachtung lassen sich entscheidende Hinweise zur Gestaltung der Ärztekommunikation ableiten.

Für das empirische Beispiel dieser Studie gilt, daß für die motivationsspezifische Ausgestaltung der Kommunikation lediglich eine Differenzierung der Kommunikationsinhalte, nicht aber auch eine typenspezifische Differenzierung des Medieneinsatzes notwendig ist. Allgemein gilt jedoch die Empfehlung, daß bei allen kommunikativen Aktivitäten die Hauptmotivationen der Ärzte zu berücksichtigen sind. Konkret ergeben sich aus dieser allgemeinen Regel gemäß den Hypothesentests und weiteren Analysen folgende spezielle Empfehlungen für die vier empirisch ermittelten Arzt-Typen:

Cluster 1: Die angepaßten Ärzte
Aufgrund des schwachen Strebens nach "Unabhängigkeit und Verantwortung" sowie des angepaßten Verhaltens dieser Ärzte dürfte es empfehlenswert sein, mit sozialen Mehrheiten zu werben. In ihrem Verschreibungsverhalten sind sie weitgehend festgelegt. Die guten Erfahrungen ihnen ähnlicher Ärzte mit den zu bewerbenden Präparaten sollten herausgestellt werden. Wichtig ist, daß die Ärzte sich mit dem Modell identifizieren können. Das dürfte ihnen z.B. bei einem in einer Anzeige abgebildeten "sicherheitsbewußten Arzt" schwerfallen.

Die Ärzte dieses Clusters sind vergleichsweise jung. Sie verfügen häufig über geringe Erfahrungen in der Führung einer Praxis. Die kostenintensive Ausstattung der Praxis mit medizinischem Gerät ist in vielen Fällen zumindest teilweise fremdkapitalfinanziert. Daher werden diese Ärzte sich besonders für Informationen zu den Themen

Praxisführung und Praxismarketing unter dem Aspekt der Rentabilitätssicherung interessieren. Von jungen Ärzten (Hochschulabsolventen) wird jedoch in der Regel eine kritische Haltung gegenüber wirtschaftlichen Interessen erwartet. Daher müssen die Informationen mit medizinischen Hinweisen verknüpft werden.

Cluster 2: Die vertrauensvollen Ärzte

Die Ärzte dieses Clusters zeichnen sich durch eigenverantwortliches Verhalten aus. Daher sollten Sie dieses in den Botschaften entsprechend kommunizieren. Bekanntlich präferieren diese Ärzte Markenpräparate. Dementsprechend dürften sie sich besonders durch Kampagnen angesprochen fühlen, die das Vertrauen und die Stärke von Marken herausstellen. Die *Bayer AG* wirbt z.B. für ihr Präparat *"Adalat"* mit dem Slogan *"Qualität und Vertrauen"*. Dabei werden jeweils Ärzte dargestellt, die als typische Vertreter der "vertrauensvollen Ärzte" angesehen werden können. Wichtig ist, daß den Ärzten des zweiten Clusters gegenüber nicht versucht wird, die unternehmerischen Interessen der Pharma-Hersteller zu bagatellisieren.

Cluster 3: Die nach sozialer Anerkennung strebenden Ärzte

Die Ärzte dieses Clusters möchten sich gerne "in Position setzen". Sie streben zudem nach Unabhängigkeit und Verantwortung und sehen sich als eher skeptisch und unnachgiebig an. Es dürfte für die Hersteller pharmazeutischer Präparate von Vorteil sein, die "Eitelkeit" dieser Ärzte anzusprechen. Den Ärzten muß die Möglichkeit zur "eigenständigen Selbstdarstellung" (Höherpositionierung) vor Personen geboten werden, denen sie selber eine hohe Wertschätzung entgegenbringen. Dafür bieten sich verschiedene Möglichkeiten an. So könnten die Ärzte als Experten für Fortbildungs- (Beispiele: EDV in der Arztpraxis, Anwendung innovativer Präparate) oder Patientenveranstaltungen (Beispiel: Patientenaufklärung über Vorsorgemöglichkeiten bei bestimmten Krankheitsbildern) gewonnen werden.[1] Der Pharma-Hersteller könnte ausgewählten Ärzten auch einen Geldbetrag zur Verfügung stellen, den diese dann einer Patientenvereinigung ihrer Wahl zukommen lassen. Den Ärzten könnte auch die Möglichkeit zu einer Veröffentlichung in einer Zeitschrift geboten werden, die bei der Bezugsgruppe ein hohes Ansehen genießt. Exklusive Aktivitäten, wie z.B. Reisen, Besuche von Kunst- oder Sportveranstaltungen und Teilnahme an Kapitalanlageberatungen, dürften für die Ärzte des dritten Clusters besonders wertvoll sein, wenn sie

---

1 Die Ärzte dieses Clusters beurteilen die patientenorientierte Ansprache am positivsten (vgl. dazu Kapitel D.2).

diese Erlebnisse anderen Personen mitteilen können. Daher bietet sich hier eine Institutionalisierung in Form einer Clubmitgliedschaft an. Von besonderer Wichtigkeit ist in jedem Fall, daß die Ärzte nicht den Eindruck gewinnnen, ihre Entscheidungsfreiheit würde durch den Pharma-Hersteller eingeengt werden.

Cluster 4: Die sicherheitsbewußten Ärzte

Charakteristisch für diese zumeist älteren Ärzte ist ihr ausgesprochenes Sicherheitsstreben. Sie sind traditionsgebunden und vorsorgend. Skepsis und Unnachgiebigkeit sind bei den Mitgliedern dieser Gruppe am stärksten ausgeprägt. Sie wollen unabhängig und eigenverantwortlich handeln. Die Verwendung wirtschaftlicher und privater Themen in der Ärztekommunikation lehnen sie ab. Ein Pharma-Hersteller sollte diesen Ärzten gegenüber besonders die Sicherheit der Präparate bei der Anwendung durch die Patienten herausstellen. Die für die Ärzte geringen Gefahren bei der Verschreibung eines Präparates sind (soweit dies den Tatsachen entspricht) herauszustellen. Die Tradition des Unternehmens ist besonders zu betonen. Von Interesse ist für die Ärzte jedoch auch die Ausrichtung des Unternehmens auf die Entwicklung weiterer nutzbringender Medikamente. Beratungen hinsichtlich Fragen des Praxis-Marketing oder des EDV-Einsatzes sollten unterlassen werden, es sei denn, die Ärzte hätten konkret um Unterstützung gebeten.

Die empirischen Untersuchungen haben gezeigt, daß Einschätzungen der Ärzte durch Beobachter wesentlich bessere Ergebnisse erbringen als zufällige Zuordnungen. Daher kann folgende Empfehlung gegeben werden: ***Schulen Sie Ihre Mitarbeiter im Umgang mit einer solchen Typologie. Sensibilisieren Sie dabei nicht nur Ihren Außen- (Pharma-Referenten), sondern auch Ihren Innendienst. Ihr Marketing- und Vertriebsbereich kann nur in enger Teamarbeit Kommmunikationsstrategien entwickeln, die den Bedingungen Ihres Unternehmens optimal angepaßt sind.***

Die Ärzte weisen das stärkste Involvement für Fortbildungsseminare, Symposien, Muster und Pharma-Referenten auf. Das Medien-Involvement ist dagegen für Anzeigen in Ärztefachzeitschriften, Direct-Mails, Sales-Folder und Telefon-Marketing vergleichsweise gering. Um beim Einsatz der zuletzt genannten Medien wahrgenommen zu werden, sollte ein auffälliger Auftritt gewählt werden; z.B. durch aktivierende Bildkommunikation im Falle der Anzeigenwerbung (vgl. zur Anzeigenkommunikation Kapitel E.3 sowie Becker, 1991 c, vgl. zur Gestaltung der Ärztekommunikation in Abhängigkeit vom Involvement auch die Empfehlungen in Kapitel E.2).

2. Empfehlungen zur Gestaltung der "Integrierten Patienten-Ansprache"

Die "Integrierte Patienten-Ansprache (IPA)" eröffnet einem Hersteller verschreibungspflichtiger pharmazeutischer Präparate grundsätzliche Vorteile. Folgende konkreten Anregungen seien zur Ausgestaltung dieser innovativen Kommunikationsform gegeben:

1. **Nutzen Sie die Vorteile der integrierten Kommunikation.**
   Insgesamt betrachtet, dürften sich den Beurteilungen der Betroffenen zufolge als Medien zur Aufklärung über Krankheitsursachen, Krankheitsverlauf und Behandlungsmöglichkeiten insbesondere Anzeigen in Apothekenzeitschriften, Informationsbroschüren beim Hausarzt, Anzeigen in Publikumszeitschriften, Informationsveranstaltungen und TV-Spots eignen.

   Zur schnellen Wiedererkennung und Zuordnung sollten Sie Ihre kommunikativen Aktivitäten genau aufeinander abstimmen. Ein unvoreingenommener Betrachter muß jederzeit erkennen können, daß die Broschüren, Anzeigen, Plakate, TV-Spots, Packungen usw. zusammengehören.

   Auch die Ansprache des Arztes muß zusammen mit der Patienten-Ansprache eine Einheit bilden. Zur leichteren Zuordnung kommunikativer Aktivitäten bietet sich die Verwendung des Firmen-Signets und der Unternehmensfarbe bei jeglichem Auftritt an. Dabei sollten aufgrund der bestehenden Rechtsprechung jedoch keine präparatespezifischen Zeichen und Farben genutzt werden.

2. **Beziehen Sie die Ärzte auf jeden Fall mit ein.**
   Die Ärzte dürfen auf keinen Fall das Gefühl haben, übergangen zu werden. Sonst besteht die Gefahr, durch hervorgerufene Reaktanz Bumerang-Effekte zu erleiden. Sie sollten von allen Aktionen vorab unterrichtet und - wenn möglich - aktiv in die Gestaltung der Kampagne einbezogen werden. Es dürfte sich auch anbieten, kompetente Persönlichkeiten aus der Ärzteschaft als Empfehler zu gewinnen. Den Ärzten sollte zusätzlich verdeutlicht werden, daß eine offene Kommunikation (Verschreibungsbitte der Patienten usw.) eine der wichtigsten Voraussetzungen für ein konstruktives Arzt-Patienten-Verhältnis ist. Es sollte kommuniziert werden, daß Patienten, die sich selber Gedanken um das zu verschreibende Präparat machen, vermutlich eine höhere Compliance aufweisen. Zudem kann

das Eingehen auf eine auch unter medizinisch-wissenschaftlichen Aspekten vernünftige Verschreibungsbitte das Verhältnis zwischen Arzt und Patient auf längere Zeit festigen.

3. **Fordern Sie die potentiellen Patienten zum schnellen, dialogorientierten Arztbesuch auf.**
Jedes Werbemittel zur Patienten-Ansprache sollte neben den aufklärenden Informationen einen deutlichen Aufforderungscharakter besitzen. Dazu bietet sich die Verwendung der wörtlichen Rede an. Auch sollten die Vorteile eines frühzeitigen Arztbesuches dargestellt werden, da so nicht nur eine effektive Behandlung möglich ist, sondern es sich auch um eine verantwortungsvolle Handlung mit einem starken sozialen Aspekt handelt. Nehmen Sie den Patienten weiterhin die Angst vor einem offenen Gespräch mit dem Arzt.

Den Patienten gegenüber muß, ohne dadurch Reaktanz auszulösen, zum Ausdruck gebracht werden, daß eine solche Bitte einem mündigen Patienten durchaus zusteht. Das Bemühen um persönliches Wohlbefinden ist das ureigenste Interesse jedes einzelnen und kann nicht auf andere, in diesem Fall den Arzt, abgewälzt werden.

4. **Beziehen Sie auch die Apotheker in Ihre Überlegungen ein.**
Aufgrund der besonderen Situation des empirisch untersuchten Fallbeispiels, daß zur Behandlung des Krankheitsbildes "Herpes Labialis" auch OTC-Präparate angeboten werden, gestaltet sich die Einbeziehung der Apotheker schwierig. Sie sollten dennoch von den Aktionen unterrichtet werden. Inwieweit den Apothekern unterstützende Aktionen in ihren Verkaufsräumen und/oder Sonderrabatte angeboten werden sollen, ist abhängig von der Einschätzung der Bedeutung der Apotheker für einen Arztbesuch der Patienten. Für ein Krankheitsbild, das nur durch verschreibungspflichtige Präparate medikamentös behandelt werden kann, wäre die "Einbeziehung der Apotheker" auf jeden Fall zu empfehlen.

Die Apotheker als wichtigste Mittler zwischen Ärzten und Patienten werden von den Herstellern verschreibungspflichtiger Präparate weitgehend vernachlässigt.[2] Außendienstbesuche und Informationsveranstaltungen zur persönlichen Betreuung sind unüblich.

Die geringe Berücksichtigung der Apotheker im verschreibungspflichtigen Bereich ist mit eine Ursache dafür, daß das Verhältnis zwischen Ärzten und Apothekern von vielen Unstimmigkeiten geprägt ist.[3] Die Apothekerschaft sollte zum Nutzen der Patienten nicht als "Erfüllungsgehilfe der Ärzteschaft" gesehen und behandelt werden.

5. **Gestalten Sie Ihre Kommunikation in Abhängigkeit vom Involvement der Empfänger.**
Ärzte sind im allgemeinen stark informationsüberlastet. Aus diesem Grunde empfiehlt sich eine emotionale Positionierung oder eine Positionierung durch Aktualität. Um den "medizinisch-wissenschaftlichen Charakter" der Informationen zu wahren, sollte eine Broschüre mit Fachbeiträgen beigelegt werden (die ihren Zweck erfüllt, auch wenn sie nicht gelesen wird).

Gemäß dem Medien-Involvement der Ärzte kann besonders empfohlen werden, die Vorstellung der Aktionen zur Patienten-Ansprache in Fortbildungsveranstaltungen für die Ärzteschaft einfließen zu lassen. Weiterhin bietet es sich aufgrund der Akzeptanz der Pharma-Referenten an, diese mit der Vorstellung der Werbemittel, mit der Erläuterung des Anliegens der Kampagne und der Klärung von Rückfragen der Ärzte zu beauftragen. Um die Aufmerksamkeit durch den Arzt sicherzustellen, liegt es nahe, diese Präsentation in der Praxis mit einer Abgabe von Mustern und aktualitätssichernden Werbehilfen, die einen engen Bezug zur Publikumskampagne aufweisen, zu verknüpfen. Die Ärzte müssen die mit der

---

2 Die Zusammenarbeit zwischen der Pharma-Industrie und den Apothekern ist zur Zeit noch rudimentär. Die Apotheker fühlen sich größtenteils vernachlässigt (vgl. Römhild, 1986, S. 18 ff.).

3 Ein Indiz hierfür ist z.B. die Diskussion zwischen Ärzten und Apothekern über die zu erwartende Arzneimittel-Substitution durch den Apotheker (vgl. § 73 GRG). Die Ärzte betrachten sich i.d.R. ebenfalls als "Arzneimittel-Experten" auf ihrem Fachgebiet. Aus diesem Grunde sind viele Mediziner nicht bereit, die Aufhebung des Aut-Simile-Verbots argumentativ zu unterstützen (vgl. dazu Kapitel C.1.5).

Patienten-Ansprache in Zusammenhang stehenden Anliegen der Patienten schnell der Aktion zuordnen können.

Bei den Patienten ist differenzierter vorzugehen. "Arzt-Besucher" und "OTC-Kunden" weisen ein vergleichsweise hohes Involvement auf. Sie können durch eine informative (informativ-emotionale) Positionierung erreicht werden, da sie an Detail-Informationen interessiert sind. Die "Ignoranten" können im allgemeinen nur durch eine emotionale oder eine Aktualisierungs-Kampagne angesprochen werden, da ihr Involvement sehr gering ist. Um mit dieser Zielgruppe in einen Dialog zu treten, sollten Informations-Coupons angefügt werden. Durch den Auf-bau einer entsprechenden Datenbank können zu jedem gewünschten Zeitpunkt Informationen zur Aktualitätssicherung des Krankheitsbildes nahezu streuverlustfrei verschickt werden. Die Wahl einer kombinierten emotional/informativen Strategie - ergänzt um sukzessive Aktualitätsaktivitäten - bietet sich an. Das Krankheitsbild dürfte damit jederzeit "Top of Mind" sein.

Daher: Die Ärzte weisen durchschnittlich ein geringeres Involvement für Aktionen zur Aufklärung der Patienten auf als die erkrankten Personen. Die Ansprache der Patienten kann daher informativer gestaltet werden als die Ansprache der Ärzte. Aber auch die Anzeigen in Publikumszeitschriften sollten emotionale, aktivierende Elemente enthalten, um entsprechende Aufmerksamkeit zu erlangen.

6. Richten Sie Ihre Kommunikation zielgruppenspezifisch aus.

Sämtliche kommunikativen Aktivitäten müssen auf die jeweiligen Zielgruppen abgestimmt werden. Eine Anzeige in einer Jugendzeitschrift muß anders gestaltet werden als eine Anzeige, die kritischer eingestellte Personen mittleren Alters ansprechen soll. "Arzt-Besucher" sind anders als "OTC-Kunden", diese wiederum anders als "Ignoranten" anzusprechen. Die verschiedenen Aktivitäten müssen jedoch integriert sein, schon um die mehrstufige Kommunikation zu erleichtern (vgl. dazu "Empfehlung 1").

Zur Ansprache der "Arzt-Besucher" eignen sich gemäß den statistischen Analysen insbesondere Informationsveranstaltungen in der Heimatstadt mit Ärzten und Patienten. Weibliche Betroffene können vergleichsweise leicht durch Anzeigen in Apothekenzeitschriften, beim Hausarzt ausliegende Informationsbroschüren und

Informationsveranstaltungen erreicht werden, männliche Personen dagegen am ehesten durch TV-Spots.

Ältere Personen können durch TV-Spots und Funkwerbung besser angesprochen werden als jüngere Betroffene, die sich besonders gut durch Publikums- und Apothekenzeitschriften erreichen lassen.

Personen mit "niedriger Bildung" akzeptieren eine Informationskampagne zur Aufklärung über Krankheitsbilder in hohem Maße. Sie können im Gegensatz zu Personen mit "hoher Bildung" besonders gut durch TV-Spots, Funkwerbung und Anzeigen in Regionalzeitungen erreicht werden.

Hausfrauen werden eher als alle anderen Berufsgruppen zu einer Teilnahme an einer Informationsveranstaltung bereit sein. Durch entsprechende Hinweise sollte es den Teilnehmern erleichtert werden, die dort erhaltenen Informationen an ihre Bezugspersonen (Familienmitglieder, Freunde und Bekannte) weiterzugeben.

7. **Entwickeln Sie ein Medien-Mix.**
Neben den Anzeigen in verschiedenen Medien (Publikums-, Apothekerzeitschriften usw.) bieten sich auch Wartezimmer-Informationsbroschüren (zur weitergehenden Information), Plakate (zur Aktualitätssicherung) und Informationsveranstaltungen (wegen der vergleichsweise guten handlungsauslösenden Wirkung) an. Es empfiehlt sich auch, einen entsprechenden Beitrag in einem TV-Gesundheitsmagazin zu "plazieren". Hier kann über das Krankheitsbild berichtet und eine frühzeitige Behandlung durch den Arzt empfohlen werden. Dafür bieten sich auch Sportsendungen an, die immer mehr auch Themen für den Breitensportler berücksichtigen.

An einem Beispiel soll diese Möglichkeit verdeutlicht werden. In einer Ausgabe der beliebten ZDF-Sportsendung *"Das aktuelle Sportstudio"* im November 1990 wurde auf die Gefahren eines zu hohen Cholesteringehaltes im Blut hingewiesen. Die Zuschauer im Studio hatten die Möglichkeit, vor Ort einen kleinen Test durchzuführen. Als Testgerät wurde ein Diagnose-Computer *"Reflotron"* der Firma *"Boehringer Mannheim"* verwendet, wie er in über 6.000 Praxen niedergelassener Ärzte genutzt wird. Das Firmenzeichen war für alle Beteiligten bei der Untersuchung der Blutproben gut sichtbar. Zusätzlich wurde die Empfehlung gegeben, bei Überschreitung eines bestimmten Grenzwertes den Arzt aufzusuchen. Der Hersteller dieses Schnelldiagnosegerätes bietet auch verschreibungspflichtige medikamentöse Cholesterinsenker an. Die Aktion in der Sportsendung wird bewirkt haben, daß sich einige Zuschauer in die Behandlung durch ihren Arzt begeben haben.[4] Der Arzt wird unter Umständen durch den neuen Patienten mit dem Inhalt dieser Sendung konfrontiert. Er weiß, daß es sich bei dem Testgerät mit großer Wahrscheinlichkeit um eine Apparatur der besagten Firma handelt, da das Gerät bei niedergelassenen Ärzten weit verbreitet ist. Das Unternehmen dürfte also in diesem Moment einen hohen "Aktualitätsgrad" besitzen, d.h. "Top of Mind" sein. Gleichzeitig wird das Unternehmen als kompetent auf dem Gebiet "Behandlung eines zu hohen Cholesterinwertes" betrachtet. Dies alles dürfte die Wahrscheinlichkeit erhöhen, daß der Arzt ein entsprechendes Präparat verschreibt, wenn der Arzt keine Reaktanz empfindet und kein habitueller Verschreiber eines anderen Präparates ist.

8. Sprechen Sie in Ihrer Kommunikation die zentralen Interessen Ihrer Zielgruppe an.

Die z.B. von den Befragten im Fallbeispiel "Herpes Labialis" angeführten Beeinträchtigungen, "sachliche Funktionsschwächungen", "Beeinträchtigungen der Psyche" und "kosmetische Dimension", können wichtige Hinweise zur Gestaltung der kommunikativen Ansprache der Patienten bieten. So kann aus jeglicher Beeinträchtigung ein Generalthema entwickelt werden, das dann mit verschiedenen Geschichten zum Leben erweckt wird.

Die Zielgruppeninteressen können durch Gruppenexplorationen und durch Befragungen ermittelt werden. Daraus ableitbare Schlüsselinformationen sollten mit einem abgestuften Aktivierungspotential versehen werden, damit die wichtigsten Informationen zuerst aufgenommen und verarbeitet werden.

---

4 Davon kann ausgegangen werden. Zum Vergleich: In einer Sendung der ARD-Serie "Lindenstraße" wurde die AIDS-Thematik behandelt. Die lebensrettende Wirkung dieser Untersuchungen wurde dokumentiert. In der anschließenden Woche erhöhte sich die Zahl der Personen, die einen AIDS-Test vornehmen ließen, um über 1000 v.H. Es handelte sich dabei um ein sogenanntes "Ideen-Placement".

9. Erläutern Sie das Krankheitsbild zielgruppenadäquat.

Die Aktivitäten zur Aufklärung über das jeweilige Krankheitsbild sollten besonnen erfolgen. Beispiel: durch die Nennung der Begriffe "Lippenbläschen", "Entzündungen" und "Ausschlag" kann auf das stark aktivierende Wort "Herpes" vorbereitet werden. Dabei sollte zum besseren Verständnis die Sprache der Laien verwendet werden.

10. Geben Sie Tips zur Vorbeugung.

In jedem Fall sollten auch Wege zur Vorbeugung und zur nicht-medikamentösen Therapie aufgezeigt werden. Dazu gehören sicherlich Tips zur gesunden Lebensweise (Sport, Sonnenbestrahlung, Ernährung usw.). Dadurch kann das neben den ökonomischen Aspekten vorhandene außerökonomische Anliegen der Aktion unterstrichen werden.

11. Sichern Sie sich gegenüber Ihrer Konkurrenz den Vorsprung des Innovators.

Sichern Sie sich neben der Kompetenz zur Behandlung dieses Krankheitsbildes auch die uneingeschränkte Kompetenz in der "Integrierten Patienten-Ansprache". Spätere Aktivitäten Ihrer Konkurrenten werden von vielen Ärzten und Patienten als Me-too-Aktivitäten angesehen werden. Darüber hinaus wird dann jedesmal an Ihre innovativen Aktivitäten erinnert.

12. Prüfen Sie Kooperationsmöglichkeiten.

Kooperationsmöglichkeiten sind auf verschiedenen Ebenen zu prüfen. So kann die Glaubwürdigkeit der kommunikativen Aktivitäten durch einen Hinweis auf die Beteiligung des Unternehmens an einer sozialen Stiftung gesteigert werden *(Beispiel: "Eine Information der Firma XY, Mitglied der Stiftung zum Abbau von Tabus im Umgang mit Krankheitsbildern, Berlin)*. Einen ähnlichen Zweck würden Kooperationen mit Ärzte-, Apotheker- und/oder Patienten-Verbänden (Selbsthilfegruppen) erfüllen. Beispielsweise können die pharmazeutischen Hersteller aus den Gesprächen mit den Verbandsvertretern wichtige Erkenntnisse zur zielgruppenadäquaten Ansprache der Ärzte, Apotheker und Patienten gewinnen. Durchaus denkbar sind Aktivitäten der Produzenten, die von den Verbänden unterstützt werden.[5]

---

5 Ein pharmazeutischer Hersteller und ein Apothekerverband geben z.B. gemeinsam eine Broschüre heraus, veranstalten Gesundheits-Sport-Treffs oder rüsten Apotheken mit neuartigen, benutzerfreundlichen Blutdruckmeßgeräten aus.

Zur Steigerung der Aktualität des Krankheitsbildes können auch Kooperationen mit branchenfremden Herstellern sinnvoll sein (Beispiele: Zusammenarbeit mit einem Sportartikel- oder Kosmetik-Hersteller).

3. Empfehlungen zur Anzeigenkommunikation in Ärztefachzeitschriften

Eine noch so gut durchdachte Strategie wird scheitern, wenn sie in unzureichender Form laienhaft umgesetzt wird. Alle im Zuge der Realisation einer entwickelten Kommunikationsstrategie zum Einsatz kommenden Instrumente müssen daher auf vorhandene Gestaltungsschwächen geprüft werden. Eine detaillierte Untersuchung sämtlicher vorgestellter Instrumente zur Ansprache der verschiedenen Marktpartner hätte jedoch den Rahmen dieser Arbeit gesprengt. Demzufolge wurde beispielhaft das auch für Außenstehende leicht zugängliche Instrument der Anzeigen in Ärztefachzeitschriften herangezogen, um die Notwendigkeit und Chancen einer solchen Analyse exemplarisch aufzuzeigen.

Im Rahmen eines empirischen Praktikums am Lehrstuhl für Absatz-, Konsum- und Verhaltensforschung der Universität Paderborn im Sommersemester 1990 wurden Anzeigen aus 46 Ärztefachzeitschriften (98 v.H.) und -zeitungen (2 v.H.) für niedergelassene Ärzte analysiert. Insgesamt handelte es sich um 1021 Anzeigen (ca. 200.000 Daten). Berücksichtigt wurden Titel, deren Zielgruppen Praktische Ärzte, Internisten und/oder Dermatologen sind (vgl. dazu Becker, 1991 c).

Im folgenden werden einige Erkenntnisse vorgestellt und daraus wichtige Empfehlungen zur Gestaltung der Anzeigenkommunikation in Ärztefachzeitschriften abgeleitet.

Zum **Aufbau und Inhalt der Anzeigen für pharmazeutische Präparate** können konkret folgende Empfehlungen gegeben werden:

1. ***Bilden Sie die Präparate und Packungen häufiger in den Anzeigen ab.***
   Die Inhaltsanalyse ergab unter anderem, daß die beworbenen Präparate nur in 35 v.H. der Fälle in der Anzeige abgebildet waren.

Die Präparate und Verpackungen können zudem in vielen Fällen noch prägnanter und auffälliger dargestellt werden, ohne den Gesamteindruck der Anzeige zu stören.

2. ***Stellen Sie den Namen Ihres Präparates und Ihres Unternehmens bereits in der Headline heraus.***
   In 38 v.H. der Anzeigen mit Headline enthält diese den Namen des Präparates. Der Name des Unternehmens wird jedoch darüberhinaus nur in 9 v.H. der Fälle genannt. Durch Hervorhebung der Namen des Präparates und des Unternehmens kann dem Arzt die Einordnung der Anzeige erleichtert werden. Zudem wird damit eine engere Beziehung zwischen dem Unternehmen, dem zu bewerbenden Präparat und dem Inhalt der Anzeige geschaffen. Assoziative Prozesse und Erinnerungsleistungen werden dadurch gefördert. Der Name des Präparates und des Herstellers sind zudem farblich aufeinander abzustimmen. Die Unternehmens- bzw. Präparatefarben sollten auch die in der Anzeige vorherrschenden Farben bilden. Eine weitere grundlegende Forderung ist, daß Bild, Headline und Fließtext sich aufeinander beziehen.

3. ***Beschränken Sie den Umfang der Fließtexte.***
   In 90 v.H. aller Anzeigen ist ein Fließtext zusätzlich zur Pflichtinformation vorhanden. Im Durchschnitt umfaßt er 9 Zeilen mit 30 Wörtern. Viele Anzeigen sind jedoch mit Fließtexten ausgestattet, die nicht auf die im Pharma-Markt vorherrschenden Kommunikationsbedingungen abgestimmt sind, da sie für eine schnelle Informationsaufnahme eindeutig zu lang sind. Die Aufnahme des Fließtextes könnte durch gute formale Gestaltung in 21 v.H. der Fälle erheblich verbessert werden.

   Viele Fließtexte könnten daher gekürzt werden, ohne das Verständnis zu beeinträchtigen. Für besonders Interessierte kann ein Coupon zur Anforderung detaillierter Untersuchungsberichte dienen. Es ist darauf zu achten, daß auch die Bilder und der Fließtext in einer engen Beziehung zueinander stehen. Der gesamte Aufbau der Anzeige sollte den Bedingungen des Blickverlaufs entsprechen.

Zur **Verwendung verschiedener Positionierungsstrategien und Erlebnisdimensionen** können folgende Ratschläge gegeben werden:

1. ***Vermitteln Sie vermehrt besondere emotionale Erlebnisse.***
   Zu den ***Positionierungsstrategien nach Kroeber-Riel***: Es trifft kaum zu, daß die Anzeigen an Bedürfnisse appellieren und über Eigenschaften eines Präparates informieren, die dazu dienen, diese Bedürfnisse zu befriedigen. Die Anzeigen sind durchschnittlich stärker informativ als emotional. Besonders bedenklich ist, daß die Anzeigen weitgehend keine besonderen emotionalen Erlebnisse vermitteln.

   Von den 44 v.H. der Anzeigen, die wenig informativ sind und keine besonderen emotionalen Erlebnisse vermitteln, zeichnen sich nur vergleichsweise wenige durch eine konsequente Positionierung durch Aktualität aus.

   In Ergänzung zur Vermittlung emotionaler Elebnisse sollten Sie Positionierungen durch Aktualität nutzen. Der Markenname könnte im Rahmen der ***Positionierung durch Aktualität*** in vielen Fällen wesentlich auffälliger inszeniert werden als dies zur Zeit der Fall ist. Für Pharma-Hersteller wird es bei dem großen Präparateangebot immer wichtiger, daß die eigenen Produkte in der Verschreibungssituation "Top of Mind" sind. Auch bei einer angestrebten informativen Positionierung sollten Bilder zur Übermittlung der Botschaft genutzt werden.

2. ***Thematisieren Sie die aktuellen Interessen der Ärzte und stellen Sie diese erlebnisorientiert dar.***
   Zur ***Erlebniswertvermittlung*** bieten sich viele Möglichkeiten an: Es kann zwischen vier faktoranalytisch ermittelten Dimensionen gewählt werden. Dabei bieten sich besonders der ***"hilfsbereite Partner"*** und der ***"ökonomisch interessierte Genießer"*** an, um sich von der Erlebnisdimension ***"innovative Fortbildung und Verordnung"*** abzuheben. Für Generika-Hersteller dürfte sich besonders die Erlebnisdimension ***"Sparer"*** anbieten. Die Anzeigen müßten jedoch in diesem Fall wesentlich aktivierender, positiver in der Darstellung und glaubwürdiger sein. Das kann jedoch kaum gelingen, wenn weiterhin auf eine ausreichende Vermittlung positiver Emotionen verzichtet wird. Die Ergebnisse der empirischen Studie zur Anzeigenkommunikation zeigen, daß die zu vermittelnden Erlebnisse wesentlich positiver ausgestaltet werden können. Beim Einsatz der Dimension "ökonomisch interessierter Genießer" ist besonders auf die Glaubwürdigkeit der vermittelten Aussagen zu achten.

F. Anhang

F.1: Fragebogen zur explorativen Unternehmensbefragung

F.2: Frage- und Beobachtungsbogen zur Ärzte-Studie

F.3: Fragebogen zur "Integrierten Patienten-Ansprache"

F.1: Fragebogen zur explorativen Unternehmensbefragung

Helmut E. Becker
Diplom-Kaufmann
Doktorand an der Universität Paderborn

Neutorstraße 75/77
2970 Emden 1
Tel.: 04921/34400

Fragebogen zur Kommunikation im Markt für ethische Präparate

Im folgenden geht es um Aktivitäten im Rahmen der Kommunikation für ethische (verschreibungspflichtige) Arzneimittel. Falls sich Ihr Unternehmen auch im OTC-Bereich betätigt, beschränken Sie bitte alle Angaben auf Vorgänge im pharmazeutisch-ethischen Bereich.

==

1. Marketing läßt sich in vier Bereiche unterteilen: Produkt-, Preis-, Kommunikations- und Distributionspolitik. Versuchen Sie bitte, pauschal eine Reihenfolge festzulegen. Dem Ihrer Meinung nach wichtigsten Bereich geben Sie bitte die Nr. "1", dem zweitwichtigsten die Nr. "2", dem drittwichtigsten die Nr. "3" und dem unwichtigsten Bereich bitte die Nr. "4".

   Produktpolitik ( )   Kommunikationspolitik ( )
   Preispolitik ( )   Distributionspolitik ( )

2. Welche der folgenden Erscheinungsformen der Kommunikation nutzen Sie in Ihrem Haus? (Mehrfachnennungen möglich).

   Öffentlichkeitsarbeit ( ) Verkaufsförderung ( ) Werbung ( )
   Produktbegleitende Dienstleistungen (Bsp.: Dosierungstabellen, Seminare für Patienten) ( ) Feldstudien/Klinische Studien ( )
   Außendienst ( ) Wissenschaftliche Information (Bsp.: Ärzteveranstaltungen, Symposien, Mitteilungen) ( )
   Sonstige ( )..

3. Gibt es bei Ihnen schriftlich festgelegte Kommunikationsgrundsätze?

   Nein ( )
   Ja ( ) - in Stichworten lauten die wichtigsten Grundsätze:

....
....
....

4. Im folgenden geht es um die Wichtigkeit verschiedener Ziele für Ihr Unternehmen im Rahmen der **Kommunikation mit niedergelassenen Ärzten**. Versuchen Sie bitte, pauschal eine Reihenfolge festzulegen. Dem Ihrer Meinung nach wichtigsten Ziel geben Sie bitte die Nr. "1", dem zweitwichtigsten die Nr. "2", dem drittwichtigsten die Nr.

"3", dem viertwichtigsten die Nr. "4", dem fünftwichtigsten die Nr. "5" und dem unwichtigsten Ziel bitte die Nr. "6".

( ) Interesse für die Präparate wecken
( ) Informationen über die Präparate vermitteln
( ) Positive Einstellungen gegenüber den Präparaten erzeugen
( ) Erhöhung des Bekanntheitsgrades eines bereits vorhandenen Präparates
( ) Emotionale Bindungen an die Präparate schaffen
( ) Profilierung der Präparate gegenüber den Konkurrenzprodukten

5. Welches Bild haben Sie von Ihrer **Kommunikation mit den niedergelassenen Ärzten**? Bitte beschreiben Sie Ihren Eindruck anhand der unten aufgeführten Wörter, indem Sie Ihre Position auf den Skalen ankreuzen. Hierbei sollen die Beschreibungen nicht wörtlich, sondern bildlich verstanden werden. Dies soll Ihre Empfindungen und Assoziationen beschreiben.

	gar nicht	kaum	etwas	ziemlich	sehr stark
flexibel	( )	( )	( )	( )	( )
regional	( )	( )	( )	( )	( )
standardisiert	( )	( )	( )	( )	( )
erwünscht	( )	( )	( )	( )	( )
kreativ	( )	( )	( )	( )	( )
informativ	( )	( )	( )	( )	( )
traditionell	( )	( )	( )	( )	( )
teuer	( )	( )	( )	( )	( )
langweilig	( )	( )	( )	( )	( )
notwendig	( )	( )	( )	( )	( )
interessant	( )	( )	( )	( )	( )
offen	( )	( )	( )	( )	( )
langsam	( )	( )	( )	( )	( )
realistisch	( )	( )	( )	( )	( )
erfolgreich	( )	( )	( )	( )	( )
emotional	( )	( )	( )	( )	( )

6. Arbeiten Sie bei der Entwicklung kommunikativer Aktivitäten mit externen Institutionen zusammen?

sehr h.	häufig	gelegentlich	selten	nie
( )	( )	( )	( )	( )

Falls Sie zumindest "selten" mit externen Institutionen zusammenarbeiten, welche sind dies? (Mehrfachnennungen sind möglich):

- BPI e.V. ( )
- Verbände der Ärzte ( )
- Verbraucherverbände ( )
- Marketingberater ( )
- Univers. und Hochsch. ( )
- Freie Mitarbeiter ( )
- Sonstige ( ) ....
- Verbände der Apotheker ( )
- Werbeagenturen ( )
- Ministerien, Behörden etc. ( )
- Marktforschungsinstitute ( )
- Andere Pharma-Untern. ( )

7a. Wie häufig nutzen Sie die folgenden Möglichkeiten zur **Ansprache der niedergelassenen Ärzte**? (Berücksichtigen Sie bitte alle Instrumente).

	7a.genutzt					*7b. g. Wir. 3 Nenn.*
	sehr häufig	häufig	gelegentl.	selten	nie	
Fortbildungsseminare	( )	( )	( )	( )	( )	( )
Pharma-Referenten	( )	( )	( )	( )	( )	( )
Werbehilfen	( )	( )	( )	( )	( )	( )
Telefon-Marketing	( )	( )	( )	( )	( )	( )
Messen und Ausstell.	( )	( )	( )	( )	( )	( )
Direct Mails	( )	( )	( )	( )	( )	( )
Symposien	( )	( )	( )	( )	( )	( )
Präsente	( )	( )	( )	( )	( )	( )
Btx-Informationen	( )	( )	( )	( )	( )	( )
Anzeigen in Ärztez.	( )	( )	( )	( )	( )	( )
Feldstudien, Klin.	( )	( )	( )	( )	( )	( )
Telefax-Mitteilungen	( )	( )	( )	( )	( )	( )
Sales-Folder	( )	( )	( )	( )	( )	( )
Muster-Aussendungen	( )	( )	( )	( )	( )	( )
Video-Spots	( )	( )	( )	( )	( )	( )
Hauszeitschriften	( )	( )	( )	( )	( )	( )
Sonstige	( )	( )	( )	( )	( )	( )

7b. Und welche drei dieser Ansprachemöglichkeiten haben nach Ihrer Überzeugung die größte Wirkung?
Bitte kreuzen Sie *nur drei Felder* an (siehe oben).

8. Was schätzen Sie, wieviel Prozent Ihres **Kommunikations-Budgets für ethische Präparate** (Wissenschaftliche Information, Werbung, Öffentlichkeitsarbeit, Verkaufsförderung, Außendienst, Produktbegleitende Dienstleistungen, Feldstudien/Klinische Studien) entfällt auf die verschiedenen **Zielgruppen**? (Summe 100 %.)

Patienten ... % Öffentlichkeit ... % Pharma-Großhandel ... %
Ärzte ... % Apotheker ... %
Sonstige ... % - es handelt sich dabei um folgende Zielgruppen:
....
....
....

9. Zur Kommunikation im ethischen Pharma-Markt gibt es verschiedene Ansichten. Inwieweit stimmen Sie den folgenden Aussagen zu?

	trifft völlig zu	trifft weitgehend zu	trifft etwas zu	trifft kaum zu	trifft gar nicht zu
- Das Kommunikationsbudget wird in Zukunft vergrößert (ausgedrückt in v.H. vom Umsatz).	( )	( )	( )	( )	( )
- Der EG-Binnenmarkt `93 wird zu einer Vereinheitlichung der Kommunikation für ethische Präparate zwischen den Mitgliedsländern führen.	( )	( )	( )	( )	( )

- Die Patienten müssen in Zukunft stärker angesprochen werden.	( )-----( )-----( )-----( )-----( )
- Pharma-Referenten werden zukünftig weniger eingesetzt.	( )-----( )-----( )-----( )-----( )
- Die Apotheker müssen in Zukunft stärker angesprochen werden.	( )-----( )-----( )-----( )-----( )
- Der Einsatz von Direct-Mails wird an Bedeutung zunehmen.	( )-----( )-----( )-----( )-----( )
- Pharma-Kommunikation muß in jedem Fall informativ sein.	( )-----( )-----( )-----( )-----( )
- Anzeigen in Ärztezeitschriften werden in Zukunft an Bedeutung verlieren.	( )-----( )-----( )-----( )-----( )
- Kooperationen zwischen verschiedenen Unternehmen werden im Rahmen der Kommunikation zunehmen (z.B. im Rahmen des Außendiensteinsatzes).	( )-----( )-----( )-----( )-----( )
- Erfolgreiche Kommunikation wird die Öffentlichkeit stärker ansprechen müssen.	( )-----( )-----( )-----( )-----( )
- Emotionale Pharma-Kommunikation wird größeres Gewicht erhalten.	( )-----( )-----( )-----( )-----( )
- Dem Bereich "Kommunikation" muß in den Unternehmensleitungen ein stärkeres Gewicht eingeräumt werden.	( )-----( )-----( )-----( )-----( )
- Der Anzeigen-Werbung in Fachzeitschriften kommt in Zukunft in verstärktem Maße die Aufgabe zu, die Bekanntheit der Präparate in der Verschreibungssituation durch einen auffälligen Auftritt zu erhöhen.	( )-----( )-----( )-----( )-----( )
- Erfolgreiche Pharma-Kommunikation setzt in Zukunft die Ansprache der Ärzte, Apotheker, Patienten und der Öffentlichkeit voraus.	( )-----( )-----( )-----( )-----( )
- Im Rahmen der Ärzteansprache sollten neben dem "Arzt als Helfer" auch wirtschaftliche und private Interessen der Ärzte thematisiert werden.	( )-----( )-----( )-----( )-----( )

Ich empfehle in diesem Zusammenhang folgende Themen zur Ansprache der Ärzte:

....
....

10a. Innovationen werden allerorts gefordert.
Welche aktuellen Entwicklungen und Trends (Instrumente, Aktivitäten usw.) im Rahmen der **Kommunikation für ethische Präparate** sind Ihrer Meinung nach vergleichsweise innovativ?

....
....
....
....
....

10b. Wollen Sie im Bereich der Kommunikation neue Wege gehen?

Nein ( )
Ja ( ) - Unsere Absichten in Stichworten:

....
....
....

11. Bei dieser Frage ist von Interesse, welchen Einfluß verschiedene Größen auf die Präparateentscheidung des Arztes haben.
Stellen Sie sich vor, ein niedergelassener Arzt hat nach Abschluß seiner Untersuchungen die Absicht, dem Patienten ein Arzneimittel zu verschreiben.
Fraglich ist nun, wovon die Entscheidung des Arztes für oder gegen ein bestimmtes Präparat eines bestimmten Herstellers abhängt.
Im folgenden sind verschiedene potentielle Einflußgrößen auf diese Präparatewahlentscheidung aufgeführt. Bitte geben Sie jeweils an, wie stark der Einfluß ist.

	gar kein Einfluß	*kaum Einfluß*	*etwas Einfluß*	*starker Einfluß*	*sehr starker Einfluß*
- Pharma-Referenten	( )	( )	( )	( )	( )
- Patient	( )	( )	( )	( )	( )
- Angst vor Kassen-Reg.	( )	( )	( )	( )	( )
- Gespräche des Arztes mit seinen Kollegen	( )	( )	( )	( )	( )
- Anzeigen in Ärzte-Zeitschrif.	( )	( )	( )	( )	( )
- Angst vor Schadenersatzforderungen durch die Patienten	( )	( )	( )	( )	( )
- Emotionale Ansprache im Rahmen der Pharma-Kommunikation	( )	( )	( )	( )	( )
- Apotheker	( )	( )	( )	( )	( )
- Aufsätze in med. Fachzeitschriften	( )	( )	( )	( )	( )
- Arzthelferin	( )	( )	( )	( )	( )
- Öffentlichkeit	( )	( )	( )	( )	( )
- Image des Herstell.	( )	( )	( )	( )	( )
- Arzt	( )	( )	( )	( )	( )
- Ärzteveranstaltungen	( )	( )	( )	( )	( )

- Direct-Mails ( )--------( )--------( )--------( )--------( )
- Informative Ansprache im Rahmen der Pharma-Kommunikation ( )--------( )--------( )--------( )--------( )

12. Unser **Budget für die Kommunikation** (Wissenschaftliche Information, Werbung, Öffentlichkeitsarbeit, Verkaufsförderung, Außendienst, Produktbegleitende Dienstleistungen, Feldstudien/Klinische Studien; ohne allgemeine Kosten und Vertriebskosten) **im ethischen Pharma-Markt** beträgt durchschnittlich in % vom Hersteller-Umsatz:

0 - 8 % ( )	9 - 17 % ( )	18 - 26 % ( )
27 - 35 % ( )	über 35 % ( )	

13. Es besteht immer die Gefahr, daß Pharma-Kommunikation von verschiedenen Seiten kritisiert wird. Wenn Sie sich erinnern, wer kritisiert was und warum? (Stichworte genügen).

Wer kritisiert?	Was?	Warum?
(1)..................	....	....
(2)..................	....	....
(3)..................	....	....
(4)..................	....	....
(5)..................	....	....
(6)..................	....	....

14. Bitte beurteilen Sie Ihren ethisch-pharmazeutischen Bereich bzw. Ihr Unternehmen (falls nur ethisch-pharmazeutische Präparate produziert werden) anhand von Skalen. Kreuzen Sie bitte auf jeder Skala an, wie stark die jeweiligen Merkmale auf Ihr Unternehmen zutreffen.

- Schwach ausgeprägte Marktorientierung	( )---( )---( )---( )---( )	ausgeprägte Marktorientierung
- Gute Marketingkenntnisse der verantwortlichen Mitarbeiter	( )---( )---( )---( )---( )	Geringe Marketingk. d.verantwortlichen Mitarbeiter
- Immer der Erste	( )---( )---( )---( )---( )	Eher abwartend
- Keine Zusammenarb. zw. F&E- u. Marketingb.	( )---( )---( )---( )---( )	Int. Zusam. zw. dem F&E- /Marketib.
- Sehr starke Stellung im Markt	( )---( )---( )---( )---( )	Eher schwache Stellung im Markt
- Umsätze überwiegend durch junge Präparate (unter 2 Jahre)	( )---( )---( )---( )---( )	Umsätze überwiegend durch ältere Präp. (über 5 J.)
- Überwiegend im klinischen Bereich tätig	( )---( )---( )---( )---( )	Überwieg. im nied. Bereich tätig
- Im niederg. Bereich sprechen wir hauptsächlich Praktische Ärzte an	( )---( )---( )---( )---( )	Im niederg. Bereich sprechen wir hauptsächlich Fachärzte an

15. In welchem NIELSEN-Gebiet befindet sich Ihr Unternehmen in der Bundesrepublik Deutschland? (Nur eine Nennung, im Zweifel der Hauptsitz.)

Gebiet 1:	Hamburg, Bremen, Schleswig-Holstein, Niedersachsen	( )
Gebiet 2:	Nordrhein-Westfalen	( )
Gebiet 3a:	Hessen, Rheinland-Pfalz, Saarland	( )
Gebiet 3b:	Baden-Württemberg	( )
Gebiet 4:	Bayern	( )
Gebiet 5:	Berlin (West)	( )

16. Welche Rechtsform hat Ihr Unternehmen?

Einzelfirma	( )	OHG	( )	KG	( )	GmbH & Co KG	( )
GmbH	( )	AG	( )	Sonstige	( )		

17. Produziert Ihr Unternehmen ausschließlich ethisch-pharmazeutische Präparate oder auch OTC-Präparate?

Ausschließlich ethische Präparate ( )
Ethische und OTC-Präparate ( )

18a. Ist Ihr Unternehmen eine Tochtergesellschaft einer ausländischen Gesellschaft?

Ja ( ) Nein ( )

18b. Besitzt Ihr Unternehmen mindestens eine eigene ausländische Tochtergesellschaft?

Ja ( ) Nein ( )

19. Wieviel verschiedene ethische Präparate umfaßt die Angebotspalette Ihres Unternehmens? (Verschiedene Darreichungsformen und Packungsgrößen gelten nicht als verschiedene Präparate.)

etwa .... ethische Präparate

20. Wie verteilt sich der auf die ethisch pharmazeutischen Präparate entfallende Umsatz Ihres Unternehmens auf Markenpräparate und Generika? (Angaben in %, Summe 100 %.)

Generika: ... % des Umsatzes ethisch-pharmazeutischer Präparate
Marken: ... % des Umsatzes ethisch-pharmazeutischer Präparate
=====
100 %

21. Wie hoch ungefähr war Ihr Gesamtumsatz (in DM ohne MWST.) an ethisch pharmazeutischen Präparaten 1989?
DM in Millionen ....

22. Wie groß war der Anteil Ihres Umsatzes an ethischen Präparaten am Gesamtumsatz Ihres Unternehmens (in Prozent)? ... % des Gesamtumsatzes

23. Beschäftigtenzahl Ihres Gesamt-Unternehmens?

Beschäftigte: 1 - 49 ( ) 50 - 199 ( ) 200 - 499 ( )
500 - 999 ( ) über 1.000 ( )

24. In welchen Abständen werden von Ihrem Unternehmen neue ethisch-pharmazeutische Präparate auf den Markt gebracht? (Verschiedene Darreichungsformen und Packungsgrößen gelten nicht als verschiedene Präparate.)

jedes Jahr ( ) etwa alle zwei Jahre ( )
etwa alle drei Jahre ( ) etwa alle vier Jahre ( )
in längeren Zeitabständen ( )

25. Angaben zur Person:

25a. Ihr Alter (in Jahren):
bis 35 ( ) 36 - 45 ( ) 46 - 55 ( )
56 - 65 ( ) über 65 ( )

25b. Ihr Geschlecht: weiblich ( ) männlich ( )

26. Von Interesse ist an dieser Stelle, wie Sie **Ihre Kommunikation für ethische Präparate gegenüber niedergelassenen Ärzten** im großen und ganzen beurteilen. Ihnen stehen fünf Noten zur Verfügung "1-5" (bitte nur ein Kreuz).

sehr schlecht (5) ( ) schlecht (4) ( )
befriedigend (3) ( ) gut (2) ( )
sehr gut (1) ( )

Datum: .... Wochentag: ....

Ihre genaue Bezeichnung im Unternehmen? (z.B. Marketingleiter, ethisch-pharmazeutische Präparate.)

....

Vielen Dank für Ihre freundliche Unterstützung!

F.2: Frage- und Beobachtungsbogen zur Ärzte-Studie

Ä r z t e b e f r a g u n g

==

Vielen Dank, daß Sie sich für dieses Gespräch mit mir bereitgefunden haben. Ich hoffe, daß Sie unser Gesprächsthema ansprechen wird: Es geht um das Verhalten des Arztes im Alltag und seine Informationswünsche.

(1) Als erstes wüßte ich gerne, zu welchem Indikationsgebiet Ihr Hauptarbeitsbereich zählt. M. a. W.: Mit welchem Krankheitsgebiet werden Sie in Ihrer Praxis am häufigsten konfrontiert?

....

....

....

Nr.: ________

(2) Die Pharma-Hersteller müssen bekanntlich in Zukunft sparsamer wirtschaften. Stellen Sie sich vor, die Pharma-Industrie müßte alle Informationsangebote einstellen. Wie stark würden Sie dann die einzelnen Instrumente zur Ansprache der niedergelassenen Ärzte vermissen?

KARTENSATZ "INSTRUMENTE" ÜBERGEBEN!

Auf diesen Kärtchen finden Sie verschiedene Instrumente der Pharma-Hersteller zur Ansprache der niedergelassenen Ärzte. Bitte sagen Sie mir mit Hilfe der auf den Karten eingezeichneten Skala, wie stark Sie die Informationsangebote der Pharma-Hersteller vermissen würden.
Würden Sie ein Instrument "gar nicht vermissen", so wählen Sie bitte die "Nr. 1". Würden Sie jedoch ein Instrument "sehr stark vermissen", so wählen Sie bitte die "Nr. 5". Mit den Feldern dazwischen können Sie Ihre Meinung abstufen, d.h. Sie haben auch die Möglichkeit, sich für "stark vermissen - Nr. 4", "etwas vermissen - Nr. 3" oder "kaum vermissen - Nr. 2" zu entscheiden.
Geben Sie bitte immer nur die Nummer des Kärtchens und Ihre Wertung an. Danach legen Sie die Karte bitte auf einen Stapel.

______ 1. Fortbildungsseminare
______ 2. Pharma-Referenten
______ 3. Telefon-Marketing
______ 4. Messen und Ausstellungen
______ 5. Direct Mails
______ 6. Symposien
______ 7. Anzeigen in Ärzte-Zeitschriften
______ 8. Feldstudien
______ 9. Sales-Folder
______ 10. Muster
______ 11. Video-Fortbildung

KARTENSATZ WIEDER VOM TISCH NEHMEN!

(3) Grundsätzlich kann man drei Arten von Informationen der Pharma-Hersteller unterscheiden: "Allgemeine wissenschaftliche Informationen", "indikationsspezifische, jedoch präparateunabhängige Informationen" und "präparatespezifische Informationen". Wie stark sind Sie an den einzelnen Arten interessiert? Bilden Sie bitte eine Rangfolge. Der Informationsart der Pharma-Hersteller, die Sie am meisten interessiert, geben Sie bitte die "Nr. 1", der für Sie zweitinteressantesten Informationsart geben Sie bitte die "Nr. 2" und der für Sie am wenigsten interessanten Informationsart die "Nr. 3".

"ALTERNATIVEN VORLESEN"

_____ 1. Allgemeine wissenschaftlichen Informationen im Sinne genereller Fortbildung

_____ 2. Indikationsspezifische, jedoch präparateunabhängige Informationen

_____ 3. Präparatespezifische Informationen

KARTENSATZ "ANSICHTEN" ÜBERGEBEN!

(4) Auf diesen Kärtchen finden Sie einige Äußerungen zum Praxisalltag, wie man sie so oder ähnlich hören kann.
Bitte sagen Sie mir mit Hilfe der auf den Karten verzeichneten Skala, inwieweit Sie jeder Äußerung zustimmen. Stimmen Sie einer Äußerung überhaupt nicht zu, so wählen Sie bitte die "Nr. 1". Stimmen Sie jedoch einer Aussage völlig zu, so wählen Sie bitte die "Nr. 5". Mit den Feldern dazwischen können Sie Ihre Meinung abstufen, d.h. Sie haben auch die Möglichkeit, sich für "stimme weitgehend zu - Nr. 4", " stimme etwas zu - Nr. 3" und "stimme kaum zu - Nr. 2" zu entscheiden.

_____ 1. Die persönlichen Empfehlungen der Pharma-Referenten sind für mich ein ernstzunehmendes Kriterium im Rahmen der Präparateentscheidung.

_____ 2. Pharma-Informationen, die mir der Pharma-Referent mitbringt, sollten in der Gestaltung einen Hauch von Exklusivität aufweisen.

_____ 3. Ich erwarte, daß der Pharma-Referent über genaue Detailkenntnisse seiner Präparate verfügt.

_____ 4. Der Pharma-Referent soll mich in möglichst kurzer Zeit sachlich informieren.

_____ 5. Die bewährte Qualität eines Präparates ist für mich der wichtigste Aspekt zur Entscheidung für ein Präparat in der Verschreibungssituation.

_____ 6. Anzeigen für verschreibungspflichtige Präparate in Ärztezeitschriften sollten vermehrt emotionale Elemente enthalten, z.B. Naturlandschaften, Tierdarstellungen, glückliche Kinder, schöne Frauen usw.

_____ 7. Im Rahmen der Ärzte-Informationspolitik der Pharma-Industrie sollten neben dem "Arzt als Helfer" auch wirtschaftliche und private Interessen der Ärzte thematisiert werden.

_____ 8. Wenn eine Verschreibung notwendig ist, verordne ich gerne auf dem Markt neu eingeführte Präparate.

_____ 9. Wenn ich aus medizinischer Sicht die freie Wahl zwischen einem Markenpräparat und einem Generikum habe, verordne ich lieber ein Generikum.

_____ 10. Die Pharma-Hersteller sollten in ihr Fortbildungsangebot verstärkt Themen zum Computereinsatz in der Arztpraxis aufnehmen.

_____ 11. Es gibt Sicherheit bei der Verschreibung, wenn ein Präparat auch häufig von Kollegen verschrieben wird.

_____ 12. Das Hauptinteresse der Pharma-Hersteller ist es, den Profit zu maximieren.

_____ 13. Ich glaube, viele Patienten sehen in mir einen vertrauensvollen Freund.

_____ 14. Ich glaube, meine Patienten sehen in mir den wissenschaftlichen Mediziner.

_____ 15. Ich glaube, für meine Patienten bin ich eine Autoritätsperson.

_____ 16. Ärztezeitschriften lese ich des öfteren in Ruhe in meiner Privatwohnung.

_____ 17. Wenn ein Pharma-Hersteller ein Seminar zur Kapitalanlage anbieten würde, wäre ich geneigt, daran teilzunehmen.

_____ 18. Ich fordere des öfteren medizinische Literatur bei den Pharma-Herstellern an.

_____ 19. In meiner Freizeit widme ich mich gerne der Kultur, z.B. Theater, Musik, Gemälde, Literatur usw.

_____ 20. In meiner Freizeit treibe ich selbst aktiv Sport.

KARTENSATZ WIEDER VOM TISCH NEHMEN!

(5) In letzter Zeit ist eine neue Form der Aufklärung der Bevölkerung durch verschiedene pharmazeutische Unternehmen zu beobachten. So wird die Bevölkerung z.B. von einem Pharma-Hersteller in Publikumszeitschriften über ein bestimmtes Krankheitsbild informiert. Neben allgemeinen Informationen und Empfehlungen zur Vorsorge wird der Hinweis gegeben, daß der Arzt über wirksame Behandlungsmöglichkeiten verfügt.
Hier habe ich ein konkretes Beispiel:

ANZEIGE VORLEGEN UND DEM ARZT GENÜGEND ZEIT ZUM ANSEHEN GEBEN!

Es handelt sich um eine in der Vergangenheit geschaltete Anzeige der "Deutschen Wellcome" zur Krankheit "Herpes Labialis", im Volksmund als "Lippenbläschen" bekannt.

Ich darf Ihnen nun einige Kärtchen mit Aussagen zu dieser Kommunikationsform überreichen.

KARTENSATZ "PATIENTENANSPRACHE" ÜBERREICHEN!

Im folgenden können Sie angeben, inwieweit die einzelnen Aussagen Ihrer Meinung nach zutreffen.
Geben Sie bitte immer nur die Nummer des Kärtchens und Ihre Wertung an. Bsp: Kärtchen 5/Wertung 1.

_____ 1. Eine solche Informationskampagne ist ein unzulässiger Eingriff in das Arzt-Patienten-Verhältnis.

_____ 2. Es handelt sich bei einer solchen Informationskampagne um eine aktive Unterstützung des "Arzt-Patienten-Verhältnisses".

_____ 3. Ich möchte im Falle einer Publikums-Informationskampagne von dem jeweiligen Hersteller schnellstmöglich über deren Inhalt unterrichtet werden, wenn das beschriebene Krankheitsbild in meinen Arbeitsbereich fällt.

_____ 4. Wenn ein Patient ein Präparat des werbenden Herstellers verschrieben haben möchte, werde ich diesem Wunsch mit meiner Verschreibung nachkommen.

_____ 5. Wenn eine Verschreibung notwendig ist, werde ich den Einsatz des informierenden Unternehmens durch die Verschreibung eines Präparates dieses Herstellers honorieren.

_____ 6. Aktionen zur Information der Bevölkerung über Krankheitsbilder können einen Beitrag dazu leisten, daß ein erkrankter Mensch sich in die notwendige Behandlung durch den Arzt begibt.

ANZEIGE UND KARTENSATZ WIEDER VOM TISCH NEHMEN!

(6) Wie verteilen sich Ihre auf die ethisch pharmazeutischen Präparate entfallenden Verschreibungen auf Markenpräparate und Generika? (Angaben in %, Summe 100 %.)

Generika: ... % des Umsatzes ethisch-pharmazeutischer Präparate
Marken: ... % des Umsatzes ethisch-pharmazeutischer Präparate
=====
100 %

(7) Jetzt komme ich zum letzten Kartenspiel. Bitte geben Sie an, inwieweit die folgenden Eigenschaften auf Sie zutreffen. Nennen Sie nur die Kärtchen-Nr. und Ihre Wertung.

KARTENSPIEL "TYPO" MISCHEN UND ÜBERGEBEN!

____ 1. auffallend
____ 2. traditionsgebunden
____ 3. pünktlich
____ 4. individualistisch
____ 5. nutze im privaten Bereich gerne Fremdwörter

____ 6. orientiere mich bei meinen Äußerungen an der Mehrheit
____ 7. teile meiner Bezugsperson persönliche Probleme mit
____ 8. zitiere gerne
____ 9. zielsicher
____ 10. nehme an ausgefallenen Reisen teil
____ 11. Sammler von Gegenständen
____ 12. verfüge über eine Stammkneipe
____ 13. politisch engagiert
____ 14. betreibe eine risikobehaftete Einzelsportart
____ 15. Wortführer
____ 16. risikoscheu
____ 17. kompromißbereit
____ 18. habe viele Freunde
____ 19. tolerant
____ 20. sehe kaum Zukunftsgefahren
____ 21. vorsorgend
____ 22. versuche, durch Freunde und persönliche Beziehungen meine Zukunft zu sichern
____ 23. skeptisch
____ 24. realistisch
____ 25. setze mich gerne in Position
____ 26. ordne mich unter
____ 27. loyal
____ 28. unnachgiebig
____ 29. ideenreich

KARTENSATZ WIEDER VOM TISCH NEHMEN!

(8) Von Interesse ist an dieser Stelle, wie Sie **die kommunikativen Aktivitäten der Pharma-Hersteller zur Ärzteansprache** im großen und ganzen beurteilen. Ihnen stehen fünf Noten zur Verfügung "1-5".

ALTERNATIVEN VORLESEN!

sehr schlecht 1 — schlecht 2 — befriedigend 3
gut 4 — sehr gut 5

Statistik: DIE JEWEILIGEN ALTERNATIVEN LAUT VORLESEN!

(9) Wieviele Patienten behandeln Sie persönlich ungefähr pro Tag?
____

(10) Hier habe ich eine Karte, auf der verschiedene Gruppen mit Angaben über Krankenscheine pro Quartal aufgelistet sind. Welcher Gruppe darf ich Ihre gesamte Praxis zuordnen?

bis 500 1 — 501-1.000 2 — 1.001-1.500 3
1.501-2.000 4 — 2.001 und mehr 5

(11) Und hier habe ich eine Karte zu den Privat-Patienten pro Quartal in Ihrer Praxis. Welcher Gruppe darf ich Ihre gesamte Praxis zuordnen?

bis 20 1 — 21-50 2 — 51-100 3
101-200 4 — 201 und mehr 5

(12) In welchem Jahr haben Sie Ihre Praxis eröffnet?
bis 1955 1   1956-1965 2   1966-1975 3
1976-1985 4   1986-1990 5

(13) Wenn ich nach Ihrem Alter fragen darf, welcher Kategorie darf ich Sie zuordnen?
bis 30 1   31-40 2   41-50 3   51-60 4   über 60 5

(14) Wie ist diese Praxis organisiert?
Einzelpraxis 1   Gemeinschaftspraxis 2   Praxisgemeinschaft 3
Zahl der Ärzte in der gesamten Praxis? _____

(15) Wieviele Personen sind in Ihrer Praxis tätig? Zählen Sie sich bitte selbst mit und auch alle Auszubildenden. _____

(16) Lassen Sie in Ihrer Praxis eigene Laborarbeiten durchführen?
Nein 2
Ja 1

(17) Welche Geräte oder sonstigen Einrichtungen gehören zu Ihrer Praxis? Ich lese Ihnen nun eine Liste mit Gegenständen vor, und Sie sagen mir bitte, welche davon in Ihrer Praxis vorhanden sind.

GEGENSTÄNDE VORLESEN UND JEWEILS MIT "JA" ODER "NEIN" ANTWORTEN LASSEN!

Praxis-Computer für Abrechnungen und Patientenverwaltung 1
Analyseautomat für klinisch-chemische Tests 2
Ultraschallgerät 3
Röntgengerät 4
Elektronisches Blutdruckmeßgerät 5
Photometer 6
Reflektometer 7
Endoskop 8
EKG-Meßgerät 9
Fahrradergometer 10
Sonstige 11 NACHFASSEN ....
.... Summe der Nennungen: ______

(18) Wenn Sie sich noch einmal an die **Informationskampagnen der Pharma-Hersteller über Krankheitsbilder in Publikumsmedien** erinnern, die wir vorhin besprochen haben (beispielsweise die Anzeige der "Deutschen Wellcome"): Wie würden Sie eine solche Aktion im großen und ganzen beurteilen. Ihnen stehen fünf Noten zur Verfügung "1-5".

ALTERNATIVEN VORLESEN!

sehr schlecht 1   schlecht 2   befriedigend 3
gut 4   sehr gut 5

VIELEN DANK FÜR IHRE TEILNAHME AN DIESER BEFRAGUNG.

==

INTERVIEWER: NACHFOLGENDE FRAGEN OHNE NACHFRAGEN ANKREUZEN!

==

Empfang

(1) Ist ein Praxis-Computer vorhanden?
Ja 1 Nein 2

(2) Wie ist der Empfang aufgebaut?
Moderner Empfang 1
Altmodischer Empfang 2

(3) Wieviele Personen arbeiten im Empfang? (Beachte: Bürostuhle, Schreibmaschinen, Bildschirmarbeitsplätze und Schreibunterlagen).

______

Arzthelferinnen

(4) Sind die Arzthelferinnen einheitlich gekleidet?
Nein 2
Ja: Kittel 1 Kombi-Anzug 2 Sonstiges 3
....
....

(5) Wie alt sind die Arzthelferinnen durchschnittlich?
bis 20 Jahre 1 bis 30 Jahre 2 bis 40 Jahre 3
bis 50 Jahre 4 über 50 Jahre 5

(6) Sind die Arzthelferinnen besonders modisch und auffällig gestylt? (Haarschnitt, modischer Schmuck, Nagellack, Make-up usw.)
eher ja (5)-------(4)-------(3)-------(2)-------(1) eher nein

Wartezimmer

(7) Werden Patientenbroschüren im Wartezimmer ausgelegt?
Nein 1
Ja: 1-3 verschiedene Broschüren 2
Mehr als 3 verschiedene Broschüren 3
Firmen: .... Nr.: ______
Titel:

(8) Wie alt sind die Patienten im Wartezimmer (ohne Pharma-Referenten und offensichtliche Begleitpersonen) im Durchschnitt?
bis 15 Jahre 1 bis 30 Jahre 2 bis 50 Jahre 3
bis 65 Jahre 4 über 65 Jahre 5

(9) Wieviele Plätze hat das Wartezimmer (einschl. Kindersitze)? _____

(10) Werden im Wartezimmer Zeitschriften ausgelegt, die nicht zum Lesezirkel gehören?

Nein 2
Ja (Mehrfachnennungen möglich): Zur Gesundheit 1
Zur Natur 3 Zum Sport 4 Zum Management 5
Zum Zeitgeschehen 6 Zur Politik 7 Zum Auto 8

Zur Religion 9 Zum Wohnen 10 Zum Reisen 11
Titel:
....
....

(11) Ist im Wartezimmer eine Kinderecke eingerichtet
Nein 2
Ja 1

(12) Sind im Wartezimmer Poster, Gemälde, Photographien und/oder "Zeichnungen von Kindern" vorhanden?
Nein 2
Ja (Mehrfachnennungen möglich): Poster 1 Gemälde 3
Photographien 4 Kinderzeichnungen 5

(13) Welchen Inhalt haben die Poster, Gemälde, Photographien und/oder Zeichnungen?
(Mehrfachnennungen möglich)
Klassische Kunst 1 Moderne Kunst 2
"Reale" Photographien von Menschen, Gegenständen und/oder Landschaften 3
"Zeichnungen von Kindern" 4

(14) Wird im Wartezimmer Musik ausgestrahlt?
Nein 2
Ja (Mehrfachnennungen möglich): Radiosender 1
Musik vom Band: Klassische Musik 3 Schlager 4
Volksmusik 5 Sonst. 6
....

Sprechzimmer

(15) Ist der Schreibtisch aufgeräumt?
eher ja (5)-------(4)-------(3)-------(2)-------(1) eher nein

(16) Steht ein Computer im Sprechzimmer?
Nein 2
Ja 1

(17) Befinden sich viele Werbehilfen mit Firmenaufdruck im Sprechzimmer?
eher ja (5)-------(4)-------(3)-------(2)-------(1) eher nein

(18) Sind im Sprechzimmer Poster, Gemälde, Photographien und/oder "Zeichnungen von Kindern" vorhanden?
Nein 2
Ja (Mehrfachnennungen möglich): Poster 1 Gemälde 3
Photographien 4 Kinderzeichnungen 5

(19) Welchen Inhalt haben die Poster, Gemälde, Photographien und/oder Zeichnungen?
(Mehrfachnennungen möglich)
Klassische Kunst 1 Moderne Kunst 2
"Reale" Photographien von Menschen, Gegenständen und/oder

Landschaften 3
"Zeichnungen von Kindern" 4

(20) Sind im Sprechzimmer Blumen und/oder Gewächse vorhanden?
sehr viele (5)------(4)------(3)------(2)------(1) gar keine

(21) Sind im Sprechzimmer Hinweise auf das Privatleben (Familie, Hobbys) zu erkennen?
gar nicht (5)------(4)------(3)------(2)------(1) sehr viele
welcher Art?
....
....
....

(22) Das Sprechzimmer:

	trifft völlig zu	trifft weitgehend zu	trifft etwas zu	trifft kaum zu	trifft gar nicht zu
- verfügt über eine private Atmosphäre	(5)	(4)	(3)	(2)	(1)
- ist eher ein Empfangs- als ein Behandlungszimmer	(5)	(4)	(3)	(2)	(1)

(23) Gesamteindruck der Praxis (ohne medizinische Apparaturen)

	trifft völlig zu	trifft weitgehend zu	trifft etwas zu	trifft kaum zu	trifft gar nicht zu
- ist alles in allem gut gelungen	(5)	(4)	(3)	(2)	(1)
- moderner Stil	(5)	(4)	(3)	(2)	(1)
- weiträumig	(5)	(4)	(3)	(2)	(1)
- ist rustikal	(5)	(4)	(3)	(2)	(1)
- neu eingerichtet	(5)	(4)	(3)	(2)	(1)
- ist "aufgeräumt"	(5)	(4)	(3)	(2)	(1)

(24) Gesamteinschätzung des Arztes

	trifft völlig zu	trifft weitgehend zu	trifft etwas zu	trifft kaum zu	trifft gar nicht zu
- kann positiv beurteilt werden	(5)	(4)	(3)	(2)	(1)
- modisch	(5)	(4)	(3)	(2)	(1)
- spricht in Ich-Form	(5)	(4)	(3)	(2)	(1)
- spricht in Wir-Form	(5)	(4)	(3)	(2)	(1)
- spricht in Man-Form	(5)	(4)	(3)	(2)	(1)
- gestikulierend	(5)	(4)	(3)	(2)	(1)
- zurückhaltend/ruhig	(5)	(4)	(3)	(2)	(1)
- leise Stimme	(5)	(4)	(3)	(2)	(1)
- pedantisch	(5)	(4)	(3)	(2)	(1)
- offene Körperhaltung	(5)	(4)	(3)	(2)	(1)

- aufrechte Körperhaltung	(5)-------(4)-------(3)-------(2)-------(1)
- offen/aufgeschlossen	(5)-------(4)-------(3)-------(2)-------(1)
- ist freundlich	(5)-------(4)-------(3)-------(2)-------(1)
- ist hektisch	(5)-------(4)-------(3)-------(2)-------(1)
- ist humorvoll	(5)-------(4)-------(3)-------(2)-------(1)
- ist übergewichtig	(5)-------(4)-------(3)-------(2)-------(1)

(25) ***Correll unterscheidet bekanntlich 5 Motivationstypen. Auf den folgenden fünf Skalen soll angegeben werden, welche Bedeutung die einzelnen Motivationstypen vermutlich bei dem betrachteten Arzt haben. (Die Kenntnis der angegebenen Literatur, in der die Typen ausführlich beschrieben werden, ist für die Einschätzung unverzichtbar).***
Bitte spontan beurteilen und nicht auf die vorherigen Einschätzungen zurückgreifen.

	trifft völlig zu	trifft weitgehend zu	trifft etwas zu	trifft kaum zu	trifft gar nicht zu
1. Soziale Anerkennung	(5)-------	(4)-------	(3)-------	(2)-------	(1)
2. Sicherheit - Geborgenheit	(5)-------	(4)-------	(3)-------	(2)-------	(1)
3. Vertrauen	(5)-------	(4)-------	(3)-------	(2)-------	(1)
4. Selbstachtung	(5)-------	(4)-------	(3)-------	(2)-------	(1)
5. Unabhängigkeit/ Verantwortung	(5)-------	(4)-------	(3)-------	(2)-------	(1)

Außerhalb der Praxis:

(26) Fachrichtung: Praktiker 1 Internist 2 Dermatologe 3

(27) Geschlecht: weiblich 1 männlich 2

(28) In was für einem Haus ist die Praxis untergebracht?
- Exklusives Einfamilienhaus 1
- Normales Einfamilienhaus 2
- Exklusives Zweifamilienhaus 3
- Normales Zweifamilienhaus 4
- Mehrfamilienhaus 5
- Hochhaus (mehr als vier Stockwerke) 6
- Hauptsächlich gewerblich genutztes Haus (mind. 3 Gewerbeeinheiten) 7

(29) Hat das Haus einen Vorgarten?
Nein 2
Ja 1

(30) Wieviele andere Praxen sind in dem Haus untergebracht?
Keine 1 Eine 2 Zwei 3 Drei 4 Vier und mehr 5

(31) Ort: .... Paderborn 1 Sonstiges 2

(32) Ortsklasse (Einwohnerzahl): bis 5.000 1 5.001-40.000 2
40.001-150.000 3 151.001-500.000 4 über 500.000 5

(33) Welchen Status hat die Umgebung (4 Straßenzüge) der Praxis?
eher hoch (5)-------(4)-------(3)-------(2)-------(1) eher niedrig

(34) In was für eine Umgebung (4 Straßenzüge) ist die Praxis eingebettet?
City-Zentrum 1 City-Rand 2 Städtischer Vorort 3
Dorf 4 Ländliche Streusiedlung 5

(35) In welchem NIELSEN-Gebiet befindet sich die Praxis?

Gebiet 1:	Hamburg, Bremen, Schleswig-Holstein, Niedersachsen	( )
Gebiet 2:	Nordrhein-Westfalen	( )
Gebiet 3a:	Hessen, Rheinland-Pfalz, Saarland	( )
Gebiet 3b:	Baden-Württemberg	( )
Gebiet 4:	Bayern	( )
Gebiet 5:	Berlin (West)	( )

(36) Wochentag: Montag 1 Dienstag 2 Mittwoch 3
Donnerstag 4 Freitag 5 Sonnabend 6
Sonntag 7

(37) Uhrzeit: ....: 07.00-12.00 1 12.01-19.00 2
19.01-06.59

(38) Sprechstunde: Nein 2 Ja 1

(39) Ort des Interviews: ....:
Sprechzimmer 1 Wartezimmer 2 Empfang 3
Wohnung 4 Sonstiges 5

LFDNR: ....

Geschlecht der (des) Interviewerin(s): w 1 m 2

Ich bestätige die ordnungsgemäße Durchführung des Interviews und der Beobachtung.

________________ ____________, Nr.: _____
Ort, Datum Unterschrift

Dateneingabe: Datum: _____ ____________, Codierer-Nr.: ______
Unterschrift

F.3: Fragebogen zur "Integrierten Patienten-Ansprache"

Guten Tag, ich führe eine Befragung zum Gesundheitsverhalten durch. Ich möchte Sie daher bitten, mir ein paar unverfängliche Fragen zu beantworten. Das Ganze dauert nur wenige Minuten. Am Ende des Interviews erhalten Sie ein kleines Präsent für Ihre freundliche Unterstützung.

1. Wissen Sie, was "Lippenbläschen" sind?

Ja 1: (NACHFASSEN, BITTE WÖRTLICH NOTIEREN:)

....

....

Nein 2 (ERLÄUTERN, DAß ES SICH BEI LIPPENBLÄSCHEN UM KLEINE PUSTELN AN DEN LIPPEN HANDELT, DIE BESONDERS IM SOMMER AUFTRETEN.)

2. Sind bei Ihnen schon einmal "Lippenbläschen" aufgetreten?

Ja 1 Nein 2

WENN "NEIN", DANN AN DIESER STELLE MIT DEM HINWEIS ABBRECHEN, DAß LEIDER NUR PERSONEN BEFRAGT WERDEN DÜRFEN, BEI DENEN BEREITS EINMAL LIPPENBLÄSCHEN AUFGETRETEN SIND!

3. Kennen Sie einen anderen Ausdruck für "Lippenbläschen"?

Ja 1: ....

Nein 2

(WENN "NEIN" ODER BEI FALSCHER ANTWORT DARAUF HINWEISEN, DAß LIPPENBLÄSCHEN AUS MEDIZINISCHER SICHT AUCH ALS "HERPES LABIALIS" BEZEICHNET WERDEN.)

4. Was machen Sie gewöhnlich, wenn bei Ihnen "Lippenbläschen" auftreten? "Möglichkeit 1" gehen Sie zum Arzt und lassen sich etwas verschreiben, oder "Möglichkeit 2" gehen Sie in die Apotheke und kaufen sich ein Arzneimittel, oder "Möglichkeit 3" machen Sie gar nichts, warten also bis es vorbei ist?

_____ Wertung

WENN "1": Welches Arzneimittel verschreibt Ihnen der Arzt für gewöhnlich? (NAME DES PRÄPARATES UND HERSTELLER NOTIEREN)

....

....

(Codierer: Firmen-Nr.:_____ Präparat-Nr.: _____)

5. In letzter Zeit ist eine neue Form der Aufklärung der Bevölkerung durch verschiedene pharmazeutische Unternehmen zu beobachten. So wird die Bevölkerung z.B. von einem Pharma-Hersteller in Publikumszeitschriften über ein bestimmtes Krankheitsbild informiert. Neben allgemeinen Informationen und Empfehlungen zur Vorsorge wird der Hinweis gegeben, daß der Arzt über wirksame Behandlungsmöglichkeiten verfügt.
Hier habe ich ein konkretes Beispiel:

ANZEIGE VORLEGEN UND DEM PROBANDEN GENÜGEND ZEIT ZUM ANSEHEN GEBEN!

Es handelt sich um eine in der Vergangenheit geschaltete Anzeige der "Deutschen Wellcome" zur Krankheit "Herpes Labialis".

Hier habe ich ein Kärtchen mit einer Aussage. Sie können Ihre Meinung dazu abstufen, indem Sie angeben, inwieweit Sie der Aussage zustimmen.
Stimmen Sie der Äußerung überhaupt nicht zu, so wählen Sie bitte die "Nr. 1". Stimmen Sie jedoch dieser Meinung völlig zu, so wählen Sie bitte die "Nr. 5". Mit den Feldern dazwischen können Sie Ihre Ansicht abstufen, d.h. Sie haben auch die Möglichkeit, sich für "stimme weitgehend zu - Nr. 4", " stimme etwas zu - Nr. 3" und "stimme kaum zu - Nr. 2" zu entscheiden.

WENN DEM PROBAND VOM ARZT EIN WELLCOME-PRÄPARAT VERSCHRIEBEN WURDE, FOLGENDE KARTE ÜBERGEBEN:

5a. Diese Anzeige, die vom Hersteller meines Lippenbläschen-Präparates entworfen wurde, gibt mir nachträglich die Sicherheit, daß mein Arzt das richtige Präparat verschrieben hat.

_____ Wertung

WENN DEM PROBAND VOM ARZT KEIN WELLCOME-PRÄPARAT VERSCHRIEBEN WURDE, FOLGENDE KARTE ÜBERGEBEN:

5b. Ich könnte mir vorstellen, daß ich meinen Arzt aufgrund dieser Anzeige künftig in der Verschreibungssituation um die Verordnung eines Präparates des aufklärenden Unternehmens bitten werde.

_____ Wertung

WENN "NUR DIE APOTHEKE AUFGESUCHT WIRD" ODER "GAR NICHTS GEMACHT WIRD", FOLGENDE FRAGE STELLEN:

5c. Ich könnte mir vorstellen, daß dieser Hinweis des Medikamenten-Herstellers, der Arzt verfüge über wirksame Behandlungsmöglichkeiten zur Behandlung der Lippenbläschen, mich veranlassen wird, in Zukunft bei Ausbruch der Lippenbläschen den Arzt aufzusuchen.

_____ Wertung

KARTE WIEDER WEGLEGEN!

WENN DIE WERTUNG IN (5C) NICHT "5 STIMME VÖLLIG ZU" LAUTET, FOLGENDE FRAGE STELLEN:

6. Warum würden Sie Ihren Arzt trotz der gezeigten Information, der Arzt habe wirksame Behandlungsmöglichkeiten, vielleicht nicht aufsuchen?

....
....
....

---

7. Wie sollten Ihrer Meinung nach Informationen der Hersteller von Medikamenten über Krankheitsbilder aussehen? Mit anderen Worten: Welchen Inhalt sollten die Informationen haben, und auf welche Weise möchten Sie unterrichtet werden?

(BITTE WÖRTLICH NOTIEREN!)

....
....
....
....

ANZEIGE WIEDER WEGLEGEN!

8. Im folgenden nenne ich Ihnen verschiedene Möglichkeiten, Betroffene über Krankheitsursachen, Krankheitsverlauf und Behandlungsmöglichkeiten der Lippenbläschen zu informieren. Es handelt sich um TV-Spots, Funk-Werbung, Anzeigen in Zeitschriften, z.B. Stern, Spiegel, Bunte usw., Anzeigen in Zeitschriften, die in Apotheken ausliegen, Anzeigen in regionalen Zeitungen, Informationsveranstaltungen in der Heimatstadt, bei Ihrem Hausarzt ausliegende Informationsbroschüren und um Postwurfsendungen. Sie sollen jeweils angeben, für wie gut geeignet Sie die verschiedenen Möglichkeiten halten. Dafür stehen Ihnen fünf Wahlmöglichkeiten "1 bis 5" zur Verfügung. Wenn Sie also der Meinung sind, eine Alternative sei "sehr gut geeignet", über Krankheitsursachen, Krankheitsverlauf und Behandlungsmöglichkeiten der Lippenbläschen zu informieren, dann wählen Sie die "5", bei "gut geeignet" die "4", bei "etwas geeignet" die "3", bei "kaum geeignet" die "2" und bei "gar nicht geeignet" die "1".

KÄRTCHEN MISCHEN UND ÜBERGEBEN!

_____ 1. TV-Spots
_____ 2. Funk-Werbung
_____ 3. Anzeigen in Zeitschriften, z.B. Stern, Spiegel, Bunte usw.
_____ 4. Anzeigen in Zeitschriften, die in Apotheken ausliegen
_____ 5. Anzeigen in regionalen Zeitungen
_____ 6. Informationsveranstaltungen in der Heimatstadt mit Ärzten und Patienten
_____ 7. Bei Ihrem Hausarzt ausliegende Informationsbroschüren
_____ 8. Postwurfsendungen

Sonstiges:

....

KÄRTCHEN WIEDER WEGLEGEN!

9. Inwieweit können Sie der folgenden Aussage zustimmen?

KARTE ÜBERREICHEN!

Wenn in meiner Stadt eine Informationsveranstaltung über Lippenbläschen stattfinden würde, in der Ärzte und andere Experten über Krankheitsursachen, Krankheitsverlauf und Behandlungsmöglichkeiten informieren und mit Patienten diskutieren, würde ich diese Veranstaltung gerne besuchen.

_____ Wertung

KARTE WIEDER WEGLEGEN!

WENN DIE WERTUNG **NICHT** "5 - STIMME VÖLLIG ZU" LAUTET, FOLGENDE FRAGE STELLEN:

9a. Welche Gründe sprechen Ihrer Meinung nach gegen einen solchen Besuch?

....

....

....

....

10. Jetzt soll es noch einmal um die Informationskampagne der Deutschen Wellcome gehen.

ANZEIGE ZEIGEN!

Im folgenden möchte ich Sie mit einigen Ansichten zu dieser Kampagne konfrontieren, wie man sie so oder ähnlich hören kann.

KÄRTCHEN MISCHEN UND ÜBERGEBEN!

Bitte sagen Sie mir mit Hilfe der auf den Karten verzeichneten Skala, inwieweit Sie jeder Äußerung zustimmen.
Geben Sie bitte immer nur die Nummer des Kärtchens und Ihre Wertung an. Bsp: Kärtchen 6/Wertung 1.

_____ 1. Eine solche Informationskampagne ist ein unzulässiger Eingriff in das Arzt-Patienten-Verhältnis.

_____ 2. Es handelt sich bei einer solchen Informationskampagne um eine aktive Unterstützung des "Arzt-Patienten-Verhältnisses".

_____ 3. Ich glaube, daß eine erkrankte Person beim Arzt aufgrund einer solchen Anzeige durchaus um die Verschreibung eines Präparates der aufklärenden Firma bittet.

_____ 4. Solche Informationen über Krankheitsbilder können helfen, Tabus abzubauen, die den Menschen schaden.

_____ 5. Aktionen zur Information der Bevölkerung über Krankheitsbilder können einen Beitrag dazu leisten, daß ein erkrankter Mensch sich in die notwendige Behandlung durch den Arzt begibt.

_____ 6. Um eine wirksame Behandlung der Lippenbläschen zu erhalten, würde ich auch Wartezeiten beim Arzt in Kauf nehmen.

KÄRTCHEN UND ANZEIGE WIEDER WEGLEGEN!

11. Wie häufig treten bei Ihnen pro Jahr "Lippenbläschen" auf? Anzahl: _____

12. Es wird gesagt, daß Streß, Ekel, Infektionskrankheiten, starke Sonnenbestrahlung, (INTERVIEWER: DIE FOLGENDE MÖGLICHKEIT NUR DAMEN NENNEN) Beschwerden im Zusammenhang mit der Periode der Frau und sonstige Einflußfaktoren das Auslösen der Lippenbläschen fördern. Welche Gründe fördern bei Ihnen das Auslösen des Herpes? (WÖRTLICH NOTIEREN!)

....
....
....

(CODIERER - MEHRFACHNENNUNGEN MÖGLICH: Streß (1), Ekel (2), Infektionskrankheiten (3), starke Sonnenbestrahlung (4), Menstruationsbeschwerden (5), sonstiges (6)).

13. Es gibt viele Möglichkeiten, wie sich die Bläschen ankündigen: Kribbeln, Spannen, Jucken und sonstige Anzeichen. Auf welche Weise kündigen sich die Bläschen bei Ihnen an? (WÖRTLICH NOTIEREN!)

....
....
....

(CODIERER - MEHRFACHNENNUNGEN MÖGLICH: Kribbeln (1), Spannen (2), Jucken (3), sonstige Anzeichen (4)).

14. Wie stark fühlen Sie sich durch akute "Lippenbläschen" beeinträchtigt?

KÄRTCHEN ÜBERREICHEN!

Hier habe ich ein Kärtchen, auf dem eine Meßlatte zu der Frage aufgezeichnet ist, inwieweit Sie sich durch akute Lippenbläschen beeinträchtigt fühlen. Fühlen Sie sich "gar nicht beeinträchtigt", so wählen Sie bitte die "Nr. 1". Fühlen Sie sich "sehr stark beeinträchtigt", so wählen Sie bitte die "Nr. 5". Mit den Feldern dazwischen können Sie Ihre Meinung abstufen, d.h. Sie haben auch die Möglichkeit, sich für "kaum beeinträchtigt - Nr. 2", "etwas beeinträchtigt - Nr. 3" und "stark beeinträchtigt - Nr. 4" zu entscheiden. Nennen Sie mir einfach nur die entsprechende Nummer.

_____ Wertung

WENN DIE ANTWORT "1 - GAR NICHT BEEINTRÄCHTIGT - " LAUTET, DANN ÜBERGEHE DIE FOLGENDE FRAGE!

14a. Wodurch beeinträchtigen Sie die Bläschen? (NACHFASSEN, BITTE WÖRTLICH NOTIEREN:)

....

....

CODIERER: Wie stark sind die Beeinträchtigungen physischer und/oder psychischer Natur?

	gar nicht	kaum	etwas	stark	sehr stark
physischer Natur	1	2	3	4	5
psychischer Natur	1	2	3	4	5

ANZEIGE WIEDER VOM TISCH NEHMEN!

Ich möchte Sie nun um einige statistische Angaben bitten:

A. Ich lese Ihnen nun einige Alterskategorien vor.

15-25 Jahre 1 26-35 Jahre 2 36-45 Jahre 3
46-60 Jahre 4

Welcher Kategorie darf ich Sie zuordnen?

B. Welche Schulbildung besitzen Sie?

Keinen Schulabschluß	1	Sonderschulabschluß	2
Hauptschulabschluß	3	Realschulabschluß	4
Abitur	5	Hochschulabschluß	6

C. In welcher Stadt (Gemeinde) wohnen Sie? .... Nr.: __
Wieviel Einwohner hat Ihre Stadt (Gemeinde) ungefähr?
____

D. Ich nenne Ihnen nun einige Berufskategorien, und Sie sagen mir bitte, in welche dieser Kategorien Ihr Beruf einzuordnen ist.

- Rentner (in), Pensionär(in) 1
- Angestellte(r) 2
- Freiberufler(in) (Ärzte, Makler etc.) 3
- Hausfrau, Hausmann 4
- Arbeitslose(r) 5
- In Ausbildung Befindliche(r) (z.B. Schüler, Lehrlinge, Studenten, im Wehr- und Ersatzdienst Befindliche) 6
- Beamter, Beamtin 7
- Arbeiter(in) 8
- Selbständige(r), Unternehmer(in), Handwerker(in), Landwirt(in) 9

15. Wenn Sie sich noch einmal an die **Informationskampagnen der Pharma-Hersteller über Krankheitsbilder in Publikumsmedien** erinnern, die wir vorhin besprochen haben (beispielsweise die Anzeige der "Deutschen Wellcome"): Wie würden Sie eine solche Aktion im großen und ganzen beurteilen? Ihnen stehen fünf Alternativen zur Verfügung ("1-5").

ALTERNATIVEN VORLESEN!

sehr schlecht 1 schlecht 2 befriedigend 3
gut 4 sehr gut 5

(VOM INTERVIEWER AUSZUFÜLLEN!)

Globalurteil: Persönlicher Eindruck vom Status der(s) Befragten

eher geringer Status 1---2---3---4---5 eher hoher Status

Geschlecht: Weiblich 1 Männlich 2

Wochentag des Interviews:
Montag 1 Dienstag 2 Mittwoch 3 Donnerstag 4
Freitag 5 Samstag 6 Sonntag 7

Datum der Befragung: ______________________

Ort des Interviews: ______________________

Zeit des Interviews: Von ...... bis ...... Uhr

Dauer des Interviews: _____ Minuten

Interviewer-Nr.: ___ Unterschrift ______________________________

Geschlecht der(s) Interviewerin(s): Weiblich 1 Männlich 2

Codierer-Nr.: ___ Unterschrift: ______________________________

LFDNR: _____

G. Literaturverzeichnis

A

Ajzen, I. u. M. Fishbein (1977): Attitude-Behavior-Relations: A Theoretical Analysis and Review of Empirical Research, in: Psychological Bulletin, Washington, 84. Jg., S. 888-918.

Aleweld, T. (1991): Mobilität zahlt sich aus - Die Einkommen im Außendienst der pharmazeutischen Industrie, in: Marketing Journal, Hamburg, 16. Jg., Nr. 1, S. 18-21.

Altenstrasser, W. (1985): VIP - eine Antwort auf die heutige Situation im Pharma-Außendienst, in: Pharma Forum, Kulmbach, 12. Jg., Heft 3, S. 6-11.

Altmann, F. (1991): Kommentar - Spenden statt Spargelspitzen, in: Ärzte-Zeitung, Köln, 10. Jg., 26./27 April, o.S..

Amelang, M. (1985): Historische Bedingtheit der empirisch orientierten Persönlichkeitsforschung, in: T. Hermann und E.-D. Lautermann (Hrsg.), Persönlichkeitspsychologie - Ein Handbuch in Schlüsselbegriffen, S. 9-19.

Anders, H.-J. (1990): Euro-Verbraucher-Realität oder Fiktion?, in: R. Szallies, G. Wiswede (Hrsg.), Wertewandel und Konsum, Landsberg, S. 233-256.

Andresen, T. (1990): Informationsgesellschaft und Werbung, in: R. Szallies, G. Wiswede (Hrsg.), Wertewandel und Konsum, Landsberg, S. 185-213.

Andresen, T. (1988): Was unterscheidet gute Anzeigen von schlechten? 200 Anzeigen im GFK-Test Advantage Print, in: Marketing Journal, Hamburg, 11. Jg., Nr. 6, S. 640-643.

Antil, J.H. (1984): Conceptualization and Operationalization of Involvement, in: T.C. Kinnear (Hrsg.), Advances in Consumer Research, Provo, 11. Jg., S. 203-209.

Apfelbaum, U. (1985): Vorsicht beim Telefon-Marketing: Vielleicht haften Sie mehr als gewünscht, in: Pharma Marketing Journal, Hamburg, 10. Jg., Heft 2, S. 45-48.

Arbeitsgemeinschaft LA-MED (1987): Leseranalyse medizinischer Fachzeitschriften, Band 1/2, München.

Arnold, W. (1975): Person - Charakter - Persönlichkeit, 4. Auflage, München.

Arzneimittelgesetz (1988): mit Änderungsgesetzen und einer Kurzdarstellung von Ministerialrat Dr. Hermann Josef Pabel, Stuttgart.

Arzneimittelkommission der deutschen Ärzteschaft (Hrsg.) (1988): Arzneiverordnungen, 16. Auflage, Köln.

Asperger, H. u. F. Haider (Hrsg.) (1974): Das Werden sozialer Einstellungen, Wien.

Assael, H. (1984): Consumer Behavior and Marketing Action, 2. Auflage, Boston.

Atrium (Hrsg.) (1991): Was man heute über Arzneimittel-Werbung wissen sollte, Seminar-Unterlage, 14. März 1991, Frankfurt.

Atrium (Hrsg.) (1990): Die gesundheitspolitische Szene im Umbruch - Pharma-Außendienst und -Marketing zwischen GRG und Europäischem Binnenmarkt -, Seminar-Unterlage, 25. Juni 1990, Frankfurt am Main.

B

Backhaus, K., B. Erichson u.a. (1987): Multivariate Analysemethoden, 4. Auflage, Berlin u.a.

Bänsch, A. (1990): Verkaufspsychologie und Verkaufstechnik, 4. Auflage, München.

Bagozzi, R.P. (Hrsg.) (1983): Advances in Consumer Research, 10. Jg., Ann Arbor.

Baier, H. (1990): Die Entdeckung des Arzneimittelverbrauchers - Soziales und Non-profit-Marketing in der Arzneimittelindustrie -, Vortrag im Rahmen des Atrium-Dr. Klaus Perrey Seminars "Die Gesundheitspolitische Szene im Umbruch, Frankfurt, 25. Juni 1990, S. 1-7.

Balderjahn, I. (1985): Strukturen sozialen Konsumbewußtseins - Reanalyse und Versuch einer Bestimmung, in: Marketing ZFP, München und Frankfurt, 7. Jg., Heft 4, S. 253-262.

Banning, Th., E. (1987): Lebensstilorientierte Marketing-Theorie, Nr. 15 der Reihe Konsum und Verhalten, Heidelberg.

Bartmann, A. (1988): Entscheidungsorientierte Marktsegmentierung unter besonderer Berücksichtigung regionaler Aspekte, München.

Batra, R. u. M.L. Ray (1983): Operationalizing Involvement as Depth and Quality of Cognitive Response, in: R.P. Bagozzi (Hrsg.), Advances in Consumer Research, Ann Arbor, 10. Jg., S. 309-313.

Bauer, F. (1986): Datenanalyse mit SPSS, 2. Auflage, Berlin, Heidelberg u.a.

Bearchell, C.A. (1990): Pharmaceutical Promotion - Advertising to the Patients, in: Pharma Marketing Journal, Hamburg, 15. Jg., Heft 2, S. 57.

Becker, H.E. (1992 a): Kommunikations-Strategien im Pharma-Markt von 71 Unternehmen, Kurzfassung eines Vortrages, gehalten im Rahmen des Pharma-Marketing-Seminars "Anstöße" des Thieme Verlages Stuttgart für Marketingleiter und Geschäftsführer, März, Heilbronn (in Vorbereitung).

Becker, H.E. (1992 b): Kommunikations-Strategien im Pharma-Markt: Innovative Möglichkeiten der Anzeigengestaltung, Interview mit Diplom-Kaufmann Helmut E. Becker von der Universität Paderborn, Arzneimittel Zeitung, Neu-Isenburg, 5. Jg. (in Vorbereitung).

Becker, H.E. (1991 a): Tips von draußen - Eine Doktorarbeit an der Universität Paderborn macht neugierig, in: PM-Report, 10. Jg., Heft 4, S. 13-14.

Becker, H.E. (1991 b): Kommunikations-Strategien im Pharma-Markt, Arbeitspapier Nr. 3, Patienten-Befragung zur "Integrierten Patienten-Ansprache", Paderborn 1991.

Becker, H.E. (1991 c): Kommunikations-Strategien im Pharma-Markt, Arbeitspapier Nr. 4, Inhaltsanalytische Untersuchung von Anzeigen in Ärztefachzeitschriften, Paderborn 1991.

Becker, H.E. (1990): Kommunikations-Strategien im Pharma-Markt - Eine Unternehmensbefragung, Arbeitspapier Nr. 11 der Forschungsgruppe Konsum und Verhalten, hrsg. v. G. Behrens, K.P. Kaas, W. Kroeber-Riel, V. Trommsdorff und P. Weinberg, Paderborn.

Becker, H.E. (1989): Kommunikations-Strategien im Pharma-Markt, Empirische Studien unter besonderer Berücksichtigung veränderter Rahmenbedingungen und verhaltenswissenschaftlicher Ansätze, Arbeitspapier Nr. 1, Problemformulierung, Paderborn.

Becker, H.E. u. J. Mehrtens (1986): Paderborner Pilsener Heimatfonds-Studie, Bekanntheit und Akzeptanz der Aktion "Paderborner-Pilsener-Heimatfonds", Eine Empirische Studie, Diplomarbeit Paderborn.

Becker, W. (1987): 70 Prozent unserer Media-Gelder kommen beim Arzt nicht an - Eine Rechnung für mehr Qualität bei den Arzt-Zeitschriften, in: Pharma Marketing Journal, Hamburg, 12. Jg., Heft 5, S. 172.

Bekmeier, S. (1989a): Nonverbale Kommunikation in der Fernsehwerbung, Band 22 der Reihe Konsum und Verhalten, Heidelberg.

Bekmeier, S. (1989b): Nonverbale Kommunikation in der Fernsehwerbung, in: Marketing ZFP, München und Frankfurt, 11. Jg., S. 93-102.

Benninghaus, H. (1976): Ergebnisse und Perspektiven der Einstellungs-Verhaltens-Forschung, Meisenheim am Glan.

Berger, M. (1988): Energie-Verschwendung in der Kommunikation - Schaffen Sie mehr Querverbindungen zwischen Werbung, VF, PR und personellem Verkauf, in: Marketing Journal, Hamburg, 11. Jg., Nr. 6, S. 638 f.

Bergler, R. u. B. Six (1972): Stereotype und Vorurteile, in: C.F. Graumann (Hrsg.), Handbuch der Psychologie, Band 7, Sozialpsychologie, 2. Halbband, Göttingen u.a., S. 1371-1432.

Bergs, S. (1981): Optimalität bei Cluster-Analysen, Dissertation, Münster.

Bierbrauer, G. (1976): Attitüden: Latente Strukturen oder Interaktionskonzepte?, in: Zeitschrift für Soziologie, Stuttgart, 5. Jg., S. 4-16.

Birkner, H.F. (1980): Verbund-Außendienst zum niedergelassenen Arzt, in: Pharma Marketing Journal, Hamburg, 5. Jg., Heft 1, S. 29-31.

Birkner, W. (1988): Hospital Supplies: Data Processing, in: Medical Focus, Würzburg, 6. Jg., S. 42-46.

Bleicker, U. (1983): Produktbeurteilung der Konsumenten, Nr. 5 der Reihe Konsum und Verhalten, Würzburg.

Bloch, M.L., P.H. Bloch (1986): After the New Wears off: The Temporal Context of Product Involvement, in: Journal of Consumer Research, Chicago, 12. Jg., S. 280-285.

Bloch, P.H. (1981): An Exploration into the scaling of Consumers Involvement with a product class, in: K.B. Monroe, Advances in Consumer Research, Ann Arbor, 8. Jg., S. 61-65.

Bloch, P.H. (1982): Involvement beyond the Purchase Process: Conceptual Issues and Empirical Investigation, in: A.A. Mitchell (Hrsg.), Advances in Consumer Research, Ann Arbor, 9. Jg., S. 413-417.

Bloch, P.H., G.D. Bruce (1984): Product Involvement as Leisure Behavior, in: T.C. Kinnear (Hrsg.), Advances in Consumer Research, Provo, 11. Jg., S. 197-202.

Börke, W. und M.W. Rink (1991): Pharma-Pressearbeit oft Herausforderung zum betriebswirtschaftlichen Hirnriß, in: Pharma Marketing Journal, Hamburg, 16. Jg., Heft 2, S. 64-66.

Bogulawski, A. (1986): The Media is the Message - Was der Arzt von Video-Fortbildung hält, in: Pharma Marketing Journal, Hamburg, 11. Jg., Heft 5, S. 193-196.

Borcholte, T. (1991): Ist AZT zu teuer? - US-Diskussion über AIDS-Behandlung, in: Medikament und Meinung, Frankfurt, 14. Jg., Nr. 4, S. 7.

Bornewasser, M. (1979): Einstellung und Verhalten bei Erzieherinnen im Kindergarten, in: H.D. Mummendey, (Hrsg.) (1975): Einstellung und Verhalten, Bern, Stuttgart und Wien, S. 31-62.

Bornewasser, M., F.W. Hesse u.a. (1979): Einführung in die Sozialpsychologie, Heidelberg.

Boros, J. und O. Mergel (1980): Ärzte-Symposien mit Erfolg planen, eine Praxisanleitung, in: Pharma Marketing Journal, Hamburg, 5. Jg., Heft 2, S. 62-65.

Brasser, M. (1985): Btx im Urteil der Ärzte, Stand, Einstellungen und Perspektiven, in: Pharma Marketing Journal, Hamburg, 10. Jg., Heft 2, S. 60-62, Heft 3, S. 95-98.

Brinberg, D. (1979): A Comparison of two behavioral Intention Models, in: W.L. Wilkie (Hrsg.), Advances in Consumer Research, Ann Arbor, 6. Jg., S. 48-52.

Brockhoff, K. und N. Dobberstein (1989): Zapping - zur Umgehung von TV-Werbewahrnehmung, in: Marketing ZFP, München und Frankfurt, 11. Jg., S. 27-40.

Brose, C.-D. (1988): "Unerwünschte" Btx-Werbung, in: Marketing Journal, Hamburg, 13. Jg., Heft 5, S. 484.

Brosius, G. (1988): SPSS/PC+ Basics and Graphics, Hamburg.

Bundesfachverband der Arzneimittel-Hersteller e.V. (Hrsg.) (1989): Der Selbstmedikationsmarkt in der BR Deutschland 1988, 2. Auflage, Bonn.

Bundesfachverband der Arzneimittel-Hersteller e.V. (Hrsg.) (1988): Geschäftsbericht 1987/88, Bonn.

Bundesminister für Arbeit und Sozialordnung (Hrsg.) (1989): Die Gesundheitsreform, 2. Auflage, Bonn.

Bundesverband der Pharmazeutischen Industrie e.V. (Hrsg.) (1990): "Tatsachen überzeugen!" - Informationen zum Pharma-Fortschritt, Frankfurt am Main.

Bundesverband der Pharmazeutischen Industrie e.V. (Hrsg.) (1989): Gesetz über den Verkehr mit Arzneimitteln (AMG) in der Fassung des Gesetzes zur Neuordnung des Arzneimittelrechts vom 24. August 1976, zuletzt geändert durch das Dritte Gesetz zur Änderung des Arzneimittelgesetzes vom 20. Juli 1988, mit Erläuterungen, ergänzter Sonderdruck aus "Die Pharmazeutische Industrie" 48. Jg., Heft 7, S. 701-735 und 48. Jg., Heft 8, S. 863-873 (1986), Aulendorf.

Bundesverband der Pharmazeutischen Industrie e.V. (Hrsg.) (1988, 1989, 1990): Pharma Daten 88, 89, 90, Frankfurt am Main.

Bundesverband der Pharmazeutischen Industrie e.V. (Hrsg.) (1988): Pharma Argumente, 5. Auflage, Frankfurt am Main.

Bundesverband der Pharmazeutischen Industrie e.V. (Hrsg.) (1988), Kodex der Mitglieder des Bundesverbandes der Pharmazeutischen Industrie e.V., in der Fassung vom 3./4. Juni 1988, Aulendorf.

Bundesverband der Pharmazeutischen Industrie e.V. (Hrsg.) (1988, 1989, 1990, 1991): pharma jahresbericht 1987/1988, 1988/1989, 1989/1990, 1990/1991, Frankfurt am Main.

Bundesverband der Pharmazeutischen Industrie e.V. (Hrsg.) (1987): Basisdaten des Gesundheitswesens 1986/87, 7. Jahresausgabe, Frankfurt am Main.

Bundesverband der Pharmazeutischen Industrie e.V. (1986a): Der "geprüfte Pharma-Referent" - Ein junger Beruf, in: Die Pharmazeutische Industrie, Aulendorf, 48. Jg., S. 147.

Bundesverband der Pharmazeutischen Industrie e.V. (1986b): Die Aufgaben des Pharmaberaters im Wandel des Arzneimittelmarktes, in: Die Pharmazeutische Industrie, Aulendorf, 48. Jg., S. 148-152.

Busch, G.T. und R. Hummert (1987): Die Pleite im weißen Kittel, Liquiditätsberatung beim Arzt: Ein Service stellt sich vor, in: Pharma Marketing Journal, Hamburg, 12. Jg., Heft 5, S. 178-179.

C

Calder, B.J. (1979): When Attitudes follow Behavior - A Self-Perception/Dissonance Interpretation of Low Involvement, in: J.L. Maloney, B. Silverman (Hrsg.), Attitude Research plays for High Stakes, Chicago, S. 25-36.

Cialdini, R.B, R.E. Petty u. J.T. Cacioppo (1981): Attitude and Attitude Change, in: Annual Psychological Review, Washington, 32. Jg., S. 357-404.

Carl, H.C. (1980): Ihre Briefunterschrift ist Gold wert, ein wichtiges Detail im Direct-Marketing, in: Pharma Marketing Journal, Hamburg, 5. Jg., Heft 4, S. 138-140.

Cattel, R. B. (1973): Die empirische Erfassung der Persönlichkeit, Weinheim.

Chemnitz, G., S. Hornthal u. H. Wagner (1991): Pharma-Referenten-Auswahl - Erfahrungen mit systematischer Bewerberauswahl für den Praxis- und Klinik-Außendienst, in: Pharma Marketing Journal, Hamburg, 16. Jg., Heft 2, S. 58-62.

Chemnitz, G., S. Hornthal u. F.-D. Ickert (1986): In drei Stufen zu besseren Pharma-Referenten - Bei der Pharma-Referenten-Auswahl, in: Pharma Marketing Journal, Hamburg, 11. Jg., Heft 5, S. 200-201.

Clauß, G. und H. Ebner (1972): Grundlagen der Statistik für Psychologen, Pädagogen und Soziologen, Frankfurt am Main und Zürich.

Clifford, B.R. und R. Bull (1978): The psychology of person identification, London u.a.

Clouth. J. (1988): Diagnose im Pharma-Außendienst - Das Dienstleistungs-Computer-Programm "Diadem" stellt sich vor, in: Pharma Marketing Journal, Hamburg, 13. Jg., Heft 6, S. 247-248.

Commerzbank (Hrsg.) (1988): Brancheninformation, Pharmazeutische Industrie - Weiterhin steigende Umsätze, Frankfurt am Main.

Correll, W. (1991): Motivation und Überzeugung in Führung und Verkauf, 6. Auflage, Landsberg am Lech.

Correll, W. (1990): Menschen durchschauen und richtig behandeln, Psychologie für Beruf und Familie, 10. Auflage, München.

Correll, W. (1987): Verstehen und Lernen, Grundlagen der Verhaltenspsychologie, Landsberg am Lech.

Correll, W. (1983): Lernpsychologie, 17. Auflage, Donauwörth.

Correll, W. (1976): Persönlichkeitspsychologie, Eine Einführung in die Persönlichkeitssysteme von Freud bis Skinner, Donauwörth.

Costley, C.L. (1988): Meta Analysis of Involvement Research, in: K.B. Monroe, M.J. Houston (Hrsg.), Advances in Consumer Research, Provo, 15. Jg., S. 554-562.

D

Dahlhoff, H.-D. (1980): Individuelle Wertorientierungen, Arbeitspapier Nr. 23, Institut für Marketing an der Universität Münster, Münster.

Dichtl, E. (1989): Schritte zum Europäischen Binnenmarkt, in: Wirtschaftswissenschaftliches Studium, München, 18. Jg., Heft 7, S. 333-350.

Dichtl, E., H. Rafée, M. Thiess (Hrsg.) (1989): Innovatives Pharma-Marketing, Wiesbaden.

Diller, H. und M. Kusterer (1988): Beziehungsmanagement, in: Marketing ZFP, München und Frankfurt, 10. Jg., S. 211-220.

Domizlaff, H. (1991): Die Ethik beginnt überall dort, wo die reine Eigensucht aufhört und der Mensch etwas um einer Sache selbst willen zu tun bemüht ist, in: Marketing Journal, Hamburg, 24. Jg., Heft 4, S. 288-293.

Dresdner Bank (1989): Volkswirtschaftliche Abteilung (Hrsg.), Brancheninformationen, Pharmazeutika, Branchen-Nr. 20031, Frankfurt am Main.

Dryden, W. (1990): Der Arzt-Computer in der Praxis, in: Der Praktische Arzt, Köln, 27. Jg., S. 24 ff.

Durachemie GmbH & Co. KG (Hrsg.) (1989): Die Positivliste von dura - und das dazugehörige Begleitschreiben, Wolfratshausen.

Durö, R. und D. Sandström (1986): Marketing-Kampfstrategien im Arzneimittel-Markt, in: Pharma Marketing Journal, Hamburg, 11. Jg., Heft 6, S. 230-234.

E

Eckel, G.A. (1987): 10 Praxis-Tips zur Pharma-Direktwerbung, in: Pharma Marketing Journal, Hamburg, 12. Jg., Heft 4, S. 140-142.

Ehrlich, H.J. (1969): Attitude, behavior, and the intervening variables, in: The American Sociologist, New York, 29. Jg., S. 29-34.

Elstner, F. (1989): Eine Hoffnung der Medizin: Der Körper greift den Tumor an, in: Die Welt, Hamburg, 44. Jg., Nr. 100, S. 3.

Emmerich, V. (1982): Das Recht des unlauteren Wettbewerbs, München.

Engel, J.F., R.D. Blackwell u. D.T. Kollat (1973): Consumer Behavior, 2. Auflage, Hinsdale.

Esch, F.-R. (1990): Expertensystem zur Beurteilung von Anzeigenwerbung, Band 28 der Reihe Konsum und Verhalten, Heidelberg.

Esch, F.-R. (1987): Marketing in der Informationsgesellschaft - Ergebnisse einer Tagung in Brüssel, in: Marketing ZFP, München und Frankfurt, 9. Jg., Heft 2, S. 108-112.

Estler, C.-J. (1987), Arzneimittel im Alter, Stuttgart.

Etten, J. (1988): Was verdient der Pharma-Außendienst?, in: Pharma Marketing Journal, Hamburg, 13. Jg., Heft 1, S. 12-13.

F

Fargel, M. (1990): Tendenzen im Gesundheitsmarkt, in: R. Szallies, G. Wiswede (Hrsg.), Wertewandel und Konsum, S. 401-416.

Fazio, R.H., J.-M. Chen, E.C. McDonell u. S.J. Sherman (1982): Attitude Accessibility, Attitude-Behavior Consistency, and the Strength of the Object-Evaluation Association, in: Journal of Experimental Social Psychology, New York, 18. Jg., S. 339-357.

Fischer, U. (1990): Telefonmarketing - Ersatz für den Pharma-Berater?, in: Pharmagazin, Berlin, 6. Jg., Heft 5, S. 22-23.

Fischer, U. (1987): Umfrage bei Ärzten - Ist Direktwerbung notwendig, nützlich oder lästig?, in: Pharmagazin, 3. Jg., Heft 7, S. 8-9.

Fisseni, H.-J. (1985): Persönlichkeitsmodelle - Phillip Lersch, in: T. Herrmann, E.-D. Lautermann (Hrsg.), Persönlichkeitspsychologie: Ein Handbuch in Schlüsselbegriffen, Stuttgart, S. 233-239.

Forstmann, M.-D. (1991): Irreführende Werbung - Stolpersteine für das Pharma-Marketing, in: Pharma-Recht, Frankfurt am Main, 14. Jg., Heft 1, S. 2-11.

Forstmann, M.-D. (1990): Vortragsunterlage zum Atrium-Seminar, Vorschlag für eine Richtlinie des Rates über die Werbung für Human-Arzneimittel, Frankfurt, (12.07.1990), S. 1-9.

Frey, D. (1979): Einstellungsforschung: Neuere Ergebnisse der Forschung über Einstellungsänderungen, in: Marketing ZFP, München und Frankfurt, 1. Jg., S. 31-45.

Friesewinkel, H. (1987): Randnotizen zum pharmazeutischen Marketing, Reflexionen über das pharmazeutische Marketing und seine Instrumente, Erlangen.

Friesewinkel, H. (1987): Die Medica als Stellgröße des sich ändernden Pharma-Szenarios, in: H. Friesewinkel und C. Kori-Lindner, Wer gegen den Strom schwimmt, kommt zur Quelle, Reflexionen zum Wandel des Medica-Konzeptes, Erlangen, S. 4-20.

Friesewinkel, H. (1981): Gibt es eine Psychologie des Verordners? (Oder eine der Verordnung?), in: Pharma-Forum, Kulmbach, 8. Jg., Heft 3, S. 9-28.

Friesewinkel, H. u. E. Schneider (1988): Das Pharma Marketing Buch, Kulmbach.

Friesewinkel, H. u.C. Kori-Lindner (1987): Wer gegen den Strom schwimmt kommt zur Quelle, Reflexionen zum Wandel des Medica-Konzeptes, Erlangen.

Friesewinkel, H. und E. Schneider (1982): Das Pharmazeutische Marketing II, Kulmbach.

Friesewinkel, H. und R. Abt (1976): Das Pharmazeutische Marketing, Kulmbach.

Frimberger, H. (1987): Diskussion zur Zukunft von Großkongressen - Informationen oder Jahrmarkt?, in: Pharmagazin, Berlin, 3. Jg., Heft 7, S. 24.

G

Gareis, H. (1987): Pharma-Industrie: Todesursache Medien?, in: PR-Magazin, Remagen-Rolandseck, 17. Jg., S. 12-14.

Gehrig, W. (1977): Multinationales Marketing mit Product Management, Aulendorf.

Gehrig, W. (1988): Umfeld und Facetten des Pharmamarketings, in: Verkauf und Marketing, Heerbrugg, 16. Jg., Nr. 6, S. 4-7.

Gerken, G. (1986): Der Trend zur neuen Medizin - Paradigmen-Wechsel im Pharma-Marketing, in: Pharma Marketing Journal, Hamburg, 11. Jg., Heft 5, S. 170-174.

Girardi, M.R. (1989): Vorbild ist der Sprachstil der Bild-Zeitung, Der Beipackzettel - immer noch ein Stiefkind des Pharma-Marketing, in: Pharma Marketing Journal, Hamburg, 14. Jg., Heft 5, S. 170-174.

Girardi, M.R. (1987 a): Emotionale Pharma-Werbung - Chance oder Irrweg, in: Pharma Marketing Journal, Hamburg, 12. Jg., Heft 2, S. 66-70.

Girardi, M.R. (1987 b), Emotionale Werbung - die Leitbildfunktion von Anzeigen, Pharma-Anzeigen in der Analyse, in: Pharma Marketing Journal, Hamburg, 12. Jg., Heft 6, S. 216-226.

Girkinger, W. (1987): Den wissenschaftlichen Außendienst noch professioneller planen - Ein Modellansatz zu Bestimmung der optimalen Anzahl Ärzte-Besucher, in: Pharma Marketing Journal, Hamburg, 12. Jg., Heft 4, S. 127-134.

Gottlob, M.-P., G. Strecker (1984): Btx professionell eingesetzt, München.

Graumann, C.F. (Hrsg.) (1972): Handbuch der Psychologie, Band 7, Sozialpsychologie, 2. Halbband, Göttingen u.a.

Gröppel, A. (1991): Erlebnisstrategien im Einzelhandel, Band 29 der Reihe Konsum und Verhalten, Heidelberg.

GSK (1989): Marketing-Report-Gesundheit, München, Heft 2.

Gutzler, E.H. (1991): Die größten strategischen Fallen im Pharma-Marketing, in: Pharma-Marketing-Journal, Hamburg, 16. Jg., Heft 3, S. 110-116.

Gysling, E. (1988): Arzneimittel-Interaktionen, in: pharma-kritik, Konstanz, 10. Jg., Nr. 6, S. 21-24.

H

Haayer, F. (1982): Rational Prescribing and Sources of Information, in: Social, Science and Medicine, New York, 16. Jg. S. 2017-2023.

Hagen, H., W. Hagen und R. Hummert (1988a): Die unterschiedliche Sichtweise von Arzt und Pharma-Referent, in: Pharma Marketing Journal, Hamburg, 13. Jg., Heft 3, S. 110-111.

Hagen, H., W. Hagen und R. Hummert (1988b): Das Gefälle zwischen Arzt und Pharma-Berater, in: Pharma Marketing Journal, Hamburg, 13. Jg., Heft 6, S. 252-255.

Hahn, K.-J. (1983): Was trägt der Arzt in der pharmazeutischen Industrie zur Information bei? in: Medica 1983, Kongreß-Sonderheft, 4. Jg., S 93.

Haid, H. (1990): Der Pharma-Berater 1990 - Eine Bestandsaufnahme, in: Pharma Marketing Journal, Hamburg, 15. Jg., Heft 6, S. 206-207.

Hall, C.S. u. G. Lindzey (1978): Theorien der Persönlichkeit, Band I, München.

Hamann, I.R. (1985): Gute Pharma-Referenten mit allen Mitteln einkaufen, in: Pharma Marketing Journal, Hamburg, 10. Jg., Heft 6, S. 125-127.

Hamm, L. u J. Bücker (1966): Gesetz über die Werbung auf dem Gebiete des Heilwesens, Köln u.a.

Hamm, W. (1984): Licht- und Schattenseiten der Arzneimittelversorgung, in: Medizin, Mensch, Gesellschaft, Stuttgart, 9. Jg., S. 73-82.

Hannse, H. (1975): Die moralische Verantwortung des Unternehmers in der Pharma-Industrie, in: Pharma-Forum, Kulmbach, 2. Jg., Nr. 6, S. 3 ff.

Hart, D., A. Hilken, H. Merkel u. O. Woggan (1988): Das Recht des Arzneimittelmarktes, Baden-Baden.

Hartmann, H. B. (1989): Die Stunde der Spezialisten, in: Absatzwirtschaft, Düsseldorf, 32. Jg., Heft 5, S. 12-17.

Heilmann, K. (1986): Das ungeliebte Medikament - Gedanken zum Arzneimittelrisiko, in: Die Pharmazeutische Industrie, Aulendorf, 48. Jg., Nr. 10, S. 1119-1123.

Heinicke, M.G. (1987): Diskussion zur Zukunft von Großkongressen - Ausstellungen einstellen?, in: Pharmagazin, Berlin, 3. Jg., Heft 7, S. 24-25.

Hemminki, E. (1975 a): Review of Literature on the Factors affecting Drug Prescribing, in: Social Science and Medicine, New York, 9. Jg., S. 111-114.

Hemminki, E. (1975 b): The Role of Prescriptions in Therapy, in: Medical Care, Philadelphia, 13. Jg., S. 150-155.

Hermann, T. u. E.-D. Lautermann (Hrsg.) (1985): Persönlichkeitspsychologie - Ein Handbuch in Schlüsselbegriffen, Stuttgart.

Heuer, Chr. (1986): Kleingruppen-Marketing - Das Kommunikationspotential der Gruppe nutzen!, in: Pharmagazin, Berlin, 2. Jg., S. 14-15.

Hitschmann, H.G. (1987): Die Zukunft gewinnen wir mit dezentralem AD-Management - Kleine Einheiten müssen sich um gesplittete Arzt-Zielgruppen kümmern, in: Pharma Marketing Journal, Hamburg, 12. Jg., Heft 5, S. 168-170.

Hochstätter, D. (1989): Werbung - Ein ganz prima Klima, in: Wirtschaftswoche, Düsseldorf, 43. Jg., Nr. 27 vom 30.06.1989, S. 58-62.

Holbrook, M.B. (1987): An Audiovisual Inventory of some Fanatic Consumer Behavior: The 25 Cent Tour of Jazz Collector's Home, in: M. Wallendorf, P. Anderson (Hrsg.), Advances in Consumer Research, 14. Jg., Provo, S. 144-149.

Holm, K.-F., (Hrsg.) (1986): Werbewirkungsforschung exante und expost, Band I, Hamburg.

Hopp, V. (1985): Das Berufsbild des Pharmareferenten unter spezieller Berücksichtigung der Onkologie, in: Die Pharmazeutische Industrie, Aulendorf, 47. Jg., S. 231-233.

Houston, M.J. (Hrsg.) (1988): Advances in Consumer Research, Provo, 15. Jg.

Howard, J.A. (1977): Consumer Behavior - Application of Theory, New York.

Howard, J.A. u. J.N. Sheth (1969): The Theory of Buyer Behavior, New York.

Huber, H.G. (1975): Fortbildungsveranstaltungen für Ärzte besser planen, in: Pharma Marketing Journal, Hamburg, 6. Jg., Heft 5, S. 188-191.

Huber, W. (1988): Nachahmerwettbewerb bei Arzneimitteln, Bayreuth.

Hummert, R. (1991): Welchen Pharmaberater braucht der Arzt?, in: PM-Report, Fürth, 10. Jg., S. 21-23.

Hummert, R., H. Hagen u. W. Hagen (1987): Die unausgesprochenen Fragen in Angriff nehmen - Ärzte-Service durch neue Seminar-Idee, in: Pharma Marketing Journal, Hamburg, 16. Jg., Heft 1, S. 17-18.

Hundertmark, K. (1986): Benötigt wird eine mediengerechte Dramaturgie - Möglichkeiten und Grenzen der Telefon-Kommunikation im Pharma-Markt, in: Pharma Marketing Journal, Hamburg, 15. Jg., Heft 1, S. 32-34.

Hunt, K.H. (Hrsg.) (1978): Advances in Consumer Research, Ann Arbor.

I

IMP Kommunikationsgesellschaft mbH (Hrsg.) (1989): Medizin audio-visuell - Beilage zum inter med video "Derma Video Report", Neu-Isenburg, o.Jg., Folge 1.

Infratest (Hrsg.): MEFA 1989 - Leseranalyse medizinischer Fachzeitschriften, Unterlagen für die Präsentation am 5. September 1989, in Karlsruhe, München.

Izard, C.E. (1981): Die Emotionen des Menschen - Eine Einführung in die Grundlagen der Emotionspsychologie, Weinheim u.a.

J

Jacob, U. (1985): Der Telefon-Kontakt im Pharma-Marketing - Psychologische Aspekte der Telefon-Kommunikation, in: Pharma Marketing Journal, Hamburg, 14. Jg., Heft 2, S. 50-54.

Jantsch, G. u. W. Peljak (1988): Der Arzt zwischen Emotion und Wissenschaft, Die Pharma-Werbung und ihre Akzeptanz beim Arzt, in: Pharma Marketing Journal, Hamburg, 13. Jg., Heft 2, S. 74-75.

Jeck-Schlottmann, G. (1988): Werbewirkung bei geringem Involvement, Arbeitspapier Nr. 1 der Reihe Konsum und Verhalten, Saarbrücken.

Jeck-Schlottmann, G. (1987): Visuelle Informationsverarbeitung bei wenig involvierten Konsumenten, Saarbrücken.

K

Kaas, K.-P. u. B. Uhlmann (1988): Pharma-Marketing - Möglichkeiten und Grenzen nach der Strukturreform des Gesundheitswesens, in: Zeitschrift für Betriebswirtschaft, 59. Jg., Nr. 6, S. 620-636.

Karlsson, G. (1967): Ein mathematisches Modell der Nachrichtenverarbeitung, in: R. Mayntz (Hrsg.), Formalisierte Modelle in der Soziologie, Neuwied, Berlin, S. 73-82.

Kassarjian, W.M. (1979): Attitudes under Low Commitment Conditions, in: J.C. Maloney, B. Silverman (Hrsg.), Attitude Research plays for High Stakes, Chicago, S. 3-15.

Katona, G. (1960): Das Verhalten der Verbraucher und Unternehmer, Tübingen.

Katz, D. (1960): The Functional Approach to the Study of Attitudes, in: Public Opinion Quarterly, Princeton, 24. Jg. (1960), S. 163-204.

Keitz, B.v. u. G. Kosaris (1989): Blickaufzeichnungstests - Wie betrachtet der Arzt die Anzeige?, in: E. Dichtl, H. Raffée, M. Thiess (Hrsg.), Innovatives Pharma-Marketing, Wiesbaden, S. 201-220.

Kern, P. (1988): Ethik und Wirtschaft - Verändert sich die ökonomische Vernunft?, Vortrag anläßlich der gemeinsamen Sitzung von Verwaltungsrat und Beirat der Landeskreditbank Baden-Württemberg am 12. Oktober 1988, Stuttgart.

Kinnear, T.C. (Hrsg.) (1984): Advances in Consumer Research, 11. Jg., Provo.

Klages, H. (1987): Indikatoren des Wertewandels, in: L.v. Rosenstiel, H.E. Einsiedler, R.K. Streich, Wertewandel als Herausforderung für die Unternehmenspolitik, Stuttgart, S. 1-16.

Klapprott, J. (1975): Einführung in die psychologische Methodik, Stuttgart.

Knapp, H.G. (1990): Ethik und Betriebswirtschaftslehre, Arbeitspapier Nr. 25 des betriebswirtschaftlichen Instituts an der Universität Graz, Graz.

Koch-Hillebrecht, M. (1982): Kleine Persönlichkeitspsychologie, Stuttgart.

Konert, F.-J. (1986): Vermittlung emotionaler Erlebniswerte, Nr. 10 der Reihe Konsum und Verhalten, Heidelberg und Wien.

Koppelmann, U. u. E. Küth (1990): Wohnen 90 - Designakzeptanz durch individualisierte Produktpolitik, in: R. Szallies, G. Wiswede (Hrsg.), Wertewandel und Konsum, Landsberg, S. 377-399.

Kori-Lindner, C. (1987): Pharma-Ausstellung - neue Formen der Präsentation, in: H. Friesewinkel und C. Kori-Lindner, Wer gegen den Strom schwimmt, kommt zur Quelle, Reflexionen zum Wandel des Medica-Konzeptes, Erlangen, S. 21-39.

Krampen, G. (1987): Handlungstheoretische Persönlichkeitspsychologie, Göttingen.

Kroeber-Riel, W. (1990 a): Konsumentenverhalten, 4. Auflage, München.

Kroeber-Riel, W. (1990 b): Strategie und Technik der Werbung, 2. Auflage, Stuttgart u.a.

Kroeber-Riel, W. (1989): Die Werbung von morgen muß Firmen und Marken inszenieren, in: Harvardmanager, 5. Jg., Heft 3, S. 78-86.

Kroeber-Riel, W. (1988): Kommunikation im Zeitalter der Informationsüberlastung, in: Marketing ZFP, München und Frankfurt, 10. Jg., S. 182-220.

Kroeber-Riel, W. (1987 a): Trends in Werbung und Werbeforschung: Laut schreien, um gehört zu werden, in: Copy, Düsseldorf, 1. Jg., Heft 23, S. 32-35.

Kroeber-Riel, W. (1987 b): In der Informationsflut überleben, in: Die Betriebswirtschaft, Stuttgart, 47. Jg., S. 633-635.

Kroeber-Riel, W. (1987 c): Informationsüberlastung durch Massenmedien und Werbung in Deutschland, in: Die Betriebswirtschaft, Stuttgart, 47. Jg., S. 257-264.

Kroeber-Riel, W. (1985): Vorteile der bildbetonten Werbung, in: Werbeforschung & Praxis, Wien, 30. Jg., Heft 4, S. 122-126.

Kroeber-Riel, W. (1984): Zentrale Probleme auf gesättigten Märkten, in: Marketing ZFP, München, 6. Jg., S. 210-214.

Kromrey, H. (1990): Empirische Sozialforschung, 4. Auflage, Opladen.

Krugman, H.E. (1979): Low Involvement Theory in the Light of new Brain Research, in: J.C. Maloney, B. Silverman (Hrsg.), Attitude plays for High Stakes, S. 16-22.

Krugman, H.E. (1966): The Measurement of Advertising-Involvement, in: Public Opinion Quarterley, New York, 25. Jg., Heft 1, S. 583-596.

Krugman, H.E. (1965): The Impact of Television Advertising-Learning without Involvement, in: Public Opinion Quarterley, New York, 24. Jg., Heft 1, S. 349-356.

Kucher, E. (1987): Strategische Erfolgsdeterminanten: Marktsegmentierung und Preisstrategie, in: Thexis, St. Gallen, 4. Jg., Heft 3, S. 34-39.

Kucher, E. (1988): Pharma-Preismanagement für Innovationen, Arbeitspapier des Instituts für Management und Marketing GmbH, "University Connection (UNIC)", Bonn.

Kucher, E. u. H. Simon (1988): Pharma-Preismanagement im Festbetragssystem, Arbeitspapier des Instituts für Management und Marketing GmbH, "University Connection (UNIC)", Bonn.

Kueffner, G. u. J. Mortsiefer (Hrsg.) (1990): Messeplatz Europa - Messen als Bestandteil des betrieblichen Marketing, Frankfurt.

Kuhlmann, H.E. (1985): Planstelle "Veranstaltungsmanager", in: Absatzwirtschaft, Düsseldorf, 28. Jg., Heft 12, S. 94-98.

Kunze, M. (1990): Von Ko-Therapeuten zur Lebensstil-Medizin, Ein sozialmedizinisches Szenario, in: Pharma Marketing Journal, Hamburg, 15. Jg., Heft 3, S. 98-100.

L

Lampert, H. (1980): Sozialpolitik, Berlin u.a.

Lange, W. G. (1991): Bericht aus Bonn - Kassenärzte in Not, in: PM-Report, Fürth, 10. Jg., Heft 3, S. 2-3.

Lavrentz, K. (1988): Pharma-Referenten-Steuerung - Ein alternatives Programm stellt sich vor, in: Pharma Marketing Journal, Hamburg, 13. Jg., Heft 5, S. 210-213.

Lemmer, B. (1988): Beta-Rezeptorenblocker, in: U. Schwabe u. D. Paffrath, Arzneiverordnungs-Report '88, Stuttgart und New York, S. 125-130.

Leven, W. (1988): Anzeigen-Werbung, Von den angebotenen Informationen werden nur wenige genutzt, in: Marketing Journal, Hamburg, 15. Jg., Heft 3, S. 268-272.

Leven, W. (1988): Involvement-Niveau und Informationsbearbeitung, in: Werbeforschung & Praxis, Wien, 32. Jg., Heft 5, S. 169-171.

Levine, J. (1987): Pharmaceuticals: Medical Marketing, in: Incentive Marketing, New York, 83. Jg., S. 54-58.

Lilli, W. (1980): Zum Vorhersagewert von Einstellungen für das reale Verhalten, in: Marketing ZFP, München und Frankfurt, 2. Jg., Heft 3, S. 179-184.

Lingenfelder, M. (1990): Die Marketingorientierung von Vertriebsleitern als strategischer Erfolgsfaktor, Berlin.

Linke, T. (1989 a): Falsche Medizin, in: Die Welt, Hamburg, 44. Jg., Nr. 214, S. 13.

Linke, T. (1989 b): Pharmaindustrie droht Werbeverbot für Arzneien, in: Die Welt, Hamburg, 44. Jg., Nr. 213, S. 12.

Lutz, R.L. (Hrsg.) (1986): Advances in Consumer Research, Ann Arbor, 13. Jg.

Lutz, R.L. (1978): A Functional Approach to Consumer Attitude Research, in: H.K. Hunt (Hrsg.), Advances in Consumer Research, Ann Arbor, 5. Jg., S. 360-369.

M

Maciejewski, P.G. (1987): Btx - Stand und Entwicklungstendenzen, in: Pharmagazin, Berlin, 3. Jg., Heft 6, S. 9.

Maloney, J.L. u. B. Silverman (Hrsg.) (1979): Attitude Research plays for High Stakes, Chicago.

Markard, M. (1984): Einstellung - Kritik eines sozialpsychologischen Grundkonzeptes, Frankfurt, New York.

May, O. (1989): Das GRG und EG`92: Gegenseitige Beeinflussung, Sachzwänge als Ausgangspunkt für das Pharma-Marketing der 90er Jahre, in: Pharma Marketing Journal, Hamburg, 14. Jg., Heft 4, S. 148-152.

Mayntz, R. (Hrsg.) (1967): Formalisierte Modelle in der Soziologie, Neuwied, Berlin.

McClung, G.W., C. Whan Park u. W.J. Sauer (1985): Viewer Processing of Commercial Messages: Context and Involvement, in: E.C. Hirschman, M.B. Holbrook, Advances in Consumer Research, Provo, 12. Jg., S. 351-355.

McQuarrie, E. F. u. J.M. Munson (1987): The Zaichkowsky Personal Involvement Inventory: Modification and Extension, in: M. Wallendorf, P. Anderson (Hrsg.), Advances in Consumer Research, Provo, 14. Jg., S. 36-40.

Medi-Disk-Report-Verlag (Hrsg.) (1991): Medi-Disk-Report - Die erste elektronische Zeitschrift für Ärzte und Krankenkassen, Bremen.

Meeder, U. (1986): Telefoneinsatz im Pharmabereich, in: Pharmagazin, Berlin, 2. Jg., Heft 4, S. 14.

Meeder, U. (1985): Der Vorteil des Telefons: Flächendeckend effektiv - Ergebnisse eines konkreten Pharma-Falles, in: Pharma Marketing Journal, Hamburg, 10. Jg., Heft 6, S. 210.

Meierjürgen, R. (1989): Festbeträge im Arzneimittelbereich - Umsetzungsprobleme und potentielle Anpassungsreaktionen, in: Arbeit und Sozialpolitik, Baden-Baden, 43. Jg., S. 20-23.

Meyer, H. J. u. B. Braun (1989): 4. AMG-Novelle ist beschlossen, in: Pharmazeutische Zeitung, Frankfurt, 134. Jg., Heft 26, S. 16-18.

Meyer-Hentschel, G. (1988), Anzeigen müssen "schneller" werden, Entdecken Sie die Geschwindigkeits-Reserven Ihrer Anzeigen, in: Marketing Journal, Hamburg, 16. Jg., Heft 3, S. 274-278.

Meyer-Hentschel, G. (1988 b): Erfolgreiche Anzeigen - Kriterien und Beispiele zur Beurteilung und Gestaltung, Wiesbaden.

Mitchell, A.A. (Hrsg.) (1982): Advances in Consumer Research, Ann Arbor, 9. Jg.

Mitchell, A.A. (1981): The Dimensions of Advertising Involvement, in: K.B. Monroe, Advances in Consumer Research, Ann Arbor, 8. Jg., S. 25-30.

Mitchell, A.A. (1979): Involvement: A Potentially Important Mediator of Consumer Behavior, in: W.L. Wilkie, Advances in Consumer Research, Ann Arbor, 8. Jg., S. 191-196.

Mittal, B. (1987): A Framework for Relating Consumer Involvement to Lateral Brain Functioning, in: M. Wallendorf, P. Anderson (Hrsg.), Advances in Consumer Research, Provo, 14. Jg., S. 41-44.

Mittal, B. u. M.-S. Lee (1988): Separating Brand-Choice Involvement from Product-Involvement Via Consumer Involvement Profiles, in: M.J. Houston (Hrsg.), Advances in Consumer Research, Provo, 15. Jg., S. 43-49.

Moerchel, J. (1988): Ethik im Pharma-Marketing, Sieben persönliche Regeln eines Arztes, in: Pharma Marketing Journal, Hamburg, 13. Jg., Heft 3, S. 106-109.

Mogel, H. (1985): Persönlichkeitspsychologie, Stuttgart u.a.

Mohr, G. (1989): Fast jeder zehnte Kassenarzt rechnet schon per Computer ab, in: Deutsches Ärzteblatt, Köln, 86. Jg., Heft 47, S. 3621-3622.

Molitor, B. (1989): Wirtschaftsethik, München.

Monroe, K.B. (1981): Advances in Consumer Research, An Arbor, 8. Jg.

Monroe, K.B. u. M.J. Houston (Hrsg.) (1988): Advances in Consumer Research, 15. Jg., Provo.

Morck, H. (1989): Therapie bei AIDS - eine vorläufige Bilanz, in: Pharmazeutische Zeitung, Frankfurt, 134. Jg., Heft 25, S. 9-14.

Mortsiefer, J. (1990): Die Intuition alleine reicht nicht - Messebeteiligungen auf der Basis eines Nutzungs-Konzeptes, in: G. Küffner, J. Mortsiefer (Hrsg.), Messeplatz Europa - Messen als Bestandteil des betrieblichen Marketing, Frankfurt, S. 11-22.

MPS (Hrsg.) (1989): Neues mitgestalten, Bewährtes nicht verspielen - Ein Beitrag zur Umsetzung des Gesundheits-Reformgesetzes, Bonn.

Mummendey, A. (1979): Zum gegenwärtigen Stand der Erforschung der Einstellung-Verhaltens-Konsistenz, in: H.D. Mummendey, (Hrsg.) (1979): Einstellung und Verhalten, Bern, Stuttgart und Wien, S. 13-30.

Mummendey, H.D. (Hrsg.) (1979): Einstellung und Verhalten, Bern, Stuttgart und Wien.

Muncy, J.A. u. S.D. Hunt (1984): Consumer Involvement: Definitional Issues and Research Directions, in: T.C. Kinnear (Hrsg.), Advances in Consumer research, 11. Jg., Provo, S. 193-196.

N

Naumann, C. (1990): Die Arbeit nach der Arbeit - Messe-Nachbereitung und Erfolgskontrolle, in: G. Küffner, J. Mortsiefer (Hrsg.), Messeplatz Europa - Messen als Bestandteil des betrieblichen Marketing, Frankfurt, S. 73-86.

Nemetz, K. (1989): Neueinführung von Präparaten, Spurensuche nach dem Erfolg, in: Planung und Analyse, Hamburg, 16. Jg., Heft 7, S. 253-256.

Nieschlag, R., Dichtl, E. und H. Hörschgen (1988): Marketing, 15. Auflage, Berlin.

Nixdorf Computer AG (Hrsg.) (1989): Medkom-Projekt in Hannover: Kliniken am Kabel - Video-Sprechstunde, in: Dialog, o. Jg., Heft 1, S. 43-45.

O

Opaschowski, H.W. (1990): Freizeit, Konsum und Lebensstil, in: R. Szallies, G. Wiswede (Hrsg.), Wertewandel und Konsum, Landsberg, S. 109-133.

Ost, D. (1986): Zwischen "Schwarzwald-Klinik" und "Medizin-Zynismus": Der Arzt im Selbstkonflikt - Zielpersonen des Pharma-Marketing im Wertewandel, in: Pharma Marketing Journal, Hamburg, 11. Jg., S. 142-146.

Otte, K. (1990): Typologieorientierte Pharma-Kommunikation, unveröffentlichte Diplomarbeit des Lehrstuhls für Absatz-, Konsum- und Verhaltensforschung der Universität Paderborn, Paderborn.

O.V. (1991): Neue Negativliste von Gericht gestoppt, in: Arzneimittel Zeitung, Neu-Isenburg, 4. Jg., Nr. 14, S. 1.

O.V. (1991): Negativliste kommt nun doch, in: Arzneimittel Zeitung, Neu-Isenburg, 4. Jg., Nr. 15, S. 1.

O.V. (1991): Vorgriff auf die Zukunft - Die nächsten fünfzehn Jahre - Wir fragten Szene-Kenner über ihre Meinung anläßlich 15 Jahre Pharma Marketing Journal, in: Pharma Marketing Journal, Hamburg, 16. Jg., Heft 3, S. 96-101.

O.V. (1991): Ärztetag ist gegen Laienwerbung - Patienten fordern vom Arzt beworbene Medikamente, in: Medikament und Meinung, Frankfurt, 14. Jg., Heft 5, S. 2.

O.V. (1991): Die Zahlen der Pharma-Industrie, in: Medikament und Meinung, Frankfurt, 14. Jg., Heft 5, S. 2.

O.V. (1991): Advertise to the patient, says Glaxo chief executive, in: Scrip, London, 11. Jg., Nr. 1602, 27. März 1991, S. 13.

O.V. (1991): Negativliste im Juli? - Kassen stellen schon jetzt Regreßanträge, in: Der praktische Arzt, Köln, 28. Jg., Heft 8, S. 8-9.

O.V. (1991): Werbung muß Ärzte und andere Zielgruppen integrieren, in: Arzneimittel-Zeitung, Köln, 4. Jg., Nr. 10, S. 10.

O.V. (1990): Werbung: nix per Fax, in: Wirtschaft in Ostfriesland und Papenburg, Oldenburg, 2. Jg., Heft 12, S. 11.

O.V. (1990): Telefax - Weiter rege Nachfrage, in: Funkschau, München, 62. Jg., Heft 16, S. 3.

O.V. (1990): Geschenke mit "Berufsbindung" unbegrenzt?, in: Finanzbrief, Ludwigshafen, 24. Jg., Heft 23, S. 1.

O.V. (1989): Gemeinsamer Markt Europa - Auf der Suche nach den "Big Ideas", in: Markenartikel, Wiesbaden, 51. Jg., S. 386 f.

O.V. (1989): Verlage - Glasnost auf fränkisch, in: Wirtschaftswoche, Düsseldorf, 43. Jg., Nr. 31 vom 28.07.1989, S. 119 f.

O.V. (1989): Grenzen der Imagewerbung für verschreibungspflichtige Arzneimittel, in: Pharma Recht (1989), Frankfurt am Main, 12. Jg., Heft 3, S. 126-129.

O.V. (1989): ASW-Report - Strategische Public Relations, in: Absatzwirtschaft, Düsseldorf, 32. Jg., Heft 7, S. 34-44.

O.V. (1989): Marktforschung - Perspektiven und neues Selbstbewußtsein, in: Absatzwirtschaft, Düsseldorf, 32. Jg., Heft 7, S. 26-31.

O.V. (1989): Man merkt die Absicht und ist verstimmt, in: Der Praktische Arzt - Zeitschrift für den Hausarzt, Köln, 26. Jg., S. 29.

O.V. (1989): Gesundheits-Reform geht alle an: Leistungsänderungen, in: DAK-Magazin, Hamburg, o. Jg., Heft 2, S. 3-17.

O.V. (1989): Apotheker machen ihre Genossenschaft stark, in: Frankfurter Allgemeine Zeitung, Frankfurt, 41. Jg., Nr. 152, o. S.

O.V. (1989): Festbeträge setzen Pharma-Preise unter Druck, in: Frankfurter Allgemeine Zeitung, Frankfurt, 41. Jg., 5. Mai 1989, S. 17.

O.V. (1989): Gruppeneinteilung der Festbetragsarzneimittel nicht ohne Widerspruch, Pharmazeutische Zeitung, Frankfurt, 134. Jg., Heft 30, S. 9-14.

O.V. (1989): Pharma-Industrie - 25 Millionen für ein besseres Image, in: Der Praktische Arzt, Köln, 26. Jg., Heft 11, S. 5-6.

O.V. (1989): Wo der Festbetrag fehlt - Mindestquoten für Generika, in: Medikament & Meinung, Frankfurt, 12. Jg., Nr. 8, S. 2.

O.V. (1989): Mit Dreifach-Strategie gegen Pharma-Industrie, in: Medikament & Meinung, Frankfurt, 12. Jg. (1989), Nr. 8, S. 2.

O.V. (1989): Arbeitsministerium legt Entwurf der Negativliste vor, in: Medikament & Meinung, Frankfurt, 12. Jg., Nr. 8, S. 1.

O.V. (1989): Negativliste im Kreuzfeuer von Verbänden und Politik, in: Medikament & Meinung, Frankfurt, 12. Jg., Nr. 8, S. 1.

O.V. (1989): Wo bleibt der Vorteil? - Werbeverbot für Arzneimittel schadet nur, in: Medikament & Meinung, Frankfurt, 12. Jg., Nr. 8, S. 6.

O.V. (1989): Arzneimittel versuchen, Schaden zu begrenzen, in: Medikament & Meinung, Frankfurt, 12. Jg., Nr. 8, S. 1-2.

O.V. (1989): Europa '92 - Die Billig-Pille ist schon da, in: Status für Ärzte, München, o.Jg., S. 8-10.

O.V. (1989): Dringend gesucht: Der mündige Gesundheitsbürger, Schwarz Pharma kritisiert Blüms Nachfragemonopol, in: Die Welt, Hamburg, 44. Jg., 25.5.89, S. 15.

O.V. (1989): Festbeträge und Beratungsbedarf, in: Pharmazeutische Zeitung, Frankfurt, 134. Jg., Heft 35, S. 14-18.

O.V. (1989): ASW-Report: New Management der Werbung, in: Absatzwirtschaft, Düsseldorf, 32. Jg., Heft 4, S. 42-51.

O.V. (1989): US-Arzneimittelindustrie rüstet zum Angriff weltweit, in: Die Welt, 44. Jg., Hamburg, Nr. 212, S. 16.

O.V. (1989): PC-Leserforum - Irrten sich 7.000 Ärzte?, in: Praxis-Computer, Stuttgart, o.Jg., Heft 5, S. 43-45.

O.V. (1989): Arzneimittel-Informationssysteme - Verbessert und erweitert, in: Praxis-Computer, Stuttgart, o.Jg., Heft 5, S. 8-10.

O.V. (1989): Wettbewerbsrecht - Unentgeltliche Verteilung von Videokassetten an Ärzte, in: Wettbewerb in Recht und Praxis, Frankfurt, 35. Jg, Heft 3, S. 197-200.

O.V. (1989): Werbemüll aus dem Telefax, in: Chefbüro, Hannover, o.Jg., Heft 6, S. 22.

O.V. (1988): Unabhängige Arzneimittel-Informationen, in: Der Arzneimittelbrief, Köln, 26. Jg., Juli, S. 55-56.

O.V. (1988): Austauschbarkeit wirkstoffgleicher Arzneimittel - Mehr Zusammenarbeit zwischen Ärzten und Apothekern gefordert, in: Apotheker-Zeitung, Stuttgart, 4. Jg., S. 1 und 8.

O.V. (1988): Nebenwirkungen aktuell, in: pharma-kritik, Konstanz, 10. Jg., Nr. 21, S. 81-84.

O.V. (1987): Sind die Informationen über Arzneimittel ausreichend?, in: Der Arzneimittelbrief, Köln, 25. Jg., April, S. 37-38.

O.V. (1986): Tonbildschauen im Pharmabereich, in: Pharmagazin, Berlin, 2. Jg., Heft 4, S. 6.

O.V. (1986): Video-Arzt - Informierter Arzt?, in: Pharma Forum, Kulmbach, 13. Jg., Heft 9, S. 23.

O.V. (1979): Checkliste für den Vertrieb: Sales Folder gesprächsgerechter planen, in: Pharma Marketing Journal, Hamburg, 2. Jg., Heft 6, S. 220-222.

O.V. (1974): Pharma-Werbung - Zielscheibe zunehmender Kritik, in: Pharma Forum, Kulmbach, 1. Jg., Nr. 8, S. 26-28.

O.V. (1974): WiWi MAID, in: Pharma-Forum, Kulmbach, 1. Jg., Nr. 8, S. 28-30.

O.V. (1973): Der Gebrauch von Arzneimitteln durch den Arzt, Internationale Titisee-Konferenz 11.-12. Mai 1973, in: Medizinische Welt, Stuttgart, 24. Jg. (1973), Heft 31/32, S. 1228-1244.

P

Park, C.W. u. S.M. Young (1983): Types and Levels of Involvement and Brand Attitude Formation, in: R.P. Bagozzi (Hrsg.), Advances in Consumer Research, Ann Arbor, S. 320-324.

Park, C.W. u. G.W. McClung (1986): The Effect of TV Program Involvement on Involvement with Commercials, in: R.J. Lutz (Hrsg.), Advances in Consumer Research, Ann Arbor, 13. Jg., S. 544-548.

Peroutka, G. (1986): Man kann nicht ein Freudenhaus als Kloster verkaufen, Corporate Communications gerade auch für Pharma-Unternehmen, in: Pharma Marketing Journal, Hamburg, 11. Jg., Heft 3, S. 122.

Pharma Consult (Hrsg.) (1990 a): Anwendungsbeobachtungen (Drug-Monitoring-Studien) per Telefon erfolgreich plazieren, betreuen und zurückholen, Hamburg 1990.

Pharma Consult (Hrsg.) (1990 b): Vom Kontakt zum Dialog, Dienstleistungen für Marketing und Vertrieb im Gesundheitsmarkt, Hamburg.

Pharma Consult (Hrsg.) (1990 c): Zahlen und Fakten, Telefon-Kommunikation und Telefon-Verkauf im Gesundheitsmarkt, Hamburg.

Pharma Consult (Hrsg.) (1990 d): Verordner per Telefon gewinnen und betreuen, Telefonische Pharma-Beratung hat ihre eigenen Gesetze, Hamburg.

Phillips, E.L. (1988): Patient Compliance - New Light on Health Delivery Systems in Medicine and Psychotherapy, Toronto u.a.

Pieck, J. (1980): Apothekenwerbung aus berufspolitischer und rechtlicher Sicht, in: Pharmazeutische Zeitung, Frankfurt, 125. Jg., Nr. 6, S. 285-296.

Pitt, L. u. D. Nel (1988): Pharmaceutical Promotions Tools - Their Relative Importance, in: European Journal of Marketing, Bradford, 22. Jg., Nr. 5, S. 7-14.

Plassmann, W. (1989): Pharma-Vertrieb: Jeder machts anders, in: Wirtschaftswoche, Düsseldorf, 43. Jg., Nr. 36, S. 56-58.

Plewe, J. (1989): Bittere Bilanz, in: Medikament & Meinung, Frankfurt, 12. Jg., Nr. 8, 15.8.1989, S. 5.

Pöhnl, H.-H. (1986): Ärztliche Fortbildung im Pharma-Marketing - Mehr Offenheit und neue Ideen tun not, in: Pharmagazin, Berlin, 2. Jg., Heft 3, S. 1-4.

Preidel, G. (1987): Telefon-Kommunikation mit Ärzten: Was sagt der Telefonkontakter dazu?, in: Pharmagazin, Berlin, 3. Jg., S. 6.

Preuß, K.-J. u. I. Barmsen (1988): Messe-Kommunikation auf neuen Wegen, mit interaktiven PC-Systemen den Informations-Transfer verbessern, in: Pharma Marketing Journal, Hamburg, 13. Jg., Heft 6, S. 242-246.

R

Raffée, H. (1990): Vortrag "Marketing und Gesellschaft" im Rahmen der Tagung "Stand und Perspektiven der Marketingwissenschaft", Veranstalter: Marketing-Professoren und Herausgeber der Zeitschrift Marketing ZFP, Berlin, 7.-8. Dezember 1990.

Raffée, H., Wiedmann, K.P. (1988): Der Wertewandel als Herausforderung für Marketingforschung und Marketingpraxis, in: Marketing ZFP, München und Frankfurt, 10. Jg., S. 198-210.

Rahner, E. (1987): Konsequenzen aus dem Aussteller-Schwund - Neue Kommunikationskonzepte sind notwendig, in: Die Pharmazeutische Industrie, Aulendorf, 49. Jg., Heft 8.

Raschke, H.O. (1989): Messen und Ausstellungen - Aus Messe-Impressionen lernen (II), in: Marketing Journal, Hamburg, 14. Jg., Heft 6, S. 606-618.

Rebstock, W. (1988): Unternehmensethik, Spardorf.

Reekie, W.D. (1985): The Importance of International Cooperation in the Pharmaceutical Industry, in: Die Pharmazeutische Industrie, Aulendorf, 47. Jg., Nr. 4, S. 356-361.

Rehorn, J. (1989): Nur 2 Sekunden für eine Anzeige?, in: Marketing-Journal, Hamburg 16. Jg., S. 262-266.

Reichelt, H. und G.W. Selke (1990): Auswirkungen der Arzneimittelfestbeträge, in: U. Schwabe, D. Paffrath (Hrsg.), Arzneiverordnungs-Report `90, Stuttgart u.a., S. 417-443.

Revenstorf. D. (1981): Persönlichkeit - Eine kritische Einführung, München.

Richins, M.L. u. T. Root-Shaffer (1988): The Role of Involvement and Opinion Leadership in Consumer Word-of-Mouth: An Implicit Model Made Explicit, in: M.J. Houston (Hrsg.), Advances in Consumer Research, Provo, 15. Jg., S. 32-36.

Richter von Proeck, M, E. Dichter, G. Schweiger u. G. Kirchner (1990): Direkt-Marketing leicht gemacht, Landsberg.

Rink, M.W. (1985): Von der Akzeptanz zur Dissonanz - Der Pharma-Referent aus der Sicht des niedergelassenen Arztes, in: Pharma Marketing Journal, Hamburg, 10. Jg., Heft 2, S. 56-59.

Roepnack, C.G. (1985): Kritik an der Kritik - Die internationale Anti-Pharma-Kampagne, in: Die Pharmazeutische Industrie, Aulendorf, 47. Jg., Nr. 2, S. 135-139.

Römhild, E. (1986): Fragen Sie Ihren Arzt oder Apotheker - Wie sich ein Apotheker die partnerschaftliche Zusammenarbeit mit der Pharma-Industrie vorstellt, in: Pharma Marketing Journal, Hamburg, 11. Jg., Heft 1, S. 18-20.

Rönsberg, W. u. W. Huhn (1991): "High-Touch für Arzt-Helferinnen durch Praxis-Förderung", Skizze eines Handlungsbedarf, in: Pharma Marketing Journal, Hamburg, Heft 2, 16. Jg., S. 68-70.

Rohrbacher, R. (1988): Soziologie der Pharma Beratung, Bern u.a.

Rosenkranz, K.O. (1984/85): Bildschirmtext und Pharma-Marketing - in drei Teilen, in: Die Pharmazeutische Industrie, Aulendorf, 46. Jg., Heft 8, S. 817-819, 47. Jg., Heft 11, S. 1140-1144, Heft 12, S. 1243-1245.

Rosenstiel, L.v., H.E. Einsiedler u. R.K. Streich (1987): Wertewandel als Herausforderung für die Unternehmenspolitik, Stuttgart.

Roth, E. (1977): Persönlichkeitspsychologie, 5. Auflage, Stuttgart u.a.

Roth, E. (1974): Das Werden sozialer Einstellungen, in: H. Asperger, F. Haider (Hrsg.), Das Werden sozialer Einstellungen, Wien, S. 22-31.

Rothschild, M.L (1979): Advertising Strategies for High and Low Involvement Situations, in: J.L. Maloney, B. Silverman (Hrsg.), Attitude Research plays for High Stakes, Chicago, S. 74-93.

Ruge, H.-D. (1988): Die Messung bildhafter Konsumerlebnisse, Forschungsgruppe Konsum und Verhalten, Heidelberg.

S

Sachverständigenrat für die Konzertierte Aktion im Gesundheitswesen (1988): Jahresgutachten 1988, Medizinische und ökonomische Orientierung, 1. Auflage, Baden-Baden.

Schaller, G. (1986): Direkt-Marketing-Management, Landsberg.

Schering AG (Hrsg.) (1989): Geschäftsbericht 1988, Berlin.

Schiefele, U. (1990): Einstellung, Selbstkonsistenz und Verhalten, Göttingen, Toronto, Zürich.

Schlüter, G. (1984): Die interaktive Bildplatte - Neue Perspektiven in der Pharma-Kommunikation, in: Pharma Forum, Kulmbach, 11. Jg., Heft 12, S. 8-15.

Schmidt, H.D., E.J. Brunner u. A. Schmidt-Mummendey (1975): Soziale Einstellungen, München.

Schmidt, R.F. (1990): Gesundheitsreformgesetz und Europäischer Binnenmarkt - Mögliche Auswirkungen auf Marketing und Außendienst -, Vortrag im Rahmen des Atrium-Dr. Klaus Perrey Seminars "Die Gesundheitspolitische Szene im Umbruch", Frankfurt, 25. Juni 1990, S. 1-24.

Schnabel, F.(1989): Das Gesundheitsreformgesetz - nur der Anfang einer Reform, in: Die Ortskrankenkasse, Bonn, 71. Jg., S. 51-55.

Schneewind, K.A. (1984): Persönlichkeitstheorien II, Darmstadt.

Schneewind, K.A. (1982): Persönlichkeitstheorien I, Darmstadt.

Schneider, M. (1978): Direct Marketing bei Ärzten und Krankenhäusern (5), machen Sie aus Ihrer Direkt-Werbung einen "Vorgang", in: Pharma Marketing Journal, Hamburg, 3. Jg., Heft 1, S. 14-16.

Schneider, M. (1978): Direct Marketing bei Ärzten und Krankenhäusern (8), der richtige Aufbau eines Mailings, in: Pharma Marketing Journal, Hamburg, 3. Jg., Heft 6, S. 218-221.

Schneider, M. (1977 a): Direct Marketing bei Ärzten und Krankenhäusern (3), Richtig gestalten ist keine Geheimwissenschaft, in: Pharma Marketing Journal, Hamburg, 2. Jg., Heft 4, S. 137-140.

Schneider, M. (1977 b): Werte - Einstellungen - Verhalten, Bonn.

Schober, P.M. (1988): Messen und Ausstellungen - Teilnehmen oder wegbleiben?, in: Marketing Journal, Hamburg, 21. Jg., Heft 4, S. 400-402.

Scholl-Schaaf, M. (1975): Werthaltung und Wertsystem. Ein Plädoyer für die Verwendung des Wertkonzepts in der Sozialpsychologie, Bonn 1975.

Schott, P.J. (1991): Von der Absatzwirtschaft zur Abfallwirtschaft - Pharma-Verpackungen in der Umweltdiskussion, in: Pharma-Marketing-Journal, Hamburg, 16. Jg., Heft 3, S. 105-107.

Schrader, R. (1988): Führen Sie ein Außendienst-Gespräch per Brief, in: Pharma Marketing Journal, Hamburg, 10. Jg., Heft 1, S. 16-18.

Schroeder, H. (1983): Zum Gebrauch von Arzneimitteln durch den Arzt, in: Medizinische Welt, Stuttgart, 34. Jg., S. 605-610.

Schubö, W. und H.-M. Uehlinger (1986): SPSS^{X}, Handbuch der Programmversion 2.2, Stuttgart und New York.

Schürmann, P. (1988): Werte und Konsumverhalten, in: Werbeforschung & Praxis, 33. Jg., Heft 5, S. 157-161.

Schulte-Frankenfeld, H. (1985): Vereinfachte Kaufentscheidungen - Folgerungen für das Marketing, in: Marketing ZFP, München und Frankfurt, 7. Jg., Heft 3, S. 181-182.

Schultze, H. (1985): Information und Fortbildung am Btx-Bildschirm, Das Thieme-Btx-Programm stellt sich vor, in: Pharma Marketing Journal, Hamburg, 10. Jg., S. 68.

Schwabe, U. u. D. Paffrath (Hrsg.) (1990): Arzneiverordnungs-Report '90, Stuttgart und New York.

Schwabe, U. u. D. Paffrath (Hrsg.) (1988): Arzneiverordnungs-Report '88, Stuttgart und New York.

Schwarz, H.-J. (1988): Kennen Sie eigentlich Ihre Konkurrenten?, in: Pharma Marketing Journal, Hamburg, 13. Jg., Heft 4, S. 160-165.

Schweizer, M. (1988): Telefonmarketing - Anwendungsmöglichkeiten und rechtliche Rahmenbedingungen, Arbeitspapier Nr. 21 zur Schriftenreihe Schwerpunkt Marketing, Augsburg.

Seidl, P. (1991): Wettbewerbsvorsprung durch intelligente Verpackung?, in: Pharma Marketing Journal, Hamburg, 16. Jg., Heft 2, S. 63.

Sherif, M., C.I. Hovland (1965): Assimilation and Contrast Effects in Communication and Attitude Change, New Haven, Yale University Press.

Simon, H. (1988 a): Die strategische Rolle der Kommunikation im zukünftigen Pharma-Wettbewerb, Boston.

Simon, H. (1988 b): Management strategischer Wettbewerbsvorteile, Arbeitspapier des Universitätsseminars der Wirtschaft, Schloß Gracht, Erftstadt, Köln.

Smith, R.E. u. W.R. Swinyard (1983): Attitude-Behavior-Consistency: The Impact of Product Trial Versus Advertising, in: Journal of Marketing Research, Chicago, 20. Jg., S. 257-267.

Sommer, H. (1987): Pharma-Marketing in der Kritik, Pharma Marketing Journal, Hamburg, 12. Jg., Heft 5, S. 166-167.

Specht, C. (1989): Der Film lebt von der Bewegung nicht von Dias, der medizinisch-wissenschaftliche Film: Tips für seine Gestaltung, in: Pharma Marketing Journal, Hamburg, 14. Jg., Heft 5, S. 188-190.

Spehr, D. (1987): Die Bedeutung von Stereotypen in der Kommunikation "Als wärs ein Stück von mir", in: Pharmagazin, Berlin, 2. Jg. (1987), Heft 1, S. 14-15.

Stewart, S. (1985): Pharmaceutical Videodiscs: Marketing with continuing medical education, in: Videodisc and Optical Disk, Westport, 5. Jg. (1985), Heft 3, S. 216-221.

Stone, R.N. (1984): The Marketing Characteristics of Involvement, in: T.C. Kinnear (Hrsg.), Advances in Consumer Research, Chicago, 11. Jg., S. 210-217.

Stroeks, F.H.M. (1990): Leistungsspektrum der Analyse GmbH, Gröbenzell.

Strüngmann, Th. (1977): So kommt der Arzt zur Verordnung, in: Pharma Marketing Journal, Hamburg, 2. Jg., Heft 6, S. 223-228.

Strunz, H. (1987): Heilmittelwerbegesetz, Wettbewerbsrecht und Verbraucherschutz, München.

Sutthoff, J. (1986): Das hätte ich bereits früher gebrauchen können, Management-Seminare für Ärzte sind Chance für anbietende Pharma-Unternehmen, in: Pharma Marketing Journal, Hamburg, 11. Jg., Heft 5, S. 197-198.

Szallies, R. u. G. Wiswede (Hrsg.) (1990): Wertewandel und Konsum, Fakten, Perspektiven und Szenarien für Markt und Marketing, Landsberg.

T

Terheggen, A. (1988): Messen und Ausstellungen - die Presse-Arbeit schon weit vor dem Ereignis starten, in: Marketing Journal, Hamburg, 13. Jg., Heft 5, S. 528-531.

Thiel, M. (1987): Btx: Vorreiter USA?, in: Marketing ZFP, 9. Jg., München und Frankfurt, Heft 2, S. 103-107.

Thiess, M. (1988): Ansatzpunkte für eine wirksame Pharma-Kommunikation unter veränderten Rahmenbedingungen, in: Pharmazeutische Industrie, Aulendorf, 50. Jg., S. 424-430.

Thiess, M. (1987): Pharmazeutische Kommunikationspolitik unter veränderten Rahmenbedingungen, Arbeitspapier Nr. 59 des Instituts für Marketing an der Universität Mannheim, Mannheim.

Tietz, B. (1990): Für jeden Besucher das passende Angebot - Aus allgemeinen Messen werden Themenmessen, in: Küffner, G., J. Mortsiefer (Hrsg.), Messeplatz Europa - Messen als Bestandteil des betrieblichen Marketing, Frankfurt.

Tobler-Fässler, B. (1979): Medikamentenabgabe und Beratungsnachfrage in der Apotheke, Inaugural Dissertation - Universität Bern, Bern.

U

Uhlmann, B. (1989): Marketing für ethische Pharmazeutika im Deutschen Gesundheitsmarkt der 90er Jahre, Frankfurt am Main.

V

Vaughn, R. (1980): How Advertising works: A Planning Model, in: Journal of Advertising Research, New York, 20. Jg., S. 27-33.

Vida, E. (1988): GRG und Pharma-Marketing- Qualifizierte Vermarktung bleibt kausal für Verordnung, in: Medikament und Meinung, Frankfurt, 11. Jg., Nr. 7, 15.07.1988, S. 6.

Vinson, D.E., J.E. Scott u. L.M. Lamont (1977): The Role of Personal Values in Marketing and Consumer Behaviour, in: Journal of Marketing, Chicago, 41. Jg., Heft 2, S. 44-55.

Venkatraman, M.P. (1988): Investigating Differences in the Roles of Enduring Instrumentally Involved Consumers in the Diffusion Process, in: M.J. Houston (Hrsg.), Advances in Consumer Research, Provo, 15. Jg., S. 299-303.

Vogel, H. R. (1989): Europäischer Binnenmarkt nicht Lösung, sondern Ursache vieler Probleme, in: Medikament & Meinung, Frankfurt, 12. Jg., Nr, 8, 15.8.89, S. 3.

Vogt, M. (1991 a): "Alles in einen Topf" - Replik auf einen "Kommentar" zur BPI-Kampagne, in: Pharma Marketing Journal, Hamburg, 16. Jg., Heft 1, S. 10-11.

Vogt, M. (1991 b): Ein Mißtrauenspotential bleibt noch bestehen - Die Imagekampagne des BPI - Bilanz nach zwei Jahren, in: Medikament und Meinung, Frankfurt, 14. Jg., Nr. 8, S. 5.

Vogt, M. (1990): Die Imagekampagne des BPI - Eine erste Zwischenbilanz nach einem Jahr, in: Medikament und Meinung, Frankfurt, 13. Jg., Nr. 8, S. 5.

Vollmer, R. (1989), Blüm legt eine Zwischenbilanz der Reform vor, in: Pharmazeutische Zeitung, 134. Jg., Heft 34, S. 14

W

Wallendorf, M. u. P. Anderson (Hrsg.) (1987): Advances in Consumer Research, Provo, 14. Jg.

Walther, H.-P. (1991): Wie verändert die EG unsere Apotheke wirklich?, Kurzfristig wenig Bewegung - Mittelfristig strukturelle Veränderungen, in: Pharma Marketing Journal, Hamburg, 16. Jg., Heft 1, S. 22-26.

Walther, H.-P. (1988 a): Erfolgreiches Strategisches Pharma-Marketing, Frankfurt am Main.

Walther, H.-P. (1988 b): Arzneimitteln stehen verschiedene Strategien zur Verfügung - Wettbewerbsstrategien im Pharma-Markt, in: Pharma Marketing Journal, Hamburg, 13. Jg., Heft 5, S. 186-191.

Ward, G. (1985): Video marketing rescues doctors, benefits patients, in: Sales & Marketing Management in Canada, Downsview, 26. Jg., Heft 5, S. 20-21.

Warner, L.G. u. M.L. DeFleur (1969): Attitude as an interactional concept: Social constraint and social distance as intervening variables between attitudes and action, in: American Sociological Review, New York, 34 Jg., S. 153-169.

Weber, E. (1989): Rezepte für Rezeptfreies im Arzneimittelbereich, in: Pharma Marketing Journal, Hamburg, 13. Jg., Heft 3, S. 112-118.

Wedel, M. u. C. Kistemaker (1989): Consumer benefit segmentation using clusterwise linear regression, in: Research in Marketing, Greenwich, 6. Jg., Nr. 1, S. 45-49.

Weidling, E. (1988): Zur Messung des Involvements, in: Werbeforschung & Praxis, Wien, 32. Jg., Heft 5, S. 165-169.

Weinberg, P. (1989): Auf die Aktivierung kommt es an, Kommunikations-Strategien im Pharma-Markt, in: Pharma Marketing Journal, 14. Jg., Hamburg, S. 214-218.

Weinberg, P. (1986 a): Nonverbale Marktkommunikation, Heidelberg.

Weinberg, P. (1986 b): Die Strategie der Erlebniswertvermittlung bei gesättigten Märkten, in: K.-F. Holm (Hrsg.), Werbewirkungsforschung exante und expost, Band I, Hamburg, S. 223-248.

Weinberg, P. (1981): Das Entscheidungsverhalten der Konsumenten, Paderborn, München, Wien.

Weinberg, P. (1980): Vereinfachung von Kaufentscheidungen bei Konsumgütern, in: Marketing ZFP, München und Frankfurt, 2. Jg., Heft 2, S. 87-94.

Weinberg, P. (1979): Habitualisierte Kaufentscheidungen von Konsumenten, in: Die Betriebswirtschaft, Stuttgart, 39. Jg., Heft 4, S. 563-571.

Weinberg, P. (1976): Produktspezifische Markentreue von Konsumenten - Eine empirische Studie, Zeitschrift für betriebswirtschaftliche Forschung, Köln, 28. Jg., S. 276-297.

Weinberg, P. u. A. Gröppel (1988): Formen und Wirkungen erlebnisorientierter Kommunikation, in: Marketing ZFP, München und Frankfurt, 10. Jg., S. 190-197.

Weise, H. T. (1990): Pharma-Marketing auf dem Prüfstand, in: Pharma Marketing Journal, Hamburg, 15. Jg., Heft 2, S. 48-54.

Weise, H. T. (1987): Marketing in der Pharma-Industrie, Probleme, Strategien, Lösungen, in: Die Pharmazeutische Industrie, Aulendorf, 49. Jg., S. 353-360.

Wells, W.D. (Hrsg.) (1974): Lifestyle and Psychographics, Chicago.

Wendorff, C. (1988): Mediaplanung im Pharma-Marketing, unveröffentlichte Diplomarbeit, Lehrstuhl für Absatz-, Konsum- und Verhaltensforschung, Universität Paderborn, Paderborn.

Wenninger, W. (1991): Perspektiven in den Märkten von morgen, in: PM-Report, Fürth, 10. Jg., Heft 6, S. 17-20.

Werkmeister, K. (1991): Es tut sich was im deutschen Pharma-Markt, Die 10 wichtigsten Pharma-Prognosen bis zum Jahr 2000 in: Pharma Marketing Journal, Hamburg, 16. Jg. S. 190-193.

Wicker, A.W. (1969): Attitudes versus actions: The relationship of verbal and overt behavioral responses to attitude objects, in: Journal of social issues, Ann Arbor, 25. Jg., S. 41-78.

Wiencke, W. (1986): Erfahrungen und Möglichkeiten der Telefon-Kommunikation im Pharma-Markt, in: Pharmagazin, Dezember, S. 10.

Wiencke, W. (1989): Telefon-Kommunikation und telefonische Vertriebsunterstützung sind der Schlüssel zum wirtschaftlichen Vertrieb im Gesundheitsmarkt der 90er Jahre - Interview, in: PM-Report, Fürth, 8. Jg., Heft 13, S. 13-17.

Wilde, K.D. (1990): Zukunftsperspektiven im selektiven Pharma-Marketing, Unterlage zum Seminar des GSM-Marketing-Forum, 8.-9. März 1990, München.

Wilde, K.D. (1986): Differenziertes Marketing auf der Basis von Regionaltypologien, in: Marketing ZFP, Frankfurt, 8. Jg., Heft 3, Frankfurt, S. 153-162.

Wilkens, R. (1990): Geliefert wie bestellt? - Kommentar zur BPI-Imagekampagne und ihrer Erfolgskontrolle, in: Pharma Marketing Journal, Hamburg, 15. Jg., Heft 5, S. 168-172.

Wilkes, M. W. (1990): "Ich befolge den Pharma-Kodex immer" sagte er - und verteilte viele nicht zugelassene Arzneimittel-Muster in der "DDR" - Von der Organisationsverpflichtung zum persönlichen Gelöbnis, in: Pharma Marketing Journal, Hamburg, 15. Jg., Heft 5, S. 149-151.

Wilkes, M. W. (1986): Wer in die Fußstapfen anderer tritt, der kann nie überholen, Pharma Marketing Journal, Hamburg, 11. Jg., Heft 2, S. 39.

Wilkes, M. W. (1985): Ein Pferd kommt vor Hunger um, wenn es von so vielen Leuten gehütet wird - Oder: Die Geburt eines neuen Gewissens im Pharma-Marketing, in: Pharma Marketing Journal, Hamburg, 10. Jg., Heft 6, S. 181-182.

Wilkes, M. W. (1980): Den Telefonkontakt gut vorbereiten, in: Pharma Marketing Journal, Hamburg, 5. Jg., Heft 5, S. 173-174.

Wilkes, M. W. (1978): Mit Bürgerinitiativen rechnen, in: Pharma Marketing Journal, Hamburg, 3. Jg., Heft 3, S. 79.

Wilkie, W.L. (1979): Advances in Consumer Research, Ann Arbor, 6. Jg.

Wimmer, R.-M. (1988): Werbewirkung: Menschen sind Augentiere, in: Absatzwirtschaft, Düsseldorf, 31. Jg., Heft 2, S. 88-98.

Wind, J. u. P. Green (1974): Some conceptual Measurement and Analytical Problems in Lifestyle Research, in: W.D. Wells, (Hrsg.): Lifestyle and Psychographics, Chicago, S. 97-126.

Wiswede, G. (1990): Der "neue Konsument" im Lichte des Wertewandels, in: R. Szallies, G. Wiswede (Hrsg.), Wertewandel und Konsum, Landsberg, S. 11-40.

Wittmann, W.W. (1985): Persönlichkeitsmodelle - Raymond B. Cattel und Hans Jürgen Eysenck, in: T. Hermann und E.-D. Lautermann (Hrsg.), Persönlichkeitspsychologie - Ein Handbuch in Schlüsselbegriffen, S. 249-256.

Z

Zaichkowsky, J.L. (1987): The emotional Aspect of Product Involvement, in: M. Wallendorf, P. Anderson (Hrsg.), Advances in Consumer Research, Provo, 14. Jg., S. 32-35.

Zaichkowsky, J.L. (1985): Measuring the Involvement Construct, Journal of Consumer Research, Chicago, 11. Jg., S. 341-352.

Ziskoven, R. (1989): Die große Lüge des kleinen Norbert, in: Status-Dermatologe, München, o. Jg., Nr. 4, S. 23 f.

Zöfel, P. (1988): Statistik in der Praxis, 2. Auflage, Stuttgart.

Konsum und Verhalten

Herausgegeben von
G. Behrens, Wuppertal · L. Hildebrandt, Bielefeld · K. P. Kaas, Frankfurt
W. Kroeber-Riel, Saarbrücken · B. Neibecker, Karlsruhe · V. Trommsdorff, Berlin
P. Weinberg, Paderborn

Band 2
Hans-Peter Hossinger
Joachim Peters
Pretests in der Marktforschung
1982. 267 Seiten. Geb. DM 66,-

Band 3
Forschungsgruppe Konsum und Verhalten (Hrsg.)
Innovative Marktforschung
1983. 226 Seiten. Geb. DM 98,-

Band 5
Ulricke Bleicker
Produktbeurteilung der Konsumenten
1983. 245 Seiten. Geb. DM 59,-

Band 6
Gundolf Meyer-Hentschel
Aktivierungswirkung von Anzeigen
1983. 236 Seiten. Geb. DM 59,-

Band 7
Matthias Ernst
Die Nutzung von Bildschirmtext-Information für Konsumgüter-Kaufentscheidungen
1985. 264 Seiten. Geb. DM 68,-

Band 8
Bruno Neibecker
Konsumentenemotionen Messung durch computergestützte Verfahren
1985. 198 Seiten. Geb. DM 59,-

Band 9
Michael Dieterich
Konsument und Gewohnheit
1986. 369 Seiten. Brosch. DM 69,-

Band 10
Franz-Josef Konert
Vermittlung emotionaler Erlebniswerte
1986. 272 Seiten. Brosch. DM 65,-

Band 11
Peter Weinberg
Nonverbale Marktkommunikation
1986. 224 Seiten. Geb. DM 49,-

Band 12
Erhard Bost
Ladenatmosphäre und Konsumentenverhalten
1987. 249 Seiten. Brosch. DM 59,-

Band 13
Harald Wachenfeld
Freizeitverhalten und Marketing
1987. 432 Seiten. Brosch. DM 79,-

Band 14
Christian Hay
Die Verarbeitung von Preisinformationen durch Konsumenten
1987. 369 Seiten. Brosch. DM 69,-

Band 15
Thomas E. Banning
Lebensstilorientierte Marketing-Theorie
1987. 236 Seiten. Brosch. DM 59,-

Band 16
Hans-Dieter Ruge
Die Messung bildhafter Komsumerlebnisse
1988. 278 Seiten. Brosch. DM 78,-

Band 17
Willy Koerdt
Das Anspruchsniveau von Urlaubsreisenden
1988. 263 Seiten. Brosch. DM 65,-

Band 18
Gerold Behrens
Konsumentenverhalten
2., überarbeitete und erweiterte Auflage
1991. 301 Seiten. Brosch. DM 36,-

Band 19
Gerd Stottmeister
Der Einsatz von Preisausschreiben im Marketing
1988. 300 Seiten. Brosch. DM 69,-

Band 20
Holger Hätty
Der Markentransfer
1989. 360 Seiten. Brosch. DM 79,-

Band 21
Marion Klammer
Nonverbale Kommunikation beim Verkauf
1989. 349 Seiten. Brosch. DM 75,-

Band 22
Sigrid Bekmeier
Nonverbale Kommunikation in der Fernsehwerbung
1989. 302 Seiten. Brosch. DM 69,-

Band 23
Gerd Brüne
Meinungsführerschaft im Konsumgütermarketing
1989. 266 Seiten. Brosch. DM 69,-

Band 24
Jürgen Tauchnitz
Werbung mit Musik
1990. 294 Seiten. Brosch. DM 75,-

Band 25
Jens Nicolai Nommensen
Die Prägnanz von Markenbildern
1990. 153 Seiten. Brosch. DM 55,-

Band 26
Bruno Neibecker
Werbewirkungsanalyse mit Expertensystemen
1990. 369 Seiten. Brosch. DM 85,-

Band 27
Thomas Asche
Das Sicherheitsverhalten von Konsumenten
1990. 272 Seiten. Brosch. DM 75,-

Band 28
Franz-Rudolf Esch
Expertensystem zur Beurteilung von Anzeigenwerbung
1990. 316 Seiten. Brosch. DM 78,-

Band 29
Andrea Gröppel
Erlebnisstrategien im Einzelhandel
1991. 308 Seiten. Brosch. DM 75,-

Band 30
Wilfried Leven
Blickverhalten von Konsumenten
1991. 286 Seiten. Brosch. DM 79,-

Konsum und Verhalten

Herausgegeben von
G. Behrens, Wuppertal · L. Hildebrandt, Bielefeld · K. P. Kaas, Frankfurt
W. Kroeber-Riel, Saarbrücken · B. Neibecker, Karlsruhe · V. Trommsdorff, Berlin
P. Weinberg, Paderborn

Band 31
Susanne Stark
Stilwandel von Zeitschriften und Zeitschriftenwerbung
1992. 245 Seiten. Brosch. DM 79,-

Band 32
Eberhard Kuhlmann/Michael Brünne/
Bernhard J. Sowarka
Interaktive Informationssysteme in der Marktkommunikation
1992. 248 Seiten. Brosch. DM 85,-

Band 33
Carlo Petri
Entstehung und Entwicklung kreativer Werbeideen
1992. 311 Seiten. Brosch. DM 89,-

Band 34
Gabriele S. Dieterle
Verhaltenswirksame Bildmotive in der Werbung
1992. 230 Seiten. Brosch. DM 85,-

GPSR Compliance

The European Union's (EU) General Product Safety Regulation (GPSR) is a set of rules that requires consumer products to be safe and our obligations to ensure this.

If you have any concerns about our products, you can contact us on ProductSafety@springernature.com

In case Publisher is established outside the EU, the EU authorized representative is:

Springer Nature Customer Service Center GmbH
Europaplatz 3
69115 Heidelberg, Germany

Batch number: 10815974

Printed by Printforce, the Netherlands